0060

Primeiras linhas de Direito Processual Civil

Volume 3 – Processo II

Conselho Editorial
André Luís Callegari
Carlos Alberto Molinaro
César Landa Arroyo
Daniel Francisco Mitidiero
Darci Guimarães Ribeiro
Draiton Gonzaga de Souza
Elaine Harzheim Macedo
Eugênio Facchini Neto
Gabrielle Bezerra Sales Sarlet
Giovani Agostini Saavedra
Ingo Wolfgang Sarlet
José Antonio Montilla Martos
Jose Luiz Bolzan de Morais
José Maria Porras Ramirez
José Maria Rosa Tesheiner
Leandro Paulsen
Lenio Luiz Streck
Miguel Àngel Presno Linera
Paulo Antônio Caliendo Velloso da Silveira
Paulo Mota Pinto

Dados Internacionais de Catalogação na Publicação (CIP)

P953   Primeiras linhas de direito processual civil : volume 3 : processo II / Luís Alberto Reichelt, João Paulo Kulczynski Foster, coordenadores ; Artur Thompsen Carpes ... [et al.]. – Porto Alegre : Livraria do Advogado, 2018.
242 p. ; 23 cm.
Inclui bibliografia.
ISBN 978-85-9590-012-7

1. Direito processual civil - Brasil. I. Reichelt, Luís Alberto. II. Foster, João Paulo Kulczynski. III. Carpes, Artur Thompsen.

CDU 347.91/.95(81)
CDD 347.8105

Índice para catálogo sistemático:
1. Direito processual civil : Brasil   347.91/.95(81)

(Bibliotecária responsável: Sabrina Leal Araujo – CRB 10/1507)

Luís Alberto Reichelt
João Paulo Kulczynski Forster

Coordenadores

Primeiras linhas de Direito Processual Civil

Volume 3 – Processo II

Artur Tompsen Carpes
Artur Torres
Augusto Tanger Jardim
Daniel Ustárroz
Dárcio Franco Lima Júnior
Felipe Camilo Dall'Alba
Fernando Rubin
Guilherme Beux Nassif Azem
Hilbert Maximiliano Akihito Obara
Jaqueline Mielke Silva
João Paulo Kulczynski Forster
José Tadeu Neves Xavier
Luís Alberto Reichel
Marília Zanella Prates
Miguel Nascimento Costa
Roberta Scalzilli

livraria
DO ADVOGADO
editora

Porto Alegre, 2018

© dos Autores, 2018

(Edição finalizada em setembro/2017)

Capa, projeto gráfico e diagramação
Livraria do Advogado Editora

Revisão
Rosane Marques Borba

Direitos desta edição reservados por
Livraria do Advogado Editora Ltda.
Rua Riachuelo, 1300
90010-273 Porto Alegre RS
Fone: 0800-51-7522
editora@livrariadoadvogado.com.br
www.doadvogado.com.br

Impresso no Brasil / Printed in Brazil

Os autores

Artur Thompsen Carpes
Mestre e Doutor em Direito pelo Universidade Federal do Rio Grande do Sul (UFRGS). Professor do Centro Universitário Ritter dos Reis (UNIRITTER). Advogado.

Artur Torres
Pós-Doutor em Direito Processual Civil (UNISINOS); Doutor, Mestre e Especialista em Direito Processual Civil (PUC/RS); Laureado Dom Antonio Zattera (UCPel); Professor de Direito Processual Civil da PUC/RS; Professor convidado de diversos programas de Pós-Graduação (*lato* e *stricto sensu*); Membro do corpo de pareceristas e revisores de renomados periódicos jurídicos; Fundador e gestor do grupo de estudos "Fundamentos de um Direito Processual Civil Contemporâneo"; Membro da Associação Brasileira de Direito Processual (ABDPro); Advogado e parecerista.

Augusto Tanger Jardim
Mestre em Direito pela Pontifícia Universidade Católica do Rio Grande do Sul (PUCRS). Doutorando em Direito pela Universidade Federal do Rio Grande do Sul (UFRGS). Professor do Centro Universitário Ritter dos Reis (UniRitter).

Daniel Ustárroz
Advogado e Parecerista. Doutor em Direito Civil pela Universidade Federal do Rio Grande do Sul (UFRGS). Mestre em Direito Processual Civil pela Universidade Federal do Rio Grande do Sul (UFRGS). Professor Adjunto de Direito Civil da Pontifícia Universidade Católica (PUC/RS). Diretor da Escola Superior de Advocacia (ESA/OAB/RS). Professor convidado nos cursos de pós-graduação em Direito Processual Civil da Academia Brasileira de Direito Processual Civil (ABDPC), Pontifícia Universidade Católica (PUCRS), Universidade Federal do Rio Grande do Sul (UFRGS), Universidade de Santa Cruz do Sul (UNISC), Universidade Luterana do Brasil (ULBRA), Centro Universitário Ritter dos Reis (UniRitter), Universidade Regional de Ijuí (UNIJUÍ), dentre outras Instituições. Membro do Conselho Editorial de várias revistas especializadas.

Dárcio Franco Lima Júnior
Mestre em Direito pela Universidade Federal do Rio Grande do Sul (UFRGS). Professor do Centro Universitário Ritter dos Reis (UNIRITTER). Assessor de Desembargador no Tribunal de Justiça do Estado do Rio Grande do Sul.

Felipe Camilo Dall'Alba
Mestre em Direito pela Universidade Federal do Rio Grande do Sul (UFRGS). Professor do Centro Universitário Ritter dos Reis (UNIRITTER). Procurador Federal da AGU.

Fernando Rubin
> Mestre em Direito pela Universidade Federal do Rio Grande do Sul (UFRGS) e doutorando pela Pontifícia Universidade Católica do Rio Grande do Sul (PUCRS). Professor do Centro Universitário Ritter dos Reis (UNIRITTER). Advogado.

Guilherme Beux Nassif Azem
> Mestre em Direito pela Pontifícia Universidade Católica do Rio Grande do Sul (PUCRS). Professor nos cursos de pós-graduação em Direito Processual Civil da Uniritter, do Verbo Jurídico e outras instituições. Procurador Federal da AGU.

Hilbert Maximiliano Akihito Obara
> Mestre e doutorando pela Universidade do Vale dos Sinos (UNISINOS). Professor do Centro Universitário Ritter dos Reis (UNIRITTER). Juiz de direito.

Jaqueline Mielke Silva
> Doutora e mestre pela Universidade do Vale dos Sinos (UNISINOS), professora de processo civil em curso de graduação e pós-graduação, advogada.

João Paulo Kulczynski Forster (coord.)
> Mestre e Doutor em Direito pelo Universidade Federal do Rio Grande do Sul (UFRGS). Professor do Centro Universitário Ritter dos Reis (UNIRITTER). Advogado.

José Tadeu Neves Xavier
> Mestre e doutor pela Universidade Federal do Rio Grande do Sul (UFRGS), professor de direito civil e processo civil em curso de graduação e pós-graduação, advogado da União.

Luís Alberto Reichelt (coord.)
> Mestre e Doutor em Direito pela Universidade Federal do Rio Grande do Sul (UFRGS). Professor nos cursos de graduação, especialização, mestrado e doutorado em Direito da Pontifícia Universidade Católica do Rio Grande do Sul (PUCRS). Procurador da Fazenda Nacional.

Marília Zanella Prates
> Mestre em Direito pela Pontifícia Universidade Católica do Rio Grande do Sul (PUCRS). Professora do Centro Universitário Ritter dos Reis (UNIRITTER). Advogada.

Miguel do Nascimento Costa
> Mestre pela Universidade do Vale dos Sinos (UNISINOS). Professor do Centro Universitário Ritter dos Reis (UNIRITTER) e do Centro Universitário La Salle (UNILASSALE). Advogado.

Roberta Scalzilli
> Especialista em direito empresarial, mestre em direito, professora em curso de graduação e pós-graduação, advogada.

Sumário

1. Coisa Julgada 11
Marília Zanella Prates, Jaqueline Mielke Silva
1.1. Conceito 11
1.2. Função 14
1.3. Limites 17
1.3.1. Subjetivos 18
1.3.2. Objetivos 20
1.4. Coisa julgada formal 23
1.5. Coisa julgada material 24
1.6. Formação da coisa julgada 25
1.7. Relativização da coisa julgada 27

2. Da ordem do processo no tribunal 31
Dárcio Franco Lima Júnior

3. Teoria Geral dos Recursos 56
*João Paulo Kulczynski Forster, Artur Tompsen Carpes,
Augusto Tanger Jardim, Luís Alberto Reichelt,
Artur Torres, Felipe Camilo Dall'Alba*
3.1. Conceito de recurso 56
3.2. Decisões passíveis de recurso 60
3.3. Sucedâneos recursais 63
3.3.1. Pedido de reconsideração 64
3.3.2. Remessa necessária 66
3.4. Erro de procedimento e erro de julgamento 68
3.5. Princípios recursais 72
3.5.1. O princípio do duplo grau de jurisdição 73
3.5.2. O princípio da proibição da "reformatio in pejus" (reforma para pior) 77
3.5.3. O princípio da dialeticidade 80
3.5.4. O princípio da taxatividade recursal 82
3.5.5. O princípio da singularidade (unirrecorribilidade/unicidade) recursal 83
3.5.6. O princípio da fungibilidade recursal 85
3.6. Efeitos dos recursos 88
3.6.1. Efeito obstativo 88
3.6.2. Efeito devolutivo 89
3.6.3. Efeito suspensivo 92
3.6.4. Efeito regressivo 94
3.6.5. Efeito expansivo 95
3.6.6. Efeito substitutivo 96
3.7. Juízo de admissibilidade e juízo de mérito 97

3.7.1. Requisitos/pressupostos de admissibilidade recursal: considerações iniciais..97
3.7.2. Requisitos/pressupostos de admissibilidade (gerais) intrínsecos...........98
3.7.2.1. Cabimento...98
3.7.2.2. Legitimidade..99
3.7.2.3. Interesse...101
3.7.2.4. Inexistência de fato impeditivo do direito de recorrer......................103
3.7.2.5. Motivação atual...103
3.7.3. Requisitos/pressupostos de admissibilidade (gerais) extrínsecos..........104
3.7.3.1. Preparo...104
3.7.3.2. Tempestividade...105
3.7.3.3. Regularidade formal..105
3.7.4. Requisitos/pressupostos de admissibilidade específicos...................106
3.7.5. Mérito recursal: início de conversa...107
  3.8. Recurso adesivo...109
  3.9. Sucumbência recursal..112

4. Recursos em espécie..116
Daniel Ustárroz, José Tadeu Neves Xavier, Fernando Rubin, Guilherme Beux Nassif Azem, Roberta Scalzilli, Felipe Camilo Dall'Alba
  4.1. Apelação...116
  4.1.1. Cabimento...116
  4.1.2. Procedimento em primeiro grau de jurisdição................................117
  4.1.3. Fundamentação do recurso..118
  4.1.4. O efeito suspensivo da apelação (art. 1.012)..................................119
  4.1.5. O extenso efeito devolutivo da apelação (art. 1.013).......................120
  4.1.6. Do procedimento perante o segundo grau de jurisdição................122
  4.1.7. Da aplicação da teoria da causa madura (art. 1.013, § 3º, NCPC)..........124
  4.2. Agravo de Instrumento...125
  4.2.1. A recorribilidade das decisões interlocutórias................................126
  4.2.2. Hipóteses de cabimento do recurso de Agravo de Instrumento............126
  4.2.3. Cabimento da utilização de Mandado de Segurança em relação às decisões interlocutórias não recorríveis de imediato........................134
  4.2.4. Requisitos da petição recursal no Agravo de Instrumento..................136
  4.2.5. Forma de interposição e formalidades complementares....................137
  4.2.6. Comprovação da interposição do recurso de agravo de instrumento perante o juízo de primeiro grau..138
  4.2.7. Processamento e julgamento do Agravo de Instrumento 139
  4.3. Embargos de declaração..143
  4.4. Agravo interno..155
  4.5. Recurso Extraordinário e Recurso Especial......................................163
  4.5.1. Pressupostos recursais específicos comuns aos recursos extraordinário e especial..167
  4.5.2. Julgamento em única ou última instância.......................................167
  4.5.3. Causa decidida...168
4.5.3.1. Prequestionamento..170
  4.5.4. A exigência da repercussão geral da questão constitucional no recurso extraordinário..175
  4.5.5. Hipótese de cabimento..178
4.5.5.1. Cabimento do recurso extraordinário (art. 102, III, da Constituição).....178

4.5.5.2. Cabimento do recurso especial (art. 105, III, da Constituição)..............180
4.5.6. Síntese do procedimento. Peculiaridades..183
4.6. Agravo em recurso extraordinário ou especial...............................190
4.7. Embargos de divergência 193
4.8. Recurso ordinário 198

5. Ações autônomas de impugnação..202
*Hilbert Maximiliano Akihito Obara, Roberta Scalzilli,
Miguel Nascimento Costa*
   5.1. Ação Rescisória..202
   5.1.1. Noções gerais..202
   5.1.2. Prazo para a propositura da ação rescisória................................205
   5.1.3. Depósito prévio..206
   5.1.4. Ausência de efeito suspensivo no recebimento da ação rescisória........207
   5.1.5. Competência..208
   5.1.6. Hipóteses de cabimento 209
   5.1.7. Procedimento...212
   5.1.7.1. Legitimidade ativa..212
   5.1.7.2. Petição inicial..213
   5.1.7.3. Citação, resposta e utilização do procedimento comum..................213
   5.2. Mandado de Segurança 215
   5.2.1. Objeto...215
   5.2.2. Procedimento...217
   5.2.3. Breve exame jurisprudencial 220
   5.3. Medidas cautelares 223
   5.3.1. Relevância do tema e poderes do Relator (art. 932, CPC 2015)............223
   5.3.2. Cabimento, competência e pressupostos legais..........................225
   5.4. *Querela nullitatis insanabilis*..228
   5.4.1. Breve apresentação...228
   5.4.2. Sobrevivência da "querela nullitatis" no direito brasileiro................229
   5.4.3. Cabimento da "querela nullitatis" e competência.........................232

Bibliografia 235

1. Coisa Julgada

1.1. Conceito

Marília Zanella Prates

O estudo do instituto jurídico[1] a que chamamos de "coisa julgada" tem fundamental importância na ciência jurídica.

Tamanha importância deve-se ao fato de que a coisa julgada é manifestação do princípio da segurança jurídica e, como tal, um dos pilares do Estado Democrático de Direito. Com efeito, o art. 5º, XXXVI, da Constituição Federal de 1988, estabelece que *"a lei não prejudicará a coisa julgada"*, regra específica de proteção à coisa julgada, densificando o princípio constitucional da segurança jurídica.[2]

Mas o que é, afinal, a coisa julgada?

Para responder a essa pergunta, importante rememorar que a jurisdição é a função estatal que tem por objetivo resolver e pacificar os conflitos sociais, e, para tanto, utiliza-se de um mecanismo peculiar: o processo.[3]

Pois bem, para que o objetivo da jurisdição seja alcançado, o processo não pode durar eternamente. Em determinado momento, há de ter um fim. E, além disso, a solução jurisdicional dada a um conflito deve ser respeitada, ficando imune a posteriores alterações e discussões. Do contrário, os conflitos não se resolveriam jamais.

De forma simplificada, podemos dizer que o instituto da coisa julgada é o instrumento que cumpre a tarefa de pôr fim a um processo, fazendo com que a solução neste formulada não possa mais ser alterada.

---

[1] Para facilitar a leitura dos estudantes, lembramos que os "institutos jurídicos" são complexos de normas jurídicas que disciplinam certos fatos; em contraposição a uma norma jurídica isolada que, sozinha, discipline algum fato. É o caso, por exemplo, do instituto jurídico da propriedade, objeto de várias normas jurídicas. Vide: MELLO, Marcos Bernardes de. *Teoria do fato jurídico: plano da existência*. 16. ed. São Paulo: Saraiva, 2010. p. 24-26.
[2] MARINONI, Luiz Guilherme; ARENHART, Sérgio Cruz; MITIDIERO, Daniel. *Novo Curso de Processo Civil*. Vol. 2. 3. ed. São Paulo: Revista dos Tribunais, 2017. p. 668.
[3] ASSIS, Araken de. *Processo Civil Brasileiro*. Vol. I. São Paulo: Revista dos Tribunais, 2015. p. 60.

A necessidade de tornar inalteráveis as soluções jurídicas dadas aos conflitos é reconhecida na prática do Direito desde a época do Código de Hammurabi. No Direito Romano, o instituto da coisa julgada (*res iudicata*) começa a tomar a forma que reconhecemos hoje.[4]

Porém, o longo tempo de prática desse instituto não contribuiu para tornar mais clara a sua conceituação, que é fonte de intermináveis debates doutrinários, em especial nos países de tradição jurídica de *civil law*.[5]

Indagam os doutrinadores acerca da natureza jurídica da coisa julgada. A controvérsia gira basicamente em torno dos seguintes pontos: a) se a coisa julgada seria um efeito da declaração contida em uma decisão; b) uma qualidade dos efeitos da decisão; c) ou uma qualidade do conteúdo da decisão.[6]

Trata-se de discussão considerada, por alguns, de pouca utilidade prática,[7] e, certamente, dotada de considerável complexidade, cuja compreensão depende da diferenciação precisa entre conteúdo e efeitos da sentença, a qual escapa aos limites desta obra.[8] De qualquer forma, ao estudante que inicia seus estudos, é importante ter ao menos notícia das principais opiniões doutrinárias pátrias.

A primeira posição (a) tem origem na doutrina alemã, segundo a qual a coisa julgada é um efeito da sentença, ligado especialmente ao conteúdo declaratório da sentença. No Brasil, essa posição é adotada, com alguns temperamentos, por Ovídio Araújo Baptista da Silva,[9] que nega a total equiparação entre o efeito declaratório e a coisa julgada, definindo-a como uma qualidade que se ajusta apenas à declaração contida na sentença.

A segunda posição (b) é fruto da obra de Enrico Tullio Liebman. O autor italiano – que muito influenciou os processualistas brasileiros, em especial os doutrinadores da escola paulista[10] – criticava o conceito de coisa julgada predominante entre os doutrinadores alemães.

---

[4] NIEVA-FENOLL, Jordi. *Coisa Julgada*. tradução de Antônio do Passo Cabral. São Paulo: Revista dos Tribunais, 2016. p. 30-45.

[5] PRATES, Marília Zanella. *A coisa julgada no direito comparado: Brasil e Estados Unidos*. Salvador: JusPodivm, 2013. p.68.

[6] DIDIER JR., Fredie; BRAGA, Paula Sarno; OLIVEIRA, Rafael A. *Curso de Direito Processual Civil*. Vol. 2. 11. edição. Salvador: JusPodivm, 2016. p.529.

[7] NIEVA-FENOLL, Jordi. *Coisa Julgada*. Op. cit., p.88.

[8] Para tanto, indicamos aos alunos a seguinte leitura: TESHEINER, José Maria da Rosa. *Eficácia da Sentença e Coisa Julgada no Processo Civil*. São Paulo: Revista dos Tribunais, 2001.

[9] SILVA, Ovídio A. Baptista. *Sentença e coisa julgada: ensaios e pareceres*. 4. ed. Rio de Janeiro: Forense, 2003. p. 74.

[10] PRATES, Marília Zanella. *A coisa julgada no direito comparado*. Op. cit., p. 69.

Liebman defendeu que a coisa julgada não é um efeito da sentença, mas sim uma qualidade que se liga a todos os efeitos da sentença (declaratório, constitutivo e condenatório), tornando-os estáveis e indiscutíveis.[11]

Deve-se a José Carlos Barbosa Moreira[12] a elaboração da (c) terceira posição, segundo a qual a coisa julgada é uma qualidade que, em determinado momento processual (escolhido pelo legislador), se agrega à sentença para tornar seu conteúdo imutável, e não os seus efeitos. Ademais, engloba todas as espécies de conteúdo sentencial, e não só o declaratório.

Com uma ou outra variante, os autores brasileiros adotam uma dessas três posições sobre a natureza jurídica da coisa julgada.[13]

O art. 502 do Código de Processo Civil de 2015 estabelece que a coisa julgada é "a autoridade que torna imutável e indiscutível a decisão de mérito não mais sujeita a recurso". Apesar de alterar o termo "eficácia" utilizado no art. 467 do Código anterior, a nova redação da lei não encerrou a polêmica sobre o conceito de coisa julgada como qualidade ou efeito da sentença.[14]

Para fins didáticos, porém, podemos concluir que a coisa julgada é instituto jurídico que tem por objetivo tornar definitiva a solução dada pelo Poder Judiciário à controvérsia que existia entre as partes e que dera início a um processo judicial. Para tanto, em determinado momento de um processo judicial, a solução formulada na decisão final torna-se imutável, indiscutível. Forma-se sobre a decisão a coisa julgada, que funciona como uma manta protetora a impedir a alteração do conteúdo da decisão, seja pelo próprio juiz que a proferiu, seja por outro juiz, em outro processo.

Apesar das dificuldades na conceituação do instituto, ao estudante importa compreender a essência e a razão de ser da coisa julgada. Para tanto, resumimos a seguir algumas claras e didáticas lições colhidas na obra de Jordi Nieva-Fenoll.[15]

Vejamos, para o autor espanhol, o princípio básico de que parte o conceito de coisa julgada é o seguinte: os juízos só devem realizar-se

---

[11] LIEBMAN, Enrico Tullio. *Eficácia e Autoridade da Sentença e outros Escritos sobre a Coisa Julgada*. 4. ed. Rio de Janeiro: Forense, 2007. p. 23.

[12] BARBOSA MOREIRA, José Carlos. Eficácia da Sentença e Autoridade da Coisa Julgada. In: *Temas de Direito Processual* – Terceira Série. São Paulo: Saraiva, 1984. p. 102-103.

[13] Para uma análise das posições adotadas pelos doutrinadores brasileiros tradicionais, ver: PRATES, Marília Zanella. *A coisa julgada no direito comparado*. Op. cit., p. 68-73.

[14] Vide, ao propósito: ASSIS, Araken de. *Processo Civil Brasileiro*. Vol. III. São Paulo: Revista dos Tribunais, 2015. p. 1362-1363.

[15] NIEVA-FENOLL, Jordi. *Coisa Julgada*. Op. cit.

uma única vez. Disso conclui-se que a coisa julgada consiste em uma proibição de reiteração de decisões judiciais sobre o mesmo conflito. A razão dessa proibição é muito evidente: a segurança jurídica requer que sobre cada conflito somente se possa decidir uma única vez. Se hoje se determinou que "fulano" deve pagar a quantia "x" a "ciclano", não é aceitável que amanhã o mesmo juiz que proferiu a sentença, ou qualquer outro juiz, diga que "ciclano" não deve pagar nada a "fulano", simplesmente porque nesse caso os litigantes não saberiam como se comportar.[16]

Em outras palavras, imaginemos o que aconteceria se os juízes, interpretando o ordenamento jurídico, pudessem com certa facilidade anular decisões anteriores de seus companheiros, ou as deles mesmos? Afinal, de que serve a alguém obter uma sentença a seu favor se deverá estar para sempre defendendo esse direito concedido na sentença, diante de novas sentenças que possam alterar o que já foi decidido? De nada serviria. Romper-se-ia a coerência dos juízos, ninguém saberia ao que se ater e, finalmente, o aparato da Justiça deixaria de existir, porque ninguém se socorreria dele para resolver seus problemas, partindo para a autotutela.[17]

Para evitar esse colapso, é que existem todas as normas que regulamentam o instituto jurídico da coisa julgada. Repita-se, portanto: a coisa julgada consiste na proibição de que os juízos (soluções judiciais dadas aos conflitos sociais) se repitam, para assim dar estabilidade aos juízos já emitidos e, consequentemente, garantir segurança ao sistema jurídico-social.[18]

Postas essas premissas, devemos analisar as regras de funcionamento prático do instituto da coisa julgada no ordenamento jurídico pátrio.

1.2. Função

A fim de cumprir a sua razão de existir, qual seja, a proibição de reiteração de julgamentos sobre um mesmo conflito, o instituto da coisa julgada funciona em duas frentes, isto é, exerce duas funções: uma função chamada "negativa", e outra denominada de função "positiva".

São as modalidades de operação do instituto da coisa julgada.[19]

---

[16] NIEVA-FENOLL, Jordi. *Coisa Julgada*. Op. cit., p. 135.
[17] Idem, p. 90.
[18] Idem, p. 136.
[19] ASSIS, Araken de. *Processo Civil Brasileiro*. Vol. III. Op. cit., p. 1472.

A **função negativa** da coisa julgada está ligada à necessidade de vedar um novo julgamento a respeito de controvérsia já julgada anteriormente, mediante decisão sobre a qual se formou coisa julgada.[20] Ou seja, a função negativa visa impedir que uma mesma ação seja julgada mais de uma vez.

Essa função negativa é conhecida desde o Direito Romano, que previa a *exceção de coisa julgada*.[21] Atualmente, chamamos a esse veto que a coisa julgada exerce sobre a possibilidade de um novo julgamento sobre uma mesma ação de *óbice* ou *objeção* de coisa julgada. Tecnicamente, trata-se de pressuposto processual negativo.[22] Isto é, para que um processo possa seguir o seu curso, não pode haver o óbice da coisa julgada.

A objeção de coisa julgada está prevista no art. 337, VII, do Código de Processo Civil de 2015. Segundo esse dispositivo legal, na contestação, incumbe ao réu, antes de discutir o mérito, alegar o eventual óbice de coisa julgada. É uma das hipóteses de defesa preliminar que o réu pode apresentar em sua contestação.

A função negativa da coisa julgada somente ocorrerá quando estiverem presentes os pressupostos dos §§ 1º, 2º e 4º do art. 337 do Código de Processo Civil de 2015.

Vejamos, o § 4º do art. 337 estabelece que "há coisa julgada quando se repete ação que já foi decidida por decisão transitada em julgado". Por enquanto, vamos focar a atenção na primeira parte desse dispositivo legal, isto é, na parte que relaciona o óbice de coisa julgada à repetição de uma ação.[23]

Para sabermos quando há repetição de uma ação, temos que compreender os elementos que identificam uma ação. Tais elementos estão definidos no § 2º do mesmo art. 337, segundo o qual "uma ação é idêntica a outra quando possui as mesmas partes, a mesma causa de pedir e o mesmo pedido". Por isso, costuma-se dizer que, para a verificação da existência de coisa julgada, é preciso que haja a "tríplice identidade" entre os elementos da demanda.[24]

---

[20] MARINONI, Luiz Guilherme; ARENHART, Sérgio Cruz; MITIDIERO, Daniel. *Novo Curso de Processo Civil*. Vol. 2. Op. cit., p. 684.

[21] Idem, ibidem.

[22] Idem, ibidem.

[23] Sobre o "trânsito em julgado", que é o momento em que a coisa julgada se forma, trataremos no item 1.6, adiante.

[24] DIDIER JR., Fredie; BRAGA, Paula Sarno; OLIVEIRA, Rafael A. *Curso de Direito Processual Civil*. Vol. 2. Op. cit., p.532.

O tema dos elementos da ação é bastante complexo.[25] Porém, para facilitar a compreensão inicial do leitor, vejamos um exemplo:

a) Ação nº 01: no ano de 2015, Joana propõe ação contra Maria, narrando que Maria havia denegrido a imagem da autora ao postar no Facebook, em agosto de 2015, afirmações pejorativas com relação à Joana. Requereu a condenação de Maria ao pagamento de indenização por danos morais no valor de R$ 5.000,00 (cinco mil reais). Processada a ação, o pedido de Joana foi julgado parcialmente procedente, e Maria foi condenada a pagar R$ 2.000,00 (dois mil reais) a título de indenização. Finalmente, formou-se a coisa julgada sobre a sentença.

b) Ação nº 02: Posteriormente, em 2016, a advogada de Joana sugere que ela tente novamente "a sorte". Assim, Joana propõe nova ação contra Maria, narrando que Maria havia denegrido a imagem da autora ao postar no Facebook, em agosto de 2015, afirmações pejorativas com relação à Joana. Requereu a condenação de Maria ao pagamento de indenização por danos morais, no valor de R$ 5.000,00 (cinco mil reais).

Podemos concluir que a Ação nº 01 e a Ação nº 02 têm as mesmas partes (Joana e Maria), a mesma causa de pedir (Maria denegriu a imagem de Joana ao postar no Facebook, em agosto de 2015, afirmações pejorativas) e o mesmo pedido (condenação de Maria ao pagamento de indenização por danos morais no valor de R$ 5.000,00).

Portanto, a Ação nº 02 é igual à Ação nº 01, que já foi julgada por sentença sobre a qual se formou coisa julgada.

Por isso, na contestação apresentada na Ação nº 02, Maria, a ré, poderá invocar o óbice de coisa julgada, com base no art. 337, VII, §§ 2º e 4º, do Código de Processo Civil, demonstrando a identidade entre os elementos das ações.

Nesse caso, o juiz, acolhendo a objeção de coisa julgada, deverá proferir sentença extinguindo o processo (da Ação nº 02), com base no art. 485, V, do Código de Processo Civil de 2015.

Essa é, portanto, a função negativa da coisa julgada: impedir novo julgamento sobre ação que já foi julgada anteriormente.

Já a **função positiva** da coisa julgada serve à garantia de respeito pela decisão judicial, de que falamos no item 1.1.

Em termos mais técnicos, podemos dizer que a função positiva da coisa julgada garante a vinculação das partes e dos órgãos judiciais à regra jurídica concreta formulada na sentença.[26]

---

[25] Para aprofundamento: ASSIS, Araken de. *Processo Civil Brasileiro*. Vol. I. Op. cit., p. 689-760.
[26] ASSIS, Araken de. *Processo Civil Brasileiro*. Vol. III. Op. cit., p. 1477.

A diferença entre a função positiva e a função negativa é que esta impede o processamento de ação idêntica à anterior (mesmas partes, mesma causa de pedir e mesmo pedido); já a função positiva terá importância quando a segunda ação for semelhante, mas não idêntica à ação anterior, e não impedirá o processamento da nova ação, porque não haverá total identidade entre elas.

A função positiva terá lugar quando se propuser uma segunda ação em que a solução dada na ação anterior (regra jurídica concreta formulada na sentença) tiver importância. Vejamos um exemplo:

a) Ação nº 01: João propõe ação declaratória de paternidade contra Pedro, alegando que este é seu pai, mas se nega a reconhecer a paternidade. Na causa de pedir, João narra que Pedro era o único namorado de sua mãe quando da concepção, afirmando que a paternidade pode ser comprovada mediante a realização de exame de DNA. No pedido, João requer que Pedro seja declarado seu pai. O exame de DNA é realizado, e o resultado demonstra a paternidade de Pedro com relação à João. Assim, o pedido de João é acolhido na sentença, e a paternidade de Pedro com relação ao autor é declarada. Finalmente, forma-se a coisa julgada sobre a sentença.

b) Ação nº 02: Posteriormente, João propõe ação de alimentos contra Pedro, requerendo que Pedro seja condenado a pagar alimentos, porque agora a mãe de João não pode mais sustentá-lo. Em sua defesa, Pedro alega que não é o pai de João, e com base nesse fundamento requer o julgamento de improcedência do pedido de condenação em alimentos.

Nesse caso, na Ação nº 02, João (o filho) deverá alegar que a questão da paternidade já foi decidida na Ação nº 01, com força de coisa julgada, e, portanto, tem de ser respeitada e não poderá ser rediscutida na Ação nº 02. O processo na Ação nº 02 poderá prosseguir, e somente a questão dos alimentos poderá ser julgada, a questão da paternidade não.

Essa é a função positiva da coisa julgada, que não impede o processamento de uma nova ação, mas faz com que a solução jurisdicional proferida em ação anterior seja respeitada em uma segunda ação.

1.3. Limites

Já dissemos que a coisa julgada funciona como um manto protetor que impede a alteração e a rediscussão de uma decisão judicial, a partir de determinado momento processual. Mas essa proteção encontra limites, que precisamos analisar.

Em primeiro lugar, há limites quanto ao objeto da coisa julgada. O que fica acobertado pela coisa julgada? A resposta a essa pergunta, ou, a definição do objeto de abrangência da coisa julgada, é delineada pelas regras que estabelecem os chamados **limites objetivos** da coisa julgada.

Mas também há limites quanto aos sujeitos atingidos pela coisa julgada. Quem é acobertado ou atingido pela coisa julgada? A resposta a essa pergunta, ou, a definição dos sujeitos afetados pela coisa julgada, é delineada pelas regras que estabelecem os chamados **limites subjetivos** da coisa julgada.

1.3.1. Subjetivos

Já vimos que a coisa julgada consiste na proibição de que os juízos (soluções judiciais dadas aos conflitos sociais) se repitam, para assim garantir segurança ao sistema jurídico-social.[27] Para que essa proibição funcione, é preciso que se proíba a rediscussão sobre a solução judicial dada a um determinado conflito social. O problema dos limites subjetivos da coisa julgada consiste em definir *quem* fica proibido de rediscutir determinada solução judicial.

Em termos mais técnicos: o problema dos limites subjetivos da coisa julgada consiste em definir que pessoas ficam vinculadas, irremediavelmente, ao desfecho de um processo, isto é, à regra jurídica concreta formulada no provimento final de um processo.[28]

Muito embora existam regras legais aparentemente simples para a definição dos limites subjetivos da coisa julgada, o tema é complexo. Seja como for, tentaremos fornecer ao leitor as ideias iniciais.

Em primeiro lugar, o art. 506 do Código de Processo Civil de 2015 estabelece a regra geral dos limites subjetivos da coisa julgada: "a sentença faz coisa julgada às partes entre as quais é dada, não prejudicando terceiros".

"Partes", para os fins do art. 506, são os sujeitos que *participaram* do processo e puderam influir no teor do provimento judicial.[29] A regra geral concretiza as garantias constitucionais da inafastabilidade da jurisdição, do devido processo legal, do contraditório e da ampla defesa (art. 5º, XXXV, LIV e LV, CF/88), ao estabelecer que a coisa julgada vincula somente os sujeitos que participaram do contraditó-

---

[27] NIEVA-FENOLL, Jordi. *Coisa Julgada*. Op. cit., p.136.
[28] ASSIS, Araken de. *Processo Civil Brasileiro*. Vol. III. Op. cit., p. 1384-1385.
[29] Idem, p. 1394-1395

rio (as partes).³⁰ É compreensível, portanto, a vinculação das partes à coisa julgada.³¹

Bem mais difícil é definir a posição dos *terceiros* nos limites subjetivos da coisa julgada, ou seja, a posição dos sujeitos que não participaram do processo no qual foi proferida a decisão com força de coisa julgada.

Uma pergunta inicial faz vislumbrar algumas das dificuldades: se a coisa julgada estabelece a "lei do caso concreto", capaz de reger especificamente a situação conflituosa debatida em um processo judicial, como admitir que, uma vez julgada certa demanda entre duas partes, todas as outras pessoas fiquem impedidas de discutir a sentença, mesmo que tenham sido diretamente prejudicadas pela decisão?³²

A resposta para essa pergunta é complexa.

Nieva Fenoll afirma, por exemplo, que as soluções dependem da análise de cada caso concreto, porque não há maneira de estabelecer com segurança e de forma apriorística o círculo de pessoas que, não sendo partes, ficam vinculadas à coisa julgada.³³

Em verdade, a compreensão do tema depende da análise dos variados vínculos existentes entre as "partes" e os "terceiros",³⁴ os quais não poderão aqui ser esmiuçados. O certo é que, em várias hipóteses, os terceiros também são atingidos pela coisa julgada. Fiquemos, por ora, com a análise de alguns dos casos mais flagrantes.

Primeiramente, importante salientar que o novo Código não reproduziu integralmente o anterior art. 472³⁵ do Código de Processo Civil de 1973. Com efeito, o atual art. 506 não refere que os terceiros não poderão se *beneficiar* da coisa julgada, como fazia o anterior. Assim, o novo Código não veda que terceiros se beneficiem da coisa julgada.³⁶

Essa ausência de restrição ao aproveitamento da coisa julgada pelos terceiros harmoniza-se com o disposto no art. 274 do Código

---

[30] DIDIER JR., Fredie; BRAGA, Paula Sarno; OLIVEIRA, Rafael A. *Curso de Direito Processual Civil.* Vol. 2. Op. cit., p.557.

[31] ASSIS, Araken de. *Processo Civil Brasileiro.* Vol. III. Op. cit., p.1394.

[32] MARINONI, Luiz Guilherme; ARENHART, Sérgio Cruz; MITIDIERO, Daniel. *Novo Curso de Processo Civil.* Vol. 2. Op. cit., p. 677.

[33] Nieva Fenoll afirma, por exemplo, que não há maneira de estabelecer com segurança e de forma apriorística o círculo de pessoas que não são partes que ficam vinculadas à coisa julgada, e que as soluções dependem da análise de cada caso concreto. (NIEVA-FENOLL, Jordi. *Coisa Julgada.* Op. cit., p. 231).

[34] Para aprofundamento: ASSIS, Araken de. *Processo Civil Brasileiro.* Vol. III. Op. cit., p. 1384-1430.

[35] "A sentença faz coisa julgada às partes entre as quais é dada, não beneficiando, nem prejudicando terceiros".

[36] MARINONI; ARENHART; MITIDIERO. *Novo Curso de Processo Civil.* Vol. 2. Op. cit., p. 678.

Civil,[37] segundo o qual o terceiro, credor ou devedor solidário, pode aproveitar a coisa julgada formada entre as partes, desde que o resultado do processo tenha lhe sido favorável e não fundado em qualidade especial ligada somente ao autor ou réu da demanda.[38]

Há, porém, exceções à regra geral do art. 506 do Código de Processo Civil. Isto é, há casos em que a coisa julgada pode *prejudicar* terceiros.[39]

É o que ocorre, por exemplo, nos casos de substituição processual. Chama-se de substituição processual à legitimidade, conferida pela lei, de o sujeito que não é titular de um direito poder pleiteá-lo em juízo (art. 18, CPC). Nesses casos, o substituído, apesar de não ter figurado como parte na demanda, ficará vinculado à coisa julgada.[40]

Há também a hipótese de "alienação da coisa ou do direito litigioso", prevista no art. 109, § 3º, do Código de Processo Civil, segundo o qual a coisa julgada atingirá não só as partes originárias do processo, mas também o *terceiro* que seja adquirente da coisa litigiosa e não foi parte no processo.[41]

Ainda quanto à vinculação de terceiros que não foram partes no processo, importante mencionar as hipóteses de coisa julgada nas ações coletivas, nos termos do art. 103 do Código de Defesa do Consumidor (Lei nº 8.078/1990).[42]

1.3.2. Objetivos

O que fica abrangido pela coisa julgada? Essa resposta é dada pelas regras que estabelecem os limites objetivos da coisa julgada.

---

[37] Art. 274. O julgamento contrário a um dos credores solidários não atinge os demais, mas o julgamento favorável aproveita-lhes, sem prejuízo de exceção pessoal que o devedor tenha direito de invocar em relação a qualquer deles.

[38] MARINONI, Luiz Guilherme; ARENHART, Sérgio Cruz; MITIDIERO, Daniel. *Novo Curso de Processo Civil*. Vol. 2. Op. cit., p. 678.

[39] DIDIER JR., Fredie; BRAGA, Paula Sarno; OLIVEIRA, Rafael A. *Curso de Direito Processual Civil*. Vol. 2. Op. cit., p. 557.

[40] Idem, p. 558.

[41] Idem, ibidem.

[42] Art. 103. Nas ações coletivas de que trata este código, a sentença fará coisa julgada: I – *erga omnes*, exceto se o pedido for julgado improcedente por insuficiência de provas, hipótese em que qualquer legitimado poderá intentar outra ação, com idêntico fundamento valendo-se de nova prova, na hipótese do inciso I do parágrafo único do art. 81; II – *ultra partes*, mas limitadamente ao grupo, categoria ou classe, salvo improcedência por insuficiência de provas, nos termos do inciso anterior, quando se tratar da hipótese prevista no inciso II do parágrafo único do art. 81; III – *erga omnes*, apenas no caso de procedência do pedido, para beneficiar todas as vítimas e seus sucessores, na hipótese do inciso III do parágrafo único do art. 81.

Os limites objetivos da coisa julgada definem quais questões, controvérsias ou relações jurídicas, sobre as quais o juiz se pronunciou em um processo, ficam abrangidas pela coisa julgada, ou seja, tornam-se indiscutíveis, inalteráveis.[43]

Para bem compreender o tema, é necessário fixar algumas premissas.

Segundo clássica lição,[44] processo é caminho que se percorre rumo à sentença de mérito, na qual se atribua ou se negue a alguém determinado bem da vida, e, assim, se alcance o objetivo de pacificação dos litígios. Ao longo desse caminho, até que se chegue à sentença definitiva, a atividade principal do órgão jurisdicional consiste na resolução de *questões*. Questões são pontos controvertidos, que necessitam ser resolvidos pelo juiz.

Entre essas questões, uma ou mais terão caráter *principal*, envolvendo os pedidos das partes quanto à concreta atribuição de um bem. Principal no sentido de que para a solução dessa(s) questão(ões) se orienta toda a atividade processual, e a resolução de todas as demais (questões) não serve senão para preparar o caminho para a decisão última.[45]

Dentre as questões que não se enquadram como principais, merecem aqui destaque as *questões prejudiciais*. As questões prejudiciais subordinam a decisão sobre a questão principal, porque a decisão sobre uma questão prejudicial predetermina o sentido em que a questão principal deverá ser resolvida.[46]

Quanto aos limites objetivos da coisa julgada, a resolução das questões principais fica abrangida pela coisa julgada. É o que se extrai do *caput* do art. 503 do Código de Processo Civil de 2015, segundo o qual "a decisão que julgar total ou parcialmente o mérito tem força de lei nos limites da questão principal expressamente decidida".

Com relação às questões prejudiciais, o § 1º do art. 503 trouxe inovação em comparação com o regime do Código de Processo Civil de 1973. Assim, para os processos iniciados após a vigência do Código novo (art. 1.054, CPC/2015), a questão prejudicial, decidida expressa e incidentemente no processo, também ficará abrangida pela coisa julgada.

---

[43] PRATES, Marília Zanella. *A coisa julgada no direito comparado*. Op.cit.p. 179.
[44] FABRÍCIO, Adroaldo Furtado. *Ação Declaratória Incidental*. 4. ed. São Paulo: Saraiva, 2009. p. 38.
[45] Idem, p. 39.
[46] Idem, p. 48.

Vejamos um exemplo: Mariazinha propõe ação de alimentos contra Paulo. Na causa de pedir, alega que Paulo é seu pai, e que a autora está precisando de ajuda financeira, pois tem cinco anos de idade e, ainda, necessita de cuidados médicos especiais. No pedido final, requer que Paulo seja condenado a pagar R$ 2.000,00 a título de alimentos. Citado, o réu Paulo alega que não é o pai de Mariazinha, pois descobriu há pouco tempo que a genitora tinha outros companheiros na época da concepção da autora. Com base nessa alegação, requereu a total improcedência do pedido de alimentos.

Nesse exemplo hipotético, temos como questão principal o pedido de alimentos; e como questão prejudicial, a relação de paternidade, que foi controvertida pelo réu. Para decidir se a autora tem direito a alimentos (questão principal), o juiz terá de decidir, antes, a questão prejudicial relativa à paternidade.

Voltemos ao exemplo: imaginemos que, durante a instrução processual, o juiz determina a realização de exame de DNA, a fim de resolver a questão prejudicial da paternidade. O exame resulta positivo. Na sentença, o juiz decide a questão da paternidade, mencionando que o réu é pai da autora, como comprovou o exame pericial, e passa à decisão da questão principal (alimentos), analisando o binômio necessidade-possibilidade. Ao final, julga procedente o pedido da autora e condena o réu a pagar R$ 2.000,00 a título de alimentos.

Nesse caso, pelo novo regime do art. 503, § 1°, do Código de Processo Civil de 2015, tanto a decisão sobre a questão principal (alimentos) quanto a decisão sobre a questão prejudicial (paternidade) serão abrangidas pela coisa julgada. Ou seja, ficarão acobertadas pelas características de imutabilidade e de indiscutibilidade e não poderão ser novamente decididas, em nenhum outro processo. Assim, caso a questão da paternidade volte a ter importância em outra ação, como, por exemplo, em uma ação de inventário, ninguém mais poderá alegar (ou decidir) que Paulo não é pai de Mariazinha.

No regime do Código de Processo Civil de 1973, a solução era diferente. As questões prejudiciais não eram abrangidas pela coisa julgada (art. 469, CPC/73), a não ser que fossem objeto de ação declaratória incidental (art. 470, CPC/73).

Portanto, o novo Código de Processo Civil ampliou os limites objetivos da coisa julgada, que agora englobarão as decisões sobre questões prejudiciais.

Para tanto, contudo, será necessário que sejam atendidos os pressupostos previstos nos incisos I, II e III do § 1° e no § 2° do art. 503 do Código de Processo Civil de 2015.

Assim, a coisa julgada não se estenderá à resolução de questão prejudicial de que não depender o julgamento do mérito (art. 503, § 1º, I), isto é, somente a questão prejudicial de cuja resolução dependa o julgamento do mérito pode tornar-se indiscutível pela coisa julgada. Além disso, a extensão da coisa julgada à resolução da questão prejudicial incidental pressupõe que tenha havido contraditório prévio e efetivo sobre tal questão (art. 503, § 1º, II). Ademais, para a questão prejudicial ser englobada pela imutabilidade da coisa julgada, o órgão judicial que a decidiu deverá ter competência para resolvê-la como se questão principal fosse (art. 503, § 1º, III). E, por fim, também não haverá tal extensão dos limites objetivos se, no processo em que a questão prejudicial for resolvida, houver restrições probatórias ou limitações à cognição judicial.[47]

A alteração legal foi, de antemão, rechaçada por alguns autores, para os quais a alteração traria poucas vantagens à segurança jurídica e agregaria muitas dificuldades à prática do instituto da coisa julgada, como, por exemplo, os problemas relativos aos pressupostos para a definição de quais questões prejudiciais poderiam ser abrangidas pela coisa julgada.[48]

Nada obstante, as alterações legais foram feitas e incidirão, repita-se, sobre os processos iniciados após a vigência do novo Código (art. 1.054, CPC/15).

1.4. Coisa julgada formal

Jaqueline Mielke Silva

A coisa julgada formal significa a imutabilidade de uma sentença dentro de uma mesma relação processual.[49] Tanto as sentenças de extinção do processo com resolução de mérito (artigo 487 do CPC/15) quanto as sentenças de extinção sem resolução de mérito (artigo 485 do CPC/15) transitam em julgado formalmente. Trata-se de uma

---

[47] DIDIER JR., Fredie; BRAGA, Paula Sarno; OLIVEIRA, Rafael A. *Curso de Direito Processual Civil.* Vol. 2. Op. cit., p.549-553.

[48] GIDI, Antonio; TESHEINER, José Maria Rosa; PRATES, Marília Zanella. Limites Objetivos da Coisa Julgada no Projeto de Código de Processo Civil: Reflexões Inspiradas na Experiência Norte-Americana. *Revista de Processo*, vol. 194 (2011): p. 101-138.

[49] No CPC/15, o artigo 502, quando define coisa julgada, utiliza o termo *decisão*, razão pela qual, pode-se afirmar que algumas decisões que, embora não tenham o conteúdo de sentença, também possam ficar cobertas pela coisa julgada formal (*v.g.* as decisões que resolvem parcialmente o mérito, previstas no artigo 356 do CPC/15).

forma de preclusão que cobre a sentença de que não caiba mais recurso algum.[50]

1.5. Coisa julgada material

A doutrina clássica costumava identificar a coisa julgada com o efeito declaratório produzido pela sentença. Segundo Celso Neves,[51] "coisa julgada é o efeito da sentença definitiva sobre o mérito da causa que, pondo termo final à controvérsia, faz imutável e vinculativo, para as partes e para os órgãos jurisdicionais, o conteúdo declaratório da decisão final". Segundo Ovídio Baptista da Silva,[52] esta concepção é imprecisa, não alcançando o objeto que se pretende definir. Segundo o autor, a grande questão é saber se coisa julgada seria um efeito da sentença; e, se fosse, tal efeito seria identificável com a declaração contida na sentença, ou poderia, eventualmente, abranger alguns ou todos os seus outros efeitos. Em segundo lugar, qual seria a verdadeira natureza deste efeito identificado como coisa julgada? Partindo destas indagações, o autor[53] propõe três hipóteses ou três soluções relativas ao conceito de coisa julgada, *verbis*: "A primeira é aquela sugerida por Celso Neves, que se pode considerar como a doutrina clássica sobre esta questão, segundo a qual a coisa julgada é o efeito que torna imutável o conteúdo declaratório da sentença. A segunda alternativa conceitual foi dada por Liebman. Para este grande processualista italiano, de marcante influência na doutrina brasileira, a coisa julgada, ao contrário do que supunha a doutrina majoritária, não é um efeito e sim uma 'qualidade' que se acrescenta aos efeitos da sentença, tornando não apenas o seu conteúdo imutável, mas igualmente imutáveis os seus efeitos (*Eficácia e autoridade da sentença*, trad. Bras., 2. ed., 1981, p. 54)".

Ovídio Araújo Baptista da Silva propõe uma terceira conceituação para a coisa julgada, utilizando elementos de ambas as definições acima explicitadas. Segundo o autor,[54] coisa julgada é uma qualidade que torna imutável e indiscutível o efeito declaratório da sentença, uma vez exauridos os recursos com que os interessados poderiam

---

[50] José Frederico Marques (In: *Instituições de Direito Processual Civil*, 1960, Vol. 5, p. 41), ao tratar do tema, refere que a "coisa julgada formal consiste na preclusão máxima de que fala a doutrina, visto que impede qualquer reexame da sentença como ato processual, tornando-a imutável dentro do processo".

[51] In: *Coisa julgada civil*, 1971, p. 443.

[52] In: *Teoria Geral do Processo*. São Paulo: Revista dos Tribunais, 1997, p. 319.

[53] Idem, ibidem.

[54] Idem, p. 320.

atacá-la. Esta definição limita a coisa julgada apenas ao efeito declaratório.

1.6. Formação da coisa julgada

A natureza da coisa julgada é um dos temas que mais preocupa os processualistas. As modernas teorias a esse respeito podem ser divididas em substanciais e processuais,[55] conforme se afirme que a coisa julgada influi direta e imediatamente sobre a situação substancial preexistente, criando novas relações jurídicas materiais, ou, então, ao contrário, que ela apenas cria um vínculo para o juiz de todo processo futuro.[56]

Segundo Willis Santiago GUERRA FILHO,[57] "teorias processuais e substanciais sobre a coisa julgada são igualmente compatíveis, posto que cada uma apontaria para aspectos distintos do fenômeno, que teria uma dimensão de direito processual, configurada na coisa julgada formal, e também outra, de direito substancial, a coisa julgada material".

Sem qualquer dúvida, Enrico Tullio LIEBMAN é o autor de uma das lições sobre coisa julgada que mais adquiriu aceitação por parte de vasto setor das doutrinas italiana e brasileira. Segundo ele, coisa julgada é uma qualidade – a qualidade de imutabilidade! – que se agrega ao comando da sentença e a seus efeitos.[58] Com essa ideia, Enrico Tullio LIEBMAN refuta a concepção dominante na doutrina germânica, que identifica coisa julgada com os efeitos da sentença, quando esta não está mais sujeita a impugnações, efeito esse que seria o declaratório.[59]

Segundo Willis Santiago GUERRA FILHO,[60] "definir a essência da coisa julgada como uma qualidade, de imutabilidade ou estabilidade, na esteira de LIEBMAN, é incidir em grave erro filosófico,

---

[55] Segundo ALLORIO, essa antítese é o reflexo de outra, mais profunda, na qual se confrontam maneiras opostas de explicar o telos processual: (a) se ele é entendido como meio de atuação do Direito, e então é levado a propugnar uma doutrina processual da coisa julgada, ou (b) se se reporta a destinação do processo à composição da lide ou qualquer outra realidade extraprocessual, haver-se-á de defender uma posição alinhada com a doutrina processual (In: ALLORIO, Enrico. *La cosa giudicata rispetto ai terzi*. Milão: Giuffre, 1935).

[56] Neste sentido: GUERRA FILHO, Willis Santiago. *A Filosofia do Direito* – Aplicada ao Direito Processual e à Teoria da Constituição, p. 65.

[57] Idem, ibidem.

[58] In: LIEBMAN, Enrico Tullio. *Eficácia e autoridade da sentença*. 2. ed. Traduzido por Alfredo Buzaid/Benvindo Aires. Rio de Janeiro: Forense, 1981.

[59] In: GUERRA FILHO, Willis Santiago. *A Filosofia do Direito* – Aplicada ao Direito Processual e à Teoria da Constituição, p. 66.

[60] Idem, p. 68.

confundindo realidades diametralmente opostas, inconciliáveis, já que a qualidade dos entes, seus atributos, por definição, é exatamente o que lhes é acidental, e, logo, que não pertence à sua essência ou natureza. Isso não significa dizer que é errôneo considerar a coisa julgada como uma qualidade da sentença: incorreto é apenas identificar aí sua natureza. Por isso é que não resta outra alternativa senão reconhecer estar-se diante de uma questão que foi hipostasiada, de um falso problema, que nos leva a procurar em vão por um fundamento concreto, uma substância, onde não há, uma vez que o referencial semântico da coisa julgada é outro signo linguístico, a sentença. Essa sim é dotada de um referente palpável, que é o ato do órgão judicial de pronunciá-la. Utilizando o moderno aparato conceitual fornecido pela semiótica, pode-se dizer que a coisa julgada é um signo com função de organizar o discurso comunicativo no direito processual, o que a coloca em uma dimensão puramente sintática, em que os signos se relacionam apenas entre si. Como o próprio processo também se situa nesse plano formal, tem-se que o instituto em tela é tipicamente processual, prestando-se para atender à função de organizar semanticamente a matéria jurídica, tendo em vista sua aplicação, que, afinal, é a do processo".

Pelo exposto, observa-se que a coisa julgada não possui um conteúdo substancial, ao contrário da sentença. A sentença representa não só o ato em que direito material e processual se fundem em uma unidade, para alcançar o objetivo de todo ordenamento, mas também, é expressão do momento em que se opera a passagem do direito de resolver os problemas jurídicos, tal como eles se dão na realidade, distintos de como são prefigurados, ideal e abstratamente, nas normas jurídicas.

Nesse contexto, a coisa julgada aparece como artifício ou mecanismo de que se vale o ordenamento jurídico para implementar o convencimento e a certeza sobre a existência ou não de um direito ou qualquer outra situação jurídica, exercendo assim um papel ideológico de legitimação desse mesmo ordenamento e de garantia de sua manutenção, ao tornar incontrovertido, em princípio, o resultado da função cognitiva do processo.[61] Trata-se, portanto, de um conceito operativo, indissociável daquele outro a que se reporta o de sentença.[62]

---

[61] Neste sentido: MANDRIOLI, Crisanto. *Corso di diritto processuale civile*. Turim: Giappichelli, 1978. v. I, p. 17-21.

[62] Neste sentido: GUERRA FILHO, Willis Santiago. *A Filosofia do Direito* – Aplicada ao Direito Processual e à Teoria da Constituição, p. 68.

Giuseppe CHIOVENDA[63] já advertia que coisa julgada não tem nada em si de necessária e absoluta, visto que se podem encontrar sistemas jurídicos onde ela simplesmente não existe. Willis Santiago GUERRA FILHO[64] refere que, na atualidade, na família jurídica anglo-saxônica, regida pela *common law*, se desconhece o instituto tal como ele aparece em sistemas jurídicos como o nosso, já que o julgado tanto pode ser atacado em um mesmo processo, após seu pronunciamento, mediante "moções" (*motion for a rehearing, motion to set aside a veredict* etc.), como também em outro processo, pelo *collateral attack*. Todavia, isso não implica nenhum prejuízo ou inferiorização para a justiça norte-americana ou inglesa, que, na verdade, sob certos aspectos, até é mais eficiente que a nossa, dos países da família romano-germânica.

1.7. Relativização da coisa julgada

No direito brasileiro, a coisa julgada tem sido amplamente questionada. Alguns autores afirmam que, nas demandas que versarem sobre direitos indisponíveis – a ação de investigação de paternidade é uma delas – o instituto da coisa julgada deva ser revisto. No caso específico da investigação de paternidade, muitos casos foram dados por encerrados em uma época quando sequer existia o DNA (exame que chega a um resultado bastante aproximado da paternidade) ou mesmo, quando as partes não dispunham de recursos financeiros para custeá-lo. José Augusto DELGADO[65] é um desses autores que questionam a coisa julgada: "O avanço das relações econômicas, a intensa litigiosidade do cidadão com o Estado e como o seu semelhante, o crescimento da corrupção, a instabilidade das instituições e a necessidade de se fazer cumprir o império de um Estado de Direito centrado no cumprimento da Constituição que o rege e das leis com ela compatíveis, a necessidade de um atuar ético por todas as instituições políticas, jurídicas, financeiras e sociais, tudo isso submetido ao controle do Poder Judiciário, quando convocado para solucionar conflitos daí decorrentes, são fatores que têm feito surgir uma grande preocupação, na atualidade, com o fenômeno produzido por sentenças injustas, por decisões que violam o círculo da moralidade e os limites da

---

[63] In: CHIOVENDA, Giuseppe. *Pincipi di Diritto Processuale Civile*. Napoles: Jovena, 1965, § 78, p. 706-7.
[64] In: GUERRA FILHO, Willis Santiago. *A Filosofia do Direito* – Aplicada ao Direito Processual e à Teoria da Constituição, p. 70.
[65] DELGADO, José Augusto. Efeitos da coisa julgada e os princípios constitucionais. In: NASCIMENTO, Carlos Valder (coord.). *Coisa Julgada Inconstitucional*. Rio de Janeiro: América Jurídica, 2002, p. 77-121.

legalidade, que afrontam os princípios da Carta Magna e que teimam em desconhecer o estado natural das coisas e das relações entre os homens. A sublimação dada pela doutrina à coisa julgada, em face dos fenômenos instáveis supracitados, não pode espelhar a força absoluta que lhe tem sido dada, sob o único argumento que há de se fazer valer o império da segurança jurídica. Há de se ter como certo que a segurança jurídica deve ser imposta. Contudo, esta segurança jurídica cede quando princípios de maior hierarquia postos no ordenamento jurídico são violados pela sentença, por, acima de todo esse aparato de estabilidade jurídica, ser necessário prevalecer o sentimento do justo e da confiabilidade nas instituições. A sentença não pode expressar comando acima das regras postas na Constituição, nem violentar os caminhos da natureza, quando, por exemplo, determinando que alguém seja filho de outrem, quando a ciência demonstra que não o é. Será que a sentença, mesmo transitada em julgado, tem valor maior que a regra científica? É dado ao juiz esse 'poder' absoluto de contrariar a própria ciência? A resposta, com certeza é de cunho negativo. A sentença transita em julgado, em época alguma, pode, por exemplo, ser considerada definitiva e produtora de efeitos concretos, quando determinar, com base exclusivamente em provas testemunhais e documentais, que alguém é filho de determinada pessoa e, posteriormente, exame de DNA comprove o contrário".

Cândido Rangel DINAMARCO[66] concorda com o entendimento supraexplicitado: "Um óbvio predicado essencial à tutela jurisdicional que a doutrina moderna alcandora e realça, é o da justiça das decisões. Essa preocupação não é apenas minha: a doutrina e os tribunais começam a despertar para a necessidade de repensar a garantia constitucional e o instituto técnico-processual da coisa julgada, na consciência de que não é legítimo eternizar injustiças a pretexto de evitar a eternização de incertezas".[67]

---

[66] DINAMARCO, Cândido Rangel. Relativizar a coisa julgada material. In: NASCIMENTO, Carlos Valder (coord.). *Coisa Julgada Inconstitucional*. Rio de Janeiro: América Jurídica, 2002, p. 33-76.

[67] Também Maria Berenice DIAS possui o mesmo entendimento: "Tais interesses, por evidente, se sobrepõem ao instituto da coisa julgada, que não tem assento constitucional, não se podendo impedir o livre acesso à justiça para o reconhecimento da filiação face à temporária impossibilidade probatória ou, até, à negligência em subsidiar a formação de um juízo de certeza para o julgamento. Desse modo, impõe-se repensar a solução que vem sendo adotada ante ausência de probação nas ações de investigação de paternidade. Descabe um juízo de improcedência do pedido, a cristalizar, como coisa julgada, a inexistência do estado de filiação. O que se verificou foi falta de pressuposto ao que impõe a extinção do processo nos precisos termos do inc. IV, do art. 267 do CPC. Tal solução, que, tecnicamente, é uma sentença terminativa, viabiliza a possibilidade de qualquer das partes retornar ao Judiciário, munida de melhores e mais seguras provas, para identificação da verdade no estabelecimento do vínculo mais caro ao ser humano." (DIAS, Maria Berenice. Investigação de Paternidade. Prova e Ausência de coisa julgada material. *Revista Brasileira de Direito de Família*. Porto Alegre: Síntese, n. 1, p. 18-21, abr.-mai.-jun. 1999).

É certo que a proteção aos direitos fundamentais é de vital importância no âmbito de qualquer sistema jurídico. Em contrapartida, o valor segurança também é relevante. Muitos dos defensores da tese da flexibilização da coisa julgada utilizam a proteção dos direitos fundamentais como "bandeira", mas acabam flexibilizando o instituto também em outras circunstâncias onde não estão em jogo tais categorias de direitos. Não é demasiado salientar que a tese da flexibilização foi deduzida pela primeira vez em favor da Fazenda Pública.

Ovídio Araújo BAPTISTA DA SILVA[68] é um dos críticos à ideia abrangente de relativização da coisa julgada. Segundo o autor, "Neste quadro cultural, não deve se surpreender que a instituição da coisa julgada, tida como sagrada na 'primeira modernidade', entre em declínio. O fenômeno obedece à lei que tem presidido o mundo moderno. Não deixa, porém, de ser curioso que o ataque à coisa julgada provenha da própria modernidade, levando em conta que a instituição fora concebida para atender à exigência primordial de segurança jurídica, condição básica para o desenvolvimento econômico, aspiração também moderna. A coisa julgada, exageradamente abrangente, foi a âncora jurídica que possibilitou a construção do 'mundo industrial'. Afinal, cabe perguntar, estaremos ainda vivendo a fase terminal da modernidade; ou, tendo-a ultrapassado, estaremos no pico de uma crise paradigmática, sem saber para onde vamos".

Prossegue o autor, afirmando: "Suponho desnecessário sustentar que a 'injustiça da sentença' nunca foi e, a meu ver, jamais poderá ser, fundamento para afastar o império da coisa julgada. De todos os argumentos concebidos pela doutrina, através dos séculos, para sustentar a necessidade de que os litígios não se eternizem, parece-me que o mais consistente reside, justamente, na eventualidade de que a própria sentença que houver reformado a anterior, sob o pressuposto de conter injustiça, venha a ser mais uma vez questionada como injusta; e assim ad aeternum, sabido, como é, que a justiça, não sendo um valor absoluto, pode variar, não apenas no tempo, mas entre pessoas ligadas a diferentes crenças políticas, morais e religiosas, numa sociedade democrática que se vangloria de ser tolerante e 'pluralista' quanto a valores".

Para resumir: "entendo que a asserção feita pelo Ministro Delgado de que os efeitos da coisa julgada devem prestar homenagem absoluta aos princípios da moralidade, da razoabilidade, da proporcionalidade e do justo (...) exerce, inevitavelmente, um efeito extermi-

---

[68] SILVA, Ovídio Araújo Baptista da. "Coisa Julgada relativa?" In: *Anuário do Programa de Pós-Graduação em Direito*. Mestrado e Doutorado. São Leopoldo: EdUnisinos, 2003, p. 363-78.

nador da coisa julgada! Além disso, o que seria uma 'grave' injustiça, capaz de autorizar que a coisa julgada não fosse observada? Embora o ilustre magistrado, ao que me é dado compreender, preconize a eliminação da coisa julgada em casos excepcionais, a verdade é que, aceitando suas premissas, parece-me que nada mais restará do instituto. Afinal, que sentença não poderia ser acusada de 'injusta'; e qual a injustiça que não poderia ser tida como 'grave' ou 'séria'? E como seria possível atribuir a uma sentença a qualificadora de 'absurdamente lesiva' ao Estado, como sugere Dinamarco? A coisa julgada resistiria às sentenças 'lesivas', mas não às que fossem 'absurdamente' lesivas? Como medir a lesividade, digamos 'normal', provocada pela sentença, para diferenciá-la da 'absurdamente' lesiva?".

Sem qualquer dúvida, a questão merece reforma legislativa urgente, de modo a coibir abusos ou teses jurídicas que comprometem toda a segurança jurídica do sistema. No tocante a este aspecto, o CPC/15 foi omisso, nada tratando a respeito da temática. É certo que o instituto da coisa julgada deve-se adequar ao nosso tempo. Todavia, o valor segurança também deve ser preservado.

Parece-nos que esse (re)dimensionamento da coisa julgada deva ser realizado nas demandas que tutelam direitos fundamentais. Neste aspecto, a adoção do critério de *julgamento secundum eventum litis*, na hipótese de julgamento de improcedência por insuficiência de provas, parece que traz maior efetividade à realização de direitos.

Não é demasiado salientar que tal critério já é utilizado nas demandas de natureza coletiva, que tutelam, em sua grande maioria, direitos fundamentais de terceira dimensão.[69] Por que não adotá-lo, também, nas ações individuais que tutelam direitos fundamentais?

Não nos parece razoável apenas o aumento do prazo para o ajuizamento da ação rescisória, eis que teríamos sacrificado inúmeros direitos fundamentais, objeto de demandas ajuizadas anos e anos atrás – como, por exemplo, as ações de investigação de paternidade, nas quais inexistia o exame de DNA.

Não se pode fechar os olhos para mudanças ocorridas na genética, que geram reflexos incontestáveis no âmbito não apenas do direito de família, mas também em institutos do direito processual civil.

---

[69] Vide artigo 16 da Lei da Ação Civil Pública e 103 do Código de Defesa do Consumidor.

2. Da ordem do processo no tribunal

Dárcio Franco Lima Júnior

O Código de Processo Civil de 2015, em seus arts. 929 e segs., disciplina uma série de questões pertinentes à jurisdição dos Tribunais do País, seja no âmbito recursal,[70] seja em suas competências originárias.

Dispõe o art. 929 do CPC/2015 que qualquer feito que aporte ao Tribunal deverá ser devidamente registrado, com imediata distribuição (art. 931 do CPC/2015), atendidas as regras de competência interna previstas no regimento da Corte (art. 930 do CPC/2015), observando-se a alternatividade, o sorteio eletrônico e a publicidade.[71]

Como se vê, a lei processual, ao cuidar da distribuição dos feitos nos Tribunais do País, impõe as regras da alternatividade e do sorteio eletrônico, assim assegurando, de um lado, a proporcionalidade na quantidade de feitos distribuídos aos diferentes magistrados da Corte, e, de outro lado, afastando inclinações subjetivas no encaminhamento dos feitos aos relatores e órgãos jurisdicionais respectivos.

A lei processual, ademais, em sintonia com o art. 96, inc. I, *a*, da Constituição da República, reconhece a autonomia dos Tribunais para, em seus regimentos internos, estabelecerem a repartição das competências no âmbito da Corte, definindo os critérios para distribuição dos feitos nos diversos órgãos colegiados (também chamados

---

[70] No âmbito recursal, é usual denominar-se a instância superior, encarregada do julgamento do recurso, de juízo *ad quem*; a instância inferior, em seu turno, prolatora da decisão recorrida, é denominada de juízo *a quo*. As diferentes espécies recursais serão apreciadas mais adiante nesta obra, cumprindo observar, contudo, que há alguns tipos de recursos apreciados na mesma instância prolatora da decisão impugnada, os quais não importam, portanto, em mudança de hierarquia.

[71] Destaco, no ponto, que a distribuição abrange tanto processos físicos como eletrônicos, cumprindo observar que nestes últimos os atos materiais respectivos admitem ampla automatização, dispensando muitas vezes a atuação de servidores públicos. Seja como for, físico ou eletrônico, qualquer processo deve ser devidamente registrado (o que abrange a chamada autuação, recebendo o feito o seu número e restando cadastradas as partes e seus procuradores) e prontamente distribuído ao magistrado competente, nos termos das regras legais e regimentais.

de órgãos fracionários, por exemplo, Câmaras, Turmas, Seções, Órgão Especial, etc.).[72]

De outra parte, assegura a lei, ainda, a publicidade da distribuição, de modo que pode a parte, ou o seu advogado, querendo, acompanhar o procedimento, até o efetivo encaminhamento dos autos ao magistrado sorteado.

Relevante esclarecer que, apesar da existência dos órgãos colegiados dos Tribunais, os feitos, sejam eles recursos ou demandas de competência originária, serão distribuídos a um relator, ou seja, a um determinado magistrado em atuação na Corte, integrante do órgão colegiado respectivo, conforme as regras de competência previstas na legislação e no regimento interno.

O relator, como se verá melhor adiante, é figura central na tramitação dos feitos nos Tribunais, ainda que o julgamento do recurso ou da demanda seja de competência de um órgão colegiado.

Excetuam-se, aqui, apenas as limitadas hipóteses de competência individual do Presidente ou dos Vice-Presidentes das Cortes, nos termos da legislação e dos regimentos internos, situação em que os feitos serão encaminhados às aludidas autoridades, as quais desempenharão suas atribuições individualmente, fora do âmbito de órgãos colegiados (exemplificativamente, o exame de admissibilidade de recursos especiais ou extraordinários nos Tribunais locais, na hipótese do inc. V do art. 1.030 do CPC/2015, conforme se depreende do § 1º do aludido dispositivo legal, se sujeita à decisão individual do Presidente ou dos Vice-Presidentes, observado o regimento interno de cada Corte,[73] sem qualquer vinculação, portanto, a um órgão colegiado).

Ainda quanto à distribuição, a adoção de sistema informatizado, no âmbito de processos físicos e eletrônicos, além de importar na automatização do procedimento, libera servidores públicos para outras atribuições no Poder Judiciário e evita, como destacado, ingerências indevidas no ato de distribuição do feito (em tentativa de "escolha"

---

[72] Exemplificativamente, o Tribunal de Justiça do Estado do Rio Grande do Sul, em seu Regimento Interno, estabelece a distribuição entre as Câmaras Cíveis, essencialmente, a partir da matéria debatida no feito, conforme exposto na respectiva petição inicial, cada Câmara possuindo um rol de matérias de sua competência: contratos administrativos, servidor público, servidões administrativas, responsabilidade civil, direito de vizinhança, posse de imóveis, seguros, falência e recuperação judicial, etc.

[73] Exemplificativamente, o regimento interno do TJRS dispõe que o exame de admissibilidade dos recursos especiais e extraordinários será realizado pelos três Vice-Presidentes da Corte, tocando ao 1º Vice-Presidente os recursos em matéria de direito público, ao 2º Vice-Presidente aqueles que cuidem de questões penais e ao 3º Vice-Presidente os feitos em matéria de direito privado (Regimento Interno, arts. 44, inc. VII, alínea "a", 45, inc. V, alínea "a", e 45-A, inc. V, alínea "a").

do relator), sem prejuízo da fiscalização pelo interessado, que continua assegurada.

Relevante, no particular, a regra contida no art. 930, parágrafo único, do CPC/2015, estabelecendo a prevenção do relator para recursos posteriormente interpostos no mesmo processo ou mesmo em processo conexo.[74] Ou seja: definiu a lei que o relator sorteado quando do primeiro recurso interposto no processo, ou em feito conexo, ficará vinculado também para os demais recursos que vierem a ser interpostos.

Em tal situação, os futuros recursos eventualmente interpostos no mesmo processo não serão objeto de novo sorteio na distribuição, restando simplesmente encaminhados ao relator prevento.[75]

O objetivo da norma é claro: é razoável que os sucessivos recursos em um mesmo processo fiquem sob a mesma relatoria, privilegiando, de um lado, o conhecimento que o magistrado e o seu órgão jurisdicional já possuem sobre a causa, e, evitando, de outro lado, decisões eventualmente contraditórias ou incoerentes com os anteriores julgamentos.[76]

Ainda quanto ao ponto, importante destacar que a prevenção, nos termos do CPC/2015, é do relator, e não do órgão colegiado que ele integra. Em tal contexto, não se verificando, por qualquer motivo, a jurisdição do relator (exemplificativamente, em razão de sua posterior aposentadoria), descabe cogitar da prevenção do órgão colegiado que o mesmo integrava. Recursos futuros, em tal hipótese, serão distribuídos mediante novo sorteio, ressalvadas situações excepcionais (exemplificativamente, a situação prevista no inc. II do art. 1.030 do CPC/2015, em que o feito, em sede de juízo de retratação, deverá retornar à apreciação do órgão colegiado que proferiu o acórdão, e, salvo melhor juízo, mesmo que dele não mais faça parte o relator do julgado).

O relator, como se disse antes, é figura central nos feitos de competência dos Tribunais,[77] encarregado de dirigir e ordenar o

---

[74] Sobre competência e conexão, consultar o primeiro volume deste Curso.

[75] Por exemplo, o Desembargador do TJRS que recebeu, como relator, um recurso de agravo de instrumento em uma ação de cobrança, ficará prevento para a relatoria também dos outros recursos que sejam interpostos na mesma demanda, ou em demanda conexa.

[76] Por óbvio, em perspectiva subjetiva, a manutenção do mesmo relator em recursos futuros pode, ou não, ser do interesse da parte. Trata-se, contudo, de critério do legislador, tradicionalmente observado, aliás, no direito processual brasileiro, como já asseguravam inúmeros regimentos internos na vigência do CPC/1973.

[77] Consoante observava Nelson Pinto (*Código de Processo Civil Interpretado*, São Paulo, Atlas, 2004, coord. Antonio Carlos Marcato, p. 1.638), ainda no sistema do Código de Processo Civil de 1973, "o sistema processual civil vem progressivamente, com o indisfarçável objetivo de diminuir o excesso de trabalho dos órgãos colegiados, alargando as atribuições e os poderes do relator nas

processo[78] e de resolver as questões que surjam em sua tramitação, também no que tange à eventual necessidade de produção de provas[79] e à apreciação de tutelas de urgência,[80] estando autorizado, em alguns casos, inclusive, a decidir individualmente (de forma monocrática ou unipessoal,[81] portanto, sem a intervenção de um órgão colegiado).

Em processos cujo julgamento deva ocorrer em órgão colegiado (em julgamento, portanto, com a participação de três ou mais magistrados, conforme o tipo de recurso ou demanda de competência originária, e observadas as regras regimentais), cumpre ao relator promover os diversos atos preparatórios, incumbindo-lhe, especialmente, a elaboração do relatório do caso e o do seu projeto de voto, do que se cuidará mais adiante, quando do exame do julgamento colegiado.

De outra parte, o art. 938 do CPC/2015, em seus parágrafos, dispõe que o relator deve oportunizar às partes a correção de vícios sanáveis no processo, podendo, outrossim, determinar a realização de eventual prova ainda necessária à apreciação do feito, com o posterior julgamento da causa ou do recurso.

Ainda quanto às atribuições do relator, merece referência, no particular, a previsão do inc. I do art. 932 do Código de Processo Civil

---

causas e nos recursos nos tribunais, bem como aumentando a força da jurisprudência dos tribunais superiores. O relator, que tradicionalmente apenas preparava o recurso ou a causa para julgamento, elaborando o relatório a ser lido na sessão de julgamento e verificando os pressupostos de admissibilidade, negando seguimento aos recursos inadmissíveis, ganhou novas funções e poderes, não apenas para negar seguimento aos recursos em outras hipóteses, praticamente adentrando ao próprio mérito do recurso, como também para proferir decisão de mérito, dando provimento ao recurso, antecipando-se ao pronunciamento do órgão colegiado".

[78] No dizer de José Miguel Garcia Medina, o relator deve exercer a direção formal e material do processo (Novo código de processo civil comentado, 2. ed. em *ebook*, baseada na 4. ed. impressa, São Paulo, Revista dos Tribunais, 2016, acesso via sistema *Proview*, comentários ao art. 932, item "I"). O aludido autor explica: "O art. 139 do CPC/2015 dispõe que ao juiz incumbe a direção do processo. Afirma-se que essa direção pode ser formal e material. Por direção formal entende-se a determinação do andamento dos atos processuais, o que tem a ver com o princípio do impulso oficial, produção de provas, alcance dos fins social, político e jurídico do processo etc. ... Direção material, por sua vez, compreende também a ideia de que o juiz não pode ficar alheio à condição concreta das partes, devendo, p. ex., assegurar-lhes paridade de tratamento" (ob. cit., comentários ao art. 139, item "I"). Para Fredie Didier Jr. (Curso de direito processual civil, vol. 3, 13. ed., Salvador, JusPodivm, 2016, p. 49), o relator possui poderes de ordenação e gestão do processo, assim como poderes instrutórios e decisórios.

[79] Art. 932, inc. I, do CPC/2015. Cumpre-lhe, também, determinar a intimação do Ministério Público, quando for o caso, nos termos do inc. VII do aludido dispositivo legal (as hipóteses de intervenção ministerial estão previstas especialmente no art. 178 do CPC/2015), e decidir o incidente de desconsideração da personalidade jurídica, quando instaurado no tribunal (inc. IV do art. 932 do CPC/2015). Da mesma forma, cabe ao relator examinar o requerimento de concessão da gratuidade de justiça, quando requerido em sede de recurso (art. 99, §7º, do CPC/2015) e o requerimento de revogação do benefício, também quando apresentado em sede de recurso (arts. 100 e 101, §2º, do CPC/2015).

[80] Art. 932, inc. II, do CPC/2015.

[81] Arts. 932, incs. III, IV e V do CPC/2015.

de 2015 no sentido de que compete ao relator "... homologar autocomposição das partes", ou seja, havendo transação entre os litigantes, a respectiva apreciação, para fins de homologação, cabe ao relator.

A disposição legislativa é relevante.

No âmbito do Código de Processo Civil de 1973, havendo transação em sede recursal, era usual limitar-se o relator a homologar tão somente a desistência quanto ao(s) recurso(s) interposto(s), remetendo o feito ao juízo de primeiro grau para a apreciação do acordo, sob o fundamento da necessidade de observância do direito fundamental ao duplo grau de jurisdição.

Considerada a regra expressa do inc. I do art. 932 do CPC/2015, dúvida não há: compete ao relator a apreciação do acordo para fins de homologação, sendo desnecessária a remessa do feito ao juízo de primeiro grau na hipótese de transação realizada em sede recursal.

De outra parte, nos termos do inc. II do art. 932 do CPC/2015, cabe ao relator, outrossim, apreciar o pedido de tutela provisória nos recursos e nos processos de competência originária do tribunal.

Como se vê, eventuais pleitos de tutela provisória, especialmente, a tutela de urgência, devem ser apreciados pelo relator, sem prejuízo, logicamente, da sua reapreciação, por ocasião do julgamento, seja ele monocrático ou em órgão colegiado.

Da mesma forma, cabe ao relator apreciar, ainda, eventual incidente de desconsideração da personalidade jurídica (arts. 133 a 1.337 do CPC/2015), quando suscitado diretamente no Tribunal (inc. VI do art. 932 do CPC/2015).

De outra parte, disciplina a lei o chamado julgamento monocrático pelo relator.

Como bem sustenta Araken de Assis,[82] a apreciação dos feitos nos Tribunais pode seguir um procedimento abreviado, quando resultam julgados tão somente pelo relator, em decisão individual (unipessoal ou monocrática), ou pode seguir o procedimento completo, quando resultam julgados por um órgão colegiado.

Importante referir que, de regra, os Tribunais devem atuar por meio dos seus colegiados, o que é da essência e da tradição do funcionamento das cortes jurisdicionais no País, ficando reservado o julgamento monocrático apenas às situações previstas em lei.[83]

---

[82] *Manual dos recursos*, 8. ed. São Paulo: Revista dos Tribunais, 2016, p. 352 e 365.

[83] Oportuna a lição de Fredie Didier (*Curso de direito processual civil*, ob. cit., p. 48): "Nos tribunais, as decisões, em princípio, devem ser colegiadas. Os tribunais são estruturados para emitir decisões colegiadas, com vistas a obter, com maior grau de probabilidade, o acerto e a justiça do

As hipóteses de julgamento monocrático de recursos estão previstas nos incisos III, IV e V, do aludido art. 932 do CPC/2015.

A primeira hipótese (inc. III) abrange os casos de não conhecimento de recurso, quando este resulta inadmissível ou prejudicado, ou, ainda, quando deixar de impugnar, especificamente, os fundamentos da decisão recorrida.[84]

Em casos assim, o relator está autorizado a não conhecer do recurso, em decisão individual (monocrática), não havendo necessidade de apresentação do feito ao respectivo órgão colegiado.

Essencialmente, o inc. III abrange situações em que o recurso não preenche os respectivos requisitos de admissibilidade, porque também as outras duas hipóteses previstas – recurso prejudicado ou que não impugna os fundamentos da decisão recorrida – igualmente retratam causas de inadmissibilidade (ausência de interesse recursal e falta de regularidade formal do recurso).

Trata-se de medida de economia: se o recurso não apresenta condições de admissibilidade, desnecessária a sua remessa ao colegiado para o reconhecimento de tal circunstância, cumprindo ao relator, desde logo, não conhecer da inconformidade.

Não obstante, deve o relator observar o disposto no parágrafo único do aludido art. 932 do CPC/2015: "Antes de considerar inadmissível o recurso, o relator concederá o prazo de 5 (cinco) dias ao

---

julgamento final. Os membros dos tribunais devem, portanto, atuar em órgão colegiado". O autor continua: "Pelas mais variadas razões, não é possível que todos os casos submetidos ao crivo do tribunal sejam analisados, pessoalmente, por todos os seus membros. Daí porque os tribunais são divididos em órgãos fracionários, devendo cada caso ser atribuído a um de seus membros, que é o relator, a quem se incumbe a tarefa de examinar os autos e a controvérsia ali deduzida" (ob. cit., p. 48).

[84] Na seara recursal, é notória a distinção entre o chamado juízo de admissibilidade do recurso, que, em síntese, abrange a verificação do cumprimento, ou não, dos requisitos necessários ao exame da inconformidade (exemplificativamente, se o recurso restou interposto no prazo, se houve o recolhimento do preparo, se foram cumpridas as questões de regularidade formal, etc.), e o juízo de mérito, posterior, que abrange o julgamento da pretensão recursal (essencialmente, a análise do(s) pedido(s) formulado(s) no recurso). Quando algum requisito de admissibilidade deixa de ser atendido pelo recorrente, diz-se que o recurso não pode ser conhecido ou admitido, ou seja, o seu mérito não está em condições de ser examinado. Desse modo, quando uma decisão monocrática ou um acórdão aponta o não conhecimento de algum recurso, sabe-se, desde logo, que não restou superado o respectivo exame de admissibilidade. Por outro lado, quando o recurso é conhecido ou admitido, porque presentes, justamente, os requisitos, o seu mérito é apreciado, restando o recurso provido ou desprovido (na tradição brasileira a referência à procedência ou à improcedência do pedido fica reservada à pretensão posta na inicial; recurso, quanto ao seu mérito, é provido ou desprovido, acolhido ou desacolhido). Desse modo, quando uma decisão monocrática ou um acórdão dá provimento ao recurso, ou nega provimento ao mesmo, sabe-se que seu mérito restou julgado. Anoto que a distinção entre o exame de admissibilidade e o exame do mérito dos recursos é abordada mais adiante nesta obra, de modo que descabe tecer outras considerações a respeito neste momento. Também mais adiante serão examinados os diferentes requisitos de admissibilidade das formas recursais.

recorrente para que seja sanado vício ou complementada a documentação exigível".

Ou seja: cuidando-se de vício relativo a pressuposto de admissibilidade, e desde que passível, evidentemente, de saneamento,[85] cumpre ao relator oportunizar à parte a sua regularização; se não regularizado no prazo legal, proferirá o relator decisão de não conhecimento do recurso.

O parágrafo único do art. 932 do CPC/2015 consagra o chamado dever geral de prevenção, o qual, consoante ensina Fredie Didier Jr.,[86] reflete os princípios da primazia da decisão de mérito, previsto no art. 4º do CPC/2015, e da cooperação, este constante do art. 6º do estatuto processual civil, aplicando-se a qualquer recurso, seja de natureza ordinária, seja de natureza extraordinária, definindo que "... o recurso defeituoso não pode deixar de ser conhecido, sem que antes seja determinada a correção do defeito".

De outra parte, os incisos IV e V do art. 932 do CPC/2015, em seu turno, retratam situações em que o relator está autorizado a julgar o próprio mérito do recurso, monocraticamente, seja para negar-lhe provimento, seja para dar-lhe provimento.

Observa Fredie Didier Jr. que "o julgamento unipessoal de mérito, pelo relator, deve ser considerado, portanto, como hipótese excepcional, que foge à regra da colegialidade das decisões em tribunal", ou

---

[85] Evidentemente há vícios que não comportam saneamento, hipóteses em que não se cogita da aplicação do parágrafo único, impondo-se o julgamento monocrático de não conhecimento. Exemplificativamente: problemas de tempestividade do recurso (nada pode a parte fazer para superar o prazo já perdido). No mesmo sentido Fredie Didier Jr. (*Curso de direito processual civil*, ob. cit., p. 50), sustentando que as regras que possibilitam a atividade saneadora "... pressupõem que o defeito seja sanável. Não há como corrigir tempestividade ou falta de interesse de agir, por exemplo". Quanto a defeitos na fundamentação da petição recursal (como ocorre, por exemplo, na hipótese de ausência de impugnação específica aos fundamentos da decisão recorrida), filio-me à orientação de que os mesmos não podem ser supridos, vigorando, em sede recursal, o princípio da consumação, que proíbe, justamente, o aditamento ou a retificação da petição do recurso após a sua interposição. Ainda consoante Fredie Didier Jr. (Curso de direito processual civil, ob. cit., p. 54, o art. 932, parágrafo único, do CPC/2015, "... não permite a complementação das razões recursais nem a formulação de pedido recursal que não foram formulados originariamente. Nesses casos, a boa-fé processual impede que se permita esse tipo de fracionamento da elaboração da demanda recursal". Diversa, contudo, é a opinião de Araken de Assis (Manual dos recursos, ob. cit., p. 360, para quem é possível a regularização da petição recursal, nos termos do art. 932, parágrafo único, do CPC/2015, embora reconheça o doutrinador que *dependerá do maior ou menor liberalismo do tribunal superar a falta ou a insuficiência da fundamentação recursal*" (ob. cit., p. 252).

[86] Curso de direito processual civil, ob. cit., p. 53. No mesmo sentido Luiz Guilherme Marinoni, Sérgio Cruz Arenhart e Daniel Mitidiero (Novo curso de processo civil, vol. 2, 3. ed. São Paulo, Revista dos Tribunais, 2017, p. 577): "Além disso, grava o relator o dever de prevenção (art. 932, parágrafo único), inerente ao dever de colaboração judicial (art. 6º), pelo qual, antes de considerar inadmissível qualquer recurso, deve conceder prazo de cinco dias ao recorrente para que seja sanado o vicio ou complementada a documentação exigível ...".

seja, "não pode o relator julgar sozinho o recurso quando bem entender",[87] mas apenas nas estritas hipóteses legais.

Os aludidos dispositivos legais, como se vê de sua simples leitura, abrangem, essencialmente, situações de acordo ou de desacordo entre o recurso sob apreciação e a jurisprudência dos Tribunais, conformidade ou desconformidade que deve-se desenhar, todavia, nos exatos termos previstos pelo legislador.[88]

Ou seja: não se trata de qualquer situação de suposta observância, ou inobservância, de jurisprudência, mas de hipótese em que o recurso atenda, ou descumpra, a orientação da jurisprudência, nos específicos moldes descritos nos incisos IV e V.

Se a coerência entre o recurso e a jurisprudência, ou a discrepância entre os mesmos, não se dá nos moldes previstos especificamente nos incisos IV e V do art. 932 do CPC/2015, resulta afastada a possibilidade do julgamento monocrático no caso, impondo-se o julgamento colegiado.

Impossível não associar o papel do relator, no particular, à necessidade de manter íntegra a jurisprudência, nos termos delineados pelo CPC/2015 em seus arts. 926 e segs.

Quanto às situações previstas nos incisos IV e V, observo que, em rigor, os aludidos dispositivos abrangem as mesmas hipóteses, mas em perspectiva oposta: a) no inciso IV, situações em que o recurso se demonstra contrário à orientação da jurisprudência, nos termos da lei; b) no inciso V, situações em que a decisão atacada pelo recurso se demonstra contrária à jurisprudência (de modo que o recurso contra ela interposto, por óbvio, está em acordo com a jurisprudência).

Nas situações do inc. IV, o relator poderá, em decisão individual, negar provimento ao recurso: a) contrário à Súmula do Supremo Tribunal Federal, do Superior Tribunal de Justiça ou do próprio Tribunal; b) contrário a acórdão do Supremo Tribunal Federal ou do Superior Tribunal de Justiça, quando exarado no procedimento de julgamento de recursos repetitivos; c) contrário ao entendimento firmado em incidente de resolução de demandas repetitivas ou em incidente de assunção de competência.

---

[87] Curso de direito processual civil, ob. cit., p. 55.

[88] Na síntese de Luiz Guilherme Marinoni, Sérgio Cruz Arenhart e Daniel Mitidiero, "é preciso perceber, porém, que a efetiva autorização para o julgamento monocrático está na existência de precedentes constitucionais ou federais sobre o caso (quer decorram ou não de recursos repetitivos, quer estejam ou não retratados em súmulas), bem como na existência de jurisprudência formada a partir dos incidentes de resolução de demandas repetitivas ou de assunção de competência". (*Novo curso de processo civil*, ob. cit., p. 577)

De outra parte, o relator, depois de oportunizada a apresentação de contrarrazões pela parte recorrida, dará provimento ao recurso, em decisão monocrática, se: a) a decisão recorrida contrariar súmula do Supremo Tribunal Federal, do Superior Tribunal de Justiça ou do próprio Tribunal; b) a decisão recorrida contrariar acórdão do Supremo Tribunal Federal ou do Superior Tribunal de Justiça, quando exarado no procedimento de julgamento de recursos repetitivos; c) se a decisão recorrida contrariar o entendimento firmado em incidente de resolução de demandas repetitivas ou em incidente de assunção de competência.

Note-se que, nas hipóteses do inc. IV, resulta desnecessária, inclusive, a oportunidade de apresentação de contrarrazões pela parte recorrida, não se verificando prejuízo, porquanto desprovido, justamente, o recurso.

Por outro lado, nos casos do inc. V, exige a lei, especificamente, a oportunidade das contrarrazões, porque o recurso será provido, assim afetando, diretamente, os interesses da parte adversa.[89]

Privilegia-se, assim, o direito fundamental ao contraditório, assegurando-se, outrossim, a ideia de não surpresa, garantindo-se que a parte recorrida possa previamente oferecer as suas considerações sobre o recurso interposto, antes do julgamento monocrático pelo relator.[90]

A técnica de julgamento abreviado, no dizer de Araken de Assis,[91] é mera faculdade do relator, nada impedindo a adoção do rito completo, com a apresentação do feito para apreciação em sessão do respectivo órgão colegiado.

A decisão do relator, nas aludidas hipóteses, deve ser devidamente fundamentada, nos termos do art. 489, § 1º, do CPC/2015.[92]

---

[89] Como bem refere Fredie Didier Jr. (*Curso de direito processual civil*, ob. cit., p. 55), "... para dar provimento, é preciso que o relator estabeleça o contraditório prévio com o recorrido (...) Para negar provimento ao recurso, não há necessidade de ouvir previamente o recorrido – a lógica, aqui, é a mesma que preside a improcedência liminar do pedido (art. 332 do CPC), autorizada antes da citação do réu".

[90] Não obstante, em perspectiva procedimental, o julgamento nos moldes do art. 932, inc. V, do CPC/2015 pode não ser interessante ou vantajoso para o relator. A exigência de intimação para contrarrazões implica retardamento na tramitação processual. E, cumprida a providência, o recurso estará maduro, em princípio, para julgamento diretamente no colegiado, o que talvez seja mais interessante para o relator e para o próprio órgão colegiado, em termos de eficiência, evitando-se, em tese, a interposição de agravo interno contra a eventual decisão monocrática do relator (agravo interno que determinaria, ao fim e ao cabo, a remessa do feito ao órgão colegiado).

[91] Manual dos recursos, ob. cit., p. 353: "Em princípio, cuida-se de simples faculdade do relator. Em lugar de exercer a competência inserida na regra, nada obsta que, adotando atitude mais conservadora, remeta o julgamento do recurso (e logo acode à mente a apelação) ao órgão fracionário do tribunal".

[92] Assim, Araken de Assis, *Manual dos recursos*, ob. cit., p. 364.

A técnica abreviada prevista no art. 932 do CPC/2015, considerados os expressos termos da lei, abrange apenas as modalidades recursais, não alcançando, portanto, as ações de competência originária dos tribunais (sem prejuízo de que estas sejam decididas eventualmente de forma monocrática, mas à luz de diversa disposição legal autorizativa da providência, como ocorre com a ação rescisória, no art. 968, § 3º, do CPC/2015).[93]

Importante salientar que, das modalidades recursais previstas no CPC/2015, elencadas em seu art. 994, em rigor, a previsão do art. 932 do CPC/2015 abrange apenas os recursos de agravo de instrumento e de apelação.

Os recursos dirigidos aos Tribunais Superiores (recursos ordinário, especial, extraordinário, de embargos de divergência e de agravo de instrumento dirigido ao Superior Tribunal de Justiça ou ao Supremo Tribunal Federal) possuem regime próprio, previsto nos arts. 1.027 e segs. do CPC/2015.

O recurso de embargos de declaração, em seu turno, se interposto em face de acórdão, apenas poderá ser apreciado pelo próprio colegiado, não podendo o relator, em decisão individual, pronunciar-se sobre recurso que diz respeito à decisão do colegiado.

Da mesma forma no que tange ao agravo interno, que constitui o remédio recursal previsto, justamente, para que a parte possa levar à apreciação do colegiado eventual inconformidade contra decisão prolatada pelo relator.[94]

Aliás, importante referir que qualquer decisão do relator, nos termos do art. 1.021 do CPC/2015, passou a ser impugnável por agravo interno, dirigido ao respectivo colegiado, recurso que não mais se restringe aos casos de julgamento abreviado, alcançando também os demais provimentos do relator, por exemplo, suas decisões sobre a concessão, ou não, de tutela de urgência.

---

[93] No âmbito do CPC/1973, que possuía a previsão do julgamento abreviado em seu art. 557, o Superior Tribunal de Justiça firmou a sua aplicabilidade também ao reexame necessário (remessa oficial ou necessária, atualmente prevista no art. 496 do CPC/2015), em sua Súmula n. 253, nada justificando que se entenda de forma diversa no âmbito do atual CPC, como também refere Araken de Assis, Manual dos recursos, ob. cit., p. 353. No mesmo sentido, Fredie Didier Jr. (Curso de direito processual civil, ob. cit., p. 56), igualmente sustentando que "as regras aplicam-se ao julgamento unipessoal da remessa necessária, que ostenta ... natureza recursal".

[94] Assim o Art. 1.021 do CPC/2015: "Contra decisão proferida pelo relator caberá agravo interno para o respectivo órgão colegiado, observadas, quanto ao processamento, as regras do regimento interno do tribunal". E o art. 1.021, § 2º, deixa claro o dever do relator de apresentar o agravo interno ao colegiado: "O agravo será dirigido ao relator, que intimará o agravado para manifestar-se sobre o recurso no prazo de 15 (quinze) dias, ao final do qual, não havendo retratação, o relator levá-lo-á a julgamento pelo órgão colegiado, com inclusão em pauta". As especificidades do agravo interno serão examinadas mais adiante na obra.

Seguindo, ainda, no estudo das atribuições do relator, relevante, outrossim, a regra contida no art. 933 do CPC/2015: "Se o relator constatar a ocorrência de fato superveniente à decisão recorrida ou a existência de questão apreciável de ofício ainda não examinada que devam ser considerados no julgamento do recurso, intimará as partes para que se manifestem no prazo de 5 (cinco) dias".[95]

No dizer de Fredie Didier Jr., trata-se simplesmente da proibição de decisão-surpresa em Tribunal, já prevista, em rigor, no art. 10 do CPC/2015, mas que o Código, para não deixar dúvida, quanto aos procedimentos em Tribunais, explicitou igualmente no art. 933.[96]

Cumpre examinar, agora, o procedimento do julgamento colegiado.

O julgamento colegiado abrange a realização de sessão, para apreciação de feitos de competência do respectivo órgão do Tribunal, integrando três ou mais julgadores, conforme as regras legais e regimentais.

A sessão é ato solene, abrangendo a presença dos julgadores e servidores públicos, com a possibilidade, em alguns casos, de realização de sustentação oral pelos procuradores das partes, de regra aberta ao público (excetuadas hipóteses de segredo de justiça, nos termos do art. 189 do CPC/2015).[97]

---

[95] Relevantes, ainda, as regras restantes do aludido dispositivo legal: "§1º Se a constatação ocorrer durante a sessão de julgamento, esse será imediatamente suspenso a fim de que as partes se manifestem especificamente" e "§2º Se a constatação se der em vista dos autos, deverá o juiz que a solicitou encaminhá-los ao relator, que tomará as providências previstas no caput e, em seguida, solicitará a inclusão do feito em pauta para prosseguimento do julgamento, com submissão integral da nova questão aos julgadores".

[96] *Curso de direito processual civil*, ob. cit., p. 57. Ensina o autor: "A regra que proíbe a decisão surpresa, corolário dos princípios do contraditório e da cooperação, e prevista no art. 10 do CPC, é uma das normas fundamentais mais emblemáticas e importantes do CPC-2015. É possível dizer, inclusive, que se trata de um dos pilares do novo Código". Cuidando, especificamente, do art. 933 do CPC/2015, prossegue o autor: "Observe que o texto se refere tanto a fatos supervenientes (arts. 342 e 493, CPC) quanto a questões que podem ser apreciadas de ofício pelo tribunal, uns e outras questões ainda não submetidas ao contraditório, mas que devem ser levadas em consideração pelo tribunal. O tribunal, para poder decidir com base em qualquer delas, tem de dar às partes a oportunidade de manifestar-se a seu respeito" (ob. cit., p. 58).

[97] Ensina Fredie Didier Jr. (*Curso de direito processual civil*, ob. cit., p. 59): "O julgamento efetiva-se, normalmente, em sessão pública realizada em recinto concebido e preparado com essa finalidade, no interior de prédio construído para abrigar o tribunal. Vale dizer que o julgamento ocorre, normalmente, na sede do tribunal. Há casos em que se admite o julgamento em ambiente virtual, por meio eletrônico, como na análise da repercussão geral no recurso extraordinário". Nos termos da Constituição da República, admite-se a instituição de órgãos regionais de Tribunais (Tribunais de Justiça, Tribunais Regionais Federais e Tribunais Regionais do Trabalho), hipótese em que resultaria possível o julgamento fora da sede do Tribunal (arts. 107, § 3º; 115, § 2º e 125, § 6º, da Constituição da República). Relevante, outrossim, o disposto no art. 217 do CPC/2015, admitindo a realização de atos processuais fora da sede do juízo em razão de deferência, interesse da justiça, da natureza do ato ou, ainda, de obstáculo suscitado pelo interessado e acolhido pelo

O art. 945 do CPC/2015 chegou a disciplinar a possibilidade de realização de sessão apenas virtual ou eletrônica, em oposição à presencial, mas o dispositivo restou revogado pela Lei n° 13.256/2016.[98]

O procedimento completo abrange uma série de atos e questões, os quais serão abordados na sequência.

Importante, contudo, em uma primeira aproximação, vislumbrar o modo de ser do aludido procedimento, para o que é perfeita a síntese de José Carlos Barbosa Moreira, ainda no sistema do CPC/1973, mas perfeitamente aplicável à lei vigente: "O julgamento da causa ou do recurso, na sessão designada, constitui procedimento complexo, que se desdobra em várias etapas. Começa pelo anúncio, que faz o presidente do órgão, de que será julgado o recurso ou a causa. Dada a palavra ao relator, segue-se a exposição deste. Vem depois, salvo nos casos em que a lei o exclui, o debate oral entre os procuradores das partes. Em seguida, tomam-se os votos; e, afinal, proclama o presidente o resultado do julgamento, com o que fica este encerrado".[99]

No julgamento colegiado, conforme já destacado, é de grande relevância a atuação do relator, encarregado de elaborar o relatório e o voto.

O relatório, texto meramente descritivo, abrange o resumo do caso, com a exposição, pelo relator, das questões de fato e de direito suscitadas pelas partes, abrangendo a indicação dos pedidos formulados ao Tribunal e a síntese dos argumentos deduzidos pelos litigantes.[100]

---

magistrado. Exemplo relevante é a realização de sessões de julgamento de Tribunais em universidades, com a apreciação de alguns processos, e com evidente finalidade didática.

[98] Destacam Luiz Guilherme Marinoni, Sérgio Cruz Arenhart e Daniel Mitidiero (*Novo curso de processo civil*, ob. cit., p. 577) que "em seu desenho original, o novo Código possibilitava o julgamento das causas que não admitiam sustentação oral se realizasse por meio eletrônico (art. 945) – semelhante previsão, porém, foi revogada (Lei 13.256/2016)". Transcrevo o revogado dispositivo legal, para conhecimento (Revogado pela Lei n° 13.256, de 2016): "Art. 945. A critério do órgão julgador, o julgamento dos recursos e dos processos de competência originária que não admitem sustentação oral poderá realizar-se por meio eletrônico. § 1° O relator cientificará as partes, pelo Diário da Justiça, de que o julgamento se fará por meio eletrônico. § 2° Qualquer das partes poderá, no prazo de 5 (cinco) dias, apresentar memoriais ou discordância do julgamento por meio eletrônico. § 3° A discordância não necessita de motivação, sendo apta a determinar o julgamento em sessão presencial. § 4° Caso surja alguma divergência entre os integrantes do órgão julgador durante o julgamento eletrônico, este ficará imediatamente suspenso, devendo a causa ser apreciada em sessão presencial".

[99] *Comentários ao código de processo civil*, vol. V: arts. 476 a 565, 13. ed., Rio de Janeiro, Forense, 2006, p. 656).

[100] A lei não impõe uma estrutura para o relatório, contexto em que o relator possui liberdade, em termos de forma e estilo. É bastante comum, no caso dos recursos, que o relatório parta do resumo do teor da decisão recorrida, ou da sua transcrição, com a posterior síntese dos argumentos do(s) recurso(s) e do(s) pedido(s) formulado(s) ao tribunal, seguindo-se resumo da(s) resposta(s) ao(s) recurso(s). Há magistrados que optam por relatar o processo desde o início, sintetizando

De outra parte, no projeto de voto, o relator propõe aos demais colegas do órgão colegiado a solução que reputa adequada ao caso, examinando as questões de fato e de direito, com a apresentação dos seus fundamentos, e indicando a sua conclusão, por exemplo, no sentido do provimento, ou não, do recurso da parte.

No âmbito do procedimento completo, de regra, os demais colegas que participarão do julgamento não fazem um estudo direto dos autos do processo, julgando o caso, essencialmente, a partir da leitura e da análise do relatório elaborado e do voto proposto, ou seja, ao contrário do que muitas vezes se supõe, dos juízes que integram um órgão de tribunal, de regra, apenas o relator analisou diretamente os autos do processo; os demais, julgam o caso cotejando as informações e questões expostas no relatório com os fundamentos, de fato e de direito, apresentados pelo relator no voto proposto aos colegas.[101]

No ponto, além de se cuidar de característica já firmada em nosso País pela tradição, é evidente que, na perspectiva da eficiência da jurisdição, não se justifica que todos os magistrados do órgão colegiado examinassem, obrigatoriamente, os autos de todos os processos.

A estrutura jurisdicional deve ser racional, funcional e eficiente, cumprindo ao relator, como se disse, preparar o caso para o julgamento pelos demais colegas, dividindo-se entre os integrantes do Tribunal as tarefas de relatoria e o respectivo trabalho de estudo dos processos.

---

os argumentos e pedidos da petição inicial, as teses da defesa, o conteúdo da decisão recorrida, as teses e pedidos recursais e as teses contidas na resposta aos recursos. Importante referir que a maior ou menor complexidade do caso, e/ou o seu caráter repetitivo ou não, também interfere no relatório, permitindo maior concisão, ou exigindo maior detalhamento. Referem Nelson Nery Junior e Rosa Maria de Andrade Nery (*Código de processo civil comentado*, 2. ed. em *ebook*, baseada na 16. ed. impressa, São Paulo, Revista dos Tribunais, 2016, acesso via sistema *Proview*, comentário ao art. 931, item "2"): "Deve preparar exposição dos pontos controvertidos, de forma que os demais componentes do grupo que irão julgar o recurso possam ter uma referência quando passarem ao estudo da causa. Tal exposição consistirá no relatório, que deverá ser encartado ao processo (caso se trate de processo físico) quando da devolução dos autos à secretaria. O voto será exposto apenas no dia do julgamento, não sendo necessário apresentá-lo de antemão, em vista da possibilidade de alteração durante o julgamento".

[101] Evidente, assim, a importância do relatório: se os demais magistrados tomam conhecimento do caso a partir do relatório, e formam a sua convicção a partir do cotejo entre as questões expostas no relatório e o voto do relator, é inequívoco que o relatório deve ser preciso e completo na exposição das informações necessárias e relevantes ao julgamento. Um relatório com informações parciais ou equivocadas, ou que apresenta omissões relevantes, pode redundar em uma compreensão do caso também equivocada pelos demais integrantes do órgão colegiado, em prejuízo à análise e à solução da controvérsia. Conforme a aguda observação de José Carlos Barbosa Moreira (*Comentários ao código de processo civil*, ob. cit., p. 657), "a clareza e a precisão da exposição do relator são condições essenciais para que se possa julgar bem. Avultam aqui a delicadeza e a importância da função acometida ao relator. Uma exposição incompleta ou pouco fiel pode levar o colegiado a perpetrar graves injustiças. É necessário que ela contenha todos os dados relevantes, dispostos em ordem que lhes facilite a apreensão e a memorização, sem contudo perder-se em minúcias fatigantes que desviem a atenção do essencial".

No sistema do CPC/1973, para algumas espécies de recursos e demandas havia a previsão de atuação de um magistrado revisor, a quem também cumpria o estudo dos autos, antes da sessão de julgamento, conferindo e aditando, se fosse o caso, o relatório apresentado pelo magistrado relator.

O CPC/2015 não mais prevê a figura do revisor, restando omisso a respeito, em contexto no qual se tornam ainda mais relevantes as atribuições do relator.[102]

Os demais magistrados que participam do julgamento do recurso ou da causa, completando o respectivo *quorum*, ou seja, aqueles que não exercem as funções de relator ou de revisor, são denominados de vogais.[103]

Nos termos do art. 934 do CPC/2015, o magistrado presidente do órgão colegiado designará a data da sessão de julgamento, com a publicação da respectiva pauta no órgão oficial.

Em verdade, apesar dos termos da lei, a questão, na prática, é mais simples do que se apresenta.

De regra, o juiz-presidente do órgão colegiado define previamente as datas das sessões de julgamento, ajustando com os demais magistrados, e em conformidade com a lei e com as normas regimentais, as respectivas composições (a nominata dos julgadores que participarão especificamente das sessões).

Os integrantes que participarão da sessão de julgamento simplesmente incluem na pauta respectiva os processos que, na condição de relator, pretendem julgar.[104]

---

[102] No dizer de Araken de Assis (*Manual dos recursos*, ob. cit., p. 371, diante da omissão legislativa – que não mais prevê a revisão, mas não a proíbe – nada impede, em princípio, que as normas regimentais dos Tribunais determinem a atuação de revisor. Adverte o processualista que "a revisão importa o exame direto dos autos por um segundo juiz, além do relator, e o conhecimento real do processado. Trata-se de um acréscimo de atividade, e portanto, o ato exige algum tempo, ao menos igual ao gasto pelo relator, por mais desrespeitada que seja a antecedência dessa finalidade". Por outro lado, ainda o mesmo autor anota que "o objetivo da revisão consiste em tornar o exame dos autos mais completo, confiando-o a dois magistrados, e, por essa via, contrabalançar a forte influência da exposição do relator, quiçá decisiva nas causas em que os advogados não se interessam pelo debate oral na sessão de julgamento. Compreende-se, nesta conjectura, o direito de o revisor ratificar e complementar o relatório, oferecendo ao vogal as razões das partes sob diversa perspectiva" (ob. cit., p. 372).

[103] Exemplificativamente, no julgamento colegiado de um determinado recurso de apelação, que exige a atuação de três magistrados, ter-se-á o relator do processo e dois vogais; houvesse previsão regimental de revisão, ter-se-ia o relator, o revisor e o vogal. Em colegiados mais numerosos, é inequívoco que os vogais representam a maior parte dos votos, embora a atuação do relator, e, quando for o caso, do revisor, seja relevante na formação do convencimento dos demais juízes (vogais).

[104] Por exemplo, o Presidente de uma Câmara de Tribunal de Justiça, composta por cinco integrantes, definiu que, em agosto de 2017, ocorrerão duas sessões de julgamento, a primeira em

Posteriormente, a pauta (lista de processos em julgamento em uma específica sessão) será publicada no órgão oficial (por exemplo, no Diário da Justiça Eletrônico), com o objetivo de intimar previamente os procuradores das partes a propósito do ato.[105]

Qualquer magistrado, querendo, tem direito a consultar diretamente os autos do processo, podendo fazê-lo antes da sessão de julgamento, ou apresentando pedido de vista durante esta, nos termos do art. 940 do CPC/2015, oportunidade em que será suspenso o julgamento do feito.

O autor do pedido de vista dispõe do prazo de 10 dias para a análise do feito, cumprindo-lhe apresentar o processo na sessão seguinte à devolução dos autos.

Embora seja prática usual nos Tribunais do País a superação de prazos de pedido de vista, inclusive sob o velho e discutível fundamento de que os prazos judiciais seriam impróprios, o CPC/2015 prevê mecanismos para cuidar da situação.[106]

07.8.2017 e a outra em 21.8.2017. Na primeira, a composição se dará entre os Desembargadores AA, BB e CC (DD e EE, também integrantes da Câmara, não participarão daquela sessão); na segunda, entre os Desembargadores AA, BB e EE (CC e DD não participarão). Na primeira sessão, cada um dos magistrados (AA, BB e CC) incluirá na respectiva pauta os processos que, como relatores, pretendem julgar naquela oportunidade. Também é possível que, em uma mesma sessão, todos dela participem, mas integrando diferentes composições, cada uma com três magistrados, assim julgando os diversos processos pertinentes. Em termos de volume de processos, a questão comporta inevitável variação, dependendo de incontáveis circunstâncias. É inequívoco, no entanto, que as sessões dos órgãos colegiados de Tribunais, nos últimos anos, de forma geral, vêm apresentando um acréscimo na quantidade de processos apreciados em cada oportunidade, sendo comum que sejam pautados, em diversos Tribunais do País, centenas de processos em uma mesma sessão (por exemplo, cada um dos magistrados participantes da sessão incluiu na pauta, como relator, cerca de 200 processos, ou seja, a sessão abrangerá o julgamento de 600 feitos).

[105] Relevante, no ponto, o disposto no art. 935 do CPC/2015: "Entre a data de publicação da pauta e a da sessão de julgamento decorrerá, pelo menos, o prazo de 5 (cinco) dias, incluindo-se em nova pauta os processos que não tenham sido julgados, salvo aqueles cujo julgamento tiver sido expressamente adiado para a primeira sessão seguinte". Ou seja: entre a intimação e a sessão de julgamento deve ser respeito o prazo mínimo de cinco dias úteis; de outra parte, os processos pautados na sessão e que, por qualquer razão, não restem julgados (por exemplo, processos retirados da pauta por determinação do respectivo relator), deverão ser objeto de nova inclusão em pauta e intimação; a única exceção abrange os processos que tiveram o seu julgamento expressamente adiado para a sessão seguinte, caso em que resulta desnecessária nova inclusão em parte. Ainda o mesmo dispositivo legal determina outras providências: "1º Às partes será permitida vista dos autos em cartório após a publicação da pauta de julgamento" e "2º Afixar-se-á a pauta na entrada da sala em que se realizar a sessão de julgamento".

[106] Explica José Miguel Garcia Medina (Novo código de processo civil comentado, ob. cit., comentário ao art. 940): "Os votos do relator e dos demais juízes do órgão colegiado são proferidos, como regra, na mesma sessão. Pode ocorrer, contudo, que um dos juízes não se considere habilitado a votar desde logo, podendo, então, solicitar vista, no prazo de dez dias. Devolvidos os autos, o recurso será reincluído em pauta. Pode o juiz que solicitar vista pedir prorrogação do prazo por mais dez dias, findo os quais o presidente do órgão requisitará os autos. De acordo com o § 2º do art. 940 do CPC/2015 (sem correspondente, no CPC/1973), caso o juiz que pediu vista ainda não se considere habilitado a votar, o presidente do órgão convocará substituto para proferir voto. O Conselho Nacional de Justiça, através da Resolução 202/2015, regulamentou o art. 940 do

Apesar do regramento ora vigente, admite-se que alguma flexibilidade é necessária. De um lado, muitas vezes o magistrado de Tribunal está submetido a um volume efetivamente excessivo de serviço. De outro lado, o feito objeto do pedido de vista pode apresentar complexidade, exigindo maior tempo de análise.

Compreensível, assim, que atrasos pontuais eventualmente possam ocorrer, inclusive com o intuito de melhor qualificar o julgamento.

Em tal contexto, não parece razoável que qualquer demora na conclusão do pedido de vista justifique, em si mesma, a pronta adoção das providências previstas no art. 940 do CPC/2015.

Não obstante, a extrapolação do prazo legal não pode implicar demora excessiva, porquanto, como bem adverte José Carlos Barbosa Moreira, "... a demora em proferir-se o voto, após o pedido de vista, apaga ou enfraquece, nas mentes dos outros juízes, a lembrança das características da espécie e, com isso, diminui a probabilidade de acerto na decisão".[107]

Ressalvadas as preferências legais e regimentais, o art. 936 do CPC/2015 determina a ordem de julgamentos a ser observada na sessão, assim: a) feitos nos quais houver sustentação oral, observada a ordem dos requerimentos; b) feito com requerimentos de preferência apresentados até o início da sessão de julgamento;[108] c) feitos cujo julgamento tenha iniciado em sessão anterior; d) os demais casos.

Os processos pautados para a sessão de julgamento, portanto, serão julgados de acordo com a aludida ordem.[109]

CPC/2015". Interessante, outrossim, a inovação do Código de Processo Civil de 2015, assegurando que o próprio relator poderá pedir vista do feito, como bem observam Nelson Nery Junior e Rosa Maria Andrade Nery (*Código de processo civil comentado*, ob. cit., comentário ao art. 940, item "3"): "Este direito é conferido inclusive ao relator que, diante de questão ou aspecto novo, ventilado durante o julgamento do feito – na sustentação oral ou por outro juiz –, pode ser tomado de surpresa e não se sentir em condições de proferir voto in continenti. Disposição de regimento interno de tribunal que preveja prazo diferente cede diante da disposição do CPC, que prevalece".

[107] *Comentários ao código de processo civil*, ob. cit., p. 668.

[108] Os advogados das partes, comparecendo à sessão de julgamento, querendo, podem se inscrever para a realização de sustentação oral, nas hipóteses previstas em lei, ou apenas pleitear, em qualquer caso, a preferência no julgamento do seu processo. Apesar do grande número de processos pautados em inúmeras sessões de julgamento, em sua imensa maioria, resultam julgados sem a presença das partes e procuradores. Nesta perspectiva, razoável que, comparecendo o causídico a sessão, deixe-se de lado a ordem prevista na pauta, para que sejam apreciados, com primazia, os processos dos advogados presentes ao ato.

[109] Como se vê, embora a pauta da sessão apresente a lista de processos, inclusive com uma numeração para facilitar os trabalhos (processos ns. 01, 02, 03 da pauta, e assim por diante), o julgamento não seguirá a mesma ordem. Primeiro, como destacado, serão julgados os processos com requerimento de sustentação oral; depois aqueles apenas com pedidos de preferência; etc.

Relevante, outrossim, o disposto no art. 946 do CPC/2015, dispondo que, no caso de recursos de agravo de instrumento e de apelação, interpostos no mesmo processo, o agravo será julgado antes do apelo; se pautados ambos na mesma sessão, terá precedência, ainda assim, o agravo de instrumento.[110]

Em algumas espécies de processos admite-se que os advogados das partes, verbalmente, façam suas considerações aos julgadores, a respeitos das questões de fato e/ou de direito quanto ao caso em apreciação, por até quinze minutos. Trata-se da chamada sustentação oral, com a exposição dos argumentos dos procuradores, verbalmente, em sessão de julgamento, na respectiva tribuna.[111]

No caso de litisconsortes com diferentes procuradores, deve ser observado o disposto no art. 229 do CPC/2015, admitindo-se o tempo dobrado de sustentação oral, portanto, de trinta minutos, o qual, todavia, deverá ser dividido igualmente entre os procuradores dos diferentes réus,[112] sem prejuízo de que estabeleçam os causídicos, entre si, outro critério de fracionamento.

Relevante, não obstante, a regra contida no § 4º do art. 937 do CPC/2015, dispondo que "é permitido ao advogado com domicílio profissional em cidade diversa daquela onde está sediado o tribunal realizar sustentação oral por meio de videoconferência ou outro recurso tecnológico de transmissão de sons e imagens em tempo real, desde que o requeira até o dia anterior ao da sessão".[113]

A sustentação oral é mera faculdade, não sendo obrigatória a sua realização, cumprindo referir que, na prática dos Tribunais, a imensa

---

[110] Pertinente a observação de José Carlos Barbosa Moreira, ainda no sistema do CPC/1973, que explica a natureza da regra: "A *ratio legis* é de fácil compreensão. Pode acontecer – embora bem menor, hoje, a probabilidade – que a apelação seja processada com maior rapidez e, antes do agravo, adquira condições de ser julgada. Se o órgão ad quem a julgasse em primeiro lugar, contudo, invertida estaria a ordem lógica necessária. Suponhamos, v.g., que o juiz indefira requerimento de uma das partes, no sentido de que se adie a audiência marcada. A parte agrava, mas ao seu recurso não se atribui efeito suspensivo. Realiza-se a audiência, a sentença é proferida, e sobrevém apelação. É claro que o tribunal só deverá reexaminar o mérito da causa, julgado na sentença, depois que houver apreciado (e repelido) a impugnação constante do agravo: fundada que fosse ela, teria de anular-se a audiência, e consequentemente a sentença, ficando sem objeto a apelação. O agravo, portanto, há de ter prioridade" (*Comentários ao código de processo civil*, ob. cit., p. 688).

[111] Consoante Fredie Didier Jr. (*Curso de direito processual civil*, ob. cit., p. 62), "diante da garantia constitucional do contraditório, permite-se que, no julgamento a ser proferido pelo tribunal, possam as partes sustentar oralmente as razões de seus recursos, contribuindo para a reflexão dos julgadores, ao mesmo tempo em que tentam convencê-los do acerto de suas respectivas teses, com o que se contribui para uma decisão mais aprimorada".

[112] Assim a orientação de Fredie Didier Jr. (*Curso de direito processual civil*, ob. cit., p. 65). Ainda o aludido autor sustenta que é possível a ampliação do prazo, em consonância com a complexidade da causa, a critério do Tribunal, nos termos do art. 139, inc. VI, do CPC/2015 (ob. cit., p. 66).

[113] Indispensável, contudo, o adequado aparelhamento técnico, do Tribunal e do juízo de origem, para que se possa viabilizar tal objetivo da lei.

maioria dos processos em julgamento é apreciada sem a sustentação oral e sem que os respectivos procuradores estejam presentes na sessão de julgamento, os quais, embora intimados do respectivo ato, ficarão cientes do teor do acórdão com a sua publicação após a sessão, daí fluindo eventuais prazos recursais.[114]

Todavia, optando o causídico pela realização da sustentação, deverá inscrever-se para tanto, com observância do procedimento previsto no Tribunal, requerendo, até o início da sessão, que o processo respectivo seja julgado em primeiro lugar, sem prejuízo das preferências legais (§ 2º do art. 937 do CPC/2015).[115]

Anunciado, pelo presidente da sessão, o início do julgamento do recurso ou da causa, o art. 937 do CPC/2015 estabelece que cabe ao relator a exposição do feito em apreciação (de regra, por meio da leitura, integral ou resumida, do relatório), assegurado, posteriormente, o uso da palavra aos procuradores da parte recorrente e da parte recorrida e ao membro do Ministério Público, se o caso abranger hipótese de atuação do *Parquet*.[116]

Ainda o mesmo dispositivo legal disciplina que é cabível a sustentação oral apenas no julgamento dos seguintes recursos: apelação,

---

[114] Independentemente do cabimento ou não da sustentação oral, e de ter sido, ou não, requerida pelo patrono da parte, admite-se a suscitação de questões de ordem, no curso do julgamento, por parte do advogado, relativamente à matéria de fato, como explica Fredie Didier Jr. (*Curso de direito processual civil*, ob. cit., p. 70), afirmando que "... o simples esclarecimento de fato cabe em qualquer caso, não havendo ressalva". E mais: "Enfim, independentemente da sustentação oral, o advogado pode, no julgamento de qualquer recurso ou ação, esclarecer equívoco ou dúvida surgida em relação a fatos, documentos ou afirmações que influam no julgamento. A intervenção do advogado, no particular, destina-se ... a esclarecer fatos, não se lhe permitindo sustentar teses jurídicas, nem interferir nos votos lançados pelos julgadores, nem discordar do entendimento ali manifestado" (ob. cit., p. 70). Trata-se de breve e específica observação, e não de oportunidade de sustentação oral, competindo ao advogado a sua apresentação, mediante requerimento verbal ao dirigido ao presidente da sessão (nos moldes tradicionais, "Senhor(a) Presidente, questão de ordem"), no momento em que suscitado pelos julgadores o ponto que mereça esclarecimento.

[115] O procedimento varia de Tribunal para Tribunal e, às vezes, de órgão colegiado para órgão colegiado, dentro de um mesmo Tribunal. Há situações em que é possível o requerimento de sustentação oral por meio eletrônico, a partir do sítio da respectiva Corte na *internet*. Há outros casos, contudo, em que o requerimento deve ser feito pessoalmente, na sala de sessões, de regra até o seu início. Em ambos os casos, excetuadas outras causas legais de preferência, de regra, observar-se-á a ordem dos pedidos de sustentação oral: o autor do primeiro pedido fará a primeira sustentação, e assim por diante, seguindo-se os julgamentos de cada causa na ordem dos pedidos.

[116] Há o costume, nos Tribunais, de se alertar o causídico inscrito para a sustentação oral que o relator vai propor decisão favorável a sua pretensão, consultando-o se, ainda assim, mantém o interesse na sustentação. A providência, logicamente, procura acelerar os trabalhos da sessão, mas é certo que, em rigor, o prévio anúncio do voto do relator não importa, necessariamente, no seu posterior acolhimento pelos demais integrantes. Cabe ao causídico avaliar a situação e, eventualmente, adotar a conduta de insistir na sustentação (arriscando-se, todavia, a ser visto com antipatia pelos julgadores). Trata-se, contudo, de expediente que, desde que assegurado o respeito às prerrogativas da parte e de seus procuradores, pode facilitar o andamento da sessão, evitando a realização de sustentações desnecessárias, com valiosa economia de tempo.

recurso ordinário, recurso especial, recurso extraordinário e embargos de divergência. Em demandas de competência originária, é cabível na ação rescisória, no mandado de segurança e na reclamação.[117]

No caso do recurso de agravo de instrumento, de regra a sustentação oral é incabível, salvo quando a inconformidade tratar, especificamente, de tutela de urgência ou de evidência, caso em que será admitida a sustentação oral pelos patronos das partes.

Possível, também, no âmbito do incidente de resolução de demandas repetitivas, observado o disposto no art. 984 do CPC/2015 (§ 1º do art. 937 do CPC/2015).

Quanto à condução do ato, um magistrado presidirá a sessão de julgamento, organizando os trabalhos e mantendo a necessária ordem.[118]

A sessão será presidida em conformidade com as regras regimentais, cumprindo referir que há sessões de julgamento em que o magistrado-presidente não profere voto nos feitos em apreciação, apenas exercendo a direção da sessão. Em outros casos, proferirá apenas voto de desempate, se necessário. Finalmente, em outros, participará normalmente do julgamento, proferindo o seu voto. Tudo depende da espécie de feito em apreciação e das regras legais e regimentais pertinentes.[119]

No curso de um determinado julgamento, é possível que esteja em debate alguma questão de natureza preliminar, que possa tornar prejudicado o exame do mérito do recurso ou da causa, ou que possa interferir decisivamente na sua apreciação.

Nestas condições, prevê a lei processual que "a questão preliminar suscitada no julgamento será decidida antes do mérito, deste não se conhecendo caso seja incompatível com a decisão" (art. 938).

Nos termos do art. 939 do CPC/2015, se a preliminar for rejeitada ou se a apreciação do mérito for com ela compatível, seguir-se-ão

---

[117] Nestes casos de competência originária, na hipótese de decisão monocrática do relator, fica assegurada a sustentação oral por ocasião do julgamento do respectivo agravo interno, nos termos do § 2º do art. 937 do CPC/2015: "Nos processos de competência originária previstos no inciso VI, caberá sustentação oral no agravo interno interposto contra decisão de relator que o extinga".

[118] Nos termos do art. 139, inc. VII, do CPC/2015, compete ao magistrado "... exercer o poder de polícia, requisitando, quando necessário, força policial, além da segurança interna dos fóruns e tribunais".

[119] No TJRS, por exemplo, excetuados o Tribunal Pleno, o Órgão Especial e as Turmas, pelas suas específicas atribuições, define o Regimento Interno que, dos magistrados presentes na sessão, o de maior antiguidade no Tribunal presidirá a sessão de julgamento. Como se vê, consoante a regra adotada no TJRS, nem sempre a sessão de uma Câmara Cível será dirigida pelo presidente daquele órgão julgador. Estando ele, eventualmente, ausente, a presidência será do magistrado mais antigo, presente na sessão. Cada Tribunal define os seus critérios no particular.

a discussão e o julgamento da matéria principal, sobre a qual deverão se pronunciar também os juízes eventualmente vencidos na preliminar.[120]

De outra parte, nos termos do art. 938, § 4º, do CPC/2015, o órgão colegiado pode determinar a conversão do julgamento em diligência, seja para determinar a correção de vícios sanáveis no processo (que não tenham sido ainda objeto de ordem do relator), seja para ordenar a produção de prova que se considere necessária ao caso, prosseguindo-se, posteriormente, na apreciação do caso, em outra sessão.

A decisão em órgão colegiado é tomada por maioria de votos (cada julgador, um voto).

O *quorum* de julgamento, ou seja, o número de julgadores, depende do tipo de recurso ou demanda, observando, outrossim, as regras legais e regimentais pertinentes. No caso do julgamento de recurso de apelação e de agravo de instrumento, por exemplo, impõe a lei que a decisão será tomada, no colegiado, pelo voto de três magistrados (§ 2º do art. 941 do CPC/2015).

No contexto do colegiado, o relator é o primeiro a votar, defendendo o seu projeto de solução para o caso.[121] Se houver revisor, o mesmo é o segundo a votar. Os demais integrantes, que votam conforme a ordem estabelecida no regimento interno (é usual, por exemplo, seguir-se a ordem de antiguidade na Corte, votando, inicialmente, o magistrado mais novo no Tribunal e, por último, o mais antigo), podem acompanhar a conclusão do voto do relator, apresentar voto

---

[120] Exemplo: no julgamento de uma apelação, uma parte defende a extinção do processo, sem resolução de mérito, por ilegitimidade passiva, questão prefacial, que restou acolhida pelo Desembargador AA, mas que restou afastada por BB e CC; rejeitada a preliminar, cumpre examinar o mérito da causa, exigindo-se também o voto de AA, ainda que tenha ele anteriormente defendido a extinção do feito, no que ficou vencido.

[121] Em princípio, cada julgador deveria proceder à integral leitura do seu voto, especialmente o relator. Não obstante, é cada vez mais comum a prática de apresentar-se apenas uma versão resumida do voto, com o destaque das questões mais relevantes, evitando-se cansativa leitura e acelerando-se o andamento dos trabalhos. Como já observado, o acórdão será posteriormente publicado, com o inteiro teor dos votos, de modo que não há maior prejuízo em uma apresentação simplificada de cada voto. Os próprios advogados, aliás, em muitos casos, ao requererem a preferência de julgamento, anunciam ao relator que dispensam a leitura do voto, postulando apenas a indicação do resultado. Logicamente, havendo a leitura do voto, ainda de que forma simplificada, o advogado da parte sucumbente, presente na sessão, já poderá ir preparando eventual recurso, cujo prazo de interposição apenas fluirá depois da publicação do acórdão. Em tal perspectiva, a presença do advogado e a leitura, ainda que simplificada, dos votos, representaria uma vantagem na elaboração de eventual recurso. Atualmente, contudo, considerado o avanço dos sistemas informatizados, muitas vezes os acórdãos são assinados e publicados com grande rapidez, sendo discutível, portanto, o suposto benefício decorrente da presença do advogado. De qualquer sorte, inegável que o causídico presente na sessão, além da possibilidade da sustentação oral nas hipóteses legais em que é admitida, também terá prévia ciência do resultado do julgamento, podendo, de resto, suscitar, eventualmente, questões de ordem de interesse de seu cliente.

divergente ou acompanhar a conclusão de voto divergente já apresentado por outro colega.

Após a coleta dos votos dos magistrados, cumpre ao presidente da sessão de julgamento anunciar o resultado, designando o respectivo redator do acórdão, o magistrado que ficará responsável pela redação do acórdão após a sessão de julgamento.

O cômputo dos votos leva em conta as respectivas conclusões, ainda que possam ser diversos os fundamentos suscitados pelos seus prolatores.[122]

O anúncio do resultado pelo presidente da sessão deve abranger todas as questões que foram objeto de coleta de voto dos julgadores, indicando, também, se a respectiva votação foi unânime ou por maioria de votos.[123]

Importante esclarecer que, até a proclamação do resultado pelo presidente da sessão, qualquer dos juízes que participou do julgamento pode alterar o seu voto, excetuados os votos já proferidos em sessão anterior, por magistrados que posteriormente tenham sido afastados ou substituídos (§ 1º do art. 941 do CPC/2015).

Nos termos da lei, prevalecendo o voto do relator, cumpre ao mesmo a redação do respectivo acórdão; prevalecendo, todavia, a divergência (ou seja, ficando vencido o relator), a redação do acórdão compete ao primeiro magistrado que proferiu voto divergente, ou,

---

[122] Por exemplo: o relator, sustentando a aplicação do Código Civil de 2002 ao caso, votou pelo provimento do apelo; o vogal, em seu turno, embora defendendo, igualmente, o provimento do apelo, sustentou a aplicação do Código de Defesa do Consumidor. Embora certamente relevantes as questões relativas aos fundamentos suscitados pelos julgadores, para a apuração do resultado interessa essencialmente a conclusão de cada um dos julgadores. No caso, tanto o relator como o vogal proveram o recurso de apelação, havendo, portanto, dois votos no aludido sentido, ainda que sob fundamentos diversos. Ainda quanto ao ponto, pode ocorrer, excepcionalmente, a chamada situação de dispersão de votos. Por exemplo, no julgamento de um recurso de apelação, um dos magistrados fixou a indenização por dano moral em 15 mil reais, enquanto que os outros dois julgadores fixaram em 12 mil reais e em 2 mil reais. Os votos, no que tange ao valor da indenização, são discrepantes, contexto em que a doutrina e os regimentos internos dos tribunais apontam critérios e modelos para a sua superação, com o fito de estabelecer o chamado voto médio (que não corresponde, necessariamente, a uma média aritmética dos votos, embora também exista a possibilidade da adoção do aludido critério). Exemplificativamente, pode-se pensar no critério da continência, pelo qual, no caso exposto, preponderaria o valor de 12 mil reais, porquanto contido também no voto daquele que arbitrou 15 mil reais, ou seja, dois dos votos admitiram a fixação em 12 mil reais, sendo este o voto médio. A questão, todavia, extrapola o objeto da presente obra.

[123] Por exemplo: "Por maioria, rejeitaram a preliminar de intempestividade do recurso de apelação, vencido o relator e, no mérito, à unanimidade, negaram provimento ao recurso de apelação". Ainda: "À unanimidade, rejeitaram a preliminar suscitada em contrarrazões e, por maioria, deram provimento ao recurso de apelação, vencido o Desembargador Fulano e, também por maioria, negaram provimento ao recurso adesivo, vencido o relator".

como se costuma dizer, ao magistrado que abriu a divergência (art. 941 do CPC/2015).[124]

Não se exige que todos os magistrados apresentem votos escritos e fundamentados, podendo os mesmos simplesmente acompanhar o voto do relator ou o voto divergente;[125] nada impede, contudo, que, em qualquer caso, apresentem suas próprias considerações.

Os votos vencidos, assim compreendidos como aqueles que abriram a divergência, devem ser declarados pelos seus prolatores, com a apresentação das respectivas razões, todos eles integrando o acórdão, nos termos do § 3º do art. 941 do CPC/2015.[126]

O acórdão, ademais, deve apresentar uma ementa, nos termos do § 1º do art. 943 do CPC/2015.[127]

Os arts. 943 e 944 do CPC/2015, de resto, disciplinam a possibilidade do registro eletrônico e assinatura eletrônica de votos e

---

[124] Araken de Assis (*Manual dos recursos*, ob. cit., p. 368-369) bem expõe os elementos do acórdão: "A estrutura do acórdão não discrepa da sentença de primeiro grau. Embora haja relatório, motivação e dispositivo, elementos claramente discerníveis na peça escrita, continuam raros os acórdãos organizados nessa sequência. Só o relator perfeccionista adota a divisão em três capítulos diferentes. Em geral, após o relatório e o voto do relator, no qual se expressa a disposição final acerca do recurso – conhecer ou não conhecer, dar ou negar provimento –, seguem-se os votos do revisor ... , se e quando subsistir essa figura, e do vogal, motivados brevemente (o cômodo, mas cabal 'de acordo'), ou não, e no caso de divergência, o voto vencido constará necessariamente do acórdão ... e conterá seu próprio dispositivo. O modelo geral utilizado pelos magistrados nos tribunais informatizados, de uso obrigatório, obedece antes à tradição secular do que à diretriz do art. 489 ...".

[125] O costume, aliás, é apenas a indicação de acompanhamento ao voto do relator, ou da divergência, se for o caso. Daí as fórmulas usuais adotadas nos acórdãos: "com a divergência", "com o relator", "acompanho o relator", "de acordo com o relator", etc. No dizer de Fredie Didier Jr. (*Curso de direito processual civil*, ob. cit., p. 41), existe ainda outra situação relevante: "Há casos em que a maioria do colegiado é favorável a um determinado resultado, mas não há maioria em relação ao fundamento determinante da decisão. Nesses casos, surge o chamado voto concorrente: o julgador adere ao resultado vencedor, sem aderir ao fundamento".

[126] Observa Nicolò Trocker (*Proceso civil e costituzione*: problemi di diritto tedesco e italiano, Milano, Giuffrè, 1974, p. 673), destacando a importância do voto vencido, que o membro de um órgão julgador que adota uma tese defendida pelos interessados, mas rejeitada pela maioria dos juízes, não apenas constrange estes últimos a precisarem e motivarem de forma mais acurada a própria posição para maior credibilidade do provimento decisório, mas também fixa uma regra alternativa para eventual mudança de orientação da jurisprudência. Ainda o mesmo autor adverte que a ausência do voto vencido pode comprometer o confronto dialético com as observações e argumentos suscitados em juízo. Anoto que, mais adiante, o tema é retomado, por força do exame do art. 942 do CPC/2015.

[127] Consoante José Carlos Barbosa Moreira (*Comentários ao código de processo civil*, ob. cit., p. 702), "consiste a ementa no enunciado sintético da tese jurídica (ou das várias teses jurídicas) esposada(s) no julgamento. É útil por mais de um aspecto: permite rápida identificação do tema versado e da posição adotada a respeito, simplifica a consulta da jurisprudência e favorece a aplicação das técnicas de armazenamento de dados, hoje tão importantes. Desse pondo de vista, o ideal seria que se instituíssem critérios homogêneos para a respectiva redação; não parece fácil, contudo, chegar até aí". E adverte: "Há grande perigo em ementa redigida com má técnica: o e de criar um falso 'precedente', despistando os estudiosos da matéria e – máxime quando se trata de acórdão de tribunal superior – exercendo sobre outras decisões um tipo de influência que o teor autêntico do julgamento não abonaria" (ob. cit., p. 703).

acórdãos, sem prejuízo de sua impressão e juntada em feito não eletrônico, estabelecendo tais dispositivos, outrossim, regras quanto à publicação do julgado.

A sessão de julgamento se conclui quando toda a pauta prevista tiver sido vencida, sem prejuízo de que seja eventualmente suspensa, para continuidade em posterior momento, em hipóteses de caso fortuito ou de força maior, ou mesmo em situação em que simplesmente não tenha sido possível concluir todos os julgamentos inicialmente previstos.[128]

No caso de recurso de apelação em que o resultado da votação não seja unânime (decisão por maioria de votos), determina o art. 942 do CPC/2015 que seja suspenso o julgamento, convocando-se outros julgadores, na forma regimental, prosseguindo-se, então, na mesma ou em nova sessão, com a tomada dos demais votos.[129]

A mesma técnica será observada no caso de decisão não unânime no julgamento de ação rescisória, desde que o resultado tenha determinado a rescisão da sentença ou do acórdão rescindindo, devendo o prosseguimento, em tal hipótese, ocorrer em órgão de maior composição previsto no regimento interno.

Também se impõe a mesma técnica no caso de julgamento não unânime de agravo de instrumento, mas apenas quando houver reforma da decisão que julgar parcialmente o mérito.

---

[128] Por vezes se discute como um colegiado consegue julgar, em uma mesma sessão, centenas de processos, às vezes mais de mil. A questão, todavia, não é das mais complexas. Como se disse, em primeiro lugar, efetivamente comparecerá à sessão apenas um pequeno número de advogados, considerado o número total de feitos incluídos em pauta. Em segundo lugar, consideradas as facilidades do sistema informatizado, todos os julgadores já tiveram prévio acesso aos relatórios e votos uns dos outros, os quais já foram examinados, de modo que cada julgador pode separar os casos nos quais tenha dúvidas ou divergências. Nesta perspectiva, atendidos os pedidos de sustentação oral e de preferência, os integrantes da sessão de julgamento simplesmente discutem os casos objeto de dúvida; quanto aos demais, os julgamentos são unânimes, restando acompanhado o voto dos respectivos relatores.

[129] "Art. 942. Quando o resultado da apelação for não unânime, o julgamento terá prosseguimento em sessão a ser designada com a presença de outros julgadores, que serão convocados nos termos previamente definidos no regimento interno, em número suficiente para garantir a possibilidade de inversão do resultado inicial, assegurado às partes e a eventuais terceiros o direito de sustentar oralmente suas razões perante os novos julgadores. § 1º Sendo possível, o prosseguimento do julgamento dar-se-á na mesma sessão, colhendo-se os votos de outros julgadores que porventura componham o órgão colegiado. § 2º Os julgadores que já tiverem votado poderão rever seus votos por ocasião do prosseguimento do julgamento. § 3º A técnica de julgamento prevista neste artigo aplica-se, igualmente, ao julgamento não unânime proferido em: I – ação rescisória, quando o resultado for a rescisão da sentença, devendo, nesse caso, seu prosseguimento ocorrer em órgão de maior composição previsto no regimento interno; II – agravo de instrumento, quando houver reforma da decisão que julgar parcialmente o mérito. § 4º Não se aplica o disposto neste artigo ao julgamento: I – do incidente de assunção de competência e ao de resolução de demandas repetitivas; II – da remessa necessária; III – não unânime proferido, nos tribunais, pelo plenário ou pela corte especial".

De resto, não se aplica a aludida técnica nos julgamentos dos incidentes de assunção de competência e ao de resolução de demandas repetitivas, tampouco no caso da remessa necessária, ficando afastada, de resto, nos casos de julgamento não unânime proferido, nos tribunais, pelo plenário ou pela respectiva corte especial.

A inovação suprimiu o recurso de embargos infringentes, anteriormente previsto no art. 530 do CPC/1973, cujo cabimento, em sede de apelação, exigia votação não unânime, com reforma da sentença de mérito, e, em sede de ação rescisória, votação não unânime, com julgamento de procedência do pleito rescisório.[130]

---

[130] Interessantes as considerações de Araken de Assis, sustentando positiva a opção adotada pelo CPC/2015, e reputando anacrônico e sem vantagem prática o recurso de embargos infringentes no sistema do CPC/1973 (*Manual dos recursos*, ob. cit., p. 451 e segs.). Não obstante, pondera o autor: "... subsiste a questão básica, qual seja: o relevo peculiar do voto vencido nos julgamentos colegiados. Certo, a mecânica dos julgamentos na era da informática, em que os integrantes do órgão fracionário dos tribunais de segundo grau conhecem, previamente, o voto do relator, desestimula divergências. Porém, nada demonstra que a voz isolada em contraste à opinião da maioria seja causa bastante para aperfeiçoar o julgamento mediante a integração de outros julgadores do mesmo órgão ou, no caso da rescisória, repassar o julgamento para outro órgão de composição ampliada. Ao invés, mantendo-se a divergência – no caso da apelação, três juízes votando em certo sentido, dois ficando vencidos, após a ampliação do quorum de deliberação –, ou o julgamento majoritário, redobradas razões justificariam nova ampliação do colégio e, assim, sucessivamente. Se há divergência em torno da tese jurídica, o remédio é outro: a afetação do julgamento (art. 947, § 4º); divergências sobre juízo de fato não assumem maior importância no julgamento de quaisquer recursos. Na verdade, a técnica do art. 942 serve, precipuamente, para apaziguar o espírito das partes, em particular do vencido. Nada contribui de modo efetivo e irretorquível para uniformizar entendimentos no âmbito do órgão fracionário" (ob. cit., p. 453). A observância da prática dos Tribunais efetivamente indica tendência no sentido de reduzida possibilidade de mudança da orientação do voto durante o julgamento, embora não seja impossível. Nesta perspectiva, resultam plausíveis os questionamentos de Araken de Assis quanto à efetividade, ou não, da contribuição do voto vencido no aperfeiçoamento do julgamento. Não obstante, apesar do imenso volume do serviço e da forma mecânica que muitas vezes caracterizam os julgamentos, também se percebem situações em que os julgadores debruçaram-se detidamente sobre as questões, especialmente a partir da divergência formada (e não necessariamente em causas de grande relevância ou de elevada repercussão econômica). Pondero, outrossim, que, justamente em razão da adoção do sistema informatizado, e do prévio conhecimento dos votos, não é incomum a prática dos julgadores debaterem informalmente os casos antes mesmo da sessão de julgamento, particularmente aqueles em que haja alguma dúvida ou discordância, circunstância que contribui para o aperfeiçoamento da decisão colegiada. Para mais disso, a imensa maioria dos magistrados do País exerce suas atribuições com responsabilidade, embora nem sempre em condições ideais, conscientes os juízes das inevitáveis implicações de suas decisões sobre as partes litigantes. Recorda-se aqui, conversa particular entre este autor e um grande processualista brasileiro, infelizmente já falecido, em que este último, no exercício da função jurisdicional em Tribunal, narrava um dos casos que lhe havia suscitado reflexão como juiz. Dizia ele que se deparou, no Tribunal, com um recurso de apelação então interposto contra sentença de procedência do pedido em um determinado processo, no qual a questão debatida era de grande relevância para as partes, envolvendo, todavia, difícil análise dos elementos de prova. Firmou sua convicção no sentido da manutenção da sentença, desprovendo a apelação, no que foi acompanhado por um colega, apresentando o julgador remanescente forte voto divergente. À época, era cabível, ainda, o recurso de embargos infringentes, em sua redação anterior à reforma ocorrida em 2001, o qual restou interposto. Referiu o ilustre professor que, no julgamento dos embargos infringentes, no Grupo Cível, o seu voto foi mantido por quatro votos a três. Diante da informação, este autor apresentou seus cumprimentos, destacando o acerto do voto, ao que o saudoso professor

Agora, ocorrendo votação não unânime, nas situações previstas no aludido art. 942 do CPC/2015, não haverá necessidade de interposição de novo recurso pela parte interessada; desenhando-se a divergência, nos moldes previstos na lei processual, o colegiado será ampliado, com a integração de novos julgadores, prosseguindo-se, então, com o julgamento da apelação, da ação rescisória ou do agravo de instrumento.[131]

Como bem refere Fredie Didier Jr., "... não há necessidade de ser lavrado o acórdão. Colhidos os votos e não havendo unanimidade, prossegue-se o julgamento, na mesma ou em outra sessão, com mais outros julgadores, para que se tenha, aí sim, o resultado final, com a lavratura do acórdão".[132]

Importante observar que os órgãos dos Tribunais, nos últimos vinte anos, aproximadamente, tanto em razão do inimaginável acréscimo no volume de trabalho, como também em razão dos sucessivos expedientes voltados à uniformização da jurisprudência em todos os Tribunais do País, evidenciam firme tendência no sentido de julgamentos com unanimidade de votos, de modo que as decisões por maioria de votos representam atualmente proporção bastante reduzida nos julgamentos.

Nesta perspectiva, pode-se sustentar que a técnica prevista no art. 942 do CPC/2015 alcançará pequena proporção de feitos, porquanto a imensa maioria permanecerá sendo objeto de julgamentos sem votos divergentes.

---

simplesmente respondeu: "Acontece, meu caro, que, depois do julgamento no Grupo, sou eu que estou em dúvida sobre o acerto do voto". A lembrança da aludida passagem, além de homenagear o ilustre processualista e amigo deste autor, bem ilustra a sensibilidade da imensa maioria dos magistrados às questões em apreciação, ainda que as condições de trabalho não sejam ideais.

[131] Importante a lição de Luiz Guilherme Marinoni, Sérgio Cruz Arenhart e Daniel Mitidiero (*Novo curso de processo civil*, ob. cit., p. 578-579): "O novo Código extinguiu o recurso de embargos infringentes. No entanto aderindo à tese de que a ausência de unanimidade pode constituir indício da necessidade de um maior aprofundamento da discussão a respeito da questão decidida, submeteu o resultado não unânime à ampliação do debate. Em outras palavras: o julgamento não unânime terá prosseguimento com a ampliação do quorum de julgadores. Não se trata de novo recurso, nem tecnicamente de novo julgamento: o art. 942 do CPC, constitui apenas um meio de provocar a ampliação do debate. A ampliação do debate não depende de requerimento de qualquer das partes – o prosseguimento do julgamento deve se dar de ofício".

[132] *Curso de direito processual civil*, ob. cit., p. 77.

3. Teoria Geral dos Recursos

3.1. Conceito de recurso

João Paulo Kulczynski Forster

As inovações do Código de Processo Civil promulgado em 2015 atingiram em cheio a seara recursal. Houve relevantes alterações procedimentais com a supressão de alguns recursos pontuais (agravo retido e embargos infringentes) e até mesmo o tratamento de temas que superam a área recursal ou de organização dos processos nos tribunais (como o tema dos precedentes) sendo abordados no Livro III do Novo Código. Não obstante, os conceitos fundamentais atrelados à área recursal não sofreram alterações igualmente profundas. O conceito de recurso é um desses temas.

Sabe-se que o recurso é parte do procedimento inerente a praticamente todo e qualquer processo moderno, como corolário do duplo grau de jurisdição (ainda que nem todo recurso seja uma clara representação do duplo grau, como no caso dos embargos declaratórios e do agravo interno, dentre outros). Não se pode esquecer, contudo, que o processo é um fenômeno cultural e depende, nessa medida, da sociedade em que se encontra inserido. Historicamente, acham-se diversos momentos em que aquilo que hoje se entende por apelação simplesmente inexistia ou, quando disponível, era vista com enorme restrição quanto à possibilidade de sua utilização.[133] A existência do duplo grau atrai diversos questionamentos que pedem por respostas complexas. Não é uma única e singela causa que o justifica, como se

---

[133] Bem salientam Marinoni, Arenhart e Mitidiero: "Isso quer dizer que a existência ou não do direito ao recurso, a sua extensão e mesmo a quantidade de recursos cabíveis são questões que não podem ser analisadas de forma dissociada da cultura em que se aloca determinado sistema processual civil, assim como dos objetivos por ele visados. Daí que é imprescindível afastar qualquer ideia de que a contingência de todos estarmos submetidos à falibilidade da condição humana por si só justifica a existência do direito ao recurso e a revisão irrestrita e constante das decisões judiciais por todas as instâncias do Poder Judiciário." MARINONI, Luiz Guilherme, ARENHART, Sérgio Cruz, MITIDIERO, Daniel. *Novo Curso de Processo Civil*. Vol. 2. São Paulo: RT, 2015. p. 501.

poderia imaginar. Dizer que se deseja que sejam evitados erros nas decisões proferidas em primeiro grau, através de revisão por juízes mais experientes atrai outro questionamento: por que esses "anciãos", então, não julgam diretamente a causa?[134] O tema será abordado no tópico específico pertinente ao duplo grau.

Retornando ao tema do recurso em si, *recorrer*[135] atrai a ideia de percorrer novamente determinado caminho, enquanto a palavra *recurso* pode constituir pedido de auxílio. O recurso é, assim, para o direito brasileiro, o instrumento ou remédio *voluntário* e *previsto em lei* alcançado à *parte ou legitimado* no processo para que se busque *novo exame* de uma *decisão judicial* prévia, tudo *dentro do mesmo processo*, prolongando o estado de litispendência.[136] A interposição de recurso adia a formação da coisa julgada e de eventual preclusão.[137]

A *voluntariedade* é uma das características elementares do recurso. Só recorre quem deseja recorrer. Quando a decisão judicial é atacada por algum instrumento que não está atrelado à vontade da parte (p. ex., a remessa necessária do art. 496 do CPC), não se trata de recurso propriamente dito, ainda que tenha o condão de, possivelmente, alterar a decisão anterior. Isso faz com o que o direito de recorrer se caracterize como uma *faculdade* da parte, e não como obrigação ou dever. Se ela deseja contornar uma situação desfavorável, ou já atingiu o limite do que entenderia razoável, não recorrerá. Já de muito se antecipada a vontade da parte, geralmente do réu, em seguir recorrendo a fim de evitar a condenação final e as consequências naturais de tal situação.

O art. 85 do CPC promulgado em 2015, em seu § 11, tenta repelir esse tipo de conduta, dispondo que "o tribunal, ao julgar recurso, ma-

---

[134] COMOGLIO, Luigi Paolo, FERRI, Corrado, TARUFFO, Michele. *Lezioni sul Processo Civile – I. Il processo ordinario di cognizione*. 5. ed. Bologna: Il Mulino, 2011. p. 640.

[135] O termo possui acepção ampla no Direito, como a ideia de recorrer às vias ordinárias, recorrer às medidas protetivas da posse e assim em diante, como todo "meio empregado por quem pretenda defender o seu direito." DIDIER JR., Fredie, CUNHA, Leonardo Carneiro da. *Curso de Direito Processual Civil*. Vol. 3. 13. ed. Salvador: JusPodivm, 2016. p. 87.

[136] WAMBIER, Luiz Rodrigues, TALAMINI, Eduardo. *Curso Avançado de Processo Civil*. Vol. 2. 16. ed. São Paulo: RT, 2016. p. 468. Ovídio Baptista, examinando o conceito de recurso traçado por Alcides Mendonça Lima, opta corretamente por excluir a noção de parte *vencida* ou *sucumbente*. O acréscimo desta característica limita em excesso a figura do recurso e deixa sem explicação as situações em que o Ministério Público, enquanto *custos legis*, intervém na causa. Nesses casos, não se pode dizer com propriedade que o *Parquet* pode ser entendido como sucumbente. Não se omite a relevância, contudo, da sucumbência como um dos pressupostos do recurso. BAPTISTA DA SILVA, Ovídio. *Curso de Processo Civil*. Vol. 1. 5. ed. São Paulo: RT, 2001. p. 410/411.

[137] Adequada a colocação de Nelson Nery Jr., ao referir que o recurso não 'impede' a formação de coisa julgada ou evita sua formação. Uma vez proferida, a decisão irá consumar coisa julgada em dado momento, que virá a ocorrer, pois o sistema recursal é finito. Assim, o termo adiar ou retardar é mais pertinente. NERY JR., Nelson. *Teoria Geral dos Recursos*. 6. ed. São Paulo: RT, 2004. p. 207.

jorará os honorários fixados anteriormente (...)". Dessa forma, a parte que não acredita na viabilidade de seu recurso, pode-se sentir desestimulada a recorrer, por conta do aumento da verba honorária sucumbencial que terá de arcar e ainda diante de eventual litigância de má-fé por interposição de recurso protelatório.[138] Como bem destaca Nelson Nery Jr., "o direito de recorrer é constitucionalmente garantido (art. 5º, LV). No entanto, o abuso desse direito não pode ser tolerado pelo sistema".[139] A figura da sucumbência recursal é elemento relevante trazido pela nova legislação.

Revela-se indispensável a *previsão legal* do recurso. Não pode haver a criação de recurso por praxe forense ou pela jurisprudência. As vias recursais devem encontrar amparo em lei federal, e estão abertas a todos os litigantes, a menos que disposto de forma diversa.[140] A essa situação, relaciona-se o abaixo estudado princípio da *taxatividade*, em tópico próprio. A consequência, muitas vezes, poderá ser o não conhecimento do recurso, fazendo com que o mérito do mesmo sequer seja analisado. Isso ocorre sempre que interposto um recurso sem base legal para tanto, como, por exemplo, um agravo de instrumento em face de indeferimento de perícia em primeiro grau de jurisdição, pois o art. 1.015 do Novo CPC não contempla recurso nesse caso;[141] interposição de agravo regimental de decisão que afeta recurso como representativo da controvérsia,[142] dentre tantas outras hipóteses. Gize-se que isso não quer dizer que recursos cíveis tenham de estar obrigatoriamente previstos no corpo do Código de Processo Civil. O legislador pode criar outros recursos em lei federal fora do CPC.

---

[138] Essa a dicção do art. 80, VII, que considera litigante de má-fé aquele que "interpuser recurso com intuito manifestamente protelatório". Essa conduta pode acarretar o pagamento de multa e mais indenização dos prejuízos que tiver causado à parte adversa. Os Tribunais têm aplicado o mencionado dispositivo em diversas situações, como no seguinte caso: "Embargos de declaração. Inexistência da contradição alegada pela parte devedora. Pedido de limitação da condenação que já foi analisado e indeferido na fase de conhecimento, em decisão com trânsito em julgado. Recurso meramente protelatório. Litigância temerária. Embargos desacolhidos com aplicação de multa por litigância de má-fé". Tribunal de Justiça do Rio Grande do Sul, Relator: Paulo Sérgio Scarparo, Embargos de Declaração nº 70073336190, Décima Sexta Câmara Cível, Julg. 18/05/2017.

[139] NERY JR., Nelson; NERY, Rosa Maria de Andrade. *Comentários ao Código de Processo Civil*. 2. tir. São Paulo: RT, 2015. p. 415. É natural, portanto, que o direito de recorrer, assim como qualquer outro direito, pode ser objeto de abuso, nos termos do art. 187 do Código Civil.

[140] GUINCHARD, Serge. *Droit et Pratique de la Procédure Civile*. 6. ed. Paris: Dalloz, 2009. p. 1157.

[141] Vide: Tribunal de Justiça do Estado do Rio Grande do Sul, Agravo de Instrumento nº 70073848095, Décima Nona Câmara Cível, Relator: Voltaire de Lima Moraes, Julg. 13/06/2017.

[142] Ementa parcial do STJ: "Não cabe agravo regimental de decisão que afeta o recurso como representativo da controvérsia em razão de falta de previsão legal. Caso em que aplicável o princípio da taxatividade recursal, ausência do interesse em recorrer, e prejuízo do julgamento do agravo regimental em razão da inexorável apreciação do mérito do recurso especial do agravante pelo órgão colegiado". (Superior Tribunal de Justiça. REsp 1350804/PR, Rel. Ministro MAURO CAMPBELL MARQUES, Primeira Seção, julg. 12/06/2013, DJe 28/06/2013)

Para interpor recurso, é indispensável ser *parte* ou *legitimado*. O conceito de parte foi extensamente trabalhado no primeiro volume desta coleção.[143] O art. 996 do CPC estabelece que: "O recurso pode ser interposto pela parte vencida, pelo terceiro prejudicado e pelo Ministério Público, como parte ou como fiscal da ordem jurídica". Nada mais natural, portanto, do que a parte vencida ter legitimidade para provocar o órgão recurso a reexaminar a decisão anteriormente proferida, diante de eventual prejuízo. Mas, além da figura do autor e do réu, podem haver outros participantes na contenda. Cabe, no entanto, ao assistente simples obter o consentimento ou ao menos a não oposição do assistido, do contrário, não poderá recorrer. Quanto ao Ministério Público, a lei é bastante clara: poderá recorrer seja como parte (como no caso de propositura de ação civil pública), seja como *custos legis* (como em ações que envolvam interesse de incapaz – art. 178, II), CPC). O terceiro prejudicado também pode ter legitimidade pare recorrer, desde que possua efetivo "interesse jurídico na vitória de uma das partes, não bastando o mero interesse do fato (art. 119 do CPC); não é necessário que a decisão atinja diretamente a esfera jurídica do terceiro, bastante seja esta atingida reflexamente".[144]

O recurso busca um *novo exame* de uma *decisão judicial prévia*. Só é possível questionar o que já foi decidido através de recurso, e as decisões passíveis de recurso serão examinadas no item 3.2, abaixo. Mas o novo exame pretendido pela parte tem por base a reforma de um provimento "inválido, injusto ou não conforme a lei"[145] que deverá ser *substituído*, no todo ou em parte, por decisão posterior. Essa decisão, como se verá, pode ser total ou parcial, pois o recurso pode se dar sobre uma porção ou sobre o todo de uma decisão judicial.

Cabe à parte selecionar a porção que deseja *devolver* ao Poder Judiciário para nova análise, que deverá observar os efeitos recursais próprios (efeito devolutivo, suspensivo, dentre outros) e os princípios aplicáveis (vedação de *reformatio in pejus*, p. ex.). Dessa forma, o resultado final produzido no âmbito de um processo judicial pode se tornar bastante complexo. A decisão transitada em julgado não será apenas a última, mas sim resultará do processo interpretativo dos

---

[143] REICHELT, Luís Alberto, DALL'ALBA, Felipe Camilo (orgs.). *Primeiras Linhas de Direito Processual Civil*. Vol. 1. Porto Alegre: Livraria do Advogado, 2016. p. 127 e seguintes.
[144] ALVIM, Angélica Arruda; ASSIS, Araken de; ALVIM, Eduardo Arruda; LEITE, George Salomão (orgs.). *Comentários ao Código de Processo Civil*. São Paulo: Saraiva, 2016. p. 1152.
[145] COMOGLIO, Luigi Paolo, FERRI, Corrado, TARUFFO, Michele. *Lezioni sul Processo Civile – I. Il processo ordinario di cognizione*. 5. ed. Bologna: Il Mulino, 2011. p. 639.

dispositivos (e de suas respectivas fundamentações e relatórios) de todas as decisões que o compõem.[146]

A derradeira característica do que se entende por recurso exige que ele se dê no mesmo processo em que a decisão foi proferida. Caso contrário, o que se apresenta é meio de impugnação diverso. Explica-se: os recursos *não são* as únicas formas de impugnação das decisões judiciais. Há diversas formas para que se obtenha a revisão de um provimento judicial. No mesmo processo, fazendo prosseguir a lide, trata-se de recurso. Logo, não há recurso de decisão já transitada em julgado (i.e., de processo findo). Há, todavia, outros meios de questionamento. A sentença passada em julgado pode ser atacada na via da ação rescisória, no prazo e hipóteses legais (vide arts. 966 e seguintes, CPC) e da *querella nullitatis*. Uma decisão da qual normalmente não caiba recurso pode ser objeto (ao menos em tese) de mandado de segurança. O processo no qual interposto recurso seguirá para o juízo *ad quem*, ou seja, *a quem se destina o julgamento do recurso*.

Natural, portanto, compreender que todo recurso se destina a órgão judicial predeterminado em lei, obedecendo aos critérios de aleatoriedade de distribuição nos respectivos Tribunais (à exceção natural dos embargos declaratórios, que serão julgados pelo mesmo magistrado que proferiu a decisão atacada). Por exemplo: o recurso que cabe de sentença é a apelação. Esse recurso determina o prosseguimento da mesma demanda, que agora tramitará em segundo grau de jurisdição, perante o correspondente Tribunal.

Quando faltar alguma das supracitadas características, seguramente não se está frente a recurso: pode-se estar diante de uma ação autônoma ou algum outro meio de impugnação que se qualifiquem como sucedâneos recursais (vide item abaixo), mas não propriamente um recurso. A consequência prática é que todos os efeitos e princípios recursais são próprios destes, e não dos outros meios de impugnação, que possuem eficácia e conteúdos bastante diversos, como se verá.

3.2. Decisões passíveis de recurso

Do que se recorre? Das *decisões* do juiz. O conhecimento da espécie de provimento jurisdicional é absolutamente necessário para o manejo do remédio adequado. O Código de Processo Civil auxilia no início dessa investigação, fornecendo os elementos necessários para

---

[146] Bem na linha do que determina o art. 489, § 3º, do Novo CPC: "A decisão judicial deve ser interpretada a partir da conjugação de todos os seus elementos e em conformidade com o princípio da boa-fé".

distinguir os diferentes pronunciamentos do juiz (em primeiro grau, portanto), em seu art. 203 e de quais cabem recurso. São eles: sentenças (§ 1º), decisões interlocutórias (§ 2º) e despachos (§ 3º).

A lei elenca ainda os "atos meramente ordinatórios" como aqueles que estão sob o crivo do juiz, mas que devem ser praticados de ofício por servidor, como juntada de petições e documentos, vista obrigatória dos autos, dentre outros. O art. 203, § 4º, no ponto, é meramente exemplificativo e transfere expedientes meramente burocráticos aos servidores (*lato sensu*, aí incluídos não apenas os cartorários, mas também oficiais de justiça, p. ex.) para que o magistrado possa se dedicar aos demais pronunciamentos.

Os despachos são definidos por exclusão em lei, nos termos do art. 203, § 3º, considerando-se como tais "todos os demais pronunciamentos do juiz praticados no processo, de ofício ou a requerimento da parte". Eles não possuem conteúdo decisório e revelam apenas atos de impulso processual ou mero expediente, sem trazer prejuízo (lesividade) ao interesse de qualquer das partes. São exemplos desse tipo de pronunciamento: "cite-se", "intime-se o autor para falar sobre os documentos juntados pelo réu a fls.", "remetam-se os autos à contadoria", e assim sucessivamente. Pelas suas características, são irrecorríveis, como determina o art. 1.001 do Código: "dos despachos não cabe recurso".[147]

Apresentam-se como passíveis de recurso em primeiro grau as decisões interlocutórias e a sentença. As decisões interlocutórias (art. 203, § 2º) são todas as decisões que não encerram o procedimento em primeira instância:[148] a demanda seguirá seu curso *na mesma instância jurisdicional*. Dessa espécie decisória, cabe *agravo de instrumento* nas

---

[147] Colhe-se exemplo da jurisprudência para ilustrar esse entendimento: "EMBARGOS DE DECLARAÇÃO. AGRAVO DE INSTRUMENTO. PREVIDÊNCIA PRIVADA. CONVERSÃO DO FEITO EM EXECUÇÃO PROVISÓRIA. DESPACHO DE MERO EXPEDIENTE. AUSÊNCIA DE LESIVIDADE. A lesividade é requisito para o recurso e o despacho agravado, ao determinar a conversão do feito em Cumprimento de Sentença, para, posteriormente, ser intimado o devedor para pagamento, não contém carga decisória passível de criar gravame para a recorrente, pois se trata de despacho de mero expediente. Ausência de omissão, contradição, obscuridade ou erro material. Requisitos do art. 1.022 do Novo Código de Processo Civil não preenchidos. Função jurisdicional deve ser marcada pela atuação prática. Embargos de declaração não se prestam a impor o reexame da causa, não possuindo, em princípio, efeitos infringentes. REJEITARAM OS EMBARGOS DE DECLARAÇÃO. UNÂNIME". TJRS. Embargos de Declaração nº 70071076194, Sexta Câmara Cível, Relator Des. Luís Augusto Coelho Braga, Julgado em 15/12/2016.

[148] Elas podem versar sobre questões incidentais no processo como resolverem questões parciais de mérito ou reconhecem a impossibilidade de seu julgamento (cf. arts. 354, § único e art. 356). Esses "pronunciamentos submetem-se, em linhas gerais, aos mesmos elementos (requisitos) da sentença e em geral são aptos a produzir os mesmos efeitos e a revestir-se da mesma autoridade (coisa julgada formal e material, conforme o caso)." WAMBIER, Luiz Rodrigues, TALAMINI, Eduardo. *Curso Avançado de Processo Civil*. Vol. 2. 16. ed. São Paulo: RT, 2016. p. 433.

hipóteses taxativamente previstas em lei. Esse recurso se direciona ao tribunal a que vinculado o juízo de primeiro grau, sem que os autos (físicos ou eletrônicos) sejam removidos da primeira instância e sem que o tema fundamental da demanda seja removido do julgamento daquele magistrado. São exemplos de decisão interlocutória: concessão de assistência judiciária gratuita; exame de pedidos de tutela de urgência; indeferimento de produção de prova, entre outros. Relevante observar que *nem toda decisão interlocutória* é passível de agravo de instrumento, mas toda interlocutória (assim como toda *decisão*) está sujeita aos embargos declaratórios nas hipóteses do art. 1.022 do CPC (vide abaixo tópico específico do mencionado recurso).

A sentença (art. 203, § 1º), nos termos da lei, é "o pronunciamento por meio do qual o juiz, com fundamento nos arts. 485 e 487, põe fim à fase cognitiva do procedimento comum, bem como extingue a execução". Caracteriza-se a sentença por seus efeitos e por sua recorribilidade.[149] Como já se assinalou no Volume 2 desta coleção, "de tudo isso, exsurge que o que identifica uma sentença como tal não é *apenas* o seu *conteúdo* – se resolve ou não a questão de mérito – mas sim o efeito de encerrar o debate processual em sede de atividade de conhecimento ou de atividade processual executiva. Ressalte-se, contudo, que o art. 316 do CPC em nada contribuiu, por si só, para clarificar o conceito de sentença, ao prever a superada expressão de que a 'extinção do processo dar-se-á por sentença'. Basta pensar, nesse sentido, que é possível o surgimento de novo debate destinado ao cumprimento da sentença proferida em um processo, o que faria com que este tivesse continuidade mesmo após 'extinto'".[150]

Adotando-se o critério estrito do que se entende por sentença, há de se examinar as decisões proferidas em segundo grau de jurisdição. Em tribunal, as decisões podem ser unipessoais (monocráticas) ou colegiadas (acórdãos).[151] A nota distintiva aqui não é o encerramento do procedimento, pois ambas detêm tal possibilidade. A decisão monocrática, como refere o próprio nome, é proferida por um único julgador, enquanto o acórdão é formado por uma pluralidade (art. 204) de julgadores (desembargadores nos tribunais regionais e ministros nos tribunais superiores), em número a depender da composição do órgão

---

[149] ALVIM, Angélica Arruda; ASSIS, Araken de; ALVIM, Eduardo Arruda; LEITE, George Salomão (orgs.). *Comentários ao Código de Processo Civil*. São Paulo: Saraiva, 2016. p. 282.

[150] REICHELT, Luís Alberto, PUCHALSKI, Guilherme. Sentença. In: DALL'ALBA, Felipe Camilo, FORSTER, João Paulo Kulczynski. *Primeiras linhas de Direito Processual Civil*. Vol. 2. Porto Alegre: Livraria do Advogado, 2017. p. 190.

[151] DIDIER JR., Fredie, CUNHA, Leonardo Carneiro da. *Curso de Direito Processual Civil*. Vol. 3. 13. ed. Salvador: JusPodivm, 2016. p. 98.

julgador (se na turma/câmara ou no plenário, p. ex.). Da mesma forma, cabem recursos diversos dessas decisões.

Exemplificando, o relator de um agravo de instrumento ou de apelação em um tribunal poderá proferir decisão monocrática negando ou dando provimento ao recurso nas hipóteses do art. 932, IV e V, do CPC. Ele pode, ainda, não conhecer de recurso "inadmissível, prejudicado ou que não tenha impugnado especificamente os fundamentos da decisão recorrida" (art. 932, III). Observa-se que essa mesma decisão pode ser proferida pelo órgão colegiado posteriormente, mas o Código objetiva a simplificação no julgamento dos casos em determinadas situações legalmente previstas. No evento de ser monocrática, caberá agravo interno, com o objetivo de conduzir ao exame do colegiado, caso seja acórdão, não caberá agravo interno, mas sim recurso especial (dirigido ao Superior Tribunal de Justiça) ou recurso extraordinário (dirigido ao Supremo Tribunal Federal).

Em síntese, são qualificáveis como *decisões de primeiro grau:* a) decisões interlocutórias (recurso cabível: agravo de instrumento nas hipóteses do art. 1.015 e preliminar em recurso de apelação nos demais casos); b) sentença (recurso cabível: apelação). Caracterizam-se como decisões de *segundo grau:* decisões monocráticas (recurso cabível: se do relator – agravo interno, se do presidente ou vice-presidente do tribunal: agravo em recurso especial ou em recurso extraordinário e ainda agravo interno); acórdão (recursos cabíveis: recurso especial, recurso extraordinário, recurso ordinário constitucional, embargos de divergência). De todas as decisões mencionadas caberá o recurso de embargos declaratórios, nas hipóteses elencadas no art. 1.022. Todos os recursos mencionados serão examinados com maior profundidade em seus tópicos respectivos.

3.3. Sucedâneos recursais

Artur Tompsen Carpes

Nem todos os meios de impugnação de decisões judiciais podem ser considerados *recursos*. Existem outros meios processuais que também servem ao propósito de reformar, anular ou aperfeiçoar decisões judiciais, mas que em verdade não são *recursos*. Nada obstante a semelhança quanto à finalidade entre os recursos e tais outras formas impugnativas, não se pode confundi-los, na medida em que são distintos em sua natureza.

Tais meios de impugnação de decisões judiciais cuja natureza não se encaixa no conceito de recurso são conhecidos por "sucedâneos recursais". É o caso do pedido de reconsideração, da remessa necessária, da correição parcial, das ações autônomas de impugnação das decisões judiciais (como o mandado de segurança, a reclamação e a ação rescisória, por exemplo) e alguns incidentes processuais, tais como o incidente de arguição de inconstitucionalidade, o incidente de assunção de competência e o incidente de resolução de demandas repetitivas.[152] Por razões de metodologia da presente obra, cumpre examinar por ora os dois primeiros: o pedido de reconsideração e a remessa necessária.

3.3.1. *Pedido de reconsideração*

Uma vez proferida a decisão judicial, não será possível ao juiz prolator reexaminá-la. No direito brasileiro vige a *regra da preclusão consumativa das decisões proferidas pelo juiz*: prolatada a decisão, consuma-se o poder de o próprio juiz proferi-la outra vez.

Algumas decisões, no entanto, podem ser objeto de juízo de reconsideração – também denominado "juízo de retratação" – pelo órgão judicial. O próprio legislador prevê tal possibilidade ao expressamente apontar algumas hipóteses em que isso poderá ocorrer.

Proferida a *sentença*, consuma-se a possibilidade de o juiz que a prolatou modificá-la (art. 494). A regra, no entanto, admite exceções, como aquelas previstas nos incisos do art. 494, CPC (correção de inexatidões materiais, erros de cálculo e mediante embargos de declaração); diante de recurso de apelação interposto em face de sentença que i) indefere a petição inicial (art. 331, CPC), ii) julga liminarmente improcedente o pedido (art. 332, § 3º, CPC) e iii) não examina o mérito da causa (art. 485, § 7º, CPC).

No que diz respeito às *decisões interlocutórias*, a regra é semelhante: proferida a decisão, não é possível, ao órgão que a proferiu, reexaminá-la e, por conseguinte, reconsiderá-la. Também nesse particular, no entanto, existem exceções. Uma das mais importantes pode ser constatada da leitura do § 1º do art. 1.018, CPC, o qual prevê a possibilidade de o juiz de primeiro grau reconsiderar decisão impugnada via agravo de instrumento pendente de julgamento.

O legislador ainda prevê a reconsideração pelo relator do agravo interno (art. 1.021, § 2º, CPC); pelo tribunal de segundo grau de acórdão impugnado por recurso extraordinário ou recurso especial que se afigura contrário a precedente obtido em regime de repercussão geral

---

[152] MARINONI, Luiz Guilherme; ARENHART, Sérgio Cruz; MITIDIERO, Daniel. *Novo Curso de Processo Civil*. São Paulo: Revista dos Tribunais, 2016, p. 513.

ou mediante a sistemática dos recursos repetitivos (art. 1.030, II, CPC); e a reconsideração pelo órgão judicial que inadmite recurso extraordinário ou recurso especial diante da interposição do recurso de agravo (art. 1.042, § 4º, CPC).

Denomina-se "pedido de reconsideração" o requerimento que a parte dirige ao órgão judicial prolator da decisão com a finalidade de obter a sua reforma, anulação ou aperfeiçoamento. Aludido requerimento não se caracteriza como *recurso*, entretanto, porque *não se revela meio realmente apto* para atingir tais finalidades. Se apenas excepcionalmente é possível ao juiz *reconsiderar* a sua decisão – como visto acima –, obviamente o requerimento formulado pela parte nesse sentido não constitui meio realmente idôneo à obtenção da reforma, anulação ou ao aperfeiçoamento da decisão judicial.

As decisões que implicam preclusão consumativa para o órgão judicial que a proferiu não são suscetíveis de serem reconsideradas. Se a questão resolvida pela decisão encontra-se *preclusa*, não se torna mais passível de ser discutida e, portanto, modificada, anulada ou mesmo aperfeiçoada – no mesmo processo.[153] Em tais hipóteses encontra-se bloqueado para o órgão judicial o juízo de reconsideração, o que torna absolutamente inócuo o requerimento da parte nesse sentido. Daí a razão pela qual não há falar na indispensável *aptidão* do "pedido de reconsideração" para a obtenção da reforma, anulação ou ao aperfeiçoamento da decisão judicial. Não há falar, por conseguinte, na sua caracterização como *recurso*.

Por não ser um *recurso*, não há prazo para a interposição do requerimento de reconsideração, o que o torna possível o seu aviamento a qualquer tempo desde que não exista preclusão para o órgão judicial reexaminar a decisão proferida. Também por não ser recurso, o requerimento não possui efeito devolutivo. Nada obstante isso, o princípio da colaboração (art. 6º do CPC), o qual informa o dever de o órgão judicial dialogar com a parte, é suficiente caracterizar o dever de o órgão judicial examinar o pedido de reconsideração e, assim, responder à parte.

O "pedido de reconsideração", ademais, não tem efeito suspensivo, de modo que a decisão reconsideranda não tem a sua eficácia inibida ou suspensa pelo seu aviamento. Não possui, ademais, o efeito obstativo inerente aos recursos, o qual se caracteriza por obstar o

---

[153] De acordo com a doutrina, "diversamente da preclusão temporal, dirigida unicamente às partes, a preclusão consumativa pode vincular o magistrado, que (...) está impedido, por regra, e fora das vias recursais, quando estritamente admitidas (...) de voltar ao reexame e rejulgamento das mesmas questões já decididas em novos pronunciamentos no processo" (RUBIN, Fernando. *A preclusão na dinâmica do processo civil*. 2. ed. São Paulo: Atlas, 2014, p. 143).

advento da preclusão ou a formação da coisa julgada. Isso significa que, uma vez proposto o requerimento, a demora na sua apreciação pelo órgão judicial pode ter por consequência a perda do prazo para a interposição do recurso cabível e, por conseguinte, a perda do poder de impugnar de modo idôneo a decisão judicial.

Sem embargo, o requerimento de retratação pode ser útil para evitar desdobramentos desnecessários do processo nas hipóteses em que se está diante de evidente equívoco da decisão judicial. Não sendo cabíveis os embargos de declaração – recurso cujo procedimento é simplificado, a interposição interrompe o prazo para a interposição de outros (art. 1.026, CPC) e não exige o pagamento de preparo –, o requerimento pode eventualmente oferecer interessantes soluções práticas, mormente diante de magistrados conscientes do modelo da colaboração inspira o novo processo civil brasileiro.

O requerimento é dirigido pela parte interessada através de simples petição dirigida ao próprio prolator da decisão impugnada, o qual é, logicamente, o único competente para reconsiderá-la. Em analogia a outras hipóteses versadas pelo legislador, o órgão judicial deve examiná-lo e decidir a respeito no prazo de 5 (cinco) dias (arts. 331; 332, § 3º; 485, § 7º, CPC).

3.3.2. Remessa necessária

De acordo com o disposto no art. 496, CPC, está "sujeita ao duplo grau de jurisdição, não produzindo efeito senão depois de confirmada pelo tribunal, a sentença proferida contra a União, os Estados, o Distrito Federal, os Municípios e suas respectivas autarquias e fundações de direito público", além daquela "que julgar procedentes, no todo ou em parte, os embargos à execução fiscal". Vale dizer: proferidas tais sentenças, sua eficácia fica inibida até que o tribunal a reexamine e profira juízo a respeito da sua manutenção para solucionar a demanda, ainda que não seja interposto recurso de apelação.[154]

As sentenças proferidas em desfavor das empresas públicas[155] e das sociedades de economia mista[156] não se submetem à sua sistemática, na medida em que não pessoas jurídicas de direito privado e, portanto, não se encaixam no conceito de *Fazenda Pública*.

---

[154] Sobre o tema, v. WELSCH, Gisele. *O reexame necessário e a efetividade da tutela jurisdicional*. Porto Alegre: Livraria do Advogado, 2010.

[155] STJ, REsp 398.965/PE, Rel. José Delgado, Primeira Turma, julgado em 26/03/2002, DJ 22/04/2002, p. 177.

[156] STJ, REsp 793.893/SP, Rel. João Otávio de Noronha, Segunda Turma, julgado em 07/02/2006, DJ 21/03/2006, p. 121.

Fora a interpretação estritamente literal do termo "sentença" utilizado pelo legislador na redação do *caput* do art. 496, CPC, há de ser admitida a remessa necessária também para a hipótese de decisão parcial sobre o mérito da causa (art. 356, CPC).[157] Vale dizer: não apenas as *sentenças* (art. 203, § 1º, CPC) submetem-se à aplicação da técnica, mas também as *decisões interlocutórias* (art. 203, § 2º, CPC) *que resolvem parcialmente o mérito da causa*, desde que tais decisões sejam de mérito e, portanto, sejam aptas à formação da coisa julgada.[158]

As limitações à remessa necessária estão relacionadas a dois critérios: o econômico e o normativo.

O primeiro critério limitativo diz respeito ao grau de relevância econômica da sucumbência sofrida pela Fazenda Pública. Assim, a remessa necessária não é aplicável nas hipóteses em que a condenação ou o proveito econômico obtido pelo adversário esteja limitado ao teto de i) 1.000 (um mil) salários-mínimos em face da União e as respectivas autarquias e fundações de direito público; ii) 500 (quinhentos) salários-mínimos em face de Estados, Distrito Federal, respectivas autarquias e fundações de direito público e Municípios que constituam capitais dos Estados; e iii) 100 (cem) salários-mínimos em face de todos os demais Municípios e respectivas autarquias e fundações de direito público (art. 496, § 3º, CPC). Por outras palavras: caso a condenação ou o proveito econômico obtido pelo adversário da Fazenda Pública seja superior a tais valores, a sentença submeter-se-á necessariamente ao reexame.

O segundo critério limitativo diz respeito à existência de *precedente, súmula ou decisão vinculante*. Igualmente não haverá remessa necessária, portanto, na hipótese em que a sentença estiver fundada em i) súmula de tribunal superior; ii) acórdão proferido pelo Supremo Tribunal Federal ou pelo Superior Tribunal de Justiça em julgamento de recursos repetitivos; iii) entendimento firmado em incidente de resolução de demandas repetitivas ou de assunção de competência; iv) entendimento coincidente com orientação vinculante firmada no âmbito administrativo do próprio ente público, consolidada em manifestação, parecer ou súmula administrativa (art. 496, § 4º, CPC).

---

[157] Nesse sentido: CUNHA, Leonardo Carneiro da. Comentários ao art. 475. In: WAMBIER, Teresa Arruda Alvim [*et. al.*] (Coord.). *Breves comentários sobre o novo Código de Processo Civil*. São Paulo: Revista dos Tribunais, 2015, p. 1256-1257.

[158] STJ, REsp 927.624/SP, Rel. Luiz Fux, Primeira Turma, julgado em 02/10/2008, DJe 20/10/2008. As sentenças terminativas que implicam condenação em honorários sucumbenciais para a Fazenda Pública também não se submetem ao regime da remessa necessária, mesmo que a condenação nesse particular seja superior ao piso previsto no § 3º, do art. 496. Nesse sentido: STJ, REsp 640.651/RJ, Rel. Castro Meira, Segunda Turma, julgado em 18/10/2005, DJ 07/11/2005, p. 206

A remessa necessária não se caracteriza como recurso porque não constitui meio *voluntário* para a impugnação de decisões judiciais. Vale dizer: dentro daquelas hipóteses versadas pelo legislador, o reexame é *obrigatório*, ou seja, *independe da vontade da parte*. Ainda que a Fazenda Pública esteja satisfeita com a solução outorgada à causa pelo juiz de primeiro grau, a sentença será obrigatoriamente reexaminada pelo tribunal, ao qual competirá mantê-la, reformá-la ou anulá-la, conforme o caso. Trata-se, conforme a doutrina, de "condição para a eficácia da sentença": embora seja válida, a sentença não produz os seus efeitos senão depois de ser confirmada pelo tribunal,[159] o que impede o interessado de promover o seu respectivo cumprimento.

Conforme disposto no § 1º do art. 496, caso não interposto o recurso de apelação no prazo legal, caberá ao juiz remeter os autos ao tribunal. Se o juiz não procede desse modo, caberá ao presidente do tribunal ordenar a remessa. No segundo grau, o procedimento é semelhante ao do recurso de apelação,[160] sendo admissível inclusive a prolação de decisão monocrática nas hipóteses autorizadas pelo art. 932, IV e V, CPC.[161] Como é técnica processual que se insere no *microssistema processual da Fazenda Pública*,[162] cuja finalidade é proteger os seus interesses, o juízo decorrente da remessa necessária não pode agravar os seus interesses. Não por outra razão foi editada a Súmula nº 45 do Superior Tribunal de Justiça: "no reexame necessário, é defeso, ao tribunal, agravar a condenação imposta à Fazenda Pública".

3.4. Erro de procedimento e erro de julgamento

João Paulo Kulczynski Forster

Todo recurso possui certas características e impugna determinada decisão judicial, como se viu. Mas o que, exatamente, o recurso impugna? Exige-se dos recursos o que se denomina de ônus da impugnação específica (também denominado princípio da dialeticidade),[163]

---

[159] MARINONI, Luiz Guilherme; ARENHART, Sérgio Cruz; MITIDIERO, Daniel. *Novo Curso de Processo Civil*. São Paulo: Revista dos Tribunais, 2016, p. 514.

[160] PORTO, Sérgio Gilberto; USTÁRROZ, Daniel. *Manual dos recursos cíveis*. 2. ed. Porto Alegre: Livraria do Advogado, 2008, p. 268.

[161] Por analogia: "O art. 557 do CPC, que autoriza o relator a decidir o recurso, alcança o reexame necessário" (Súmula 253, CORTE ESPECIAL, julgado em 20/06/2001, DJ 15/08/2001, p. 264).

[162] SILVA, Carlos Augusto. *O processo civil como estratégia de poder: reflexo da judicialização da política no Brasil*. Rio de Janeiro: Renovar, 2004, p. 79.

[163] Nesse sentido: "APELAÇÃO CÍVEL. NEGÓCIOS JURÍDICOS BANCÁRIOS. EXPURGOS INFLACIONÁRIOS. ÔNUS DA IMPUGNAÇÃO ESPECIFICADA. NÃO ATENDIMENTO. RE-

ou seja, o questionamento preciso da porção decisória que está sendo devolvida a julgamento, a partir de pedido determinado. A ausência desse questionamento específico, não deixando claro ao órgão jurisdicional a quem se destina o recurso (juízo *ad quem*), o ponto decidido pelo juízo *a quo* que deverá ser exposto a novo julgamento acarretará o não conhecimento do recurso.

Essa insatisfação da parte em relação ao conteúdo da decisão vai sempre ser conduzida a duas espécies de erros fundamentais que ela pode questionar em seu recurso: ou se trata de erro de procedimento (*error in procedendo*), ou de erro de julgamento (*error in judicando*).

Acerca do primeiro, define Barbosa Moreira que o recurso que se funda em erro de procedimento "denuncia vício de atividade (...), e por isso se pleiteia a invalidação da decisão, averbada de ilegal, [e] o objeto do juízo de mérito, no recurso, é o julgamento mesmo proferido no grau inferior".[164] O vício, nesse caso, é de natureza formal, violando a norma processual que rege o ato. O *error in procedendo* pode ser atribuído ao juiz em função de ação própria sua ou de ato errôneo da parte que não foi devidamente corrigido pelo magistrado, uma vez que esses erros podem se apresentar "tanto no curso do processo como na própria sentença".[165]

São exemplos dessa espécie: a) ausência de citação válida; b) ausência de intimação;[166] c) indeferimento de produção de prova pericial quando o caso for de complexidade e exigir sua realização; d) a sentença extra, ultra ou citra petita, dentre outros. Essas situações acarretam invalidação não só do ato, mas também de todos os atos posteriores àquele, contaminados pela invalidade original. Assim, conforme mencionado no item "b", em casos de erro médico, p. ex., o juiz de primeiro pode indeferir a produção de prova pericial pelas partes, em decisão

---

CURSO NÃO CONHECIDO. 1. É requisito recursal a impugnação específica dos fundamentos da decisão recorrida, não havendo possibilidade de complementação. 2. Há nítida afronta ao princípio da dialeticidade quando o fundamento da pretensão recursal diverge do conteúdo da decisão que se pretende ver reformada. RECURSO NÃO CONHECIDO". TJRS, Apelação Cível nº 70074121021, Vigésima Terceira Câmara Cível, Relator Des. Alberto Delgado Neto, Julg. 14/07/2017.

[164] BARBOSA MOREIRA, José Carlos. *Comentários ao Código de Processo Civil*. V. 5, 13. ed. Rio de Janeiro: Forense, 2006, p. 267.

[165] NERY JR., Nelson. *Teoria Geral dos Recursos*. 6. ed. São Paulo: RT, 2004. p. 249.

[166] Exemplo dessa situação: "APELAÇÃO. PROCESSUAL CIVIL. EXTINÇÃO DO PROCESSO POR ABANDONO DA CAUSA. Inconformismo. A parte autora é assistida pela defensoria pública, sendo imprescindível a intimação pessoal do órgão para todos os atos do processo por ser prerrogativa institucional, inerente ao exercício da função. Error in procedendo. Violação aos princípios da ampla defesa, contraditório e devido processo legal. Inobservância da Lei nº 1.060/50. Incidência do enunciado nº 240 da Súmula do STJ. Nulidade absoluta. Vício insanável. Precedentes do TJ/RJ e STJ. Anulação da sentença. Provimento do recurso." TJRJ; APL 0020619-78.2003.8.19.0021; Duque de Caxias; Sexta Câmara Cível; Relª. Desª. Cláudia Pires dos Satos Ferreira; Julg. 05/07/2017; DORJ 18/07/2017; p. 179.

interlocutória. Dessa decisão não cabe, no ordenamento atual, recurso imediato, de agravo de instrumento, mas igualmente não fica coberta pela preclusão, podendo ser impugnada em preliminar no recurso de apelação ou em contrarrazões a esse recurso (art. 1.009, § 1º).

Verificando o Tribunal a necessidade de produção da prova pericial, a sentença será desconstituída, e todos os atos a partir daquele indeferimento terão de ser praticados novamente, reabrindo-se a instrução processual.[167] Essa mesma conclusão se aproveitaria a diversos outros casos, ressalvada a denominada "teoria da causa madura", explicitada pelo art. 1.013, § 3º, do CPC, que permite o julgamento imediato da demanda em segundo grau nos casos ali previstos, sem necessidade de remessa dos autos à primeira instância.[168]

Quanto aos erros de julgamento, esses se qualificam como "má apreciação da questão de direito, ou da questão de fato, ou de ambas (...), pedindo-se em consequência a reforma da decisão, acoimada de injusta, o objeto do juízo de mérito, no recurso, identifica-se (ao menos qualitativamente) com o objeto da atividade cognitiva no grau inferior da jurisdição, com a matéria neste julgada".[169] Na precisa lição de Eduardo J. Couture, apresenta-se como "o desvio ou apartamento, pelo juiz, dos meios assinalados pelo direito processual para a sua direção do juízo. Por erro das partes, ou por erro próprio, pode, com esse apartamento, diminuir as garantias do contraditório e privar as partes de uma defesa plena de seu direito. Este erro compromete a forma dos atos, sua estrutura externa, seu modo natural de realizar-se".[170]

---

[167] "AÇÃO INDENIZATÓRIA DE DANOS MATERIAIS E MORAIS. RESPONSABILIDADE CIVIL. HOSPITAL. ALEGAÇÃO DE ERRO DE PROCEDIMENTO. BROCA CIRÚRGICA ESQUECIDA NA PERNA DA PACIENTE. NECESSIDADE DE PROVA PERICIAL. DESCONSTITUIÇÃO DA SENTENÇA, DE OFÍCIO. (...) II. Ainda que os hospitais, na qualidade de fornecedores de serviços, respondam objetivamente pelos danos causados aos seus pacientes, necessária a comprovação do dano e do nexo de causalidade. Assim, no caso concreto, a fim de identificar a suposta falha no serviço prestado pela instituição no atendimento à autora, é imprescindível a produção de prova pericial. A perícia medica é o meio de prova destinado a suprir ausência de conhecimento técnico específico do Julgador para a solução justa do litígio, afastando dúvidas acerca de questões que o Magistrado não domina suficientemente. Desconstituição da sentença, de ofício, para a reabertura da instrução e realização da prova técnica. SENTENÇA DESCONSTITUÍDA, DE OFÍCIO. APELAÇÃO PREJUDICADA". TJRS, Apelação Cível nº 70068421114, Quinta Câmara Cível, Relator Des. Jorge André Pereira Gailhard, Julgado em 28/09/2016.

[168] A respeito do tema, o posicionamento do Superior Tribunal de Justiça: "2. Não viola o § 3º do art. 515 do CPC o julgamento do mérito da demanda pelo Tribunal, estando a causa madura e tendo sido anulada a sentença meritória por *error in procedendo*, sobretudo quando a parte, na apelação, tenha também se insurgido contra questão de mérito, devolvendo-a ao Tribunal". STJ, AgInt no AREsp 926.399/MG, Rel. Ministro JOÃO OTÁVIO DE NORONHA, TERCEIRA TURMA, julgado em 23/08/2016, DJe 26/08/2016.

[169] BARBOSA MOREIRA, José Carlos. *Comentários ao Código de Processo Civil*. V.5, 13. ed. Rio de Janeiro: Forense, 2006, p. 267.

[170] Cf. FRANÇA, Limongi (org.). Verbete *error in procedendo*. In: *Enciclopédia Saraiva do Direito*. V. 32. São Paulo: Saraiva, 1977. p. 531.

O *error in iudicando* está relacionado à questão de fundo, àquilo que propriamente se deduz em juízo, e não à questão meramente formal.[171] Ele não deixa de estar também relacionado a determinado aspecto psicológico irremovível da parte, que é a insatisfação com a decisão prolatada. Seguramente, na ampla maioria dos casos, uma das partes sairá insatisfeita com o resultado da demanda. Essa insatisfação é inerente à condição humana, e justamente por esse motivo o sistema recursal precisa ser finito, do contrário, sempre haveria desejo de recorrer, os processos jamais chegariam a termo, e a insegurança jurídica resultante seria desastrosa. Na lição de Eduardo J. Couture, *error in iudicando* é, assim, "aquele que afeta ao próprio conteúdo do processo, consistindo, normalmente, em aplicar uma lei inaplicável, em aplicar mal a lei aplicável, em não aplicar a lei aplicável; assim também numa utilização imprópria dos princípios lógicos ou empíricos da sentença".[172]

Ao contrário do vício procedimental, o erro de julgamento pode sempre estar presente na visão individual de uma das partes, já que a perspectiva de *injustiça* da decisão possui conotação subjetiva. O julgador, ao considerar mais relevante e congruente ao caso o depoimento da testemunha "a" em vez da testemunha "b", na visão do prejudicado (autor ou réu), configurará *error in iudicando*. Esse erro não acarreta a *invalidação* da decisão como na outra espécie de vício, mas sim pode acarretar a sua *reforma*.

Há diversas situações, além das já acima elencadas, que podem configurar o erro de julgamento. Nessa linha, percebe-se que, reconhecido o erro, o resultado do julgamento seria diverso daquele apresentado, com a consequente alteração (reforma) da decisão anterior, sendo a mesma substituída no todo ou em parte.[173]

A distinção entre um e outro erro é fundamental por várias razões. Primeiramente, para que o recorrente possa atender o princípio da dialeticidade (ou ônus da impugnação específica), indicando

---

[171] NERY JR., Nelson. *Teoria Geral dos Recursos*. 6. ed. São Paulo: RT, 2004. p. 250.
[172] Cf. FRANÇA, Limongi (org.). Verbete *error in iudicando*. In: Enciclopédia Saraiva do Direito. V. 32. São Paulo: Saraiva, 1977. p. 530.
[173] Um exemplo dessa situação: "APELAÇÃO CÍVEL. DANOS MORAIS. DANOS DECORRENTES DE OBRA EM IMÓVEL VIZINHO. ALEGAÇÃO DE QUEDA DE MATERIAIS DE CONSTRUÇÃO, COM DANIFICAÇÃO DO IMÓVEL E RISCO AOS SEUS OCUPANTES. SENTENÇA DE IMPROCEDÊNCIA DO PEDIDO. Hipótese em que os elementos de ponderação disponíveis nos autos demonstram a grande extensão dos danos causados ao imóvel, restando evidenciada a forte repercussão do fato na esfera psicológica dos autores, não se cuidando de mero dissabor ou inconveniente. Consequente reforma da sentença para condenar a parte ré no pagamento de indenização por dano moral. APELAÇÃO PROVIDA". TJRS, Apelação Cível nº 70071164008, Décima Nona Câmara Cível, Relator: Mylene Maria Michel, Julgado em 13/07/2017.

com precisão qual a porção decisória deve ser objeto de reforma e também qual a consequência pretendida (invalidação ou reforma). De outro lado, o entendimento consagrado na jurisprudência é de que ao menos um dos recursos tipificados na lei processual civil não é meio adequado para se discutir erros de julgamento – o de embargos declaratórios –, apenas erros de procedimento.[174]

3.5. Princípios recursais

Augusto Tanger Jardim

Assumindo a premissa de que os recursos podem ser compreendidos a partir de uma perspectiva sistemática de direito, é necessário identificar quais os elementos que, integrando o aludido sistema, irão interferir na construção de uma ordem coerente[175] sobre o tema.

Se o ordenamento jurídico (em especial o Código de Processo Civil) é pródigo em estabelecer regras que explicitam (e delimitam) o exercício e a atividade recursal, o conjunto dessas disposições busca nos princípios[176] orientação a ser seguida e um resultado a ser obtido.[177]

Com esta intenção, o presente tópico pretende explorar os princípios processuais que apresentam um estado ideal de aplicação dos recursos. Importante referir que não se tem a pretensão de esgotar todos os possíveis princípios (e derivações) existentes ou que possuam

---

[174] Nesse sentido: "EMBARGOS DECLARATÓRIOS. ART. 1.022 DO CPC/2015. OMISSÃO. INOCORRÊNCIA. Embargos de Declaração dizem com a ocorrência de alguma das previsões legais do art. 1.022 do CPC/2015. Mera discordância com o resultado do julgamento. Ausência de omissão. Rediscussão acerca do mérito. Inadmissibilidade dos Embargos. ERRO DE JULGAMENTO. MODIFICAÇÃO DO DECISUM. INVIABILIDADE. Embargos Declaratórios não é via adequada para discutir eventual erro de julgamento, pois a natureza do recurso é eminentemente integrativa. EMBARGOS DE DECLARAÇÃO DESACOLHIDOS. UNÂNIME". TJRS, Embargos de Declaração nº 70073731770, Décima Câmara Cível, Relator Des. Jorge Alberto Schreiner Pestana, Julgado em 29/06/2017. Nelson Nery Jr. ainda aponta consequências de ordem prática para os recursos especial, extraordinário e para a ação rescisória. Vide NERY JR., Nelson. *Teoria Geral dos Recursos*. 6. ed. São Paulo: RT, 2004. p. 251.

[175] Sobre o tema da coerência, ver: ÁVILA, Humberto. *Teoria dos princípios*: da definição à aplicação dos princípios jurídicos, 10. ed., São Paulo: Malheiros, 2009, p. 126-135.

[176] Ou normas fundamentais, como preferem, ao tratar do tema dos recursos, Luiz Guilherme Marinoni, Sérgio Cruz Arenhart e Daniel Mitidiero em seu volume 2 da obra "Novo Curso de Processo Civil" (MARINONI, Luiz Guilherme; ARENHART, Sérgio Cruz; MITIDIERO, Daniel. *Novo curso de processo civil*. v. 2, 2. ed. São Paulo: Revista dos Tribunais, 2016); mesma nomenclatura adotada pelo Código de Processo Civil vigente para apresentar suas normas fundantes.

[177] Nesta linha de pensamento, Humberto Ávila define os princípios como "normas imediatamente finalísticas, primordialmente prospectivas e com pretensão de complementariedade e de parcialidade, para cuja aplicação se demanda uma avaliação da correlação entre o estado de coisas a ser promovido e os efeitos decorrentes da conduta havida como necessária à sua produção". (ÁVILA, Humberto. *Teoria dos princípios*. Op. cit., p. 78-79).

potencial relação com o "sistema" recursal civil.[178] A eleição dos princípios abordados leva em consideração dois fatores: a importância para a sistematização da matéria e a sua aplicabilidade prática. Assim, o fato de um princípio processual (constitucional ou infraconstitucional) não receber tratamento no presente rol não afasta a sua operacionalidade frente a um determinado caso concreto que reclame tratamento próprio.

No entanto, existem alguns princípios que, em maior ou menor grau de concreção, são fundantes de toda a lógica recursal. Neste cenário, o primeiro que se destaca é o "princípio do duplo grau de jurisdição". Regulando a aplicação do sistema recursal, exercem função de grande importância, os princípios da vedação de *reformatio in pejus*, da dialeticidade, da taxatividade, da unirrecorribilidade e da fungibilidade. Nas páginas seguintes, cada um dos princípios mencionados receberá análise específica.

3.5.1. O princípio do duplo grau de jurisdição

Como ponto de partida para o exame do princípio do duplo grau de jurisdição, faz-se uma advertência: pesa sobre o princípio *do duplo grau de jurisdição* desconfianças quanto à correção do seu nome, bem como quanto à sua fundamentação normativa.

Quanto ao nome, consagrado pelo uso jurisprudencial e doutrinário, diz-se que a jurisdição, tendo por características ser una e indivisível, não comportaria uma divisão em graus como a nomenclatura sugere. Embora exista discussão quanto a expressão "duplo grau de jurisdição" (por se entender que o efeito do princípio diz respeito às instâncias e não à jurisdição[179]), o Código de Processo Civil de 2015 adota a terminologia consagrada expressamente no *caput* do seu art. 496.[180]

---

[178] Sobre o tema, Marinoni-Arenhart-Mitidiero advertem que "Sendo parte integrante do direito processo civil, os recursos são obviamente orientados pelos mesmos princípios que o regem como um todo. É fácil percebê-lo, porque, por exemplo, o *direito ao contraditório* (arts. 5º, LV, da CF, e 7º, 9º e 10) e o *dever de fundamentação analítica das decisões judicias* (arts. 10, 11 e 489, §§ 1º e 2º) obviamente se aplicam integralmente ao direito recursal. O mesmo vale para o *dever de colaboração judicial* (art. 6º): não por acaso, vários dispositivos do novo Código referem o dever de o órgão recursal primeiro *prevenir* a parte a respeito de problemas formais com o recurso, viabilizando a sanação de eventual vício, para tão somente depois declará-lo, em sendo o caso, inadmissível (art. 932, parágrafo único)". (MARINONI, Luiz Guilherme; ARENHART, Sérgio Cruz; MITIDIERO, Daniel. *Novo curso de processo civil*. v. 2. Op. cit., p. 517-518)

[179] CINTRA, Antônio Carlos de Araújo; GRINOVER, Ada Pellegrini; DINAMARCO, Cândido Rangel. *Teoria geral do processo*. 13. ed. São Paulo : Malheiros, 1997. p. 141.

[180] "Art. 496. Está sujeita ao duplo grau de jurisdição, não produzindo efeito senão depois de confirmada pelo tribunal, a sentença:".

Quanto à fundamentação normativa, é comum a indicação que o princípio em exame não possui previsão expressa dentre os princípios processuais constitucionais. É consenso existir, no direito vigente,[181] previsão expressa do princípio do duplo grau de jurisdição somente quanto ao processo penal. Reside dissenso, no entanto, quanto à fundamentação que justifique a sua adoção no âmbito do processo civil.

Basicamente, existem três principais argumentos que justificam a aplicação do princípio do duplo grau de jurisdição no direito processual civil. O primeiro decorre "da previsão inespecífica de competência recursal para as Cortes de Justiça (Tribunais Regionais Federais e Tribunais de Justiça) pela Constituição".[182] O segundo identifica o duplo grau de jurisdição como princípio decorrente do devido processo legal.[183] O terceiro, por fim, entende que o duplo grau de jurisdição tem fundamentação política.[184]

Embora o primeiro argumento seja ao mais aceito, na medida em que apresenta um indício evidente para o exercício do direito de recorrer, padece de um vício no plano lógico, pois define seu objeto pelo seu efeito (os tribunais existem em face do duplo grau de jurisdição, e não o contrário).

O segundo argumento, também, é suscetível de crítica. Mencionando a irrecorribilidade das interlocutórias no processo civil norte-americano sem prejuízo do devido processo legal, Araken de Assis é categórico ao afirmar que o devido processo legal e o duplo grau "não se mostram interdependentes, nem há relação de continência entre o último e o primeiro, concebendo-se um processo com as garantias

---

[181] Diz-se no direito vigente, pois é corrente na doutrina que a Constituição de 1824 previa de forma expressa o duplo grau de jurisdição. Neste sentido, Nelson Nery Júnior afirma que: "O art. 158 da Constituição do Império de 1824 dispunha expressamente sobre a garantia absoluta do duplo grau de jurisdição, permitindo que a causa fosse apreciada, sempre que a parte o quisesse, pelo então Tribunal da Relação (depois de Apelação e hoje de Justiça). Ali estava inscrita a regra da garantia absoluta ao duplo grau de jurisdição", acrescentando que "As Constituições que se lhe seguiram limitaram-se a mencionar a existência de tribunais, conferindo-lhes competência recursal. Implicitamente, portanto, havia previsão para a existência de recurso. Mas, frise-se, não garantia absoluta ao duplo grau de jurisdição". (NERY JÚNIOR, Nelson. *Princípios do processo na Constituição Federal*. 12. ed. São Paulo: Revista dos Tribunais, 2016, p. 320-321).

[182] MARINONI, Luiz Guilherme; ARENHART, Sérgio Cruz; MITIDIERO, Daniel. *Novo curso de processo civil*. v. 2. Op. cit., p. 518. No mesmo sentido, Fredie Didier Jr. e Leonardo Carneiro da Cunha afirmam que "a maior parte da atividade dos tribunais é de segundo grau de jurisdição, daí resultando a evidência de que a Constituição Federal ser refere, quando disciplina a estrutura do Poder Judiciário, ao princípio do duplo grau de jurisdição". (DIDIER JR, Fredie; CUNHA, Leonardo Carneiro da. *Curso de direito processual civil*. v.3, 13. ed. Salvador: Juspodivm, 2016, p. 90).

[183] MEDINA, José Miguel Garcia. *Direito processual civil moderno*. São Paulo: Revista dos Tribunais, 2015, p. 1163.

[184] BARBOSA MOREIRA, José Carlos. *Comentários ao código de processo civil*. v. 5, São Paulo: Forense. 1974, p. 195.

básicas do devido processo sem o reexame obrigatório de todos os atos decisórios".[185]

Ainda no plano crítico, a afirmação que o devido processo legal decorre de uma decisão política em pouco contribui para a sua justificação se não investigarmos porque (com base em quais valores) essa opção foi tomada.[186] Neste ponto, José Carlos Barbosa Moreira indicava (já na década de 70 do século passado) que o direito a uma revisão do julgado traz maior probabilidade de acerto, pois, "em regra, o julgamento do recurso compete a juízes mais experientes, em regime colegiado, diminuindo a possibilidade de passarem despercebidos aspectos relevantes para a correta apreciação da espécie".[187]

Depreende-se, portanto, que o duplo grau de jurisdição pode ser associado, modernamente, a uma manifestação do estado democrático de direito que é devedor de tutela jurisdicional justa aos seus cidadãos, possibilitando um reexame da decisão proferida pelo juízo singular, e limitando, portanto, o exercício do poder jurisdicional (desde a perspectiva dos agentes investidos para tanto), que passa a ser, de regra, revista por um órgão colegiado. Esse princípio colabora, também, para uma maior promoção da segurança jurídica, na medida em que aumenta a confiança das situações jurídicas processuais.[188]

Em síntese, é possível identificar a relevância de todos os argumentos justificativos do duplo grau na sua definição, embora nenhum seja suficiente para explicá-lo. É indiscutível que, conforme ressalta Araken de Assis, a "generalizada aceitação do princípio indica sua pertinência" e que "os resultados da respectiva aplicação, no curso da história dos aparatos judiciários, podem ser considerados altamente positivos, garantindo uma boa Justiça".[189]

Frise-se, no entanto, que isso não quer dizer que tal princípio seja configurado como direito fundamental processual constitucional.

---

[185] ASSIS, Araken de. *Manual dos Recursos*. 8. ed. São Paulo: Revista dos Tribunais, 2016, p. 96.

[186] Araken de Assis, por exemplo, realiza abordagem do duplo grau em dois planos da justificação: um eminentemente político (cogitando da sua obrigatoriedade num certo ordenamento jurídico), outro, basicamente técnico (estabelecendo como o referido princípio se expressa concretamente). (ASSIS, Araken de. *Manual dos Recursos*. Op. cit., p .92).

[187] BARBOSA MOREIRA, José Carlos. *Comentários ao código de processo civil*. Op. cit., p. 195.

[188] Cogitando do aspecto material da segurança jurídica de acordo com a Constituição Federal de 1988, Humberto Ávila define como sendo "Um estado de cogniscibilidade, de confiança e de calculabilidade" (ÁVILA, Humberto. *Teoria da segurança Jurídica*. 3. ed. São Paulo: Malheiros, 2014, p. 264/270). Traduzindo esse direito para o plano processual, Ingo Wolfgang Sarlet, Luiz Guilherme Marinoni e Daniel Mitidiero indicam que "o direito à segurança jurídica no processo constitui direito à certeza, à estabilidade, à confiabilidade e à efetividade das situações jurídicas processuais". (SARLET, Ingo Wolfgang; MARINONI, Luiz Guilherme; MITIDIERO, Daniel. *Curso de Direito constitucional*. 4. ed., São Paulo: Saraiva, 2015, p. 784.)

[189] ASSIS, Araken de. *Manual dos Recursos*. Op. cit., p. 95.

A natureza constitucional do princípio tem relevância na medida em que, fosse direito fundamental constitucional, não admitiria restrições ou limitações realizadas por lei infraconstitucional. Assim, inexistindo previsão constitucional específica sobre o duplo grau, "o legislador infraconstitucional pode dispor a respeito da sua conformação",[190] revelando-se "rigorosamente constitucionais as restrições porventura criadas à possibilidade de reexame dos atos decisórios por outro órgão judiciário".[191]

Superadas essas dúvidas em torno do termo e da fundamentação do princípio do duplo grau de jurisdição, passamos a analisar o seu conteúdo.

Marinoni-Arenhart-Mitidiero apontam que "ter direito ao duplo grau de jurisdição significa ter direito a um duplo juízo a respeito de determinada questão submetida ao Poder Judiciário".[192] Em sentido similar, Medina sugere que, segundo o princípio sob análise, "toda decisão judicial deve poder ser submetida a novo exame, de modo que a segunda decisão prevaleça sobre a primeira, exame este realizado por órgão diverso daquele que proferiu a decisão".[193]

Chama-se a atenção para a diferença de enfoque nas duas definições trazidas. Enquanto a primeira definição direciona o duplo grau de jurisdição à *questão* submetida ao Judiciário (direito de revisão da questão), a segunda situa o âmbito de atuação do princípio ao direito de recorrer da *decisão*. Essa distinção revela perspectivas distintas de abordagem. Ao assegurar o direito de revisão da questão, o princípio tem foco na busca da tutela jurisdicional justa (correção da análise da questão); por outro lado, ao garantir o recurso contra decisão (embora, ao fim e ao cabo, seja a decisão o instrumento da prestação da tutela), o foco do princípio recai sobre o controle do ato (e em última análise do produto da atividade do juiz singular).

Por fim, merecem destaque as ideias de "duplo juízo" e "órgão diverso" como constitutivas do princípio do duplo grau de jurisdição. A compreensão de que o duplo grau consiste em um "duplo juízo" (duplo exame) de uma questão deve ser interpretada como uma atividade realizada em um mesmo processo, sendo o recurso o seu meio de promoção. Assim, excluem-se do âmbito de aplicação do princípio

---

[190] MARINONI, Luiz Guilherme; ARENHART, Sérgio Cruz; MITIDIERO, Daniel. *Novo curso de processo civil*. v. 2. Op. cit., p. 518.

[191] ASSIS, Araken de. *Manual dos Recursos*. Op. cit., p. 97.

[192] MARINONI, Luiz Guilherme; ARENHART, Sérgio Cruz; MITIDIERO, Daniel. *Novo curso de processo civil*. v.2. Op. cit., p. 518.

[193] MEDINA, José Miguel Garcia. *Direito processual civil moderno*. Op. cit., p. 1163.

as ações impugnativas autônomas. No que tange à necessidade de que o duplo grau de jurisdição demande a atuação de "órgão diverso" daquele que decidiu a questão, duas considerações devem ser feitas. A primeira é uma advertência que decorre do fato de que determinadas decisões não são submetidas a reexame por órgão diverso (exemplo típico, ainda vigente, no nosso ordenamento jurídico são os embargos infringentes do art. 34 da Lei nº 6.830/80[194]). A segunda consideração é uma complementação, pois por "órgão diversos" não deve ser compreendido, necessariamente, órgão hierarquicamente superior (duplo grau vertical) tendo em vista que o reexame pode ser realizado "por outro órgão da mesma hierarquia, mas de composição diversa, no chamado duplo grau horizontal".[195]

3.5.2. O princípio da proibição da "reformatio in pejus" (reforma para pior)

O princípio da proibição da *reformatio in pejus* tem por finalidade impedir que a reforma de uma decisão submetida a recurso prejudique aquele que provocou a atuação do órgão jurisdicional encarregado de reapreciar a questão ventilada no recurso.

Esse princípio que nasce[196] da intuição[197] de que ninguém manejaria recurso para ver sua situação jurídica piorada. Ausente de fundamentação legal expressa, encontra justificação científica no efeito devolutivo do recurso, que por sua vez, está associado ao princípio dispositivo que "neste particular, deita raízes no direito fundamental do devido processo".[198]

---

[194] Tema que foi objeto de análise positiva de constitucionalidade pelo Supremo Tribunal Federal, dentre outros, no julgamento do RE 140301, Relator: Min. Octavio Gallotti, Primeira Turma, julgado em 22/10/1996.

[195] ASSIS, Araken de. *Manual dos Recursos*. Op. cit., p. 98. Adotam, também, a classificação de duplo grau vertical e horizontal: DIDIER JR, Fredie; CUNHA, Leonardo Carneiro da. *Curso de direito processual civil*. Op. cit., p. 92.

[196] Para um estudo sobre a evolução do princípio, ver: TONIOLO, Ernesto José. A evolução do conceito de *reformatio in peius* e a sua proibição no sistema recursal do processo civil. *Revista de Processo*, v. 254, p. 257-280, Abr / 2016.

[197] Acerca da fundamentação intuitiva do princípio, Marinoni-Arenhart-Mitidiero afirmam que "se o recurso é mecanismo previsto para que se possa obter a revisão de decisão judicial, é intuitivo que sua finalidade deve cingir-se a *melhorar* (ou pelo menos manter idêntica) a situação vivida pelo recorrente. Como remédio *voluntário*, o recurso é interposto no *interesse* do recorrente. Não pode, por isso, a interposição do recurso piorar a condição da parte, trazendo para ela situação mais prejudicial do que aquela existente antes do oferecimento do recurso." (MARINONI, Luiz Guilherme; ARENHART, Sérgio Cruz; MITIDIERO, Daniel. *Novo curso de processo civil*. v. 2. Op. cit., p. 524).

[198] ASSIS, Araken de. *Manual dos Recursos*. Op. cit., p. 137.

De regra, a configuração da reforma do recurso para pior se dá quando se extraem do resultado do julgamento do recurso efeitos mais prejudiciais do que os existentes no dispositivo da decisão recorrida (*reformatio in pejus quantitativa*[199]).[200]

De outro lado, importante referir, na esteira do que preconiza o art. 1.013, § 2º, do CPC, que a alteração da fundamentação promovida[201] pelo reexame da questão não permite a aplicação da *non reformatio in pejus* se não for possível observar efeitos concretos na parte dispositiva das decisões em cotejo (a decisão recorrida e a decisão proferida em sede recursal). No entanto, tal observação admite exceções (*reformatio in pejus qualitativa*[202]).

A primeira limitação à aplicação do princípio em análise reside nos julgamentos dos recursos que têm a aptidão de formar precedentes. Essa consequência deriva da função desempenhada pelas cortes de precedentes que, ao julgar o caso concreto o tomam como ponto de partida para extrair uma interpretação e produzir o enriquecimento[203] do Direito com eficácia extensível, prospectivamente, a toda a sociedade.[204] Ou seja, "a tarefa de um juiz que define o sentido do direito se projeta para o futuro, vinculando não apenas a sua posição pessoal como também a regulação dos casos vindouros".[205] Diante dessa particularidade, o interesse no julgamento do recurso transcende os limites argumentativos expostos na causa, permitindo ao tribunal conhecer de questões estranhas ao recurso, afetando, inclusive a sua disponibilidade pela parte (art. 998, parágrafo único, do CPC). É o fenômeno que ocorre, por exemplo, nos julgamentos de recursos repetitivos em que são admitidos para discussão argumentos expostos em diversas demandas e recursos a fim de obter uma decisão comum para todos que

---

[199] "A *reformatio in pejus* quantitativa decorre do julgamento que retira algo do recorrente ou agrava-lhe a posição. Por exemplo: o autor A pleiteia a resolução do contrato estabelecido com o réu B, mais perdas e danos, e a sentença dissolve o negócio, mas nega a indenização. Apela o réu B e o tribunal, além de manter a resolução, condena o apelante a pagar perdas e danos ao autor A." (ASSIS, Araken de. *Manual dos Recursos*. Op. cit, p. 138).

[200] É exemplo de aplicação do princípio: REsp 1172986/PE, Rel. Ministra Nancy Andrighi, Terceira Turma, julgado em 02/08/2011, DJe 10/08/2011.

[201] Sobre o tema da fundamentação, ver: REsp 1133696/PE, Rel. Ministro Luiz Fux, Primeira Seção, julgado em 13/12/2010, DJe 17/12/2010.

[202] São casos de piora qualitativa os de troca no fundamento da sentença impugnada em desfavor do apelante (ASSIS, Araken de. *Manual dos Recursos*. Op. cit., p. 138).

[203] EISENBERG, Melvin Aron. *The nature of the common law*. Cambridge: Harvard University Press, 1991. p. 7.

[204] TARUFFO, Michele. Institutional factors influencing precedentes. In MACCORMICK, Neil; SUMMERS, Robert (coords.). *Interpreting precedentes*: A Comparative Study. Dartmouth: Ashgate, 1997, p. 444.

[205] MARINONI. Luiz Guilherme. *Julgamento nas Cortes Supremas*: precedente e decisão do recurso diante do novo CPC. São Paulo: Revista dos Tribunais, 2015, p. 30.

se enquadrem em uma mesma narrativa fático-jurídica. Essa decisão será tomada desconsiderando os limites impostos pela devolutividade de cada recurso individual. Pelo contrário, considerará a pluralidade de razões de todas as posições jurídicas afirmadas pelos interessados no desfecho da causa. Assim, por ventura, é possível se cogitar que o julgamento levado a efeito pela técnica dos recursos repetitivos produza como efeito uma desvantagem ou prejuízo a algum recorrente, se considerada a decisão lançada em seu processo individual.

No âmbito das decisões proferidas por tribunais ocupados da resolução do caso concreto (Cortes de Justiça/tribunais locais),[206] também existem exceções à relevância dos fundamentos e à aplicação prática do princípio da *reformatio in pejus*. Araken de Assis,[207] por exemplo, indica que "em alguns casos a lei atribui consequências práticas relevantes ao fundamento da sentença", normalmente quando o processo em análise produz coisa julgada *secundum eventus litis*.[208] Além disso, as matérias que compete ao juízo conhecer de ofício, em qualquer tempo ou grau de jurisdição, podem ser apreciadas pelo juízo *ad quem* sem ofensa ao princípio em exame. Isso se deve ao fato de que a decisão que prejudica o recorrente que aprecia questões com essa característica (cogniscíveis de ofício) permite que se opere no recurso o *efeito translativo*, o qual é informado pelo *princípio inquisitório* e não pelo princípio dispositivo.[209]

Caso peculiar à aplicação do princípio em apreço é o da remessa necessária. Segundo o art. 496 do CPC, algumas sentenças (as previstas nos incisos I e II do mencionado artigo) somente produzirão efeito após a sua confirmação pelo tribunal, independentemente, da interposição da apelação pela União, pelos Estados, pelo Distrito Federal, pelos Municípios e por suas respectivas autarquias e fundações de direito público. Diante dessa circunstância, após a prolação da sentença, os autos serão remetidos ao Tribunal para que realize, de forma ampla, uma análise da

---

[206] Segundo Daniel Mitidiero, o exame dos recursos pelas Cortes de Justiça permite um reexame amplo da causa em todos os seus aspectos fático-probatório-jurídicos. (MITIDIERO, Daniel. *Precedentes*: da persuasão à vinculação. São Paulo: Revista dos Tribunais, 2016, p. 89/90).

[207] ASSIS, Araken de. *Manual dos Recursos*. Op. cit., p. 141.

[208] Como, por exemplo, ocorre na ação civil pública e na ação popular julgadas improcedentes sob o fundamento da falta ou deficiência de provas – art. 16 da Lei nº 7.347/1985 e art. 18 da Lei nº 4.717/1965.

[209] MARINONI, Luiz Guilherme; ARENHART, Sérgio Cruz; MITIDIERO, Daniel. *Novo curso de processo civil*. v. 2. Op. cit., p. 524. No mesmo sentido, Alberto Gossom Jorge Junior assinala que "essa proibição nada tem a ver com o conhecimento das questões de ordem pública que podem ser examinadas a qualquer tempo e em qualquer grau de jurisdição, devendo, inclusive serem pronunciadas de ofício pelo juiz ou pelo tribunal, pois, o exame dessas matérias ocorre em nome do princípio inquisitório e não do dispositivo". (JORGE JUNIOR, Alberto Gossom. Princípios dos recursos no CPC/2015. *Revista dos Tribunais*, v. 967, p. 317-335, Maio / 2016).

correção da decisão. Nitidamente, a intensão da regra é impedir que a Fazenda Pública suporte prejuízo injusto (art. 496, § 4º) e de importante monta considerável (art. 496, § 3º). Daí que, mesmo sendo ampla a devolutividade da questão ao tribunal,[210] não faz sentido que a correção da sentença produza resultado desfavorável aos beneficiários da norma, hipótese que somente se cogitaria se a parte adversa tivesse interposto apelo contra a mesma sentença. O tema, inclusive, encontra-se sumulado pelo verbete nº 45 do STJ, que dispõe: "No reexame necessário, é defeso, ao Tribunal, agravar condenação imposta à Fazenda Pública".

Por fim, é importante e evidente referir que, havendo interposição simultânea de recursos por partes adversas, o objeto de irresignação de cada recurso antagônico permite, sem violação ao princípio em exame, que as posições jurídicas dos recorrentes sejam prejudicadas, pois simultaneamente assumem o papel de recorridos.

3.5.3. O princípio da dialeticidade

Inferida, no ordenamento processual, dos artigos 932, III, e 1.021, § 1º, ambos do CPC,[211] o princípio da dialeticidade é corolário lógico da estrutura do processo (que permite a racionalidade da sua atividade e o controle sobre o seu produto), do dever de motivação dos provimentos pretendidos e das decisões proferidas, e, como não poderia deixar de ser, faz-se presente no âmbito dos recursos.

O aludido princípio indica a necessidade de que o recorrente, ao manejar sua irresignação, adote argumentos suficientes de modo a permitir que a parte recorrida e a Corte para o qual o recurso é endereçado tenham condições de, respectivamente, contra-arrazoar e apreciar o pedido de reforma. Este princípio, portanto, impõe ao recorrente o ônus de apresentar razões suficientes para permitir que se estabeleça um debate com a parte adversa sobre a decisão recorrida (exercitando o contraditório), e que o órgão revisor tenha elementos suficientes para exercer o seu jaez.

---

[210] Julgando o Resp nº 1047984, o Ministro Mauro Campbell Marques exarou voto no seguinte sentido: "O reexame necessário previsto no art. 475 do CPC não pode ser utilizado como mecanismo prejudicial à entidade de direito público que dele se beneficia, por ser manifestação do princípio inquisitório, que tem como consequência o efeito translativo, e nada tem a ver com reformatio in pejus, que é manifestação do princípio do efeito devolutivo do recurso (princípio dispositivo)". (REsp 1047984/PR, Rel. Ministro Mauro Campbell Marques, Segunda Turma, julgado em 14/12/2010, DJe 08/02/2011)

[211] No âmbito do Superior Tribunal de Justiça, também reconhecem a aplicação do princípio o art. 259, § 2º, do seu Regimento Interno ("Na petição de agravo interno, o recorrente impugnará especificamente os fundamentos da decisão agravada") e sua Súmula nº 182 cujo verbete é: "É inviável o agravo do art. 545 do CPC que deixa de atacar especificamente os fundamentos da decisão agravada".

Sob outra perspectiva, o princípio da dialeticidade impõe um ônus ao exercício do direito ao duplo grau de jurisdição; pois, para acessar ao grau superior, não basta um pedido de reexame/reforma/integração, mas é necessário que o recurso se faça acompanhar de fundamentos suficientes para conduzir a conclusão de que a decisão atacada mereça ser reexaminada/reformada/integrada.

Acerca do dever de observância ao princípio, a doutrina aponta que "a motivação deve ser, a um só tempo, (*a*) específica; (*b*) pertinente; e (*c*) atual".[212] Em primeiro lugar, é requisito inerente ao atendimento do princípio da dialeticidade recursal a impugnação específica dos *fundamentos*[213] da decisão recorrida (art. 932, III, do CPC), no momento da interposição do recurso.[214] Essa dimensão do princípio impede que o recorrente formule de forma genérica sua irresignação. Por outro lado, a pertinência dos argumentos esposados nas razões recursais demanda que eles possuam relação direta (mas em sentido contrário) com a fundamentação que embasa a decisão recorrida. Do contrário, o reexame da questão não decorreria, logicamente, das razões que lhe dão amparo.[215] Por fim, a atualidade das razões recursais reclama a necessidade de que a motivação do recurso seja contemporânea à irresignação, vedando-se que o recorrente simplesmente reporte manifestações anteriores a fim de justificar sua pretensão recursal.

Saliente-se, antes de encerrar a análise sobre o tema, que o efeito da não observância desse comando normativo, caso não haja a correção do vício (nos termos do parágrafo único do art. 933 do CPC), é a inadmissibilidade do recurso.

---

[212] ASSIS, Araken de. *Manual dos Recursos*. Op. cit., p. 125.

[213] Para uma correta compreensão do fenômeno, a palavra trazida no texto legal (*fundamentos*) deve ser compreendida em um contexto fático-argumentativo, sob pena de ser suprimida a possibilidade de interposição de recurso contra a interpretação/análise de fatos.

[214] Um excelente exemplo de aplicação do princípio pode ser extraído do Julgamento do AgRg na Rcl 15.631/SP, assim ementado: "1. A decisão agravada apresentou quatro fundamentos autônomos para não admitir a reclamação, quais sejam: a) deserção; b) não cabimento da reclamação com base na Resolução STJ nº 12/2006 para atacar decisão proferida por Juizado Especial da Fazenda Pública; c) o acórdão reclamado apresenta-se em sintonia com a jurisprudência do STJ quanto à aplicação da Lei nº 8.880/1994; e d) o único fundamento do acórdão objeto da reclamação não foi atacado pela agravante. 2. A parte agravante, todavia, se limitou a infirmar a aplicação da pena de deserção e a insistir, pela reiteração dos argumentos expostos na exordial, na violação da jurisprudência do STJ, deixando de atacar os demais fundamentos, em clara violação do princípio da dialeticidade". (AgRg na Rcl 15.631/SP, Rel. Ministro Sérgio Kukina, Primeira Seção, julgado em 14/06/2017, DJe 23/06/2017). Na jurisprudência do STJ ainda é possível observar, exemplificativamente, a atuação do princípio nos seguintes julgados: AgInt nos EDcl no AREsp 978.837/RJ, Rel. Ministra Nancy Andrighi, Terceira Turma, DJe 23/06/2017; AgRg no RMS 43.815/MG, Rel. Ministro Benedito Gonçalves, Primeira Turma, DJe 27/05/2016; AgRg no RMS 49.108/PI, Rel. Ministro Mauro Campbell Marques, Segunda Turma, DJe 16/05/2016.

[215] Vício argumentativo similar é exposto no indeferimento da petição inicial por ausência de correlação lógica entre os fatos e conclusão (art. 330, § 1º, do CPC).

3.5.4. O princípio da taxatividade recursal

A taxatividade, como estado ideal de coisas a ser alcançado, indica que um elemento (ou conjunto de elementos) somente pode ser encontrado em um ambiente (espaço) determinado. A taxatividade no âmbito do Direito procura estabelecer um conjunto de proposições jurídicas, com pretensão de completude, adequadas a regular um determinado espaço/situação de aplicação do Direito.

Normalmente, atribui-se à taxatividade a descrição exauriente de hipóteses adequadas a um determinado preceito normativo quando ao mesmo tempo que indica quando o direito encontra amparo na norma, exclui a possibilidade de que outras situações não expressamente previstas possam produzir os efeitos inerentes à mesma norma Ou seja, caso uma pretensão de direito não esteja prevista no conjunto apresentado em um rol taxativo, esse direito não será devido.

Ao contrário do que ocorre quando se trata da taxatividade, existindo um rol de direitos expostos de forma exemplificativa, é possível que seja encontrado fora da norma continente um direito ou efeito jurídico diverso do constante na relação apresentada.

É possível afirmar, portanto, o princípio da taxatividade recursal como sendo aquele que propugna serem admitidos somente os recursos expressamente definidos por lei[216] (federal, diga-se[217]), vedando ao juiz, ou a qualquer sujeito do processo, criar espécie recursal diversa da estabelecida em lei.

O *caput* do artigo 994 do Código de Processo Civil (lei federal), ao estabelecer que "são cabíveis os seguintes recursos", em verdade, está a dizer que: são cabíveis *somente*, os seguintes recursos no âmbito de aplicação desse Código. Em outras palavras, em sendo aplicável o Código de Processo Civil, somente serão admitidos os recursos arrolados nos incisos I a IX[218] do mencionado artigo.[219]

---

[216] Afirma Medina que o princípio da taxatividade decorre do princípio da legalidade, "Tendo em vista que os recursos devem ser criados por lei federal, não se deve permitir sua criação ou supressão por regimentos internos dos tribunais, ou que tais regimentos criem requisitos ou estabeleçam efeitos não previstos em lei federal para um determinado recurso. (MEDINA, José Miguel Garcia. *Direito processual civil moderno*. Op. cit., p. 1166).

[217] A teor do que dispõe o art. 22, I, da Constituição Federal.

[218] I – apelação; II – agravo de instrumento; III – agravo interno; IV – embargos de declaração; V – recurso ordinário; VI – recurso especial; VII – recurso extraordinário; VIII – agravo em recurso especial ou extraordinário; IX – embargos de divergência.

[219] A título ilustrativo, o Superior Tribunal de Justiça, aplicando o princípio em apreço, já se pronunciou que "não cabe agravo regimental de decisão que afeta o recurso como representativo da controvérsia em razão de falta de previsão legal" (REsp 1350804/PR, Rel. Ministro Mauro Campbell Marques, Primeira Seção, julgado em 12/06/2013, DJe 28/06/2013).

Frise-se, por fim, que a taxatividade dos recursos atinente ao Código de Processo Civil não afasta a possibilidade de que em outros textos legais federais, regulando matérias diversas (como é o caso das relacionadas à jurisdição especial, por exemplo, do trabalho) ou matérias específicas (como é o caso dos Juizados Especiais e da Execução Fiscal[220]), criem outros tipos de recursos.

3.5.5. *O princípio da singularidade (unirrecorribilidade/unicidade) recursal*

O princípio da singularidade (também conhecido como unicidade ou como unirrecorribilidade), em uma primeira dimensão, impõe que contra cada decisão caberá à parte manejar (se for do seu interesse) apenas um recurso.[221] Esse princípio propõe que a irresignação recursal seja apresentada de forma concentrada em um único ato, valorizando a economia processual. Em uma segunda dimensão, o aludido princípio impõe que o recurso interposto seja o adequado para veicular a pretensão recursal. Deste modo, além de, em regra, não ser possível apresentar mais de um recurso em face da mesma decisão, o princípio da singularidade exige que o recorrente interponha o único recurso cabível contra o ato impugnado.[222]

Algumas questões interessantes podem surgir a respeito do emprego do princípio em exame.

Uma primeira questão que pode ser apontada diz respeito ao amplo cabimento dos embargos de declaração (art. 1.022). É impor-

---

[220] Ilustra Araken de Assis que, embora o catálogo do art. 994 do CPC tenha eliminado algumas formas de recursos atípicos, permanece no ordenamento jurídico processual duas espécies fora do catálogo "dignas de menção: (*a*) os embargos infringentes contra as sentenças proferidas nas execuções fiscais em causas de alçada, a teor do art. 34 da Lei 6.830, de 22.09.1980; e (*b*) o recurso inominado contra as sentenças civis proferidas nos juizados especiais comuns, a teor do art. 41, *caput*, da Lei 9.099, de 26.09.1995, e nos juizados especiais federais (art. 5º da Lei 10.259, de 12.07.2001), sendo que, neste último caso, só da sentença definitiva (art. 487 do CPC de 2015)". (ASSIS, Araken de. *Manual dos Recursos*. Op. cit., p. 103). Marinoni-Arenhardt-Mitidiero, acrescentam, ainda às espécies de recursos fora do catálogo do CPC o agravo inominado, disciplinado, entre outros, pelo art. 4º, Lei 8.437, de 1992. (MARINONI, Luiz Guilherme; ARENHART, Sérgio Cruz; MITIDIERO, Daniel. *Novo curso de processo civil*. v. 2. Op. cit., p. 520).

[221] A jurisprudência costuma associar essa exigência à ideia de preclusão consumativa. Neste sentido, por exemplo, foram proferidos os seguintes julgados: AgRg no AREsp 508.495/PR, Rel. Ministro Og Fernandes, Segunda Turma, julgado em 10/06/2014, DJe 25/06/2014; AgRg no REsp 1218081/SP, Rel. Ministra Eliana Calmon, Segunda Turma, julg. 25/06/2013, DJe 05/08/2013.

[222] Nas palavras de Marinoni-Arenhardt-Mitidiero: "Todavia, não se deve esquecer que cada um dos recursos cabíveis contra tais decisões tem função específica, que não se confunde com a finalidade prevista para a outra espécie recursal. Assim, contra determinado ato judicial e para certa finalidade específica – não abrangida pela finalidade de outro meio recursal – deve ser cabível um único recurso." (MARINONI, Luiz Guilherme; ARENHART, Sérgio Cruz; MITIDIERO, Daniel. *Novo curso de processo civil*. v. 2. Op. cit., p. 520).

tante perceber que, em padecendo a decisão judicial dos vícios típicos autorizadores da oposição de embargos de declaração, abre-se a possibilidade de que contra a mesma decisão seja recorrida, tanto pela via do recurso anteriormente citado, quanto por meio do recurso inerente à espécie de decisão atacada. Essa circunstância se deve à diferença de função que cada um dos recursos possui, bem como da diferença de critério quanto ao seu cabimento. Enquanto os embargos de declaração têm por tarefa integrar um elemento faltante à decisão (revelando, portanto, como critério de seu cabimento a existência de vício constante no conteúdo da decisão, portanto, um critério substancial de cabimento), os demais recursos previstos no CPC, têm por finalidade viabilizar a revisão ou a cassação do julgado (adotando por critério de cabimento a espécie de decisão recorrida, portanto, um critério formal de cabimento). Daí por que, antes mesmo de verificar a necessidade de correção (em um sentido amplo) da decisão proferida, é necessário superar, por meio dos embargos de declaração eventuais defeitos que possam acometer a própria decisão. De tal sorte, embora manejados contra a mesma decisão, os recursos são complementares do ponto de vista da prestação de tutela jurisdicional.

Situação semelhante ocorre quando da recorribilidade das decisões proferidas em única ou última instância nos tribunais locais. Nesta hipótese serão cabíveis, contra a mesma decisão (acórdão), tanto o recurso extraordinário, quanto o recurso especial. A causa dessa exceção ao princípio da singularidade se deve à distribuição das tarefas exercidas pelas Cortes de Vértice[223] (Supremo Tribunal Federal, Superior Tribunal de Justiça, Tribunal Superior do Trabalho, Tribunal Superior Eleitoral e Superior Tribunal Militar) promovida pela Constituição Federal. Naquilo que interessa diretamente ao processo civil, a tarefa de dar unidade ao direito passou a ser dividida entre o Supremo Tribunal Federal e o Superior Tribunal de Justiça, cada qual com um âmbito de atuação específico. Assim, o Supremo Tribunal Federal é chamado a atuar para promover a interpretação judicial das normas de natureza constitucional; enquanto a interpretação judicial das normas federais infraconstitucionais fica a cargo do Superior Tribunal de Justiça. Essa dicotomia impõe que, quando uma decisão proferida por Tribunais locais afeta norma constitucional e norma federal infraconstitucional ao mesmo tempo, seja obrigatória[224] a interposição con-

---

[223] Para uma compreensão da estruturação das cortes no Brasil, ver: MITIDIERO, Daniel. *Cortes Superiores e Cortes Supremas:* Do controle à interpretação, da jurisprudência ao precedente. 2. ed. São Paulo: Revista dos Tribunais, 2014.

[224] A obrigatoriedade da interposição conjunta dos recursos é imposta pela Súmula 126 do STJ (de 09/03/1995) ao estabelecer que: "É inadmissível recurso especial, quando o acordão recorrido

junta[225] dos dois recursos correspondentes (recurso extraordinário[226] e recurso especial[227]).

A distinção evidente entre as duas exceções apresentadas (interposição de embargos de declaração e recurso próprio contra a mesma decisão e, de outro lado, interposição de recurso extraordinário e especial contra a decisão de última instância local) diz respeito ao momento em que os recursos serão interpostos. Enquanto no primeiro caso a interposição é sucessiva (primeiro são apresentados e julgados os embargos, depois interposto o recurso adequado para atacar a decisão); no segundo caso, a interposição do recurso extraordinário e do recurso especial é conjunta.

Por fim, importante mencionar que a superação do dogma da unicidade da decisão[228] com a adoção de técnicas processuais de *descumulação* de demanda (tais como, o julgamento antecipado parcial de mérito[229]) não afeta o princípio da singularidade dos recursos. Isso porque, quando se cogita da recorribilidade da decisão que julga de forma antecipada parcialmente o mérito (passível de agravo de instrumento, por força do art. 1.015, II, do CPC) e da recorribilidade da sentença que julga o restante do mérito (passível de apelação, por força do art. 1.009 do CPC), haverá a interposição de dois recursos para duas decisões distintas que tratam de questões de mérito igualmente distintas (cumuladas de forma própria[230] de modo a promover economia e celeridade processual).

3.5.6. *O princípio da fungibilidade recursal*

O sistema recursal, de um lado, pautado pela necessidade de assegurar o duplo grau de jurisdição e, limitado, de outro lado, pela taxatividade das espécies de recursos disponíveis às partes para atacarem as decisões proferidas, quando submetido à realidade das atividades forenses diárias e à complexidade de situações daí advindas,

---

assenta em fundamentos constitucional e infraconstitucional, qualquer deles suficiente, por si só, para mantê-lo, e a parte vencida não manifesta recurso extraordinário".

[225] Hipótese regulada pelos artigos 1.031 e seguintes do Código de Processo Civil.

[226] Sobre o cabimento do recurso extraordinário, ver: art. 102, III, da Constituição Federal.

[227] Sobre o cabimento do recurso extraordinário, ver: art. 105, III, da Constituição Federal.

[228] Sobre o tema, ver: BAPTISTA DA SILVA, Ovídio (1929-2009). Decisões interlocutórias e sentenças liminares. *Revista de Processo*, v. 61, p. 7-23, jan.-mar. / 1991 e, do mesmo autor, *Jurisdição e execução na tradição romano-canônica*. 3. ed. Rio de Janeiro: Forense, 2007.

[229] Artigo 356 do Código de Processo Civil.

[230] Sobre cumulação de pedidos, ver: CARVALHO, Milton. *O pedido no processo civil*. Porto Alegre: Sergio Fabris, 1992.

encontrou dificuldade em definir qual o recurso cabível em diversas situações que reclamavam resposta do Poder Judiciário.

A pretensão de completude dos códigos, anseio do projeto do Estado Liberal do século XIX, esfacela diante das teorias da interpretação que, em especial no século XX, demonstram ser o direito (duplamente) indeterminado.[231]

No que tange ao sistema recursal, diante da necessidade de interpretar o direito para lhe adscrever sentido, foi necessário que, por meio do princípio da fungibilidade recursal, se promovesse a conciliação entre a instrumentalidade do processo[232] como meio de prestação da tutela jurisdicional justa e tempestiva e a taxatividade dos recursos.

Na lição lapidar de Marinoni, Arenhart e Mitidiero "A regra da fungibilidade presta-se exatamente para não prejudicar a parte que, diante de dúvida séria, derivada da existência de discussões jurisprudenciais e doutrinárias a respeito do cabimento de determinado recurso, interpõe recurso que pode não ser considerado cabível, autorizando-se que, desde que preenchidas determinadas circunstâncias, o recurso incorretamente interposto seja tomado como o adequado".[233]

Embora somente o Código de Processo Civil de 1939[234] tenha expressamente positivado o princípio da fungibilidade recursal (tendo, tanto o CPC de 1973, quanto o CPC de 2015 silenciado sobre o tema), "tem-se como parte do sistema, em especial dos princípios que o informam (notadamente, da duração razoável do processo, da instrumentalidade e da segurança jurídica)"[235] não existindo "a menor

---

[231] Sobre o tema, como ponto de partida, ver, em língua portuguesa: JUST, Gustavo. *Interpretando as teorias da interpretação*. São Paulo: Saraiva, 2014. Sobre os reflexos desse fenômeno na jurisdição, ver MARINONI, Luiz Guilherme; ARENHART, Sérgio Cruz; MITIDIERO, Daniel. *Novo curso de processo civil*. v. 1, 2. ed., São Paulo: Revista dos Tribunais, 2016.

[232] Relacionando o princípio da fungibilidade com a compreensão da instrumentalidade, Medina sustenta que: "Rigorosamente, o princípio da fungibilidade nada mais é que o princípio da instrumentalidade das formas (cf. art. 277 do CPC/2015) aplicado aos recursos. Parece adequado falar-se, diante disso, em *instrumentalidade recursal*. Essa instrumentalidade recursal deve ser vista sob novo enfoque, mais amplo, à luz do CPC/2015, consoante se expõe no item seguinte". (MEDINA, José Miguel Garcia. *Direito processual civil moderno*. Op. cit., p. 1167-1168). No mesmo sentido, Marinoni-Arenhart-Mitidiero afirmam que: "Assim como o "erro de forma do processo" acarreta unicamente a "anulação dos atos que não possam ser aproveitados" (art. 283), também o erro na interposição de determinado recurso só deve conduzir ao seu não conhecimento acaso não possa de modo algum ser conhecido". (MARINONI, Luiz Guilherme; ARENHART, Sérgio Cruz; MITIDIERO, Daniel. *Novo curso de processo civil*. v. 2. Op. cit., p. 523).

[233] MARINONI, Luiz Guilherme; ARENHART, Sérgio Cruz; MITIDIERO, Daniel. *Novo curso de processo civil*. v. 2. Op. cit., p. 521.

[234] Estabelecia o art. 810 do CPC de 1939 que: "Salvo a hipótese de má-fé ou erro grosseiro, a parte não será prejudicada pela interposição de um recurso por outro, devendo os autos ser enviados à Câmara, ou turma, a que competir o julgamento".

[235] MARINONI, Luiz Guilherme; ARENHART, Sérgio Cruz; MITIDIERO, Daniel. *Novo curso de processo civil*. v.2. Op. cit., p. 521.

dúvida que, implicitamente, o CPC de 2015 abriga o princípio da fungibilidade em termos gerais".[236] Em verdade, analisado o Código pontualmente, o § 3º do art. 1.024 do CPC de 2015 positiva não o princípio em si, mas a sua aplicação, pois autoriza o órgão julgador a conhecer dos embargos de declaração como agravo interno caso entenda ser este o recurso cabível.

Assim, o único problema que poderia advir da falta de previsão do princípio na lei processual seria estabelecer as condições necessárias para o seu emprego. Entretanto, doutrina e os precedentes das cortes de vértice dão cabo da tarefa de maneira suficientemente adequada. De uma maneira geral, a doutrina aponta como referencial de aplicação do princípio da fungibilidade a existência de dúvida fundada (também chamada de dúvida objetiva ou dúvida séria) acerca de qual o recurso cabível contra a decisão que se pretende impugnar.[237] Em sentido complementar, o Superior Tribunal de Justiça tem apontado três requisitos para a aplicação do princípio da fungibilidade: "i) dúvida objetiva quanto ao recurso a ser interposto; ii) inexistência de erro grosseiro; e iii) que o recurso interposto erroneamente tenha sido apresentado no prazo daquele que seria o correto".[238] A inexistência de dúvida fundada afasta a admissibilidade do recurso interposto de forma equivocada, porque deveria ter a parte conhecimento do recurso cabível, configurando o erro grosseiro (ou inexplicável).[239] Do contrário, sendo fundada a dúvida e atendido ao requisito procedimental de aplicação, ou seja, o respeito ao prazo do recurso correto (tarefa

---

[236] ASSIS, Araken de. *Manual dos Recursos*. Op. cit., p. 118.

[237] Ensinam Marinoni-Arenhart-Mitidiero que essa dúvida pode derivar: "(i) da lei processual, que denomina as sentenças de decisões interlocutórias ou vice-versa, induzindo a parte a errar na escolha do recurso idôneo; (ii) da discussão doutrinária ou jurisprudencial a respeito da natureza jurídica de certo ato processual, como acontece com a decisão que, antes da sentença final da causa principal, decide ação declaratória incidental; e (iii) do fato de ser proferido um ato judicial por outro, chamando-se e dando-se forma de sentença a uma decisão interlocutória ou vice-versa". (MARINONI, Luiz Guilherme; ARENHART, Sérgio Cruz; MITIDIERO, Daniel. *Novo curso de processo civil*. v.2. Op. cit., p. 522).

[238] AgInt no AREsp 685.908/RJ, Rel. Ministra Regina Helena Costa, Primeira Turma, julgado em 13/06/2017, DJe 21/06/2017.

[239] Exemplo eloquente de negativa de aplicação ao princípio pode ser colhido da discussão acerca da possibilidade de interposição de agravo em recurso especial contra decisão proferida pelo presidente ou vice-presidente do tribunal local que nega seguimento ao recurso especial (com base no artigo 1.030, I e III do CPC), passa, a partir da vigência da Lei nº 13.256/2016, a ser recorrida por meio de agravo interno (art. 1.021), nos termos do que dispõe o § 2º, do art 1.030 do CPC. Neste sentido: EDcl no AgInt no AREsp 1010292/RN, Rel. Ministro Mauro Campbell Marques, Segunda Turma, julgado em 13/06/2017, DJe 21/06/2017. Outro exemplo pode ser colhido no julgamento: AgRg no RO nos EDcl no AgRg no AREsp 723.335/SP, Rel. Ministro Humberto Martins, Corte Especial, julgado em 07/06/2017, DJe 14/06/2017. O reconhecimento da fungibilidade recursal, pode ser observado nos julgados: EDcl no REsp 1451295/PR, Rel. Ministro Og Fernandes, Segunda Turma, julgado em 23/05/2017, DJe 29/05/2017; RCD na Pet 11.844/PE, Rel. Ministro Luis Felipe Salomão, Quarta Turma, julgado em 18/05/2017, DJe 23/05/2017.

simplificada pelo Código de Processo Civil vigente em razão da unificação dos prazos recursais, com exceção dos embargos declaratórios), revela-se adequada a admissibilidade do recurso em prestígio ao princípio da fungibilidade.

3.6. Efeitos dos recursos

Luís Alberto Reichelt

Falar em efeitos dos recursos significa falar nas consequências que se produzem diante da interposição de um recurso.

Partindo dessa premissa, propõe-se o estudo de seis espécies de efeitos dos recursos, quais sejam o efeito obstativo, o efeito devolutivo, o efeito suspensivo, o efeito regressivo, o efeito expansivo e o efeito substitutivo.

3.6.1. Efeito obstativo

Trata-se do efeito segundo o qual *o manejo de um recurso impede que a decisão recorrida venha a transitar em julgado*. A possibilidade de modificação da decisão recorrida faz com que o comando judicial não esteja acobertado pela imutabilidade da coisa julgada.

A doutrina brasileira tradicionalmente defendia a natureza declaratória das decisões proferidas em relação ao juízo de admissibilidade. Segundo José Carlos Barbosa Moreira, o atendimento ou não dos requisitos de admissibilidade recursal seria anterior ao pronunciamento judicial que sobre eles se manifesta, de modo que "a existência ou inexistência de tais requisitos é, todavia, anterior ao pronunciamento, que não a gera, mas simplesmente a reconhece, que não a gera, mas simplesmente a reconhece".[240]

Não parece ser essa, contudo, a melhor leitura em relação ao que se passa no sistema hoje vigente. Interessante decisão do Superior Tribunal de Justiça aponta no sentido de que "é o reconhecimento de efeito *ex nunc* ao juízo de inadmissibilidade recursal que melhor se coaduna com o efeito obstativo dos recursos, consistente no impedimento ao trânsito em julgado em razão do prolongamento da litispendência. (...) E, mesmo que um certo recurso não seja admitido, o sistema processual prevê o cabimento de uma série de outros, como o agravo de instrumento, o agravo em recurso especial ou em recurso

---

[240] BARBOSA MOREIRA, José Carlos. *Comentários ao Código de Processo Civil*. vol. 5. 15. ed. Rio de Janeiro: Forense, 2010. p. 265.

extraordinário e o agravo regimental". Ainda segundo o citado precedente, "a única ressalva a ser efetuada na concessão de efeito *ex nunc* ao juízo negativo de admissibilidade diz respeito à tempestividade do recurso", sob o argumento de que "esta Corte Superior vem reiteradamente admitindo que a extemporaneidade do recurso faz ocorrer o trânsito em julgado, cujo reconhecimento, por se tratar de circunstância objetivamente aferível, deve operar efeito *ex tunc*".[241]

Da leitura atenta da decisão acima citada, exsurge que *o simples cabimento de um recurso já é, por si só, razão a obstaculizar o surgimento de coisa julgada*, que só surgiria após o transcurso do prazo recursal em relação à última decisão que viesse a ser prolatada nos autos. Essa solução leva em conta o fato de a parte haver empenhado sua energia para a confecção do recurso, presumindo-se que ela o faz sempre de modo a atender aos requisitos legais, e, por isso, detendo a legítima expectativa de que possa o mesmo ser admitido. Vale lembrar, ainda, que há no recurso da parte tanto esforço humano em termos de inteligência e de complexidade quanto na decisão que se pronuncia sobre o referido recurso.

A decisão que inadmite o recurso, sob essa ótica, é uma circunstância que rompe com a expectativa legítima daquele que se esforçou com vistas ao manejo do recurso e que presumivelmente haveria atendido o estabelecido pelo ordenamento jurídico. A única exceção à regra proposta seria o caso da decisão que reconhece a intempestividade do recurso anteriormente manejado, dado que o não atendimento a tal requisito já poderia ser aferido sem necessidade de maior esforço interpretativo, por se tratar de circunstância absolutamente objetiva. Nesse caso, tem-se que a decisão que inadmite o recurso produz efeitos *ex tunc*, retroagindo à data em que exaurido o prazo recursal.

3.6.2. Efeito devolutivo

Trata-se do efeito segundo o qual a interposição de um recurso faz com que o órgão judicial *ad quem* possa reapreciar uma determinada questão já decidida anteriormente, bem como permite ao juízo *ad quem* reapreciar as razões integrantes do debate dos autos quando da prolação de nova decisão. É um efeito que se faz presente por força do manejo de todo e qualquer recurso, em maior ou menor medida, funcionando, nas palavras de Fredie Didier Jr. e Leonardo Carneiro da

---

[241] Agravo Regimental no Recurso Especial nº 1256973/RS, Rel. Ministro Sebastião Reis Júnior, julgado pela 6ª turma do Superior Tribunal de Justiça em 07/11/2013.

Cunha, como um "efeito de transferência da matéria ou de renovação do julgamento para outro ou para o mesmo órgão julgado".[242]

Para fins de produção do efeito devolutivo, tem-se que é irrelevante o fato de o órgão jurisdicional responsável pelo julgamento do recurso ser ou não o mesmo que proferiu a decisão recorrida. O que é relevante para a caracterização da presença do efeito devolutivo é o fato de que é o recurso que provoca a reapreciação da questão já decidida, bem como dos fundamentos do debate no qual ela foi proferida. Apesar disso, há autores que pensam em sentido contrário, afirmando que o citado efeito simplesmente não existiria em recursos como os embargos de declaração.[243]

O alcance do efeito devolutivo pode ser examinado em duas perspectivas. A primeira delas é a que toma em conta o ponto de vista da sua *extensão horizontal*, referente à definição das questões já decididas pelo juízo *a quo* que podem ser reapreciadas pelo juízo *ad quem*. A extensão horizontal do efeito devolutivo obedece à máxima *tantum devolutum quantum appellatum*, segundo a qual a definição das questões que serão objeto de apreciação pelo juízo *ad quem* se dá nos limites do estabelecido pela parte no seu recurso. Significa dizer: as questões anteriormente decididas que poderão ser reapreciadas pelo juízo *ad quem* são somente aquelas em relação às quais houver pedido expresso da parte recorrente a esse respeito. É o que se vê, exemplificativamente, no art. 1.013 do CPC em relação ao recurso de apelação, ou, ainda, no art. 1.016, III, segunda parte, do CPC, em relação ao agravo de instrumento.

A reflexão acima efetuada possui relevância, ainda, do ponto de vista do direito fundamental ao juiz natural. Conforme ensinam Luiz Guilherme Marinoni, Sérgio Cruz Arenhart e Daniel Mitidiero, "qualquer intromissão do tribunal sobre a decisão do magistrado inicialmente competente para apreciar a causa – de acordo com as regras de competência – seria indevida, violando o direito fundamental ao juiz natural".[244]

A variação no que se refere ao alcance da extensão horizontal do efeito devolutivo é que permite diferenciar, em princípio, os casos nos quais o julgador está diante de um recurso sobre todas as questões decididas em uma decisão anterior ou, de outro lado, se está diante de um recurso parcial, no qual a parte pretende a apreciação de uma ou de algumas das questões anteriormente decididas, mas não todas.

---

[242] DIDIER JR., Fredie; CUNHA, Leonardo Carneiro da. *Curso de Direito Processual Civil*. Vol. 3. 13. ed. Salvador: JusPodium, 2015. p. 144.
[243] BARBOSA MOREIRA, José C. *Comentários ao Código de Processo Civil*. vol. 5. Op. cit., p. 260-261.
[244] MARINONI, Luiz Guilherme, ARENHART, Sérgio Cruz; MITIDIERO, Daniel. *Novo Curso de Processo Civil*. Vol. 2. São Paulo: Revista dos Tribunais, 2016. p. 532.

A vontade da parte expressa no recurso é fundamental para que se possa delimitar os limites dentro dos quais o julgador *ad quem* atua de maneira legítima ao proferir decisão sobre determinada questão. Esse é o espírito subjacente ao art. 1.002 do CPC.

De maneira excepcional, admite-se que o juízo *ad quem* possa se pronunciar *ex officio* sobre questões não submetidas pelas partes para nova apreciação. Para além das questões relativas à própria admissibilidade do recurso, que devem ser enfrentadas mesmo sem que qualquer das partes sobre elas se pronuncie, é permitido também ao julgador *ad quem* analisar as chamadas questões de ordem pública, que englobam, exemplificativamente, as questões preliminares ao mérito, por força do disposto nos arts. 337, § 5º e 485, § 3º, do CPC,[245] a prescrição (art. 487, II, do CPC),[246] ou, ainda, de questões sobre as quais as partes são dispensadas de elaboração de pedido (arts. 322, § 1º, e 323, do CPC, dentre outros).[247] Fala-se, aqui, em efeito *translativo* do recurso, cuja produção é condicionada ao fato de a questão não suscitada pelas partes ser a elas submetida para manifestação antes de proferida decisão pelo juízo *ad quem*, a teor do constante do art. 933 do CPC, e que pode se operar no âmbito de todo e qualquer recurso, inclusive em sede de recurso especial e de recurso extraordinário,[248] e, até mesmo, no reexame necessário.[249]

A segunda dimensão do efeito devolutivo é a que envolve a sua *extensão vertical* ou *profundidade*, correspondente à definição quanto aos fundamentos que podem ser considerados pelo julgador *ad quem* ao julgar o recurso interposto. Como regra geral, a interposição de recurso permite que o tribunal competente para o seu julgamento possa reapreciar todas as razões constantes dos autos, ainda que não mencionadas no recurso interposto pelas partes. De maneira excepcional, é permitido

---

[245] Em sentido análogo, ver as considerações de MEDINA, José Miguel Garcia. *Direito Processual Civil Moderno*. São Paulo: Revista dos Tribunais, 2015. p. 1203. Em sentido contrário, ver Agravo Interno no Agravo em Recurso Especial nº 1021641/MG, Rel. Ministro Marco Aurélio Bellizze, julgado pela 3ª turma do Superior Tribunal de Justiça em 02/05/2017.

[246] A esse respeito, ver Embargos em Agravo em Recurso Especial nº 234.535/SC, Rel. Ministro Herman Benjamin, julgado pela 1ª Seção do Superior Tribunal de Justiça em 14/12/2016.

[247] Especificamente sobre a possibilidade de disposição quanto aos honorários sucumbenciais ex officio, ver Agravo Interno no Recurso Especial nº 1307410/SC, Rel. Ministra Maria Isabel Gallotti, julgado pela 4ª Turma do Superior Tribunal de Justiça em 25/10/2016.

[248] Sobre a possibilidade de produção de efeito translativo no recurso especial e no recurso extraordinário, ver THEODORO JR., Humberto. *Curso de Direito Processual Civil*. Vol. III. 47. ed. Rio de Janeiro: Forense, 2016. p. 1005-1006. Em sentido contrário, ver Agravo Interno no Agravo em Recurso Especial nº 1021641/MG, Rel. Ministro Marco Aurélio Bellizze, julgado pela 3ª Turma do Superior Tribunal de Justiça em 02/05/2017.

[249] A esse respeito, ver Recurso Especial nº 959.338/SP, Rel. Ministro Napoleão Nunes Maia Filho, julgado pela 1ª Seção do Superior Tribunal de Justiça em 29/02/2012.

que o julgador *ad quem* possa se pronunciar sobre fatos que pudessem ser por ele conhecidos *ex officio* ocorridos anteriormente à prolação da decisão e não relatados nos autos pelas partes, ou, ainda, sobre a aplicação de normas jurídicas até então não referidas. A solução, em tais casos, passa pelo respeito ao procedimento constante do art. 933 do CPC, originalmente pensado para a possibilidade de o julgador tomar em conta fatos supervenientes à decisão recorrida: antes do julgamento do recurso, é fundamental que as partes sejam ouvidas a respeito dessas novas razões que podem, em tese, influenciar na construção da decisão judicial, por amor ao direito fundamental ao contraditório.

3.6.3. Efeito suspensivo

Trata-se do efeito segundo o qual *a interposição de um recurso faz com que os efeitos da decisão recorrida restem suspensos até o momento do seu julgamento*.[250] Segundo a literalidade do art. 995 do CPC, a regra geral é no sentido de que os recursos não impedem a eficácia da decisão, salvo disposição legal ou decisão judicial em sentido diverso,[251] podendo, contudo, na forma do parágrafo único do comando legal supracitado, a eficácia da decisão recorrida ser suspensa por decisão do relator se da imediata produção de seus efeitos houver risco de dano grave, de difícil ou impossível reparação, e ficar demonstrada a probabilidade de provimento do recurso.

A força desse regramento geral, contudo, é fortemente reduzida em função do constante do art. 1.012, segundo o qual a apelação, como regra geral, será recebida nos efeitos devolutivo e suspensivo. Essa fórmula diminui consideravelmente a possibilidade de a sentença proferida por um Juiz de Direito ou por um Juiz Federal, que veicula a solução tendente a regular de maneira definitiva o conflito trazido pelas partes a conhecimento do Poder Judiciário, produzir efeitos imediatamente sobre a realidade das partes.

A suspensão da eficácia da decisão por força da interposição de um recurso pode se dar por obra da lei (*ope legis*) ou por força de decisão judicial (*ope iudicis*). Assim ocorre que a apelação, como regra geral, é recebida no efeito suspensivo (art. 1.012, *caput*, do CPC), assim como o recurso especial e o recurso extraordinário nos casos em

---

[250] Nas palavras de José Carlos Barbosa Moreira, "diz-se que o recurso tem efeito suspensivo quando impede a produção imediata de efeitos da decisão" (BARBOSA MOREIRA, José Carlos. *Comentários ao Código de Processo Civil*. vol. 5. Op. cit.,. p. 257)

[251] Conforme ensina Flávio Cheim Jorge, "os recursos, salvo disposição legal ou decisão judicial em sentido contrário, não são dotados de efeito suspensivo automático" (in WAMBIER, Teresa Arruda Alvim, DIDIER JR, Fredie, TALAMINI, Eduardo e DANTAS, Bruno (org.). *Breves Comentários ao Novo Código de Processo Civil*. São Paulo: Revista dos Tribunais, 2015. p. 2219).

que interpostos em face de decisão que julga incidente de resolução de demandas repetitivas. Na via oposta está o agravo de instrumento, no qual a atribuição de efeito suspensivo depende de decisão judicial expressa a esse respeito (art. 1.019, I, do CPC), a exemplo do que se estabelece também no recurso especial e no recurso extraordinário (art. 1.029, § 5º, do CPC), ou, ainda, dos embargos de declaração (art. 1.026).

Nos casos em que a concessão de efeito suspensivo se dá *ope iudicis*, tem-se que merece ser seguida a lição de Sérgio Gilberto Porto e Daniel Ustárroz, segundo a qual tal providência "deve ser pautada por dois critérios fundamentais: (a) a probabilidade de êxito na empreitada recursal e (b) o risco de dano irreparável decorrente do imediato cumprimento da decisão recorrida".[252] Presentes tais requisitos, tem-se que a concessão do efeito suspensivo é dever do juiz, não se tratando de decisão discricionária.

Ilustrativo julgado proferido pelo Superior Tribunal de Justiça registra, no que se refere à excepcional concessão de efeito suspensivo a recurso especial nos casos de competência daquele órgão jurisdicional, que dois são os requisitos a serem atendidos: "o primeiro relativo à plausibilidade, aferida em juízo sumário, da pretensão recursal veiculada no apelo extremo (sua probabilidade de êxito) e o segundo consubstanciado no risco de dano irreparável que, em uma análise objetiva, revele-se concreto e real".[253]

Importante situação a ser considerada diz respeito ao que se passa nos casos em que solicitada a concessão de efeito suspensivo a agravo de instrumento interposto em face de decisão interlocutória que não concede tutela provisória (art. 1.015, II, do CPC). Concedido o efeito suspensivo em tais circunstâncias, recebe ele o nome de efeito suspensivo ativo, correspondendo tal decisão à antecipação dos efeitos da tutela jurisdicional concedida diretamente pelo relator.[254]

Anote-se, por fim, que o recebimento de recurso sem a concessão de efeito suspensivo, em qualquer caso, dá azo à possibilidade de cumprimento provisório da decisão judicial, na forma do art. 520 do CPC. A concessão de efeito suspensivo não impede, outrossim, a produção da hipoteca judiciária (art. 495, § 1º, III, do CPC).

---

[252] PORTO, Sérgio Gilberto; USTÁRROZ, Daniel. *Manual dos Recursos Cíveis*. 5. ed. Porto Alegre: Livraria do Advogado, 2016. p. 79.

[253] Nesse sentido, ver Agravo Interno no pedido de Tutela Provisória nº 465/RN, Rel. Ministro Marco Buzzi, julgado pela 4ª T. Superior Tribunal de Justiça em 20/06/2017; Agravo Interno no pedido de Tutela Provisória nº 441/SP, Rel. Ministro Marco Buzzi, julgado pela 4ª T. Superior Tribunal de Justiça em 20/06/2017; Agravo Interno no pedido de Tutela Provisória nº 265/SP, Rel. Ministro Marco Buzzi, julgado pela 4ª T. Superior Tribunal de Justiça em 04/05/2017.

[254] A respeito do ponto, ver Sandro Gilbert Martins, in CUNHA, José Sebastião Fagundes (coord.). *Código de Processo Civil Comentado*. São Paulo: Revista dos Tribunais, 2015. p. 1360.

3.6.4. Efeito regressivo

Por efeito regressivo (também chamado de efeito de retratação[255]) entende-se a circunstância segundo a qual a interposição de um recurso permite ao julgador responsável pela prolação da decisão recorrida reconsiderar o seu entendimento, reformando a decisão recorrida.

Em se tratando de decisões que importem em resolução do mérito ou em extinção do processo, a regra é no sentido de que o comando proferido pelo julgador não pode ser reconsiderado, operando-se preclusão *pro iudicato*. Em circunstâncias tais, é vedado ao julgador impor qualquer modificação em relação ao estabelecido em decisão anterior. Diferente é o que se passa em relação a decisões interlocutórias, em relação às quais pode o magistrado rever seu entendimento *ex officio*. Em um contexto como esse, conclui-se que a possibilidade de reforma decorrente da interposição de recurso pela parte é, pois, providência dotada de caráter excepcional.

Não obstante isso, é considerável o rol de hipóteses nas quais a interposição de recurso enseja a produção de efeito regressivo. Vale transcrever, no ponto, o catálogo trazido por Fredie Didier Jr. e Leonardo Carneiro da Cunha: "a) apelação contra sentença que indefere a petição inicial (art. 331, CPC); b) apelação contra sentença que extingue o processo sem exame do mérito (art. 485, § 7º, CPC); c) apelação contra sentença de improcedência liminar do pedido (art. 332, § 3º, CPC); d) apelação no ECA (art. 198, VII, ECA); e) agravo de instrumento (art. 1.018, 1º, CPC); f) agravo interno (art. 1.021, § 2º, CPC); g) recurso especial e extraordinário repetitivos (art. 1.040, II)".[256] Essas hipóteses legalmente elencadas são sempre baseadas na preocupação com o direito à tutela jurisdicional efetiva, fazendo com que a tramitação do recurso não se revele em um custo desnecessário em termos de tempo e desgaste às partes em casos no quais o julgador, autorizado por lei, de imediato identifique que o entendimento esposado na decisão recorrida não é o mais adequado do ponto de vista do estabelecido no ordenamento jurídico. Em casos como os da apelação contra sentença de improcedência liminar do pedido, do agravo interno e dos recursos especial e extraordinário repetitivos, coloca-se em destaque, ainda, o desejo de oferta de tutela jurisdicional pautada por respeito às exigências de isonomia e de segurança jurídica.

---

[255] DIDIER JR., Fredie; CUNHA, Leonardo Carneiro da. *Curso de Direito Processual Civil*. Vol. 3. Op. cit., p. 146.
[256] Idem, p. 146-147.

3.6.5. Efeito expansivo

A regra geral do sistema recursal brasileiro é no sentido de que a decisão que julga um recurso alcança apenas as partes, não se estendendo a terceiros.[257] Ocorre, contudo, que, de maneira excepcional, é possível que os efeitos da decisão acabem se estendendo também a terceiros – e, nesse caso, diz-se que o julgamento do recurso produziu efeito expansivo.

Segundo o art. 1.005, *caput*, do CPC, o recurso interposto por um dos litisconsortes a todos aproveita, salvo se distintos ou opostos os seus interesses. Sob a ótica do comando legal supracitado, a decisão que der provimento ao recurso interposto por um litisconsorte unitário acaba por produzir efeitos favoráveis também em relação aos demais litisconsortes que não tenham manejado recurso. Nos casos em que o recorrente for parte em litisconsórcio simples, e a questão objeto do recurso disser respeito também aos demais litisconsortes, o recurso por ele interposto também pode produzir efeitos favoráveis em relação a eles.

Paralelamente a isso, há, na doutrina, quem defina e classifique o efeito expansivo a partir de outros critérios. Nesse sentido, é de se referir que a definição inicialmente trazida corresponde ao que Sérgio Gilberto Porto e Daniel Ustárroz chamam de efeito expansivo subjetivo, correspondendo aos casos nos quais "o órgão judicial, provendo determinado recurso, influenciar esfera jurídica alheia ao recorrente e ao recorrido".[258] Ainda segundo os citados autores, "haverá efeito expansivo objetivo sempre que a decisão do recurso modificar uma parte do provimento recorrido que guarde relação de prejudicialidade com outros atos, ainda que não diretamente enfrentados na impugnação".[259]

Ainda em sede de classificações, Humberto Theodoro Jr. fala em duas dimensões para a expansão do efeito recursal, a saber: "(i) uma o plano horizontal, que permite a abordagem pelo tribunal ad quem de questões novas, como as de ordem pública e os pedidos que não chegaram a ser enfrentados pelo julgado recorrido (art. 1.013, § 2º); e, (ii) outra no plano vertical, que atinge as questões precedentes levantadas no processo e que interferem, ou deveriam interferir, em caráter

---

[257] Fredie Didier Jr. e Leonardo Carneiro da Cunha falam na presença de um *"princípio da personalidade do recurso"* (DIDIER JR., Fredie; CUNHA, Leonardo Carneiro da. *Curso de Direito Processual Civil*. Vol. 3. Op. cit., p. 147).

[258] PORTO, Sérgio Gilberto; USTÁRROZ, Daniel. *Manual dos Recursos Cíveis*. Op. cit., p. 82.

[259] Idem, p. 81. Essa figura é chamada por José Miguel Garcia Medina de *efeito expansivo interno*, contrapondo-se ao efeito expansivo externo, definido como aquele que se dá nos casos em que "o julgamento do recurso afeta atos ou decisões diferentes da decisão recorrida" (MEDINA, José Miguel Garcia. *Direito Processual Civil Moderno*. Op. cit. ,p. 1207).

prejudicial, na decisão recorrida (art. 1.013, § 1º)".[260] Há certa zona de sombra entre essa classificação e a definição do efeito expansivo objetivo conforme definido por Sérgio Gilberto Porto e Daniel Ustárroz antes mencionada.

3.6.6. Efeito substitutivo

De acordo com o constante no art. 1.008 do CPC, o julgamento proferido pelo tribunal substituirá a decisão impugnada no que tiver sido objeto de recurso. A rigor, o comando legal possui uma impropriedade: "a decisão proferida pelo tribunal substituirá a decisão impugnada naquilo em que ela tratar de uma mesma questão".[261] Esse é o efeito substitutivo decorrente da prolação de nova decisão que venha a julgar um recurso.

O esclarecimento em questão é importante na medida em que revela duas faces importantes do tema. A primeira é a circunstância de que o efeito substitutivo pode-se operar também por força do reexame necessário, de modo que haveria a possibilidade de a nova decisão substituir a anterior, independentemente da existência de recurso manejado pela parte. A segunda, que caminha sob os trilhos do mesmo argumento, é a de que a decisão proferida pelo tribunal pode substituir a decisão anterior também nos casos em que o órgão responsável pelo julgamento do recurso ou do reexame necessário se deparar com questão que possa por ele ser enfrentada de ofício.

Para além do acima apontado, há, ainda, um outro requisito a ser observado para fins de compreensão do alcance do efeito substitutivo: a sua produção só se dá na medida em que o recurso interposto tenha sido ao menos *admitido*. Caso não seja sequer conhecido o recurso, resta mantida a decisão anterior, não sendo correto afirmar que, nessa hipótese, a decisão posterior substitui a decisão anterior.[262] Ao contrário, em tal caso a decisão posterior apenas sucede a decisão anterior, o que pode ter importância, por sua vez, para fins de manejo de ação rescisória contra ambas as decisões, mas por diferentes fundamentos.

---

[260] THEODORO JR., Humberto. *Curso de Direito Processual Civil*. Vol. III. Op. cit., p. 1007.

[261] O entendimento aqui defendido é semelhante àquele apresentado por PORTO, Sérgio Gilberto; USTÁRROZ, Daniel. *Manual dos Recursos Cíveis*. Op. cit., p. 86.

[262] Nas palavras de Flávio Cheim Jorge, "se o tribunal não admite o recurso por falta de um dos seus requisitos, a decisão recorrida permanecerá intocada, tal qual inexistisse recurso contra ela interposto" (in WAMBIER, Teresa Arruda Alvim; DIDIER JR., Fredie; TALAMINI, Eduardo; DANTAS, Bruno (orgs.). *Breves Comentários ao Novo Código de Processo Civil*. Op. cit., p. 2234). Na jurisprudência, ver Ação Rescisória nº 4.669/PI, Rel. Min. Antonio Saldanha Palheiro, 3ª S. STJ, julg. 10/05/2017; Agravo Interno nos Embargos de Declaração no Recurso Especial nº 1236535/RS, Rel. Min. Luis Felipe Salomão, 4ª T. STJ, julg. 09/05/2017; Agravo Regimental na Ação Rescisória nº 4.932/SP, Rel. Min. Napoleão Nunes Maia Filho, 1ª S. do STJ, julg. 10/08/2016.

A reflexão acima apontada é relevante, ainda, para que se considere o que se passa nos casos nos quais o recurso é conhecido apenas em parte. Em tal hipótese, o efeito substitutivo opera-se apenas em relação à parte em que haja juízo de mérito.

Vale lembrar que o efeito substitutivo se opera mesmo nos casos em que o recurso seja improvido.[263] Nesse caso, a decisão proferida pelo tribunal que confirma o entendimento exposto no julgado anterior, ainda que por diverso fundamento, substitui a decisão recorrida. Da mesma forma, o efeito substitutivo também se faz presente nos casos em que a decisão recorrida foi reformada ou anulada.[264]

3.7. Juízo de admissibilidade e juízo de mérito

Artur Torres

No âmbito recursal há, sempre, que distinguir os planos da admissibilidade e da análise meritória recursal, afigurando-se correto, de um ponto de vista lógico-sistêmico, afirmar que não se procederá no enfrentamento meritório, como regra, sem que se tenha superado, com êxito, o juízo de admissibilidade.

Admitir um recurso (ou, segundo a linguagem forense, conhecê-lo, recebê-lo) representa, pois, confirmar a presença, *in concreto*, da integralidade dos pressupostos autorizadores do juízo recursal; dar-lhe ou negar-lhe provimento, de outro giro, diz com o enfrentamento da "causa de pedir recursal", ou seja, com mérito da impugnação propriamente dita.

Importa, para o momento, trazer considerações gerais acerca do tema, visando a auxiliar o operador processual na observância das exigências pertinentes.

3.7.1. *Requisitos/pressupostos de admissibilidade recursal: considerações iniciais*

Parece-nos oportuno, antes de dar início ao exame microscópico do tema, classificar os requisitos de admissibilidade recursal a partir

---

[263] THEODORO JR., Humberto. *Curso de Direito Processual Civil*. Vol. III. Op. cit., p. 1004.

[264] Essa é a posição de Flávio Cheim Jorge: "se o tribunal não admite o recurso por falta de um dos seus requisitos, a decisão recorrida permanecerá intocada, tal qual inexistisse recurso contra ela interposto" (in WAMBIER, Teresa Arruda Alvim, DIDIER JR, Fredie; TALAMINI, Eduardo; DANTAS, Bruno (orgs.). *Breves Comentários ao Novo Código de Processo Civil*. Op. cit., p. 2234).

de dois grandes grupos, a saber: (a) gerais/genéricos e (b) específicos/próprios.

Em relação ao primeiro grupo (gerais/genéricos), há de se observar, para fins didáticos, a existência de subgrupos. Classificam-se, pois, os pressupostos/requisitos gerais/genéricos de admissibilidade (recursal), sem maiores controvérsias, em *intrínsecos* e *extrínsecos*.[265]

Diz-se que o primeiro subgrupo (o dos pressupostos recursais gerais/genéricos intrínsecos) é composto pelos itens, a saber: cabimento, legitimidade, interesse e inexistência de fato impeditivo do direito de recorrer (insere-se, aqui, segundo nosso entendimento, ainda, a motivação atual, por força da redação atribuída ao art. 932, III, do CPC/2015); o segundo (o dos pressupostos recursais gerais/genéricos extrínsecos), por sua vez, por tempestividade, preparo e regularidade formal.

O que se pretende com a nomenclatura *"gerais/genéricos"* é demonstrar que os pressupostos acima aludidos têm aplicabilidade à admissibilidade de todo e qualquer pleito recursal.

De outro giro, é possível afirmar que alguns recursos cíveis, por determinação legal, se submetem, no que diz com o juízo de admissibilidade, a requisitos *específicos/próprios*.

Retratam essa realidade, exemplificativamente, a necessidade de comprovação de *repercussão geral* no recurso extraordinário, a existência de "causa decidida" nos recursos de jurisdição extraordinária, a juntada de peças obrigatórias no agravo de instrumento etc.

Os requisitos/pressupostos gerais/genéricos serão, um a um, examinados, logo abaixo; os específicos/próprios, apenas por ocasião do enfrentamento do recurso em que se faça necessário.

3.7.2. Requisitos/pressupostos de admissibilidade (gerais) intrínsecos

3.7.2.1. Cabimento

O sistema recursal pátrio, tomando por base o ato judicial que se pretenda impugnar (à luz de diversos critérios, é verdade), preestabe-

---

[265] "Tais requisitos dizem-se pressupostos genéricos, pois são exigidos para todos os recursos, cada um dos quais, pro sua vez, ficará ainda submetido a outras exigências especiais de admissibilidade que apenas a ele digam respeito. Deve-se igualmente observar que mesmo os requisitos genéricos às vezes não são exigidos como condição de admissibilidade para certos recursos (...)." BAPTISTA DA SILVA, Ovídio A. *Curso de processo civil*. Rio de Janeiro: Forense, 2004. p. 395.

lece, textualmente, o "remédio" processual (relembrando o conceito de recurso eternizado por Barbosa Moreira) adequado para tanto.

Tem-se, no sistema processual civil brasileiro, como regra, que, observados os limites do próprio regramento recursal, as decisões judiciais, à integralidade, são impugnáveis, excetuando-se desse cenário, pois, (1) os despachos (que, em tese, não possuem carga decisória – ao menos considerável) e (2) os casos em que o legislador aponte, expressamente, a irrecorribilidade do pronunciamento.

Compreenda-se, por oportuno, que, segundo o sistema pátrio, aos interessados incumbe identificar, *in concreto*, o recurso manejável face ao pronunciamento que lhe é desfavorável. Realizada tal escolha, ao órgão judiciário (competente para realizar o juízo de admissibilidade) tocará, oportunamente, confirmar sua corretude, respondendo, em última análise, ao quesito, a saber: o recurso manejado pelo interessado é o adequado para impugnar o pronunciamento judicial atacado?

Alcançando-se resposta positiva, prosseguir-se-á, um a um, na análise dos demais pressupostos/requisitos de admissibilidade; sendo ela negativa, e, não se estando diante de cenário em que se imponha a aplicação do princípio da fungibilidade (acima enfrentado), o recurso manejado haverá, salvo expressa disposição legal em sentido contrário, de ser declarado inadmissível.

3.7.2.2. Legitimidade

O recurso pode ser interposto, aduz o Código, "pela parte vencida, pelo terceiro prejudicado e pelo Ministério Público, seja como parte ou fiscal da ordem jurídica", anotando, pois, a quem compete, querendo, oferecer recurso.[266][267] O texto da lei, em relação ao tema, limita-se, bem compreendido, a disciplinar a legitimidade recursal ativa.

O pressuposto/requisito de admissibilidade recursal (intrínseco) sob análise, do ponto de vista da legitimidade ativa, lança olhares à identidade do recorrente, no afã de desnudar a pertinência subjetiva do recurso. Responde-se, a partir de sua investigação, a indagação, a saber: aquele que se fez valer, *in concreto*, do meio impugnativo (do recurso) figura entre os que poderiam, segundo a lei, tê-lo feito?

Segundo o regime processual pátrio, possuem legitimidade recursal as partes, o *parquet* e o terceiro "juridicamente" interessado.

---

[266] Art. 996 do CPC/2015.

[267] O CPC/73 contava com a seguinte redação: "O recurso pode ser interposto pela parte vencida, pelo terceiro prejudicado e pelo Ministério Público. (...) § 2º O Ministério Público tem legitimidade para recorrer assim no processo em que é parte, como naqueles em que oficiou como fiscal da lei".

Acerca do interesse que legitima o derradeiro a recorrer, vale lembrar, adaptando-a ao cenário recursal, lição de Piero Calamandrei: "O interesse que legitima o interveniente a comparecer em juízo (...), não é, pois, um interesse altruísta (como o seria o de quem pretendesse intervir na causa visando, exclusivamente, demonstrar sua solidariedade com um amigo, ou o de quem agisse unicamente por um nobre desejo de cooperar com o triunfo da justiça), mas sim um interesse egoísta que tem sua base na própria (...) desvantagem que teme (...) vantagem e desvantagem que não devem ser meramente morais ou sentimentais (...) e, sim, devem ter um substrato jurídico, no sentido de que as consequências vantajosas ou não, que o interveniente espera ou tem para si, devem ser tais que repercutam, em sentido favorável ou desfavorável para ele (...)".[268]

Não é por outra razão, pois, que se exige do terceiro demonstração da possibilidade de que a decisão prolatada na relação jurídica submetida à apreciação judicial venha a atingir sua esfera jurídica.

O advogado, em relação aos honorários sucumbenciais insuficientemente arbitrados, é terceiro que se legitima (pois não é parte processual), em nome próprio, a recorrer.[269]

O Ministério Público, por sua vez, é tido por legitimado para recorrer tanto nos casos em que funcionar como *custos legis*,[270] como, à evidência, nos feitos em que venha a figurar na condição de parte.

No que tange à legitimidade recursal passiva, embora silente o Código, parece-nos razoável afirmar que, salvo exceção que momentaneamente nos escape, será ela, sempre, da parte que se beneficie da decisão impugnada.

Por fim, respeitados posicionamentos em sentido diverso, cumpre sublinhar que os temas legitimidade para a causa e legitimidade recursal não podem, a rigor, ser baralhados, uma vez que não há negar, por exemplo, que determinado cidadão poderá recorrer justamente para ver reconhecida, em última análise, sua ilegitimidade passiva *ad causam*.[271]

---

[268] CALAMANDREI, Piero. *Instituições de Direito Processual Civil*. Campinas: Bookseller, 2003. v. III. p. 257.

[269] PROCESSUAL CIVIL. RECURSO ESPECIAL. HONORÁRIOS ADVOCATÍCIOS. LEGITIMIDADE PARA RECORRER. PARTE OU ADVOGADO. DISSÍDIO JURISPRUDENCIAL. SÚMULA N. 83/STJ. 1. O STJ pacificou o entendimento segundo o qual tanto a parte quanto o advogado, em nome próprio, têm legitimidade para recorrer de decisão que cuida de honorários advocatícios. Precedentes. (...) REsp. n. 440.613 –SE, 2ª T, Rel. Min. João Otávio de Noronha, DJ: 12/06/2006.

[270] "O Ministério Público tem legitimidade para recorrer no processo em que oficiou como fiscal da lei, ainda que não haja recurso da parte". (Súmula 99 do STJ)

[271] Nesse mesmo sentido: ALVARO DE OLIVEIRA, Carlos Alberto; MITIDIERO, Daniel. *Curso de Processo Civil*. São Paulo: Atlas, 2011. v. I. p. 173.

3.7.2.3. Interesse

O pressuposto de admissibilidade recursal sob comento encontra-se umbilicalmente vinculado aos conceitos de *interesse de agir* e de *sucumbência*.

Comecemos assim: entre nós, face à concepção de ação albergada pelo CPC/73 (rememore-se, adotou-se, declaradamente, a teoria eclética do direito de agir[272]), o conceito de *l'interesse ad agire* (uma das condições da ação no aludido sistema) restou fortemente influenciado pela doutrina professada por Enrico Tullio Liebman, que, em clássica lição, após sustentar haver distinção entre interesse substancial e interesse processual, ensinou que *"quello processuale ha comme oggetto direto e imediato l'attività degli organi giurisdizionali"*, restando presente o mesmo, quando o *"provvedimento domandato si presenta come adeguato a proteggere o soddisfare l'interesse primarioche si afferma leso o minacciato dal comportamento dela controparte, o più genericamente dalla situazione di fatto existente"*.[273]

O Código, em outras palavras, ao afirmar que para postular em juízo é indispensável haver interesse (art. 17, CPC/2015), pretendeu, ao fim e ao cabo, alertar o jurisdicionado de que o provimento jurisdicional requerido deve, em última análise, respeitar o conhecido binômio necessidade-utilidade. Transpondo-se tal lição ao campo do

---

[272] Acerca do tema, vide: TORRES, Artur. *Fundamentos de um direito processual civil contemporâneo* (parte I). Porto Alegre: Arana, 2016. *Passim*.

[273] "Secondo la prevalente opinione, ogni dirittto soggetivo è constituito da un interesse, qualificato da un potere dela volontà. Nulla dunque di più naturale che anche quel diritto soggetivo che à l'azione abbia per suo contenuto uno specifico interesse, che è appunto l'interesse ad agire. Esso si da quello sostanziale, per la cui protezionesi intenta l'azione, così come questa si distingue dal corrispondente diritto soggetivo sostanziale. L'interesse ad agire è un interesse processuale, sussidiario e strumentale, rispetto all'interesse sostanziale, primário, ed ha per ogeto il provvedimento che si domanda al Magistrato, in quanto questo provvedimento si ravvisi come um mezzo sostitutivo per ottenere il soddisfacimento dell'interesse primario, rimasto insoddisfatto a causa dell'inadempimento dell'obligato (o eccezionalmente perchè la controparte non può soddisfarlo). L'interesse primario del creditore di 100 sarà di ottenere il pagamento di questa somma; l'interesse ad agire sorgerà se il debitore non paga ala scadenza, ed avrà per oggetto la condanna del debitore; e successivante l'esecuzione forzata a carico del sio patrimonio. Perciò i due interessi, quello sostanziale e quello processuale, hanno uno scopo ultimo comune (ricevere 100), ma quello processuale ha comme oggetto direto e imediato l'attività degli organi giurisdizionali. Esso sussiste quando il provvedimento domandato si presenta come adeguato a proteggere o soddisfare l'interesse primarioche si afferma leso o minacciato dal comportamento dela controparte, o più genericamente dalla situazione di fatto existente. L'esistenza dell'interesse ad agire è perciò una condizione dell'esame del mérito, che sarebbe evidentemente inutile se il provvedimento domandato fosse in sì e per sè inadatto a tutelare l'interesse leso o la minaccia che viene denunciata in realtà non existe o non si è ancora verificata. Naturalmente riconoscere la sussitenza dell'interesse ad agire non significa ancora che l'attore abbia ragione nel merito; vuol dire soltanto che può averla e che la sua domanda si presenta come meritevole di essere giudicata." LIEBMAN, Enrico Tullio. *Lezzioni di Diritto Processuale Civile*. Milano: Giuffrè, 1951. p. 39/40.

direito recursal, alcança-se, com tranquilidade, a figura do interesse recursal (*necessidade-utilidade* de interpor um recurso).

Sobre o tema, outrora, anotou James Goldschmidt: "Todo recurso supõe, como fundamento jurídico, a existência de um gravame (prejuízo) da parte; quer dizer, uma diferença injustificada, desfavorável para ela entre sua pretensão e o que lhe havia sido concedido na decisão que impugna".[274]

Do ponto de vista da necessidade, há interesse recursal toda vez que o desfazimento do prejuízo que assola o contendor não puder ser desfeito senão mediante apreciação recursal; do ângulo da utilidade, por sua vez, verificando-se que o julgamento do recurso interposto, ao menos em tese, tenha o condão de pôr o recorrente em situação mais vantajosa do que a retratada pela decisão impugnada.

Imagine-se, exemplificativamente, (a) que o autor tenha postulado a concessão tutela provisória de urgência satisfativa em sede de petição inicial e que o magistrado, ao analisar tal requerimento, opte por negá-lo ou, de outro giro, (b) que o réu, considerado o conteúdo da sentença prolatada nos autos de determinada ação condenatória, veja prosperar os pedidos formulados em seu desfavor.

No primeiro caso, à evidência, o autor, desatendido seu requerimento, possui interesse em atacar à interlocutória (no caso, mediante agravo de instrumento – art. 1.015, I, CPC/2015); no segundo, considerada a sucumbência anunciada, o interesse será do demandado (no caso, mediante apelação – art. 1.009, CPC/2015).

Diz-se, em suma, haver interesse em recorrer toda vez que um dos litigantes sucumba (isto é, reste vencido/prejudicado) diante de uma postulação sua ou de outrem, realizada em seu desfavor.[275]

Consideração digna de nota, sobremaneira, diz com o entendimento de que, embora apreciado ao tempo do oferecimento do recurso, a análise do pressuposto sob comento não se limita a tal cenário, podendo, pois, antes de julgado o recurso, ser suscitado.

A ideia consiste, ao fim e ao cabo, em evitar o julgamento de recursos cuja eficácia mundana não se possa fazer sentir.

---

[274] GOLDSCHMIDT, James. *Direito Processual Civil*. Campinas: Bookseller, 2003. v. I. p. 462.

[275] "Configura-se este requisito sempre que o recorrente possa esperar, em tese, do julgamento do recurso, situação mais vantajosa, do ponto de vista prático, do que aquela em que o haja posto a decisão impugnada (utilidade do recurso) e, mais, que lhe seja preciso usar as vias recursais para alcançar esse objetivo. Em relação à parte, alude o art. 499 à circunstância de ter ela ficado 'vencida' (sucumbência, conforme se costuma dizer em doutrina); o adjetivo deve ser entendido como abrangente de quaisquer hipóteses em que a decisão não tenha proporcionado à parte, ao ângulo prático, tudo que lhe era lícito esperar, pressuposta a existência do feito." BARBOSA MOREIRA, José Carlos. *O novo processo civil brasileiro*. 25. ed. Rio de Janeiro: Forense, 2007. p. 117.

3.7.2.4. Inexistência de fato impeditivo do direito de recorrer

Sabe-se inerente à noção recursal à inconformidade do prejudicado com determinado julgado, seja ele precário ou definitivo. Recorre-se, por definição, como ato de resistência.

As partes, no desenrolar do caso concreto, realizam atos processuais. No que interessa para o momento, afigura-se oportuno ressaltar que tais atos, em alguns casos, traduzem o sentimento de inconformidade da parte com o exposto pelo pronunciamento judicial; noutros, apenas sua concordância com a decisão emanada.

Afirma-se, então, que, anuindo o prejudicado, expressa ou tacitamente, ao pronunciamento judicial que lhe é desfavorável, preclusa estará a possibilidade de atacá-lo.

Considera-se aceitação tácita a prática, sem reserva, de quaisquer atos incompatíveis com a vontade de recorrer.[276] Fala-se, de um ponto de vista técnico, nesses casos, na consumação da denominada preclusão lógica.[277]

A doutrina, em geral, costuma apontar a renúncia e a desistência do recurso, bem como a aquiescência à determinação judicial como exemplos de fatos que fulminam a possibilidade concreta de recorrer, muito embora não se possa afirmar seja este um rol exaustivo.[278] [279]

3.7.2.5. Motivação atual

Recurso é, por definição, meio de impugnação às decisões judiciais. Estas, consoante prescrição constitucional expressa (art. 93, IX), devem ser fundamentadas, pena de nulidade. No plano infraconstitucional, o art. 489, em seu § 1º, disciplina o tema.

Impõe-se tal exigência, dentre outras, no afã de que os interessados na prestação estatal conheçam os reais motivos pelos quais se decidiu a causa *sub judice*. Nessa senda, havendo inconformidade com o julgado, o recorrente deve diligenciar no ataque dos fundamentos

---

[276] Art. 1.000, parágrafo único, do CPC/2015.

[277] Acerca do tema preclusão, vide, com grande proveito: RUBIN, Fernando. *A preclusão na dinâmica do Processo Civil*. Porto Alegre: Livraria do Advogado, 2010.

[278] "São fatos extintivos a *renúncia* ao direito de recorrer e a aceitação da decisão (ou aquiescência). Consiste a primeira no ato pelo qual uma pessoa manifesta a vontade de não interpor recurso de que poderia valer-se contra determinada decisão; a segunda, no ato por que alguém manifesta a vontade de conformar-se com a decisão proferida. Os efeitos práticos são, numa e noutra, idênticos, embora varie a direção da vontade manifestada. Ambas são atos unilaterais". BARBOSA MOREIRA, José Carlos. *O novo processo civil brasileiro*. p. 117.

[279] "A renúncia do réu ao direito de apelação, manifestada sem a assistência de defensor, não impede o conhecimento da apelação por este interposta". (Súmula 705 do STF)

decisórios que conduziram o magistrado, no caso, a decidir em seu desfavor, excetuados, à evidência, os casos em que a própria falta de motivação figure na condição de "causa de pedir recursal".

Não basta, consoante acima afirmado, que o recorrente impugne genericamente o julgado. Exige-se, segundo remansosa jurisprudência, o enfrentamento tópico e concreto dos fundamentos que serviram de base à sua derrota processual (art. 932, III, do CPC/2015), pena de não conhecimento do pleito recursal.[280]

3.7.3. Requisitos/pressupostos de admissibilidade (gerais) extrínsecos

3.7.3.1. Preparo

O processo civil brasileiro é, de regra, pago. Tal diretriz alcança, também, o cenário recursal. Preparar um recurso, na linguagem processual, nada mais é do que adiantar e comprovar custas processuais em sentido largo.

Segundo o ordenamento vigente, no "ato de interposição do recurso, o recorrente comprovará, quando exigido pela legislação pertinente, o respectivo preparo, inclusive porte de remessa e de retorno" dos autos, pena de deserção. O *caput* do artigo 1.007 do Código de Processo Civil retrata a regra adotada pelo sistema processual pátrio.

O CPC/2015, embora mantendo o preparo como requisito de admissibilidade recursal, acabou por flexibilizar a aplicação da denominada pena de deserção, prescrevendo, primeiro, a obrigação, do juízo competente para a admissibilidade do recurso, de intimar o recorrente, diante da constatação de insuficiência do preparo, na pessoa de seu advogado, para supri-lo no prazo de cinco dias;[281] segundo, nos casos em que o preparo não tenha sido feito, para, em dobro, realizá-lo, pena de inadmissão.[282] [283]

Consoante expresso apontamento legal, revela-se desautorizado o não conhecimento do pleito recursal, justificado pela deserção, sem a observância das notificações acima aludidas.

---

[280] Acerca das razões pelas quais optamos por inserir a *motivação atual* no grupo dos requisitos gerais intrínsecos, vide: TORRES, Artur. *Sentença, Coisa Julgada e Recursos Cíveis Codificados*: de acordo com as Leis 13.105/2015 e 13.256/2016. Porto Alegre: Livraria do Advogado, 2017.

[281] Art. 1.007, § 2º, do CPC/2015.

[282] Art. 1.007, § 4º, do CPC/2015.

[283] Nesse segundo caso, pois, havendo insuficiência de preparo, não se admitirá o complemento aludido na hipótese acima, declarando-se, de pronto, deserto o recurso ofertado. É nesse sentido a previsão do art. 1.020, § 5º, do CPC/2015.

O novel diploma processual, na contramarcha dos acontecimentos jurisprudenciais a ele precedentes, considerada a linha flexibilizatória acima aludida, prescreve, ainda, que "o equívoco no preenchimento da guia de custas não implicará" a imediata aplicação da pena de deserção, cabendo ao relator, "na hipótese de dúvida quanto ao recolhimento" exigido, determinar a intimação do recorrente para sanar o vício, também, no prazo de cinco dias.[284]

Estão dispensados de promover o preparo (em sentido largo), o Ministério Público, a União, o Distrito Federal, os Estados-Membros, os Municípios, e respectivas autarquias, bem como, os que litigam sob o pálio da Justiça Gratuita.

O porte de remessa e retorno dos autos fica dispensado a quaisquer contendores, pois, quando o feito tramitar em autos eletrônicos.

3.7.3.2. Tempestividade

As manifestações processuais encontram-se, no mais das vezes, adstritas ao instituto da preclusão, compreendido, grosso modo, como a perda do direito de praticar determinado ato processual.

Tal regra tem aplicação, também, no cenário recursal. Em certos casos, a perda do direito de praticar o ato processual decorre, simplesmente, da inobservância do prazo para tanto. Aduz-se, nessa quadra, a ocorrência da preclusão temporal.

Todo recurso, pois, deve ser ofertado no prazo da lei. Cada qual, em regra, possui o seu próprio prazo, nada obstante, ao menos no concernente aos recursos codificados, o processo civil de 2015 tenha optado pela uniformização dos prazos recursais (como regra, 15 dias, excetuado previsão expressa em sentido contrário – exemplo, embargos de declaração (05 dias)).

O cômputo dos prazos recursais obedece, em última análise, ao regramento aplicável à contagem de quaisquer outros prazos processuais fixados em dias.

3.7.3.3. Regularidade formal

Os atos recursais estão adstritos, quanto à forma de interposição, à disciplina prevista para a prática dos demais atos processuais.[285] Consoante avaliada doutrina, assim sendo, devem ser ofertados,

---

[284] Art. 1.007, § 7º, do CPC/2015.
[285] BAPTISTA DA SILVA, Ovídio A. *Curso de processo civil*. p. 400.

como regra, (a) mediante petição escrita; (b) fundamentada; (c) que identifique os envolvidos; e que conte, por fim, com (c) um "pedido recursal",[286] sem prejuízo de outras prescrições legais específicas.

Por fim, cabe renovar a anotação de que o CPC/2015, em relação ao (in)adimplemento dos pressupostos/requisitos de admissibilidade recursal experimenta, uma vez comparado ao sistema revogado, evidente flexibilização.

A título ilustrativo, vale lembrar o teor do artigo 932, III, do CPC/2015, que impõe ao relator, considerada a natureza do vício que impede a imediata admissão do pleito recursal, a intimação do recorrente para, no prazo de 05 (cinco dias), saná-lo.

3.7.4. Requisitos/pressupostos de admissibilidade específicos

Para além dos requisitos (gerais) acima enfrentados, (1) a peculiaridade de cada recurso e, por vezes, (b) certas ocorrências processuais, podem trazer à baila a exigência de que requisitos diversos (para além dos gerais) sejam observados para a admissibilidade recursal: eis os denominados *requisitos específicos*.

Tais requisitos revelam heterogeneidade tamanha que nos impedem, nesse diminuto espaço, de examiná-los a exaustão, motivo pela qual reputamos mais adequado seu enfrentamento ao tempo do estudo do recurso que o exige. Nossa tarefa, aqui, resume-se a, exemplificativamente, demonstrar a existência da categoria.

Insere-se, pois, no primeiro grupo (peculiaridade recursal), a *repercussão geral* para o recurso extraordinário;[287] a *qualidade do órgão prolator da decisão impugnada* para o recurso especial; a juntada de *peças obrigatórias em certos agravos de instrumento*, etc.[288]

---

[286] Vide, exemplificativamente, ASSIS, Araken de. *Manual dos Recursos*. 2. ed. São Paulo: RT, 2008. p. 198.

[287] Vale salientar, por oportuno, a aprovação, junto à CCJ da Câmara, em 27 de junho de 2017, da PEC 209/2012, cujo teor, grosso modo, diz com a exigência da comprovação da *repercussão geral* também para a admissibilidade do recurso especial. A proposta cria o § 1° para o art. 105 da Constituição Federal, cujo teor conta com a redação, a saber: "No recurso especial, o recorrente deverá demonstrar a relevância das questões de direito federal infraconstitucional discutidas no caso, nos termos da lei, a fim de que o Tribunal examine a admissão do recurso, somente podendo recusá-lo pela manifestação de dois terços dos membros do órgão competente para o julgamento". Na data de finalização do presente texto, a PEC não havia, ainda, sido apreciada pelo Senado.

[288] Acerca do tema: TORRES, Artur. *Sentença, Coisa Julgada e Recursos Cíveis Codificados*: de acordo com as Leis 13.105/2015 e 13.256/2016. Porto Alegre: Livraria do Advogado, 2017.

Já no segundo (ocorrências processuais), é possível alocar, por exemplo, a *comprovação do depósito da multa por litigância protelatória*, prevista pelo art. 1.026 do CPC/2015.[289]

3.7.5. Mérito recursal: início de conversa

Conhecido o pleito recursal (leia-se, superado positivamente o juízo de admissibilidade), há de se lançar olhares ao tema *mérito recursal*.[290]

Rememoremos: recurso, consoante a consagrada lição de Alcides de Mendonça Lima, é o meio de que se pode servir a parte vencida em sua pretensão (ou quem se julgue prejudicado) para obter, dentro de uma mesma relação processual, a anulação ou a reforma, parcial ou total do provimento atacado.[291]

É inerente a questão recursal, pois, a tentativa do recorrente de melhorar sua situação processual. Tal melhora deriva, bem compreendida a afirmativa, do acolhimento meritório de seu pleito impugnativo, ainda que parcialmente.

Há de se destacar, por oportuno, que mérito recursal e mérito da demanda, embora por vezes se assemelhem, não podem, a rigor, ser baralhados. Tal compreensão, ao fim e ao cabo, revela-se importantíssima.

Perceba-se que o recorrente, em determinados casos, almeja reformar a decisão atacada; noutros, apenas cassá-la (isto é, invalidá-la).

Imagine-se, primeiro, que determinado autor, em ação condenatória, veja, à integralidade, seu pedido ser desacolhido. Inconformado, recorre, sustentando, exemplificativamente, que a valoração probatória fora equivocada, uma vez que estão nos autos todas as provas da existência de seu crédito, pretendendo, pois, que o caso concreto seja

---

[289] "Os embargos de declaração não possuem efeito suspensivo e interrompem o prazo para a interposição de recurso. (...) § 3º Na reiteração de embargos de declaração manifestamente protelatórios, a multa será elevada a até dez por cento sobre o valor atualizado da causa, e a interposição de qualquer recurso ficará condicionada ao depósito prévio do valor da multa, à exceção da Fazenda Pública e do beneficiário de gratuidade da justiça, que a recolherão ao final". Art. 1.026 do CPC/2015.

[290] Acerca da conceituação de *mérito* (e debates concernentes) para o processo civil pátrio, vide: TORRES, Artur. *CPC passado a limpo*: parte geral, procedimento comum e cumprimento de sentença. v. I. Porto Alegre: Livraria do Advogado, 2017, *passim*.

[291] "Recurso é o meio, dentro da mesma relação processual, de que se pode servir a parte vencida em sua pretensão ou quem se julgue prejudicado, para obter a anulação ou a reforma, parcial ou total de uma decisão." MENDONÇA LIMA, Alcides. *Introdução aos recursos cíveis*. São Paulo: RT, 1976.

reapreciado, meritoriamente, pelo juízo *ad quem*. Nesse caso, em última análise, mérito recursal e mérito da causa se assemelham: consistem na afirmação da existência do crédito *sub judice*.

Pensemos, agora, na seguinte situação processual: o autor, no afã de se desincumbir do *onus probandi* que lhe toca, pugna pela produção de prova testemunhal, sem a qual, *in concreto*, dificilmente verá seu pleito prosperar. Devidamente arroladas as testemunhas, o magistrado, em sede de audiência, opta por não ouvi-las e, em ato contínuo, prolata sentença oral de improcedência, violando, segundo a tese sustentada pelo autor/recorrente, o devido processo de direito.[292]

Nesse caso, pois, perceba-se que a prova do fato constitutivo do direito alegado ainda não fora produzida, e o pleito recursal visará a possibilitar ao autor/recorrente, tão somente, produzi-la em juízo. O recorrente, à evidência, não pugnará pela reforma da decisão atacada, mas pela invalidação ou pela cassação do provimento final, de maneira a retornar-se, processualmente falando, ao *statu quo ante* (fase instrutória do feito), oportunizando-se-lhe produzir o testemunho pretendido. Aqui, vale sublinhar, mérito recursal (violação ao devido processo de direito) e mérito da causa são distintos. Fenômeno idêntico ocorre, também a título de exemplo, quando a "causa de pedir recursal" diz com a falta de fundamentação do julgado.

Parece-nos acertado somar aos objetivos de reforma e invalidação inerentes ao desiderato do pleito recursal, na esteira outrora sustentada por Barbosa Moreira,[293] os escopos de esclarecimento e/ou integração do decisório, considerada, em primeira mão, a função dos denominados Embargos de Declaração, recurso mediante o qual não se pretende, ao menos em tese, e imediatamente, a reforma ou a invalidação de um julgado, almejando-se, conforme o caso, apenas a superação de uma omissão, obscuridade, contradição ou erro material havido no pronunciamento atacado.

Cumpre registar, por fim, que não há falar em enfrentamento meritório do recurso sem antes admiti-lo. "Conhecido" o recurso, segundo a linguagem do foro, a ele se dará ou negará provimento, à unanimidade, por maioria de votos, ou monocraticamente em alguns casos.

---

[292] Acerca do tema *modelo constitucional do processo civil brasileiro* vide TORRES, Artur. *Fundamentos de um direito processual civil contemporâneo* (parte I). Porto Alegre: Arana, 2016.

[293] "Recurso é o remédio voluntário idôneo a ensejar, dentro do mesmo processo, a *reforma, a invalidação, o esclarecimento ou a integração* de decisão judicial que se impugna." BARBOSA MOREIRA, José Carlos. *Comentários ao Código de Processo Civil*. 5. ed. Rio de Janeiro: Forense. p. 229.

3.8. Recurso adesivo

Felipe Camilo Dall'Alba

O art. 997 do Código de Processo Civil (CPC) estabelece que cada parte interporá recurso independentemente, no prazo, e com observância das exigências legais, mas, sendo vencidos autor e réu ao recurso interposto por qualquer deles, poderá aderir o outro (§ 1º). Com isso, pode-se concluir que o Código permite que, em caso de sucumbência recíproca, qualquer das partes pode aderir ao recurso interposto pelo adversário. A parte pode escolher, portanto, entre apresentar o seu recurso independente, ou aderir ao recurso interposto pelo adversário.[294]

Como lembra Barbosa Moreira, a parte que estiver inclinada a conformar-se com o julgamento, mas apenas sob condição de que também o adversário se abstenha de recorrer, pode aguardar sem sobressalto o decurso do prazo comum: sobrevindo o termo final, sem que a outra parte impugne a decisão, esta passa em julgado e torna-se imune a qualquer modificação; se, ao contrário, a outra parte interpuser o recurso, e o processo houver de subir, abre-se ao litigante, que de início ficou inerte, a possibilidade de tentar obter do órgão *ad quem* pronunciamento que melhore a sua própria situação.[295]

A adesão é permitida em sede de apelação, por recurso extraordinário e recurso especial (art. 997, § 2º, II). Assim, a aceitação do recurso adesivo está limitada a esses três recursos, por isso é incabível, por exemplo, no recurso ordinário e no agravo de instrumento.

O recurso adesivo fica sujeito às mesmas regras de admissibilidade e julgamento do recurso principal. Para o STJ, a possibilidade de interposição adesiva de determinados recursos cíveis enseja a aplicação das mesmas regras objetivamente consideradas do recurso independente, quanto às condições de admissibilidade, preparo e julgamento no tribunal superior. Porém, não resulta na extensão das prerrogativas conferidas legalmente a determinadas pessoas, como a Fazenda Pública ou os beneficiários da gratuidade de justiça, no concernente à dispensa do recolhimento do preparo recursal. Ora, outra não poderia ser a interpretação, pois se o recorrente adesivo tivesse, necessariamente, de seguir toda e qualquer condição de admissibilidade,

---

[294] USTÁRROZ, Daniel; PORTO, Sérgio Gilberto. *Manual dos recursos cíveis*. Porto Alegre: Livraria do Advogado, 2011. p. 313.
[295] BARBOSA MOREIRA, José Carlos. *Comentários ao Código de Processo Civil*. v. 5. Rio de Janeiro: Forense, 1998. p. 305.

preparo e julgamento do recorrente principal, haveria a hipótese de a Fazenda Pública ou o beneficiário de gratuidade de justiça ser forçado a recolher o preparo quando, na condição de recorrentes adesivos, os recorrentes principais assim o fizessem.[296]

Como o recurso adesivo fica na dependência do recurso principal, ele não será conhecido, se houver desistência do recurso principal ou se for ele considerado inadmissível (art. 997 § 2º, III).[297] Com efeito, se **A** recorre, e **B** adere ao recurso, **A**, por questões de estratégia, pode desistir do seu recurso e, com isso, por arrastão, o adesivo também segue o destino do recurso principal.

Dessa feita, Araken de Assis alerta que não assiste interesse em recorrer na via subordinada à parte que já interpôs recurso principal, pois o recurso subordinado é uma das modalidades recursais, segundo a livre-opção do interessado, prevista para os recursos do art. 997, § 2º, II, obviamente se esgotada a eleição possível, no momento da interposição do recurso principal.[298] Assim, como alertam Fredie Didier e Leonardo Carneiro da Cunha, se o recurso da parte for intempestivo, não pode, depois, interpor recurso adesivo.[299]

Barbosa Moreira admite o chamado recurso adesivo subordinado, ou seja, o recurso adesivo só é analisado na hipótese de provimento do recurso principal. Por exemplo, a parte autora pediu 100 e recebeu 50, o réu recorre para não pagar nada; no adesivo, o autor pode pedir a nulidade do processo por cerceamento de defesa, que ficaria condicionado ao provimento do recurso do réu. Contudo, o STJ não admite o chamado recurso adesivo cruzado, ou seja, se o recorrente interpôs recurso extraordinário e a outra parte não pode fazer um recurso especial adesivo, pois tem a necessidade de o recurso adesivo ser da mesma espécie do apelo principal, refutando-se a tese de recurso adesivo cruzado.[300]

Atualmente, outrossim, a jurisprudência entende que não há necessidade de identidade temática entre o recurso adesivo e o

---

[296] REsp 1649504/SP, Rel. ministro MAURO CAMPBELL MARQUES, Segunda Turma, julgado em 16/2/2017, DJe 22/2/2017.

[297] REsp 1658843/RS, Rel. ministro HERMAN BENJAMIN, Segunda Turma, julgado em 27/6/2017, DJe 30/6/2017.

[298] ASSIS, Araken de. *Manual dos recursos*. São Paulo: RT, 2016. p. 80.

[299] DIDIER JÚNIOR, Fredie; CUNHA, Leonardo Carneiro da. *Curso de Direito Processual Civil*. v. 3. Salvador: JusPodivm, 2016. p. 153.

[300] BARBOSA MOREIRA, José Carlos. *Comentários ao Código de Processo Civil*. v. 5. Rio de Janeiro: Forense, 1998. p. 326. REsp 1645625/SE, Rel. ministro HERMAN BENJAMIN, Segunda Turma, julgado em 7/3/2017, DJe 20/4/2017.

principal.³⁰¹ É desnecessário vínculo substancial estreito e profundo entre os objetos da impugnação, no recurso independente e no subordinado. Por exemplo, o recorrente principal reclama de pedido rejeitado e o recorrente adesivo, da verba da sucumbência.³⁰²

No que diz respeito à legitimidade para interpor recurso adesivo, adverte Araken de Assis que o recorrido é o legitimado a interpor o recurso subordinado. Só tal pessoa sofrerá as consequências do provimento de recurso principal. O art. 997, § 1°, pressupõe a sucumbência do(s) autor(es) ou do(s) réu(s) e a adesão do recorrido "ao recurso interposto por qualquer deles". O Ministério Público, atuando no processo como fiscal da lei (art. 178), e o terceiro prejudicado têm legitimidade para recorrer de forma principal, mas não podem recorrer de modo subordinado. Contudo, o inverso pode acontecer, isto é, o autor e o réu podem recorrer pela via subordinada, contrapondo-se ao recurso independente do terceiro prejudicado e do Ministério Público.³⁰³ Nessa senda, em havendo litisconsórcio facultativo, conforme julgou o STJ, o autor não pode, por exemplo, interpor recurso adesivo insurgindo-se quanto à exclusão de réu que não apelou, porque apenas se admite o recurso adesivo quando estiver caracterizada a sucumbência recíproca entre a parte que apelou e aquela que recorreu adesivamente.³⁰⁴

O recurso adesivo é proposto no juízo *a quo* no prazo que a parte dispõe para contrarrazões (art. 997, § 2°, I).³⁰⁵ O prazo é de quinze dias (art. 1.003, § 5°) e fluirá da intimação do recorrido (art. 1.003, *caput*). Na contagem do prazo, aplicam-se os eventos que o interrompem ou suspendem o transcurso, sendo que à Fazenda Pública incidirá o art. 183, *caput*. O recorrente deduzirá o recurso subordinado em petição autônoma, com os requisitos comuns à modalidade principal.³⁰⁶

Recebendo a petição de interposição, cabe ao órgão competente – juízo de primeiro grau, relator do acórdão embargado, presidente ou vice-presidente do tribunal – intimar o recorrido para responder no

---

³⁰¹ USTÁRROZ, Daniel; PORTO, Sérgio Gilberto. *Manual dos recursos cíveis*. Porto Alegre: Livraria do Advogado, 2011. p. 316.
³⁰² ASSIS, Araken de. *Manual dos recursos*. São Paulo: RT, 2016. p. 80. ; BARBOSA MOREIRA, José Carlos. *Comentários ao Código de Processo Civil*. v. 5. Rio de Janeiro: Forense, 1998. p. 315.
³⁰³ ASSIS, Araken de. *Manual dos recursos*. São Paulo: RT, 2016. p. 79.
³⁰⁴REsp 1202275/MA, Rel. ministro RICARDO VILLAS BÔAS CUEVA, Terceira Turma, julgado em 3/11/2015, DJe 16/11/2015.
³⁰⁵ AgRg no AREsp 703.471/SC, Rel. ministro JOÃO OTÁVIO DE NORONHA, Terceira Turma, julgado em 17/3/2016, DJe 28/3/2016.
³⁰⁶ ASSIS, Araken de. *Manual dos recursos*. São Paulo: RT, 2016. p. 81. José Carlos Barbosa Moreira admite a interposição do recurso adesivo dentro das contrarrazões. (BARBOSA MOREIRA, José Carlos. *Comentários ao Código de Processo Civil*. v. 5. Rio de Janeiro: Forense, 1998. p. 321).

prazo de quinze dias, e, em seguida, no caso do recurso extraordinário e do recurso especial, proferir o juízo de admissibilidade preliminar. O recurso subordinado observará, reza o art. 997, § 2º, as mesmas condições de admissibilidade do recurso independente, impondo-se o exame preliminar do preenchimento do conjunto dos requisitos, quando tal exame incumbir ao órgão *a quo*. Por exceção, esse exame é exclusivo do órgão *ad quem* no caso da apelação.[307]

3.9. Sucumbência recursal

Os honorários advocatícios sucumbenciais são devidos pelo perdedor da demanda ao advogado vencedor (art. 85 do CPC/2015), assumindo tal verba caráter remuneratório. A responsabilidade pelo pagamento de tal verba é objetiva, pois não se perquire a culpa ou o dolo daquele que ajuizou a demanda, ou seja, quem deu causa ao processo é condenado a pagar os honorários. No CPC revogado, não havia a previsão de fixação de honorários advocatícios no âmbito recursal, mas os Juizados Especiais, já continham tal previsão, ou seja, se a parte apresenta o recurso, e o mesmo não é provido, arca-se com honorários.

O cabimento da condenação ao pagamento de honorários sucumbenciais recursais passa pela circunstância de ser admissível a condenação ao pagamento de honorários sucumbenciais em primeira instância. Se a decisão recorrida incorria em alguma das hipóteses dos arts. 485 ou 487 do CPC, ali haverá espaço para a condenação sucumbencial em âmbito recursal, sendo aplicável esse entendimento, inclusive, em se tratando de sentenças parciais de mérito.[308] E segundo o Enunciado 243 do Forum Permanente de Processualistas Civis, "no caso de provimento do recurso de apelação, o tribunal redistribuirá os honorários fixados em primeiro grau e arbitrará os honorários de sucumbência recursal".

O percentual de condenação dos honorários, pela sistemática legal, varia conforme tenha a participação, ou não, da Fazenda Pública no feito.

Quando não há a Fazenda Pública, a regra é a que consta do art. 85, § 2º, que estipula que os honorários serão fixados entre o mínimo de dez e o máximo de vinte por cento sobre o valor da condenação, do

---

[307] ASSIS, Araken de. *Manual dos recursos*. São Paulo: RT, 2016. p. 83.
[308] É a posição de Luiz Henrique Volpe Camargo, in WAMBIER, Teresa Arruda Alvim, DIDIER JR, Fredie, TALAMINI, Eduardo; DANTAS, Bruno (orgs.). *Breves Comentários ao Novo Código de Processo Civil*. São Paulo: RT, 2015. p. 321-322..

proveito econômico obtido ou, não sendo possível mensurá-lo, sobre o valor atualizado da causa, atendidos: I – o grau de zelo do profissional; II – o lugar de prestação do serviço; III – a natureza e a importância da causa; IV – o trabalho realizado pelo advogado e o tempo exigido para o seu serviço.

Nas causas envolvendo a Fazenda Pública, tem a regra do art. 85, § 3º, isto é, a fixação dos honorários observará os critérios estabelecidos nos incisos I a IV do § 2º e os seguintes percentuais: I – mínimo de dez e máximo de vinte por cento sobre o valor da condenação ou do proveito econômico obtido até 200 (duzentos) salários-mínimos; II – mínimo de oito e máximo de dez por cento sobre o valor da condenação ou do proveito econômico obtido acima de 200 (duzentos) salários-mínimos até 2.000 (dois mil) salários-mínimos; III – mínimo de cinco e máximo de oito por cento sobre o valor da condenação ou do proveito econômico obtido acima de 2.000 (dois mil) salários-mínimos até 20.000 (vinte mil) salários-mínimos; IV – mínimo de três e máximo de cinco por cento sobre o valor da condenação ou do proveito econômico obtido acima de 20.000 (vinte mil) salários-mínimos até 100.000 (cem mil) salários-mínimos; V – mínimo de um e máximo de três por cento sobre o valor da condenação ou do proveito econômico obtido acima de 100.000 (cem mil) salários-mínimos.

Já o art. 85, § 11, do CPC/2015 prevê, expressamente, que o tribunal, ao julgar recurso, majorará os honorários fixados, levando em conta o trabalho adicional realizado em grau recursal, sendo vedado ao tribunal, no cômputo geral da fixação de honorários devidos ao advogado do vencedor, ultrapassar os respectivos limites estabelecidos nos §§ 2º e 3º para a fase de conhecimento. Como doutrinam Fredie Didier e Leonardo Carneiro da Cunha, "os honorários de sucumbência recursal consistem num efeito da interposição do recurso. O ato de recorrer contém a causalidade que acarreta a majoração dos honorários quando o recurso for inadmitido ou rejeitado".[309]

Como se observa, para inibir o recurso, o legislador previu que, na medida em que a parte for recorrendo e perdendo o recurso, o percentual vai aumentando. Por exemplo, se no primeiro grau foram fixados os honorários em 10% sobre o valor da condenação, o segundo grau pode elevar para 15%, e o STJ pode elevar para 20%. Contudo, devem ser respeitados, como teto percentual, os limites estabelecidos para a fase de conhecimento; não podem, por exemplo, ser fixados honorários em 30%, assim como, se o juiz de primeiro grau já fixou

---

[309] DIDIER JÚNIOR, Fredie; CUNHA, Leonardo Carneiro da. *Curso de Direito Processual Civil*. v. 3. Salvador: JusPodivm, 2016. p. 158.

o percentual em 20%, as demais instâncias não podem aumentá-lo. Então, decidiu o TRF da Quarta Região que o CPC/2015, além dos honorários a serem fixados na sentença em favor do advogado da parte vencedora, estabelece a fixação de novos honorários em caso de interposição de recurso. Assim, cabe ao Tribunal fixar honorários em favor do advogado da parte considerada vencedora na análise recursal, nos termos do citado art. 85. Na espécie, uma vez tratando-se de recurso da parte vencida da demanda e não sendo acolhido o recurso, deve o apelante arcar com os honorários recursais.[310]

De se lembrar, ainda, que os honorários sucumbenciais recursais devem ser fixados tanto nos casos em que inadmitido o recurso quanto nos casos em que haja juízo de mérito.[311] A condenação ao pagamento de honorários sucumbenciais recursais não afasta ou substitui multa ou outras sanções processuais, que podem ser com eles cumuladas, a teor do constante do art. 85, § 12, do CPC.

Ainda: o Enunciado Administrativo n. 7 do STJ estabeleceu que somente nos recursos interpostos contra decisão publicada, a partir de 18 de março de 2016, será possível o arbitramento de honorários sucumbenciais recursais, na forma do art. 85, § 11, do CPC de 2015.

Outrossim, o STJ entende que "não é possível majorar os honorários na hipótese de interposição de recurso no mesmo grau de jurisdição" (art. 85, § 11, do CPC/2015) (Enunciado 16 da Enfam).[312] Consoante jurisprudência do STJ, não enseja arbitramento de honorários recursais de sucumbência, quando se tratar de recurso oriundo de provimento interlocutório, sem a prévia fixação de verba honorária.[313]

Além disso, como decidiu o TRF da Quarta Região, são incabíveis honorários recursais nos casos em que o processo tenha sido remetido a essa instância por força de remessa oficial. Inexistindo trabalho adicional em grau recursal por quaisquer das partes, não há que se falar em majoração dos honorários fixados anteriormente.[314]

---

[310] TRF4, APELREEX 0014312-46.2016.404.9999, Rel. Ministra SALISE MONTEIRO SANCHOTENE, Sexta Turma, D.E. 11/7/2017.

[311] Luiz Henrique Volpe Camargo, in WAMBIER, Teresa Arruda Alvim, DIDIER JR, Fredie, TALAMINI, Eduardo; DANTAS, Bruno (org.). *Breves Comentários ao Novo Código de Processo Civil*. São Paulo: Revista dos Tribunais, 2015. p. 323.

[312] EDcl no AgInt no AREsp 1039879/SP, Rel. ministro OG FERNANDES, Segunda Turma, julgado em 20/6/2017, DJe 23/6/2017.

[313] REsp 1663365/RS, Rel. ministro HERMAN BENJAMIN, Segunda Turma, julgado em 2/5/2017, DJe 10/5/2017.

[314] TRF4 5017309-49.2014.404.7100, Rel ministra MARGA INGE BARTH TESSLER, Terceira Turma, juntado aos autos em 6/7/2017.

Observe-se, então, que os honorários recursais foram uma das importantes inovações do CPC/2015, pois inibem, na prática, a interposição de recursos, notadamente, em se tratando de parte não beneficiária de assistência judiciária gratuita.

4. Recursos em espécie

4.1. Apelação

Daniel Ustárroz

4.1.1. Cabimento

A realização do duplo grau de jurisdição, com a ampla reanálise fática e jurídica da causa, é realizada pela apelação. Cabível em face das sentenças proferidas, a apelação está também presente nos direitos penal e trabalhista, embora nesta última sede atenda pela nomenclatura "recurso ordinário".

O ordenamento brasileiro, tradicionalmente, limita o cabimento da apelação para enfrentar as sentenças. Foi assim no CPC/39 e, especialmente, durante os mais de quarenta anos de vigência do CPC/73. O histórico art. 513 do sistema revogado dispunha "da sentença caberá apelação".

Desta forma, é encerrada a fase de conhecimento pelo primeiro grau de jurisdição, com a análise, mediante sentença, caso enfrentado o mérito, dos fatos relevantes e do direito aplicável ao caso. O seu conteúdo será rediscutido pelo Tribunal, caso a parte interessante interponha o recurso de apelação, no prazo de 15 dias (art. 1.003, NCPC).

Uma inovação do atual Código de Processo Civil reside na "ampliação do efeito devolutivo da apelação". Conforme o art. 1.009, NCPC: "da sentença cabe apelação". Contudo, de acordo com o § 1º, "as questões resolvidas na fase de conhecimento, se a decisão a seu respeito não comportar agravo de instrumento, não são cobertas pela preclusão e devem ser suscitadas em preliminar de apelação, eventualmente interposta contra a decisão final, ou nas contrarrazões".

Logo, à luz do Novo Código também o conteúdo das decisões interlocutórias pode (e deve) ser enfrentado no corpo da apelação, a título preliminar. Reside aqui uma diferença em relação ao diploma anterior, o qual preconizava a imediata recorribilidade das decisões interlocutórias. Um exemplo prático serve para ilustrar o problema:

caso o magistrado rejeitasse um requerimento comum no cotidiano forense (como a impugnação ao valor da causa ou a oitiva de uma testemunha), a parte prejudicada deveria – ato contínuo – impugnar a decisão, mediante agravo. No Novo Código, a insurgência ocorrerá em momento futuro, quando eventualmente interposta apelação contra a sentença que será proferida.

À luz do sistema processual brasileiro, a apelação tem lugar sempre que o procedimento perante o primeiro grau de jurisdição seja finalizado, através da prolação de sentença. É, em linha de princípio, irrelevante se esta sentença avaliou ou não o mérito da causa. Por exemplo: caso o juiz considere uma parte ilegítima para a causa ou reconheça a falta de interesse em agir, competirá ao autor apelar, ainda que o mérito não tenha sido enfrentado.

Contudo, na prática forense, muitas vezes os operadores possuem dúvidas a respeito do recurso cabível. Uma situação frequente reside na eleição do recurso para rediscutir as chamadas "sentenças parciais de mérito" ou a decisão que extingue o processo em relação a um dos litisconsortes. Em ambos os casos, a jurisprudência autoriza o agravo de instrumento.

Para evitar o perecimento do direito, sugerimos a aplicação do princípio da fungibilidade e a valorização do livre acesso à justiça, ao menos nos primeiros anos de vigência do Novo Código.

4.1.2. Procedimento em primeiro grau de jurisdição

Com o histórico objetivo de facilitar o acesso à justiça, a apelação é interposta perante o primeiro grau de jurisdição. Desta forma, os jurisdicionados de Comarcas mais longínquas da sede dos Tribunais poderiam com maior tranquilidade se dirigir ao Foro e protocolar os seus recursos. Felizmente, o paulatino avanço tecnológico e a incorporação do processo eletrônico facilitaram ainda mais este acesso. Fiel à nossa história, o Código optou por manter este sistema, em que a apelação é interposta perante o primeiro grau. É possível que, em alguns anos ou décadas, o sistema seja revisto para tolerar a interposição diretamente em segundo grau.

Contudo, a participação do juiz de primeiro grau no processamento da apelação foi sensivelmente reduzida, no Novo Código. Antes, no CPC/73, o juízo singular, além de facilitar o acesso à justiça (recebendo o recurso), ainda realizava um primeiro exame (provisório) de admissibilidade. Quando positivo, cumpria-lhe selecionar os efeitos do apelo. No Novo Código, conforme o § 3º do art. 1.010, os autos são remetidos ao segundo grau "independentemente de juízo de admissibilidade", o qual ocorrerá diretamente no Tribunal.[315]

4.1.3. Fundamentação do recurso

A petição de apelação deve conter: (I) os nomes e a qualificação das partes; (II) a exposição do fato e do direito; (III) as razões do pedido de reforma ou de decretação de nulidade; (IV) o pedido de nova decisão (art. 1.010).

O fundamental é que o apelante indique, critique, infirme e justifique os equívocos da sentença. As razões não podem ser dissociadas dos argumentos da sentença. Trata-se de um ônus, o qual, quando desatendido, irá determinar o não conhecimento da apelação, pela aplicação do princípio da dialeticidade.[316]

Nessa linha, no bojo do recurso, podem ser apontadas duas classes de vícios: de procedimento e de julgamento. O apelante, assim, tanto poderá se insurgir quanto à determinada falha no procedimento que culminou com a prolação da sentença (incluindo-se algum eventual vício formal no próprio ato impugnado), quanto à apreciação do mérito da causa. Todos os vícios, quer de injustiça na análise do mérito, quer de equívocos na realização do devido processo legal, são açambarcados pela apelação. Em face dessa liberdade na formatação do recurso, alguns autores afirmam que a apelação seria um recurso de "fundamentação livre".

---

[315] Art. 1.010, NCPC: "A apelação, interposta por petição dirigida ao juízo de primeiro grau, conterá: I – os nomes e a qualificação das partes; II – a exposição do fato e do direito; III – as razões do pedido de reforma ou de decretação de nulidade; IV – o pedido de nova decisão. § 1º O apelado será intimado para apresentar contrarrazões no prazo de 15 (quinze) dias. § 2º Se o apelado interpuser apelação adesiva, o juiz intimará o apelante para apresentar contrarrazões. § 3º Após as formalidades previstas nos §§ 1º e 2º, os autos serão remetidos ao tribunal pelo juiz, independentemente de juízo de admissibilidade".

[316] Por ilustração: "APELAÇÃO CÍVEL. RESPONSABILIDADE CIVIL. AÇÃO DECLARATÓRIA DE INEXISTÊNCIA DE DÍVIDA CUMULADA COM INDENIZAÇÃO POR DANO MORAL DECORRENTE DE INSCRIÇÃO INDEVIDA. RAZÕES RECURSAIS DISSOCIADAS DA SENTENÇA. INOVAÇÃO. O autor propôs a presente demanda buscando a declaração de inexistência de débito e a condenação da ré ao pagamento de indenização por danos morais, tudo com fundamento na ausência de contratação. Nas razões de apelo, contudo, o autor, irresignado com a sentença que reconheceu o vínculo contratual entre as partes, limita-se a sustentar a ausência de notificação prévia à inscrição em cadastro de inadimplentes, conforme o disposto no art. 43, § 2º, do CDC. Evidente, pois, que as razões de apelo não impugnaram especificamente o fundamento da sentença, tornando-se imperioso o não conhecimento do apelo. O princípio da dialeticidade ou da motivação exige que qualquer recurso venha acompanhado dos fundamentos de fato e de direito que dão substrato ao pedido de nova decisão, devendo os argumentos reformadores, pela base principiológica referida, estar em contraposição ao conteúdo do provimento judicial atacado, o que, no caso, não é observado. APELAÇÃO NÃO CONHECIDA". (Apelação Cível nº 70073755258, Nona Câmara Cível, Tribunal de Justiça do RS, Relator: Eugênio Facchini Neto, Julgado em 28/06/2017)

Conforme as razões do recurso, a sentença poderá ser invalidada ou reformada pelo tribunal. Na primeira hipótese, desaparece do mundo jurídico o ato processual, ocasionando a necessidade de sua nova prolação com o retorno dos autos ao primeiro grau ou, eventualmente, o imediato enfrentamento pelo Tribunal, com a aplicação da teoria da causa madura. Nessa última situação, o Tribunal corrige os vícios e brinda as partes com um provimento definitivo.

4.1.4. O efeito suspensivo da apelação (art. 1.012)

O tema relativo ao efeito suspensivo da apelação é sempre tormentoso. De um lado, o efeito suspensivo é conveniente, pois evita a execução provisória da sentença, enquanto não houver a sua confirmação pelo Tribunal. De outro, ao impedir a fruição do direito pela parte vitoriosa, prejudica o ideal de acesso efetivo à justiça e de duração razoável dos processos.

Após amplo debate, foi sancionado o NCPC consagrando o efeito suspensivo da apelação. A versão final é semelhante à orientação do Código anterior, com pontuais alterações. Sobre o tema, o *caput* do art. 1.012 afirma que "a apelação terá efeito suspensivo". O efeito suspensivo, pois, decorre da lei.

Após, são arroladas seis hipóteses nas quais a sentença produz efeito imediato, quando ela: (I) homologa divisão ou demarcação de terras; (II) condena a pagar alimentos; (III) extingue sem resolução do mérito ou julga improcedentes os embargos do executado; (IV) julga procedente o pedido de instituição de arbitragem; (V) confirma, concede ou revoga tutela provisória; (VI) decreta a interdição. Não se trata de um rol exaustivo, pois o próprio *caput* assinala a existência de "outras hipóteses previstas em lei". Algumas dessas hipóteses são justificadas pela urgência do caso. Outras, pela alta probabilidade de manutenção do julgado.

É possível, entretanto, que as regras previstas no art. 1.012 sejam invertidas, em determinados casos concretos, à luz da demonstração de risco de dano grave e de difícil reparação. Desta forma, a título excepcional, com o objetivo de preservar os direitos das partes e a efetividade da tutela jurisdicional, o Poder Judiciário está autorizado a emprestar efeito suspensivo ou a retirá-lo, ainda que em sentido oposto ao prezado pela norma apontada, mediante decisão fundamentada. Dois serão os requisitos básicos para a concessão da medida: (a) análise da probabilidade de êxito recursal (verossimilhança) e, principalmente, (b) resultado concreto do cumprimento imediato da decisão (risco de dano grave e de difícil reparação). A preocupação, em casos tais, será facilitar, e não restringir, o acesso da parte à justiça.

O NCPC apresenta os §§ 3º e 4º do art. 1.012 para regular o fenômeno: "§ 3º O pedido de concessão de efeito suspensivo nas hipóteses do § 1º poderá ser formulado por requerimento dirigido ao: I – tribunal, no período compreendido entre a interposição da apelação e sua distribuição, ficando o relator designado para seu exame prevento para julgá-la; II – relator, se já distribuída a apelação; § 4º Nas hipóteses do § 1º, a eficácia da sentença poderá ser suspensa pelo relator se o apelante demonstrar a probabilidade de provimento do recurso ou se, sendo relevante a fundamentação, houver risco de dano grave ou de difícil reparação".[317]

Trata-se de inovação, quer em relação à competência (que será sempre do *juízo ad quem*[318]), quer em relação aos critérios que devem ser abordados para a concessão, uma vez que o regramento do Código não contemplava norma específica no capítulo da apelação (por analogia, aplicava-se o antigo art. 558 referente ao agravo de instrumento).

4.1.5. O extenso efeito devolutivo da apelação (art. 1.013)

Como regra geral, apenas a matéria objeto da impugnação específica será analisada no julgamento do apelo. É o que decorre da interpretação do princípio de que "a apelação devolverá ao tribunal o conhecimento da matéria impugnada", inscrito no art. 1.013, *caput*, CPC.

---

[317] Ensina Cristiana Pinto Ribeiro: "Nos casos excepcionais em que a apelação não possui efeito suspensivo, os §§ 3º e 4º do art. 1.012 preveem a possibilidade de o apelante formular pedido de concessão de efeito suspensivo diretamente no tribunal, por meio de petição autônoma. A eficácia da sentença poderá ser suspensa pelo relator se o apelante demonstrar a probabilidade de provimento do recurso (evidência), ou, sendo relevante a fundamentação, houver risco de dano grave ou de difícil reparação (urgência). Esse dispositivo está em consonância com o parágrafo único do art. 995 atinente a todas as modalidades recursais. O pedido de concessão de efeito suspensivo será dirigido ao tribunal, no período compreendido entra a interposição da apelação e a sua distribuição, ficando o relator designado para seu exame prevento para julgá-la, ou ao relator, quando já distribuída a apelação. Assim, compete exclusivamente ao tribunal a apreciação do pedido de concessão de efeito suspensivo nos casos em que a apelação não detém, em que pese a apelação seja interposta perante o juízo de primeiro grau." *Novo Código de Processo Civil Anotado* – Anotações aos artigos. 1.012 a 1.014, Porto Alegre: OAB/RS, 2015, p. 784.

[318] Correta a posição de Gilberto Bruschi e Márcio Manuel Maidame: "tais tutelas provisórias, cuja apreciação serão exclusivamente do relator do recurso, que, também, acabará julgando-o por prevenção, impõem a tarefa de visualizar, mediante cognição sumária, a possibilidade de ser dado provimento ao recurso de apelação, o que, aliado ao perigo de dano ao recorrente, em virtude da demora no julgamento, tornar viável a concessão do efeito suspensivo originalmente inexistente". O efeito suspensivo e o recurso de apelação – do CPC/1973 ao Novo CPC, p. 537. In: *Novo CPC doutrina selecionada*, v. 6: processos nos tribunais e meios de impugnação às decisões judiciais. (Coord. Fredie Didier Jr.; Org. Lucas Buril de Macêdo, Ravi Peixoto, Alexandre Freire *et alli*), Salvador: Juspodvm, 2015.

Há, entretanto, uma série de exceções a esta regra geral. Já foi observado, em tópico anterior, que também as decisões interlocutórias podem ser alvo do apelo, no NCPC. Também nessa linha de ampliação, agrega o § 1º do art. 1.013, NCPC: "serão, porém, objeto de apreciação e julgamento pelo tribunal todas as questões suscitadas e discutidas no processo, ainda que não tenham sido solucionadas, desde que relativas ao capítulo impugnado".

Outrossim, existem matérias que o próprio direito impõe conhecimento oficioso, na medida em que não se sujeitam à livre disposição das partes (pressupostos processuais, condições da ação, etc.).[319] No sistema brasileiro, as matérias passíveis de consideração de ofício, em tese, não precluem para os magistrados, especialmente os de segundo grau, que podem reapreciá-las independentemente do pedido da parte interessada.[320]

Ademais, tendo em vista a importância prática do recurso aludido, que combate a sentença e não raro define o litígio, permitindo ao órgão colegiado amplo reexame dos fatos e do direito, o próprio ordenamento admite que a Corte possa conhecer de "todas as questões suscitadas e debatidas no processo, ainda que a sentença não as tenha julgado por inteiro", como meio de aproximar o provimento judicial da realidade concreta do litígio.[321]

Outra hipótese tradicional de alargamento do efeito devolutivo diz respeito à possibilidade de o Tribunal conhecer todos os fundamentos da demanda e da defesa, ainda que o juiz tenha acolhido

---

[319] Daí o acerto da posição adotada pelo Min. Arnaldo Esteves Lima: "nos termos do art. 515 do CPC, a extensão do pedido devolutivo se mede pela impugnação feita pela parte nas razões do recurso. Em se tratando de matérias apreciáveis de ofício pelo juiz (condições da ação, pressupostos processuais, perempção, litispendência e coisa julgada – arts. 267, § 3º, e 301, § 4º, do CPC), mesmo que a parte não tenha provocado sua discussão na petição inicial ou na contestação (conforme se trate de autor ou de réu), podem tais matérias ser examinadas na segunda instância". (REsp 316.269/SP, 5ª Turma, Rel. Min. Arnaldo Esteves Lima. DJ: 09.10.2006, p. 337)

[320] Trecho do voto proferido no Recurso Especial no REsp 655479/RS, julgado pela 2ª Turma, DJ: 31.05.2006, p. 248.

[321] "PROCESSUAL CIVIL. ACÓRDÃO HOSTILIZADO. OMISSÃO. VIOLAÇÃO AO ART. 535, INCISO I, DO CPC. INOCORRÊNCIA. EMBARGOS DE DECLARAÇÃO. CARÁTER PREQUESTIONADOR. ART. 538, PARÁGRAFO ÚNICO, DO CPC. MULTA. INADMISSIBILIDADE. SÚMULA Nº 98/STJ. HONORÁRIOS ADVOCATÍCIOS. OMISSÃO NA SENTENÇA. APELAÇÃO. INCLUSÃO EM SEGUNDO GRAU. POSSIBILIDADE. ART. 515, § 1º, DO CPC. 1. Não é omisso acórdão que deixa de fixar honorários advocatícios, não previstos por sentença, sob o fundamento de supressão de instância. 2. Afasta-se a aplicação de multa de 1% sobre o valor da causa ante o enunciado da súmula nº 98/STJ: "Embargos de declaração manifestados com notório propósito de prequestionamento não tem caráter protelatório". 3. Em função do efeito devolutivo do recurso de apelação o conhecimento do tribunal não se cinge às questões efetivamente resolvidas na instância inferior: abrange também as que poderiam tê-lo sido como, por exemplo, aquelas que, não sendo examináveis de ofício, deixaram de ser apreciadas, a despeito de haverem sido suscitadas e discutidas pelas partes. 4. Recurso especial provido". REsp 710.039/SP, 2. T., Rel. Min. Castro Meira, j. 03.03.2005. DJ 23.05.2005, p. 243.

parcela deles e silenciado quanto aos demais. Esta permissão tranquiliza a parte recorrida, a qual sabe que, muito embora a decisão tenha acolhido um dos fundamentos levantados no curso do processo, caso o tribunal entenda que o resultado deva ser mantido por outro fundamento, esta postura será lícita. Nesse sentido, reza o § 2º do art. 1.013: "quando o pedido ou a defesa tiver mais de um fundamento e o juiz acolher apenas um deles, a apelação devolverá ao tribunal o conhecimento dos demais".

A redação dos parágrafos do art. 1.013 induzem a conclusão de que o efeito devolutivo do apelo é amplo. Inicialmente, cumprirá ao apelante formular/delimitar o que será devolvido ao Tribunal. Entretanto, quando de seu julgamento, poderá o Tribunal, dentre outras potencialidades, (a) corrigir a motivação da sentença; (b) considerar todos os temas passíveis de conhecimento de ofício ou que foram tempestivamente pelo apelado; (c) valorar todos os fundamentos da ação e da defesa, para a tutela do recorrido, uma vez que ele não possui interesse recursal, etc.

4.1.6. Do procedimento perante o segundo grau de jurisdição

De acordo com o art. 1.011: "recebido o recurso de apelação no tribunal e distribuído imediatamente, o relator: I – decidi-lo-á monocraticamente apenas nas hipóteses do art. 932, incisos III a V; II – se não for o caso de decisão monocrática, elaborará seu voto para julgamento do recurso pelo órgão colegiado".

Como se observa, o artigo merece análise conjunta com o art. 932, o qual versa sobre as incumbências do Relator: "art. 932. Incumbe ao relator: I – dirigir e ordenar o processo no tribunal, inclusive em relação à produção de prova, bem como, quando for o caso, homologar autocomposição das partes; II – apreciar o pedido de tutela provisória nos recursos e nos processos de competência originária do tribunal; III – não conhecer de recurso inadmissível, prejudicado ou que não tenha impugnado especificamente os fundamentos da decisão recorrida; IV – negar provimento ao recurso que for contrário a: a) súmula do Supremo Tribunal Federal, do Superior Tribunal de Justiça ou do próprio tribunal; b) acórdão proferido pelo Supremo Tribunal Federal ou pelo Superior Tribunal de Justiça em julgamento de recursos repetitivos; c) entendimento firmado em incidente de resolução de demandas repetitivas ou de assunção de competência; V – depois de facultada a apresentação de contrarrazões, dar provimento ao recurso se a decisão recorrida for contrária a: a) súmula do Supremo Tribunal Federal, do Superior Tribunal de Justiça ou do próprio tribunal; b) acórdão proferido pelo Supremo

Tribunal Federal ou pelo Superior Tribunal de Justiça em julgamento de recursos repetitivos; c) entendimento firmado em incidente de resolução de demandas repetitivas ou de assunção de competência; VI – decidir o incidente de desconsideração da personalidade jurídica, quando este for instaurado originariamente perante o tribunal; VII – determinar a intimação do Ministério Público, quando for o caso; VIII – exercer outras atribuições estabelecidas no regimento interno do tribunal".[322]

Conforme a opção do NCPC, a monocrática no apelo tem limitado cabimento diante da incidência dos incisos III a V, do art. 932. São as hipóteses, acima narradas, de: (a) inadmissibilidade (tais como: recurso prejudicado ou que não tenha impugnado especificamente os fundamentos da decisão recorrida); (b) negativa de provimento, diante da tese recursal colidir com súmula do STF, STJ ou do próprio tribunal, bem como acórdãos proferidos pelo STF ou pelo STJ em julgamento de recursos repetitivos e, ainda, entendimentos firmados em incidente de resolução de demandas repetitivas ou de assunção de competência. Nessas hipóteses acima, o provimento monocrático vem em desfavor do recorrente.

Apenas na terceira hipótese de julgamento monocrático, prevista no art. 932, V, a pretensão recursal é acolhida. Neste caso, também compete ao Relator comparar a jurisprudência com a sentença. O provimento será outorgado, quando a sentença contrastar com: (a) Súmula do STF, STJ ou do próprio tribunal; (b) acórdão proferido pelo STF ou pelo STJ, em julgamento de recursos repetitivos e (c) entendimento firmado em incidente de resolução de demandas repetitivas ou de assunção de competência.

Na prática de muitos Tribunais, entretanto, a decisão monocrática é proferida diuturnamente sem amparo nos incisos citados. Existe um costume, na maior parte dos Tribunais, de utilização da monocrática, quando consolidada no órgão colegiado determinada posição. Ou seja, na prática, mesmo que inexista "súmula" ou "precedente" do Tribunal Superior quanto ao tema, consideram os Relatores que a apreciação individual é aconselhável quando coerente com os pronunciamentos do seu próprio órgão colegiado.

Nessas situações, o Relator atua na qualidade de "porta-voz" do órgão colegiado. Primeiro, verificará a superação de todos os pressupostos de admissibilidade, ainda que de forma provisória (sujeita, portanto, à ulterior deliberação em sentido contrário), à luz do

---

[322] Agrega o parágrafo único: "Antes de considerar inadmissível o recurso, o relator concederá o prazo de 5 (cinco) dias ao recorrente para que seja sanado vício ou complementada a documentação exigível".

art. 932, III, NCPC. Poderá, ainda, com o escopo de afastar dano grave ou de difícil reparação, conceder tutelas provisórias. A concessão dessas medidas irá depender, basicamente, do preenchimento de dois requisitos: (a) fundado receio de dano grave e de difícil reparação, diante do imediato cumprimento da decisão agravada e (b) relevância da fundamentação do apelante.

Qualquer que seja a decisão monocrática, terá cabimento o agravo interno, a ser manejado pela parte sucumbente, a ser interposto em 15 dias, com amparo no art. 1.021.[323] Este recurso é estudo em capítulo específico.

Não sendo o caso de julgamento monocrático, será colocado o recurso em pauta, a qual deve ser publicada com pelo menos 5 dias de antecedência, consoante o art. 935, NCPC.[324]

4.1.7. Da aplicação da teoria da causa madura (art. 1.013, § 3º, NCPC)

Depara-se frequentemente o Tribunal com sentenças que merecem invalidação. Nesses casos, enquanto algumas Cortes irão simplesmente desconstituir a sentença e determinar o retorno dos autos para que uma nova seja proferida, outras preferirão aproveitar a sessão de julgamento e analisar o mérito da causa, ainda que o primeiro grau não o tenha feito. Trata-se da aplicação da chamada "teoria da causa madura", expressão cunhada em importante precedente do Superior Tribunal de Justiça,[325] ao interpretar a Lei 10.352/2001, que regulara o fenômeno. Conforme o § 3º daquele artigo, "nos casos de extinção do

---

[323] Art. 1.021, *caput*: "Contra decisão proferida pelo relator caberá agravo interno para o respectivo órgão colegiado, observadas, quanto ao processamento, as regras do regimento interno do tribunal".

[324] Art. 935, NCPC: "Entre a data de publicação da pauta e a da sessão de julgamento decorrerá, pelo menos, o prazo de 5 (cinco) dias, incluindo-se em nova pauta os processos que não tenham sido julgados, salvo aqueles cujo julgamento tiver sido expressamente adiado para a primeira sessão seguinte. § 1º Às partes será permitida vista dos autos em cartório após a publicação da pauta de julgamento. § 2º Afixar-se-á a pauta na entrada da sala em que se realizar a sessão de julgamento".

[325] "PROCESSO CIVIL. PRESCRIÇÃO AFASTADA NO 2º GRAU. EXAME DAS DEMAIS QUESTÕES NO MESMO JULGAMENTO. POSSIBILIDADE, DESDE SUFICIENTEMENTE DEBATIDA E INSTRUÍDA A CAUSA. DIVERGÊNCIA DOUTRINÁRIA E JURISPRUDENCIAL. EXEGESE DO ART. 515, CPC. PRECEDENTES DO TRIBUNAL DE DO SUPREMO TRIBUNAL FEDERAL. LEI N. 10.352/2001. INTRODUÇÃO DO 3º DO ART. 515. EMBARGOS REJEITADOS. I – Reformando o tribunal a sentença que acolhera a preliminar de prescrição, não pode o mesmo ingressar no mérito propriamente dito, salvo quando suficientemente debatida e instruída a causa. II – Nesse caso, encontrando-se "madura" a causa, é permitido ao órgão ad quem adentrar o mérito da controvérsia, julgando as demais questões, ainda que não apreciadas diretamente em primeiro grau. III – Nos termos do 3º do art. 515, CPC, introduzido pela Lei n.10.352/2001, "o tribunal pode julgar desde logo a lide, se a causa versar questão exclusivamente de direito e estiver em condições de imediato julgamento". EREsp. 89.240/RJ Rel. Min. Sálvio de Figueiredo Teixeira, DJe 10.03.2003.

processo sem julgamento do mérito (art. 267), o Tribunal pode julgar desde logo a lide, se a causa versar exclusivamente questão de direito e estiver em condições de exato julgamento".

O Novo Código disciplinou o tema com maior cuidado, em seu art. 1.013, § 3º, ao dispor: "se o processo estiver em condições de imediato julgamento, o tribunal deve decidir desde logo o mérito quando: I – reformar sentença fundada no art. 485; II – decretar a nulidade da sentença por não ser ela congruente com os limites do pedido ou da causa de pedir; III – constatar a omissão no exame de um dos pedidos, hipótese em que poderá julgá-lo; IV – decretar a nulidade de sentença por falta de fundamentação. § 4º Quando reformar sentença que reconheça a decadência ou a prescrição, o tribunal, se possível, julgará o mérito, examinando as demais questões, sem determinar o retorno do processo ao juízo de primeiro grau".

O Tribunal, portanto, deve apreciar o mérito da causa. Trata-se de um instituto voltado para a celeridade processual, razão pela qual ratificamos a posição de que é uma imposição, e não uma mera possibilidade. Dispensa-se, assim, o requerimento da parte.

Quanto ao contraditório, pela incidência analógica do art. 10, consideramos prudente a oitiva prévia das partes acerca da aplicação do art. 1.013, § 3º, por ato do Relator. O Código, nesse aspecto, reforça no plano legislativo a valorização do contraditório.

4.2. Agravo de Instrumento

José Tadeu Neves Xavier

O recurso de Agravo de Instrumento representa uma das formas de impugnação de decisão judicial mais destacada em nosso sistema processual, o que decorre da ampla dimensão que assume, atuando em momentos diversos da prestação jurisdicional, se fazendo presente em qualquer das fases dos procedimentos comum e especiais, na de liquidação e cumprimento de sentença e, também, no processo de execução de títulos extrajudiciais.

A principal característica desta modalidade recursal é servir de meio de impugnação de decisões interlocutórias proferidas por julgador de primeiro grau, servindo, portanto, como forma de revisão imediata destas decisões.

O regramento normativo é formatado pelas previsões constantes dos artigos 1.015 a 1.020 da Codificação Processual Civil.

4.2.1. A recorribilidade das decisões interlocutórias

Os atos processuais passíveis de serem produzidos pelo juiz monocrático consistem em sentenças, decisões interlocutórias e despachos, a saber: (a) a sentença é o pronunciamento por meio do qual o juiz põe fim à fase cognitiva do processo, julgando ou não o mérito da causa, bem como aquele em que o magistrado extingue o processo de execução (ressalvadas as disposições expressas dos procedimentos especiais); (b) decisão interlocutória é todo pronunciamento judicial de natureza decisória, que não se enquadre na definição de sentença; (c) despachos são os demais pronunciamentos do juiz praticados no processo, de ofício ou a requerimento da parte, desprovidos de caráter decisório, tendo por finalidade impulsionar o desenvolvimento do procedimento.

Como já indicado adrede, o ato sentencial, de regra, dará ensejo ao manuseio do recurso de apelação. Passemos, agora, a analisar a recorribilidade das decisões interlocutórias, à luz da lógica recursal implementada pela legislação processual, que consolida o princípio da *irrecorribilidade em separado das decisões interlocutórias, recorribilidade postergada*, ou, ainda, na expressão de Cassio Scarpinella Bueno, do *princípio da recorribilidade temperada das interlocutórias*.[326] De acordo com a lógica recursal do CPC, a impugnação das decisões interlocutórias poderá ocorrer: (a) de forma postergada, na oportunidade da apelação ou contrarrazões de apelação, como preliminares destas, ou (b) de imediato, por meio do recurso de agravo de instrumento. Analisando a métrica recursal utilizada pela Codificação Processual José Miguel Garcia Medina observa que "o CPC/2015 não considerou o conteúdo para distinguir as hipóteses de cabimento de agravo de instrumento e de apelação: assim, p. ex., pode haver decisões interlocutórias que versem sobre o mérito e são agraváveis e decisões interlocutórias relacionadas a questões processuais, por não poderem ser impugnadas em agravo de instrumento, poderão sê-lo em apelação".[327]

4.2.2. Hipóteses de cabimento do recurso de Agravo de Instrumento

No esquadro apresentado pelo CPC, o Agravo de Instrumento é a técnica recursal adequada para impugnação às decisões interlocutórias de primeira instância, nos casos expressamente consignados em lei. Assim, o codificador processual optou por identificar com maior precisão as hipóteses de cabimento do recurso de Agravo de Instru-

---

[326] *Manual de Direito Processual Civil*, São Paulo: Saraiva, 2015, p. 624.
[327] *Novo Código de Processo Civil anotado*, São Paulo: RT, 2015, p. 1398.

mento, indicando em seu artigo 1.015, que esta forma recursal será adequada para impugnar as decisões interlocutórias que versem sobre:[328] (a) tutela antecipada, (b) mérito do processo, como ocorre no caso de julgamento antecipado parcial de mérito,[329] (c) rejeição da alegação de convenção de arbitragem, (d) o incidente da desconsideração de personalidade jurídica, (e) rejeição do pedido de gratuidade de justiça ou acolhimento do pedido de sua revogação, (f) exibição ou posse de documento ou coisa, (g) exclusão de litisconsórcio, (h) rejeição do pedido de limitação de litisconsórcio, (i) admissão ou inadmissão de intervenção de terceiros, (j) concessão, modificação ou revogação do efeito suspensivo aos embargos à execução, (l) redistribuição do ônus da prova, e (m) nos demais casos referidos em lei. O parágrafo único deste dispositivo legal prevê a possibilidade de manuseio do Agravo de Instrumento para atacar decisões interlocutórias proferidas na fase de liquidação ou de cumprimento de sentença, no processo de execução e no processo de inventário.

A legislação esparsa é pródiga em exemplos de autorização específica de utilização do agravo de instrumento, que terá oportunidade, dentre outros casos de destaque, de servir para impugnar decisão sobre liminar em mandado de segurança, que recebe a petição inicial da ação por ato de improbidade administrativa e aquela que decreta a falência.

Analisando as hipóteses previstas na legislação, Guilherme Rizzo do Amaral anota que as decisões passíveis de ensejarem o recurso de agravo podem estar simplesmente vinculadas à determinada matéria indicada no texto legislativo, enquanto outras somente serão passíveis de recurso imediato quando tiverem conotação negativa explicando: "no primeiro grupo, encontram-se as decisões sobre tutela provisória, sobre o mérito (quando interlocutória, é claro), sobre o incidente de desconsideração da personalidade jurídica, sobre a exibição ou posse

---

[328] O texto aprovado pelo Congresso Nacional contemplava também a viabilidade de interposição do recurso de agravo de instrumento em relação à decisão interlocutória que versasse sobre "conversão da ação individual em ação coletiva", hipótese que acabou sendo alvo do veto presidencial.

[329] Luis Alberto Reichelt, após analisar a polêmica experimentada no passado sobre o mecanismo recursal adequado para a impugnação às sentenças parciais – que se polarizou entre os partidários da utilização do agravo de instrumento e aqueles que defendiam a figura atípica da apelação por instrumento – e cotejá-la com a atual tendência irreversível de adoção do processo eletrônico, adverte: "ainda que o legislador responsável pela nova codificação venha a prever a existência de agravo de instrumento como meio de impugnação em face das chamadas sentenças parciais, certo é que o tempo reclamará nova reforma, introduzindo a apelação como recurso cabível em face de tais decisões" (Sistemática recursal, direito ao processo justo e o novo Código de Processo Civil: os desafios deixados pelo legislador ao intérprete. *Revista de Processo*, vol. 244, jun/2015, p. 26).

de documento ou coisa, sobre inadmissão ou inadmissão de intervenção de terceiros, sobre concessão, modificação ou revogação do efeito suspensivo aos embargos à execução e sobre a distribuição do ônus da prova", enquanto "no segundo grupo , encontram-se a decisão de rejeição da alegação de convenção de arbitragem, de rejeição do pedido de gratuidade da justiça ou acolhimento de pedido de sua revogação, de exclusão de litisconsorte, de rejeição de pedido de limitação de litisconsórcio".[330] É relevante destacar que nestes últimos casos, não se admite interpretação extensiva, de forma de que as decisões em sentido contrário, ou seja, de caráter positivo, não admitirão a impugnação via recurso de agravo de instrumento, *v. g.*, quando for deferido pedido de gratuidade judiciária ou permitido o ingresso de litisconsorte, casos que vigorará a regra da irrecorribilidade em separado, ficando a viabilidade de impugnação postergada para ser levantada em preliminar de eventual recurso de apelação (ou de suas contrarrazões).

Passemos à análise das hipóteses consignadas na listagem oferecida pelo art. 1.015:

(a) decisão interlocutória relativa à tutela provisória:

O Código de Processo Civil atual reconfigurou a sistemática relativa às medidas cautelares (típicas e atípicas) e das tutelas antecipadas, sob o signo das tutelas provisórias, que poderão ser fundadas na evidência na urgência, sendo está última, tutela cautelar ou tutela antecipada de urgência. Quando a tutela provisória for deferida (ou indeferida), no curso do processo, assume a condição de decisão interlocutória, com aptidão para vir a causar alguma espécie de prejuízo à parte, daí decorre a escolha legislativa autorizadora do recurso imediato.

(b) mérito do processo, como ocorre no caso de julgamento antecipado parcial de mérito:

O CPC acolhe a existência de decisões interlocutórias de mérito, expressando a aceitação de pronunciamentos judiciais decisórios que encerram matérias que extrapolam os aspectos formais do procedimento e se relacionam ao próprio direito material objeto da lide que serve de conteúdo da demanda. Vinícius Silva Lemos afirma existir aqui um pronunciamento judicial híbrido que observará a formalidade de uma decisão interlocutória, mas que ostentará conteúdo de sentença".[331]

---

[330] *Comentários às alterações do novo CPC*, São Paulo, RT, 2015, p. 1028.

[331] O agravo de instrumento contra decisão parcial de mérito, *Revista de Processo*, v. 259, set. de 2016, p. 191-210. O autor sintetiza esta noção explicando, afirmando "a decisão parcial de mérito é uma espécie do gênero de julgamento antecipado do mérito que tem como premissa ser uma de-

Acreditamos, porém, que a decisão interlocutória de mérito vai além dos estreitos limites de um mero julgamento parcial de mérito, alcançando autonomia em relação a esta figura procedimental e se mostrando viável em diversas outras situações, como no próprio julgamento liminar de improcedência parcial e outras hipóteses que autorizam a sua oportunidade, mesmo antes da fase de saneamento e organização do processo.

No plano das técnicas de impugnação, as decisões interlocutórias parciais de mérito são agraciadas com a possibilidade de recorribilidade imediata, por meio do agravo de instrumento.

(c) rejeição da alegação de convenção de arbitragem:

A Codificação Processual Civil adotou a sistemática de estímulo a adoção de técnicas alternativas para a solução de conflitos, admitindo, dentre estas, a convenção da arbitragem. Portanto, uma vez existindo cláusula arbitral válida, esta deve ser observada. Se o autor, desprezando a convenção arbitral, ajuizar demanda judicial, caberá ao réu, em preliminar de contestação, arguir a necessidade de observância da arbitragem. Em havendo rejeição desta convenção pelo magistrado, caberá, então, a interposição do recurso de agravo de instrumento. Observe-se que o mesmo não ocorre em relação à decisão que acolhe a convenção da arbitragem.

(d) o incidente da desconsideração de personalidade jurídica:

A teoria da desconsideração da personalidade jurídica tem a sua cláusula geral contida no art. 50 do Código Civil, determinando que "em caso de abuso da pessoa jurídica, caracterizado pelo desvio de finalidade ou pela confusão patrimonial, pode o juiz, a requerimento da parte ou do Ministério Público quando lhe couber intervir no processo, que os efeitos de certas e determinadas relações de obrigações sejam estendidos aos bens particulares dos administradores ou sócios da pessoa jurídica". A efetivação desta teoria, no plano processual, poderá ocorrer sob duas técnicas: de forma inicial, quando a pessoa jurídica que se quer desconsiderar e os seus sócios ou administradores formação litisconsórcio passivo já na origem a demanda, ou como incidente, regulado pelos arts. 133 a 137 do CPC, com natureza de in-

---

cisão de mérito, fundada em cognição exauriente, proferida após a fase de saneamento do processo, em que o magistrado reconhece a desnecessidade de produção de mais provas em audiência" e, ainda, afirma: "neste caso, o julgamento antecipado não encerra a fase cognitiva por completo, somente as partes do processo – em um dos pedidos ou em parte do pedido – para continuar, nas demais, com a instrução processual. Com isso, esta decisão parcial de mérito não se enquadra na conceituação pertinente à sentença, já que esta, necessita do fim completo da fase de cognição".

tervenção e terceiro.[332] O recurso de agravo de instrumento encontra cabimento nesta segunda hipótese, admitindo-se como meio de impugnação da decisão que acolhe ou rejeita o referido incidente.

(e) rejeição do pedido de gratuidade de justiça ou acolhimento do pedido de sua revogação:

O regramento sobre a gratuidade de justiça está concentrado nos arts. 98 a 102 do CPC, dispondo que a pessoa natural ou jurídica, com insuficiência ade recursos para pagar as custas, as despesas processuais e os honorários advocatícios, fazem jus a este benefício. Trata-se, portanto, de instrumento de especial importância na efetivação de um modelo processual comprometido com a realização plena do acesso à justiça. Este benefício poderá ser postulado e, por consequência, concedido em qualquer momento no curso do procedimento. Porém, de acordo com a dicção legal, a oportunidade de recurso imediato, via agravo de instrumento está restrita aos casos de decisão interlocutória que rejeita a sua concessão ou, se for concedido, vier a ser revogado. Os pronunciamentos judiciais interlocutórios de concessão da gratuidade da justiça, praticados pelo julgador de primeiro grau, serão atacados na oportunidade da apelação ou contrarrazões a este recurso.

(f) exibição ou posse de documento ou coisa:

O procedimento do pedido de exibição ou posse de documento ou de coisa vem regulado nos arts. 396 a 404 do CPC, colocando-se como forma de incidente processual. Tal procedimento poderá ser utilizado para exibição de documento ou coisa que esteja em poder de uma das partes ou mesmo de terceiro. Em ambas as hipóteses a decisão que resolve o referido incidente será passível de ser atacada via agravo de instrumento.

(g) exclusão de litisconsórcio:

A previsão normativa autorizadora da interposição de agravo de instrumento é restrita aos casos de decisão interlocutória que determina a exclusão de litisconsorte do feito. Os pronunciamentos que no curso do processo admitem ou confirmam a legitimidade do litisconsorte não são passíveis de recurso imediato, tendo-se que aguardar até a oportunidade da apelação ou das suas contrarrazões para serem impugnados.

(h) rejeição do pedido de limitação de litisconsórcio:

Novamente, aqui, o legislador impõe aplicação restritiva da possibilidade de recorribilidade imediata, somente admitindo o agravo

---

[332] Sobre o tema remetemos o leitor ao nosso ensaio A processualização da desconsideração da personalidade jurídica, *Revista de Processo*, v. 254, abr. de 2016, p. 151-191.

de instrumento em relação à rejeição do pedido de limitação de litigantes em litisconsórcio facultativo. Se o julgador de primeiro grau acolher o pedido de limitação de litisconsortes – ou mesmo o determinar de ofício –, não haverá oportunidade para recurso de plano.

(i) **admissão ou inadmissão de intervenção de terceiros:**

O CPC atual contempla cinco formas de intervenção de terceiros na demanda, a saber: assistência, denunciação da lide, chamamento ao processo, incidente de desconsideração da personalidade jurídica e o *amicus curiae*. A utilização do agravo de instrumento no incidente de desconsideração postulado em sede de primeiro grau já foi analisado acima. Quanto à assistência (simples ou litisconsorcial), a denunciação da lide e ao chamamento ao processo a questão é simples, admitindo-se a impugnação recursal imediata tanto em relação ao pronunciamento judicial que os admite ou recusa.

O *amicus curiae* merece atenção especial, uma vez que o art. 138 do CPC estabelece expressamente que o juiz poderá "em decisão irrecorrível, de ofício ou a requerimento das partes ou de quem pretenda manifestar-se, solicitar ou admitir a participação" deste terceiro. Logo, a previsão específica acaba por se sobrepor a previsão genérica, de forma que somente caberá o manuseio do agravo de instrumento em relação a decisão que indeferir o pedido de admissão do amicus curiae".

(j) **concessão, modificação ou revogação do efeito suspensivo aos embargos à execução:**

O CPC não atribui efeito suspensivo automático aos embargos à execução, porém, permite que este venha a ser concedido a requerimento do embargante, quando verificados os requisitos para a concessão da tutela provisória e, desde que, a execução já esteja garantida por penhora, depósito ou caução suficientes. Nestes casos (e também nas hipóteses de modificação ou revogação deste efeito), o agravo de instrumento encontra cabimento.

(l) **redistribuição do ônus da prova:**

Conforme o tradicional postulado processual, o ônus da prova incumbe aquele que traz a alegação ao processo. Porém, como forma excepcional, o CPC autoriza o magistrado a aplicar a chamada teoria da carga dinâmica da prova, nos termos indicados no art. 373, § 1º: "nos casos previstos em lei ou diante de peculiaridades da causa relacionados à impossibilidade ou à excessiva dificuldade de cumprir o encargo nos termos do caput ou a maior facilidade de obtenção da prova em sentido contrário, poderá o juiz atribuir o ônus da prova de modo diverso, desde que o faça por decisão fundamentada, caso em que deverá dar à parte a oportunidade de se desincumbir do ônus que lhe foi atribuído".

A determinação de atribuição dinâmica do encargo probatório não poderá aguardar até o final do procedimento de primeiro grau para vir a ser questionada em sede recursal, dando enseja, assim, ao recurso de agravo de instrumento. Note-se, portanto, que a previsão normativa contempla tão somente esta questão sobre a matéria probatória, não permitindo a recorribilidade imediata das decisões sobre deferimento ou indeferimento de provas em geral.[333]

A adoção do modelo de restringir os limites do agravo de instrumento a apenas alguma hipótese taxativamente consignada pelo legislador já vinha sendo postulado por parte da doutrina na vigência da Codificação de Buzaid. Tereza Arruda Alvim Wambier, ao comentar sobre uma das reformas experimentadas pelo Código de Processo Civil anterior, postulava expressamente a adoção do modelo restritivo do agravo de instrumento, defendendo que "poderia ter optado, o legislador da reforma, por ter restringido o campo de cabimento do recurso de agravo a algumas interlocutórias, já que se comentava não ser conveniente que toda e qualquer interlocutória fosse recorrível como era no regime anterior e continua sendo no sistema atual".[334]

A postura legislativa estabelece, portanto, tábua restrita de situações ensejadoras do agravo de instrumento. É um rol taxativo, porém não exaustivo, eis que ao final da listagem indicada no art. 1.015 há a inserção de cláusula geral possibilitando a previsão normativa de outras hipóteses de cabimento desta espécie recursal. Neste contexto, Alexandre Freitas Câmara adverte: "a existência de um rol taxativo não implica dizer que todas as hipóteses nele previstas devam ser interpretadas de forma literal ou estrita", explicando: "é perfeitamente possível realizar-se, aqui – ao menos em alguns incisos, que se valem

---

[333] Fernando Rubin critica a postura legislativa por não ter inserido dentre as decisões autorizadoras do agravo de instrumento aquelas que dizem respeito à análise de deferimento de realização de prova, argumentando: "diante do cenário processo-constitucional em que se visualiza o direito fundamental da parte de provar, entendemos equivocada a versão final conferida ao agravo de instrumento no art. 1.015 da Lei nº 13.105/2015, desestimulando inclusive para que se desenvolva uma cultura no meio jurídico pátrio e na magistratura brasileira de que a prova é importante para todos os participantes na relação jurídica processual (a prova não é destinada exclusivamente ao juiz!), sendo que o seu indeferimento deve ser medida absolutamente excepcional e sujeita à célere revisão – até para que não se crie problemas procedimentais sérios na hipótese de indeferimento de meio de prova que venha a ser reformado pelo Tribunal em momento muito remoto" – Cabimento de agravo de instrumento em matéria probatória: crítica ao texto final do novo CPC: Lei n 13.105/2015, art. 1.015, *Revista Dialética de Direito Processual*, nº 151, out/2015, p. 48.

[334] *Os agravos no Código de Processo Civil brasileiro*. 4. ed. São Paulo: RT, 2006, p. 102.

de fórmulas redacionais mais 'abertas' –, interpretação extensiva ou analógica".[335]

A escolha legislativa expressa nitidamente o escopo de restrição das hipóteses de recorribilidade imediata das decisões interlocutórias e, por consequência, de redução da extensão de utilização de recurso de agravo de instrumento. Flávia Pereira Hill elogiou este modelo, destacando que, na sua visão, "a previsão expressa das hipóteses de cabimento do recurso de agravo de instrumento torna a questão mais clara, evitando os entendimentos jurisprudenciais díspares que atualmente circundam a avaliação da presença dos requisitos legais para o cabimento do agravo de instrumento".[336] De outra banda, em sentido oposto, Luís Alberto Reichelt oferece duras críticas ao codificador de 2015, argumentando: "imaginar que o agravo de instrumento somente é cabível nas hipóteses previstas em lei, de modo a fazer com que fosse incabível qualquer insurgência pela parte prejudicada por uma decisão judicial pela simples ausência de previsão legal, é uma violação direta a um direito humano e fundamental", arrematando: "um novo Código de Processo Civil somente mostra-se justificado se ele traz progresso e não retrocesso do ponto de vista da inafastabilidade do controle jurisdicional".[337]

Não há como deixar de concordar com as críticas levantadas pelo jusprocessualista, pois a concretização do ideal de processo justo passa pela necessidade de reconhecimento da grandeza e importância categórica do postulado constitucional de efetivo acesso à prestação jurisdicional, com a garantia de que toda lesão – ou ameaça de lesão – a direito receba o *devido processo legal* no sentido máximo de sua expressão, com contraditório efetivo e tempestivo, no qual as decisões judiciais são passíveis de controle imediato.[338] Porém, dentro do

---

[335] *O novo processo civil brasileiro*. São Paulo: Atlas, p. 520.

[336] Breves comentários às principais inovações aos meios de impugnação das decisões judiciais no novo CPC, *Coleção novo CPC*, vol. 6. Processo nos tribunais e meios de impugnação às decisões judiciais, Coordenador: Fredie Didier Jr., Salvador: Juspodivum, 2015, p. 369.

[337] *Op. cit.*, p. 27. O autor reforça seu posicionamento, ponderando: "essas considerações impõem, pois, a necessidade de uma releitura do citado art. 1.015, de modo a nele identificar a existência de um fio condutor comum às situações elencadas pelo legislador, qual seja o da possibilidade de manejo do agravo de instrumento em face de decisões proferidas em um debate processual que deve ter prosseguimento perante o juízo a quo, impondo sucumbência em desfavor de uma das partes" acrescentando que assim "cria-se o substrato necessário para que se possa afirmar, em um segundo momento, que o rol de hipóteses trazido pelo legislador é meramente exemplificativo, e não exauriente. Por força disso, tem-se que a inclusiva proposta exegética ora defendida permite sejam contempladas outras hipóteses de cabimento do agravo de instrumento que se mostrem moldadas à cláusula geral acima anotada, ainda que não contempladas de maneira expressa em lei". p. 26-27.

[338] Cabe aqui, por oportuna, a referência às lições oferecidas por Klaus Cohen Koplin, que em estudo tratando sobre os direitos fundamentais processuais, após atribuir ao *direito fundamental ao processo justo* a condição de *"sobreprincípio"*, pondera: "não se pode perder de vista que o de-

modelo desenhado pelo codificador processual de 2015, acreditamos que a prática pretoriana vai se mostrar refratária à aplicação do agravo de instrumento para além das hipóteses fixadas em lei. Depõe a favor desta orientação a não repetição da cláusula, contida no Código revogado, que ao dispor sobre as decisões interlocutórias de primeiro grau capazes de gerar lesão grave e de difícil reparação, permitia a sua recorribilidade imediata, por meio do recurso de agravo de instrumento. O caráter nitidamente proposital da mudança legislativa, especificamente neste ponto, anuncia o seu destino.

4.2.3. Cabimento da utilização de Mandado de Segurança em relação às decisões interlocutórias não recorríveis de imediato

A inovação trazida pela Codificação Processual, no sentido de restringir em muito as hipóteses de cabimento do agravo de instrumento acarreta o inevitável questionamento sobre a viabilidade de utilização de alguma forma alternativa para atacar as decisões interlocutórias não recorríveis de imediato, nos casos em que não for adequado se aguardar até o momento da apelação para impugná-las. Mais pontualmente, questiona-se sobre o cabimento da interposição do Mandado de Segurança em relação a estas decisões judiciais.[339]

A Lei nº 12.016/2009, que regula o procedimento do Mandado de Segurança, prevê em seu artigo 5º a viabilidade de seu manuseio como mecanismo apto a atacar decisões judiciais que venham a ferir direito líquido e certo e que não sejam passíveis de serem impugnadas por meio de recurso com efeito suspensivo. No mesmo sentido é o enunciado da Súmula nº 267 do Supremo Tribunal Federal, dispondo

---

vido processo legal, desempenhando função integrativa (como os demais princípios), permite a criação de novos elementos essenciais à configuração do estado ideal de protetividade de direitos que ele encerra. Atua, assim, como fonte de direitos fundamentais processuais não expressos (CF, art. 5º, § 2º), como o direito fundamental ao duplo grau de jurisdição, o direito fundamental à colaboração no processo e o princípio da adequação ou adaptabilidade legal e judicial do procedimento" – O novo CPC e os direitos fundamentais processuais: uma visão geral, com destaque para o direito ao contraditório, *Grandes temas do novo Código de Processo Civil*, Fernando Rubin e Luis Alberto Reichelt (orgs.). Porto Alegre: Livraria do Advogado, p. 20-21.

[339] Em lição que se tornou clássica sobre o cabimento do mandado de segurança em relação a ato judicial, J. J. Calmon de Passos identificou a existência de três fases de sua utilização, sendo a primeira até o advento da Lei nº 1.533/51, quando se discutia se o juiz poderia se enquadrar na condição de autoridade coatora; a segunda que surgiu a partir da vigência desta legislação, que consagrou expressamente a viabilidade de utilização do *mandamus* em relação a ato jurisdicional; e o terceiro momento, com o advento do Código de Processo Civil de 1973, que num primeiro instante afastou a utilização do mandado de segurança, implementando a regra geral da recorribilidade das decisões judiciais (O Mandado de segurança contra atos jurisdicionais: tentativa de sistematização nos cinquenta anos de sua existência, *Revista de Processo*, vol. 33, jan-mar/1984, p. 47-69).

"não cabe mandado de segurança contra ato judicial passível de recurso ou correição". Rigorosamente as decisões interlocutórias são recorríveis, sendo algumas passíveis de impugnação imediata e as demais mediante *impugnabilidade remota*,³⁴⁰ na oportunidade da apelação ou das contrarrazões a esta espécie recursal. Porém, se determinada decisão interlocutória que não se enquadra nas estreitas hipóteses autorizadoras do recurso de agravo de instrumento, poderá ser ensejadora de lesão grave e de difícil reparação à parte, tornando inaceitável que se lhe imponha aguardar até a decisão final do feito para vir a impugná-la. Nestes casos, o uso do Mandado de Segurança se impõe como forma de instrumentalização da obrigatoriedade de prestação jurisdicional.

Nesta linha, são as lições esposadas por Gilberto Gomes Bruschi, a afirmar: "havendo relevância e urgência, tornando necessária a primordial revisão pelo tribunal e não havendo como se aguardar análise do recurso de apelação pelo tribunal (*v.g.* decisão eu indefere a alegação de incompetência relativa) ou, ainda, quando a decisão tornar impossível a interposição de apelação (*v.g.* decisão que inadmite os embargos de declaração mercê de sua intempestividade), surgiria ao menos numa primeira análise, o cabimento do mandado de segurança".³⁴¹

José Miguel Garcia Medina, após manifestar sua simpatia em relação à utilização do *mandamus* nos casos de não cabimento de agravo de instrumento quanto à decisão interlocutória, sempre que se demonstra a inutilidade do exame do ato acoimado de ilegal apenas por ocasião do julgamento da apelação, oferece como exemplo a hipótese em que o magistrado venha a ilegalmente indeferir pedido de carga dos autos formulado por advogado, onde a irrecorribilidade imediata acarreta inequívoco risco de grave prejuízo à parte, dando ensejo à utilização do *writ* mandamental.³⁴²

A nova legislação acaba por impor este caminho do manuseio do remédio constitucional do mandado de segurança como instrumento necessário para a garantia de efetivação do devido processo legal, para se viabilizar, assim, a adequada prestação jurisdicional. A solução é lamentável e representa retrocesso na evolução das técnicas de prestação da tutela jurisdicional, estimulando a vulgarização da utilização de medida que deveria ser resguardada para situações

---

³⁴⁰ A expressão *"impugnabilidade remota"* é utilizada por José Miguel Garcia Medina, *op. cit.*, p. 1399.

³⁴¹*Op. cit.*, p. 2.251. No mesmo sentido coloca-se Flávio Cheim Jorge, *Teoria geral dos recursos cíveis*, 7. ed. São Paulo: RT, p. 282 e seguintes.

³⁴² *Op. cit.*, p. 1.400.

extremas e propiciando o que Ernesto José Toniolo designou de *desordem ao sistema recursal*.[343]

4.2.4. Requisitos da petição recursal no Agravo de Instrumento

Conforme indica o artigo 1.016 da Codificação Processual, a petição do recurso de Agravo de Instrumento deverá ser dirigida ao órgão jurisdicional competente para o seu conhecimento e julgamento (Tribunal de Justiça ou Tribunal Regional Federal). Cabe lembrar que a Codificação Processual contempla situação especial de competência para a o recebimento, processamento e julgamento do agravo de instrumento atribuída ao Superior Tribunal de Justiça, nos casos em que a demanda originária contar como partes, de um lado, Estado estrangeiro ou organismo internacional e, de outro, Município ou pessoa residente ou domiciliada no país (art. 1.028).

A petição recursal deverá conter (a) o nome das partes. (b) a exposição do fato e do direito, (c) as razões do pedido de reforma ou de invalidação da decisão e próprio pedido e (d) o nome e endereço completo dos advogados do processo.

Na interposição do recurso de Agravo de Instrumento deverá haver o cuidado de formação adequada do instrumento, atendendo-se ao comando constante do artigo 1.017 do novo Código Processual,[344] contendo obrigatoriamente cópia da petição inicial e da contestação, da petição que ensejou a decisão agravada, da própria decisão agravada, da decisão da respectiva intimação ou outro documento oficial que comprove a tempestividade e das procurações outorgadas aos advogados do agravante e do agravado.[345] Na inexistência de algum desses documentos obrigatórios, o advogado do declarante deverá formular declaração expressa neste sentido, sob pena de sua responsabilidade pessoal.

---

[343] Os requisitos de admissibilidade dos recursos no novo Código de Processo Civil (Lei nº 13.105/2015), *op. cit.*, p. 184.

[344] Conforme observa Guilherme Rizzo do Amaral: "agora, a petição inicial, a contestação e a petição que ensejou a decisão agravada. Tratam-se de peças que poderiam ser consideradas 'necessárias' na vigência do CPC revogado, porém não obrigatórias, a despeito de muitas vezes serem essenciais à compreensão da controvérsia recursal" – *op. cit.*, p. 1030.

[345] Gilberto Gomes Bruschi aponta que "no que diz respeito à indicação do nome e do endereço completo dos advogados constantes do processo, sua finalidade é propiciar futuras intimações, seja por via postal, seja por meio do Diário Oficial", concluindo: "Dessa forma, não se mostra concebível deixar de conhecer do recurso de agravo de instrumento interposto caso não constem tais dados da petição, mas seja possível colher tais informações das peças que formam o instrumento". Neste sentido o doutrinador cita o seguinte precedente: "RSTJ 110/327: Dispensa-se a indicação dos nomes e endereços dos advogados, quando da interposição do agravo de instrumento, se nas cópias das procurações, juntadas se pode claramente verificar tais registros. Em se tratando de comarca na qual a intimação se faz pela imprensa, dispensável até mesmo o requisito do endereço do advogado" – *op. cit.*, p. 2.252.

Além dos documentos tidos como obrigatórios, a petição do recurso de Agravo de Instrumento também poderá contar com os chamados *documentos úteis* ou *peças essenciais à compreensão da controvérsia*,[346] consubstanciados nas peças processuais do feito originário que o agravante reputar relevantes para a adequada compreensão da matéria pelo órgão jurisdicional que irá julgá-lo.

A peça exordial do recurso também se fará acompanhar da comprovação do respectivo preparo, quando devido, de acordo com os valores constantes das tabelas publicadas pelos respectivos tribunais.

Conforme expressamente estabelece o § 5º do Código de Processo Civil de 2015, em sendo eletrônicos os autos do processo, fica dispensada a formação do instrumento, porém é facultado ao recorrente anexar outros documentos que entender úteis para a compreensão da controvérsia.

Efetivando o ideal de simplificação e instrumentalização dos recursos, o CPC estabelece que no caso de ausência de alguma documentação devida, ou mesmo na presença de algum vício, o relator, ao despachar o recurso e antes de considerá-lo inadmitido, concederá o prazo de cinco dias para que o recorrente realize a complementação da documentação necessária para o conhecimento do recurso ou sane o vício em questão (artigo 932, parágrafo único).[347] A previsão em questão não deve ser compreendida como uma faculdade do relator, mas sim como um direito recorrente, de concretização, portanto, impositiva. Tal inovação inserida pelo CPC atual é um golpe certeiro na perniciosa *jurisprudência defensiva*, tão utilizada pelos tribunais para criar óbices à fluidez dos recursos em direção ao julgamento de seu mérito.

4.2.5. Forma de interposição e formalidades complementares

O recurso de agravo de instrumento será interposto no prazo de quinze dias (úteis), contados da intimação da decisão recorrida.

---

[346] A referência a *peças essenciais à compreensão da controvérsia* é utilizada por Daniel Amorim Assumpção Neves, Novo Código de Processo Civil – Lei 13.105/2015, Rio de Janeiro: Forense; São Paulo: Método, 2015, p. 558.

[347] Na lição de Guilherme Rizzo do Amaral: "o relator deverá determinar a intimação do agravante para que junte aos autos do recurso o documento faltante no prazo de cinco dias e, somente não havendo suprimento da falta de peça 'obrigatória', não conhecerá do recurso", concluindo: "a falta de peça 'necessária', porém, 'facultativa', não será motivo para não conhecimento do agravo, mas, sim, para lhe negar provimento" – *op. cit.*, p.1.031. Neste ponto específico pedimos *venia* para discordar, pois consideramos que em ambos os casos, ou seja, na ausência de atendimento a emenda do instrumento com a juntada de peças obrigatórias ou necessárias, acarretará idêntica consequência, qual seja, a não admissão do recurso.

Especificamente sobre a forma de interposição, o § 2º do artigo 1.017 estabelece que o agravo de instrumento poderá ser interposto por (a) protocolo realizado diretamente no tribunal competente para julgá-lo, (b) protocolo realizado na própria comarca, seção ou subseção judiciárias, perante o cartório ou secretaria da vara judicial onde tramita o processo em que a decisão impugnada foi proferida, cabendo a serventia providenciar a remessa do recurso ao tribunal competente, (d) postagem, sob registro, com aviso de recebimento, endereçada ao tribunal competente e (d) transmissão de dados fac-símile. Nesta última modalidade, há a necessidade de protocolo da petição original e respectivos documentos perante o órgão competente, no prazo de cinco dias, contados do término do prazo recursal pertinente.[348] Na transmissão de dados será suficiente a apresentação da petição recursal, acompanhada das respectivas razões desenvolvidas para produzir o provimento do recurso. As demais peças que formarão o instrumento – obrigatórias ou facultativas – serão juntadas na oportunidade da oferta da via original do recurso no protocolo competente. A codificação ainda abre a possibilidade de a lei vir a fixar forma diversa de interposição.

4.2.6. Comprovação da interposição do recurso de agravo de instrumento perante o juízo de primeiro grau

A legislação processual impõe ao agravante – nos processos físicos – a realização da juntada aos autos de primeiro grau, de cópias da petição do agravo de instrumento, do comprovante de sua interposição e da relação dos documentos que instruíram o recurso. O prazo para a realização desta providência é de três dias, contados da interposição do agravo de instrumento. O objetivo deste procedimento é, precipuamente, provocar a realização de juízo de retratação pelo julgador de primeiro grau, o que, em sendo realizado de forma positiva, acarretará, inevitavelmente, prejudicado o recurso interposto em relação à decisão interlocutória.

O descumprimento desta exigência poderá ser arguido e provado pela parte agravada, acarretando o não conhecimento do recurso. Não há na legislação indicação expressa no sentido do momento oportuno para a arguição do descumprimento da referida formalidade. Gilberto Gomes Boschi indica que tal alegação deverá ser

---

[348] Lei nº 9.800/99, art. 2º A utilização de sistema de transmissão de dados e imagens não prejudica o cumprimento dos prazos, devendo os originais ser entregues em juízo, necessariamente, até cinco dias da data de seu término".

formulada por ocasião da resposta do agravado, sendo tal prazo de caráter preclusivo.[349]

A dicção legislativa indica que não bastará a mera arguição da omissão da comprovação da interposição do agravo de instrumento ao juízo originário, sendo exigível também a sua comprovação, que poderá ser demonstrada por meio de certidão expedida pelo órgão de jurisdição da causa.

Cabe ressaltar que a não comprovação da interposição do recurso de agravo de instrumento ao juízo recorrido somente acarretará a inadmissão desta impugnação recursal, pela perda superveniente do objeto, se houver iniciativa da parte recorrida, com a devida comunicação ao relator. Portanto, não poderá haver o seu reconhecimento *ex officio*. A provocação do relato, no caso, é indispensável.

A perda de objeto do agravo de instrumento, em função da retratação do juízo recorrido, poderá ser verificada de forma total ou parcial, de acordo com a extensão assumida pelo juízo de retratação realizado. Nesta última hipótese, o recurso de agravo de instrumento continua íntegro no seu regular processamento, havendo tão somente a restrição do seu conteúdo. Porém, se a retratação foi integral, envolvendo toda a matéria recorrida do agravo de instrumento, a inadmissão deste é impositiva, mas não deixa de permitir que a outra parte do processo originário venha a interpor novo agravo de instrumento, agora em relação à decisão proferida no juízo de retratação.

4.2.7. Processamento e julgamento do Agravo de Instrumento

O processamento do recurso de Agravo de Instrumento vem regulado no artigo 1.016 da nova Codificação Processual.

Recebido o recurso no Tribunal, este deverá ser imediatamente distribuído, cabendo ao relator verificar a sua regularidade formal e determinar, se for o caso, a prática dos atos de saneamento de eventuais vícios.

Não havendo defeitos formais, o relator, então, analisará se o caso permite a realização do julgamento monocrático liminar. As hipóteses do julgamento singular pelo relator estão elencadas nos incisos III e IV do artigo 930 do Código de Processo Civil de 2015, a saber: (a) quando o recurso for inadmissível, prejudicado, ou que não tenha impugnado especificamente os fundamentos da decisão recorrida e, (b) para negar provimento a Agravo de Instrumento contrário a

---

[349] *Op. cit.*, p. 2.255.

entendimento sumulado pelo Supremo Tribunal Federal, pelo Superior Tribunal de Justiça ou pelo próprio tribunal competente para apreciação do recurso em questão, ou contrariar acórdão proferido pelo Supremo Tribunal Federal ou pelo Superior Tribunal de Justiça no julgamento de recursos repetitivos, ou ainda a entendimento firmado em incidente de resolução de demandas repetitivas ou de assunção de competência.

Os julgamentos em regime de recurso especial ou extraordinário repetitivo, no incidente de resolução de demandas repetitivas e no incidente de assunção de competência, possuem caráter vinculante, o que legitima o relator a proceder ao julgamento monocrático, aplicando o precedente.

Porém, cabe frisar que a previsão é tão somente sobre a força do precedente e por consequência, a sua aplicação é impositiva, sendo, portanto, vedado ao relator valer-se do julgamento monocrático quando entender que a questão posta em juízo não se enquadra no precedente paradigma (*distinguishing*) ou mesmo decidir de forma singular para opor-se ao precedente.[350]

Vencida a etapa inicial da verificação dos requisitos de admissão recursal e não sendo caso de julgamento monocrático, caberá ao relator, em havendo pedido neste sentido, analisar a viabilidade de atribuição de efeito suspensivo ao recurso ou de deferimento de tutela antecipada recursal.

O efeito suspensivo em Agravo de Instrumento está relacionado aos casos de decisão interlocutória de conteúdo positivo, ou seja, que tenha deferido algo, como, *v.g.*, tenha deferido pedido de antecipação de tutela postulado no primeiro grau de jurisdição. O que se busca é exatamente suspender os efeitos da decisão recorrida, evitando a sua efetivação, pelo menos enquanto não for julgado o recurso.

A concessão de tutela antecipada recursal, por sua vez, está atrelada às hipóteses em que a decisão impugnada tenha conteúdo negativo, ou seja, haja indeferido algum pedido formulado no curso do procedimento de primeiro grau. O exemplo tradicional é o ato de indeferimento de pedido de antecipação de tutela pelo juízo *a quo*. Neste caso, o que se pretende é a obtenção de medida em caráter provisório, que se projete sobre a situação fática, permitindo a fruição de

---

[350] Neste sentido é o magistério de Alexandre Freitas Câmara, afirmando "só poderá o relator julgar monocraticamente o mérito do recurso, frise-se, nos casos em que se aplique o precedente vinculante. Não é possível, porém, o julgamento monocrático nos casos em que haja um afastamento daquele precedente, seja por se estar diante de caso distinto (*distinguishing*), seja por tratar-se de casso em que se supere o precedente (*overruling*)" – *op. cit.*, p. 14.

efeitos pelo menos até o julgamento final do Agravo de Instrumento. Os requisitos da tutela antecipada estão indicados no artigo 298 da nova Codificação. Em ocorrendo a concessão de alguma das tutelas de urgência – efeito suspensivo ou antecipação de tutela recursal – a decisão em questão será comunicada ao juízo de primeiro grau para observá-la ou mesmo efetivá-la.[351]

A Codificação Processual prevê expressamente a possibilidade de recurso em relação à decisão que concede efeito suspensivo ativo ou antecipação de tutela recursal. Na sistemática antiga, tal atitude do relator era irrecorrível e se permitia tão somente a formulação de pedido de reconsideração dirigido ao relator. O Código de 2015 mostra-se mais receptivo em relação ao debate sobre a concessão de efeito suspensivo ou de tutela antecipada recursal em sede de agravo de instrumento, outorgando à parte interessada que venha a impugná-la por meio de agravo interno, a ser interposto no prazo de quinze dias (úteis).[352] A modificação é louvável e merece ser aplaudida, pois a práxis tem comprovado que tal decisão, mesmo que de caráter provisório, é capaz de trazer considerável prejuízo a parte em desfavor de quem é deferida, não podendo ficar *a latere* do contraditório proporcionado pela via recursal.

Na etapa procedimental seguinte, o agravado será intimado para oferecer suas contrarrazões. O ato intimatório será realizado na pessoa do advogado constituído pelo recorrido e que patrocina os seus interesses em sede de primeiro grau de jurisdição.

Em não havendo patrono constituído, a intimação ocorrerá de forma pessoal, por via postal.

Seguindo o princípio da igualdade, o prazo para a oferta das contrarrazões recursais será de quinze dias (úteis), sendo facultado ao agravado a juntada de peças ou documentos que entender necessário para o julgamento do recurso.

Se o feito ensejar, pelo seu conteúdo ou em função das partes envolvidas,[353] a participação do representante do Órgão do Ministério

---

[351] Sobre o regime da tutela provisória na nova legislação processual remetemos o leitor à obra de Jaqueline Mielke Silva, *A tutela provisória no novo Código de Processo Civil*: tutela de urgência e tutela de evidência, Porto Alegre: Verbo Jurídico, 2015.

[352] Art. 1.021. Contra decisão proferida pelo relator caberá agravo interno, observadas, quanto ao processamento, as regras do regimento interno do tribunal.

[353] Art. 178. O Ministério Público será intimado para, no prazo de 30 (trinta) dias, intervir como fiscal da ordem jurídica nas hipóteses previstas em lei ou na Constituição Federal e nos processos que envolvam: I – interesse público ou social; II – interesse de incapaz; III – litígios coletivos pela posse da terra rural ou urbana. Parágrafo único. A participação da Fazenda Pública não configura, por si só, hipótese de intervenção do Ministério Público.

Público, o *parquet* será intimado (preferencialmente por meio eletrônico) para se manifestar no prazo de quinze dias.[354] Veja-se que a existência de prazo específico afasta a regra geral de trinta dias indicada no art. 178 da nova legislação processual.

Encerrado o processamento propriamente dito, passa-se ao julgamento do recurso de Agravo de Instrumento.

Aqui, abrem-se duas possibilidades: o julgamento monocrático e o colegiado. O primeiro ocorrerá nas hipóteses acima analisadas, se apenas neste momento o relator constatou ser caso de decisão singular. Note-se que o julgador não sofre preclusão no curso do procedimento, de forma que ainda lhe é viável proceder ao julgamento monocrático do recurso.

No julgamento colegiado o relator irá requerer a inclusão do recurso em pauta de sessão de julgamento, o que deverá ocorrer em prazo não superior a um mês, contado a partir da intimação do recorrido para oferecer suas contrarrazões.

O referido prazo não tem caráter impositivo, sendo *prazo impróprio*, ou seja, aquele em que a não observância deixa de acarretar prejuízo ou vícios ao procedimento, podendo eventualmente acarretar consequências tão somente no âmbito disciplinar, a depender do rigor dos órgãos competentes dos tribunais.[355] Porém, como observa Alexandre Freitas Câmara, o referido prazo merece ser respeitado, em nome da garantia de razoável duração do processo.[356] Gilberto Gomes Bruschi, por sua vez, critica a postura legislativa, contida no art. 1.020 da nova Codificação Processual, comparando-a com o regramento da legislação anterior, taxando-o de inviável, pois "levando em conta que o prazo para a resposta do agravo de instrumento será de 15 (quinze) dias úteis, no mínimo 19 (dezenove) dias corridos, ainda mais se houver necessidade de participação do Ministério Público, que terá os mesmos 15 (quinze) dias úteis para emitir sua manifestação".[357] Efetivamente, parece ter ocorrido aqui equívoco do codificador, pois o prazo em questão deveria ser contado a partir da finalização do prazo para a manifestação da parte agravada (ou da sua efetiva ocorrência), ou, se for o caso, do parecer do representante do Ministério Público.

---

[354] No Código de Processo Civil anterior o prazo para a manifestação ministerial no procedimento era de dez dias, sendo ampliado para quinze na Codificação atual ("art. 1.019, III – determinará a intimação do Ministério Público, preferencialmente por meio eletrônico, quando for o caso de sua intervenção, ara que se manifeste no prazo de 15 (quinze) dias").
[355] Guilherme Rizzo do Amaral, *op. cit.*, p.1034.
[356] Do agravo de instrumento no novo Código de Processo Civil, in: *Desvendando o novo CPC*, Darci Guimarães Ribeiro, Marco Félix Jobim, (orgs.). Porto Alegre: Livraria do Advogado, 2015, p. 15.
[357] *Op. cit.*, p. 2.258.

A manutenção da dicção normativa, apesar de poder ser construída a compreensão de atribuir-lhe a natureza de prazo impróprio e, portanto, não peremptório, não satisfaz. Acreditamos que a redação deve ser corrigida, pois previsões como essa, que já nascem fadadas a ostracismo, acabam depondo contra a legitimidade da nova Codificação Processual, que surge para implementar procedimento judicial efetivo, quando conteúdo de seu próprio texto já nasce com a pecha de ineficaz.

Deve ser observado que no caso de utilização do agravo de instrumento para atacar decisão interlocutória de mérito, em ocorrendo o seu provimento, por decisão não unânime, incidirá a previsão contida no artigo 942, § 3º, II, do novo Código de Processo Civil, sendo aplicada a técnica de complementação de julgamento que substituiu o antigo recurso de embargos infringentes.[358]

4.3. Embargos de declaração

Fernando Rubin

Desde o sistema do Código Buzaid cabe o recurso de Embargos de Declaração quando houver, na decisão, obscuridade ou contradição; ou quando for omitido ponto sobre o qual deveria pronunciar-se o juiz ou tribunal. Nas duas primeiras hipóteses (obscuridade e contradição), os embargos de declaração são destinados a permitir o esclarecimento da decisão judicial; na segunda (omissão), têm por finalidade a integração da decisão.[359]

Com relação a essas hipóteses de utilização do recurso, o cenário que envolve maior dificuldade provavelmente cinge-se ao termo "contradição", sendo usual na doutrina ser referido que a aludida contradição deve ser "interna",[360] ou seja, identificada pelo exame específico

---

[358] Cabe aqui compartilhar dúvida levantada por Francisco Barros Dias, ao analisar o tema: "não será, portanto, possível a utilização da técnica de julgamento nas hipóteses de agravo de instrumento do art. 1.015 e nem em outras especificamente nominadas? Muitas discussões irão surgir a esse respeito. Pelo menos nas hipóteses em que o agravo de instrumento esteja sendo utilizado como substitutivo do recurso de apelação acreditamos que a lógica indica que seu conteúdo cuida sempre do mérito da demanda. Essas hipóteses deverão surgir na análise casuística das demandas, pois o exercício da atividade jurisdicional é que fazem nascer circunstâncias que fogem a previsões que só o futuro irá apontar" – Técnica de julgamento: criação do novo CPC (substitutivo dos embargos infringentes), Processo nos tribunais e meios de impugnação às decisões judiciais, *Coleção novo CPC*: doutrina selecionada, vol. 6, Salvador: JusPodivum, 2015, p. 56.

[359] CÂMARA, Alexandre Freitas. *Lições de direito processual civil* – Vol. 2. 22. ed. São Paulo: Atlas, 2013, p. 121/122.

[360] USTÁRROZ, Daniel; PORTO, Sérgio Gilberto. *Manual dos recursos cíveis*. 4. ed. Porto Alegre: Livraria do Advogado, 2013, p. 200.

dos termos contidos na decisão judicial embargada. Teríamos, assim, exemplos de contradição interna: "entre proposições da parte decisória, por incompatibilidade entre capítulos da decisão; entre proposições enunciadas nas razões de decidir e o dispositivo; entre a ementa e o corpo do acórdão, ou entre o teor deste e o verdadeiro resultado do julgamento, apurável pela ata ou por outros elementos".[361]

Por sua vez, considera-se presente a "omissão" quando a decisão não se manifestar sobre um pedido; sobre argumentos relevantes lançados pela parte prejudicada no julgado; ou mesmo sobre questão de ordem pública, que poderia ser enfrentada ainda que não suscitada pela parte interessada. Por fim, há na decisão "obscuridade" quando for ininteligível, quer porque malredigida, quer porque escrita à mão com letra ilegível[362] (hipótese essa cada vez mais rara, diante do progressivo incremento do processo eletrônico, principalmente perante a Justiça Federal e do Trabalho).

Os embargos de declaração não têm, assim, de acordo com os contornos infraconstitucionais, por finalidade direta à modificação do mérito do julgado; apenas, excepcionalmente, em face de aclaramento de obscuridade, desfazimento de contradição ou supressão de omissão, prestam-se os embargos de declaração a modificar o julgado. Nesse caso, em que as hipóteses típicas do código processual provocam a alteração do julgado, diz-se que os aclaratórios apresentam efeitos infringentes – ou modificativos – da decisão embargada.

Por outro lado, tem-se evidente que os embargos de declaração fundam-se na ideia de que a prestação jurisdicional deve ser completa e clara, daí ser esse recurso uma decorrência do princípio da inafastabilidade do controle jurisdicional,[363] uma vez que o jurisdicionado tem direito a receber uma prestação jurisdicional completa e coerente.[364]

Em linhas gerais, ainda é necessário referir que se trata de recurso, isento de preparo, que visa ao aperfeiçoamento das decisões judiciais, cabendo ser apresentado no prazo de cinco dias úteis, sendo que a partir daí opera-se a interrupção do prazo[365] para a interposição de

---

[361] BARBOSA MOREIRA, J. C. *O novo processo civil brasileiro*. 24. ed. Rio de Janeiro: Forense, 2006, p. 155/156.

[362] DIDIER JR., Fredie. *Curso de direito processual civil* – Vol. III. Salvador: JusPodivm, 2008, p. 179.

[363] BUZAID, Alfredo. *Estudos e pareceres de direito processual civil*. Notas de adaptação de Ada Pellegrini Grinover e Flávio Luiz Yarshell. RT: 2002, p. 309 e ss.

[364] AMENDOEIRA JR., Sidnei. *Manual de direito processual civil* – Vol. II. São Paulo: Saraiva, 2002, p. 119.

[365] Note-se que os embargos declaratórios interpostos nos juizados, embora tenham o mesmo propósito do recurso previsto no sistema geral do CPC, têm efeito suspensivo do prazo e não interruptivo, como ocorre no Código Buzaid: "o manejo do recurso gera a sustação da contagem do prazo para outros recursos, até que ele seja apreciado; isso quer dizer que uma vez reinicia-

outros recursos, por qualquer das partes; sendo que se forem manifestamente protelatórios os embargos, o juiz ou tribunal, declarando que o são, condenará o embargante a pagar ao embargado multa sobre o valor da causa – e na reiteração de embargos protelatórios, a multa deve ser elevada, ficando condicionada a interposição de qualquer outro recurso ao depósito do valor respectivo.

Uso frequente dos embargos declaratórios ocorre para fins de prequestionamento, quando a parte visa a prequestionar causa federal ou constitucional no acórdão embargado, suscitando que não houve devido/explícito enfrentamento de matéria de relevância legal ou constitucional pelo tribunal. Busca então o embargante evidenciar a existência de causa federal ou constitucional no acórdão recorrido para viabilizar, na sequência, a interposição de recurso especial ou extraordinário.[366] Nesse caso, sendo evidente o fim de prequestionamento que deu causa o acórdão embargado, não há como considerar o recurso procrastinatório, descabendo aplicação da multa supra-aludida pelo tribunal.[367] Ainda, nesse diapasão, estabelece o novel diploma que se consideram incluídos no acórdão os elementos que o embargante suscitou, para fins de prequestionamento, ainda que os embargos de declaração sejam inadmitidos ou rejeitados.[368]

Muito preocupados, como estamos, com a deficiente prestação de jurisdição no Brasil, soa absolutamente relevante discutirmos algumas seguras hipóteses em que o julgamento do recurso dos embargos de declaração, notadamente pelos magistrados de segundo grau, poderia ser utilizado para adequado julgamento da causa, com efeitos infringentes, caso necessário.

Reafirmarmos a nossa maior atenção com o segundo grau de jurisdição, já que teríamos nos embargos de declaração uma derradeira oportunidade para adequação do julgado à realidade da causa que envolva matéria fática importante, sendo razoável a defesa de uma

---

da a contagem, correrá apenas pelo saldo do prazo, não se devolvendo o prazo integralmente" (DALL´ALBA, Felipe Camilo. *Curso de juizados especiais*. Belo Horizonte: Fórum, 2011, p. 61/62). Diga-se, por oportuno, que tal disposição especial acabou *derrogada pelo art. 1065 do Novo CPC*, a estabelecer expressamente que o art. 50 da Lei nº 9.099, de 26 de setembro de 1995, passa a vigorar com a seguinte redação: "Art. 50. Os embargos de declaração interrompem o prazo para a interposição de recurso".

[366] ALVARO DE OLIVEIRA, Carlos Alberto; MITIDIERO, Daniel. *Curso de processo civil* – Vol. II. São Paulo: Atlas, 2012, p. 196.

[367] Nos termos da Súmula 98 do Superior Tribunal de Justiça: "Embargos de declaração manifestos com notório propósito de prequestionamento não têm caráter protelatório".

[368] Trata-se de um dos grandes temas do Novo CPC, denominado de *prequestionamento ficto*, conforme aprofundaremos mais a frente nesse trecho da obra, e destacamos no nosso último trabalho: RUBIN, Fernando. *O Novo CPC: Da construção de um novel modelo processual às principais linhas estruturantes da Lei nº 13.105/2015*. 2. ed. São Paulo: LTr, 2017.

interpretação extensiva das hipóteses de cabimento do recurso a fim de que haja melhor resposta do Poder Judiciário, especialmente a esse tipo de demanda encaminhada pelos jurisdicionados – que provavelmente, como elucidamos, terão mínima ou mesmo inexistente chance de acessar com êxito a "terceira instância", a fim de ser corrigida determinada injustiça/imprecisão no julgado.

Bem já escreveu Barbosa Moreira que a rigor, o eventual provimento dos embargos de declaração não poderá importar, no julgado, qualquer outra alteração além da consistente no esclarecimento, na eliminação da contradição ou no suprimento da omissão, com as repercussões acaso necessárias na matéria restante; no entanto o mesmo autor, na sequência, chega a admitir que "na prática judiciária, todavia, observa-se aqui certa tendência à flexibilidade, transpondo-se não raro esses limites".[369]

De fato, na prática observa-se certa tendência à flexibilidade, mas ainda de forma muito tímida,[370] persistindo a interpretação restritiva das disposições contidas no codex processual.[371]

Cabe, por isso, inegavelmente ser feito maior esforço exegético, a partir de uma leitura constitucional do dispositivo legal envolvido, a fim de que de acordo com a disciplina vigorosa constante nos art. 5°, LIV e LV, art. 93, IX, e até art. 5°, LXXVIII, todos da CF/88, seja admitido com maior facilidade o exame cuidadoso e imediato dos aclaratórios em um rol mais alargado de casos, com o seu provimento parcial e total, quando for o caso, presente o foco na plena prestação de jurisdição[372] – a qual muitas vezes acaba não sendo realizada, a partir

---

[369] BARBOSA MOREIRA, J. C. *O novo processo civil brasileiro*. 24. ed. Rio de Janeiro: Forense, 2006, p. 157.

[370] MARINONI, Luiz Guilherme; ARENHART, Sérgio Cruz. *Processo de conhecimento* – Vol. 2. 11. ed. São Paulo: RT, 2013, p. 547.

[371] Conforme passagem da ementa do STJ que segue: "(...) I – Não há que se falar em contrariedade aos arts. 458 e 535 do Código de Processo Civil quando o acórdão recorrido é fundamentado e não contém omissões, contradições nem obscuridades, tendo o Tribunal se manifestado sobre todas as questões que lhe foram submetidas à apreciação. No caso, os fundamentos do acórdão eram suficientes para a prestação jurisdicional e, tendo sido oferecidos argumentos para a tomada de decisão, era desnecessário rebater, um a um, todos os outros argumentos que com os primeiros conflitassem. A rejeição dos embargos era medida que se impunha, pois visavam à rediscussão e julgamento da causa. II – Ainda que opostos com fins de prequestionamento, os embargos de declaração devem se ajustar às suas estritas hipóteses de cabimento, enumeradas no art. 535 do Código de Processo Civil (...)" (1ª Turma, Min. Francisco Falcão, AgRg no REsp 885197/RJ, j. em 28/11/2006).

[372] Sendo salutar a ressalva de que sempre é oportuna a firmação de um consenso a respeito da interpretação de determinada regra processual, já que também esse "estado de incerteza" impede que o processo cumpra corretamente sua função, gerando sérios prejuízos para a efetividade (MACHADO, Marcelo Pacheco. *Incerteza e processo – de acordo com o Projeto de novo CPC*. São Paulo: Saraiva, 2013, p. 116/117).

de um isolado e açodado exame do recurso ordinário (apelação) pelo colegiado.[373]

Há, pois, espaço para avanços. A partir desse prisma constitucional já houve inclusive incipiente manifestação do Superior Tribunal de Justiça, por intermédio do Min. Sálvio de Figueiredo Teixeira, no sentido de que a interpretação meramente literal do artigo do Código atrita com a sistemática que deriva do próprio ordenamento processual, notadamente após ter sido erigido a nível constitucional o princípio da motivação das decisões judiciais.[374]

Portanto, se é verdade que um exame mais cuidadoso dos aclaratórios, quando aviados, precisa ser efetuado; também parece-nos pertinente sustentar que em algumas hipóteses bem marcantes, mas fora das estritas previsões constantes no texto da lei processual, deva notadamente o tribunal se manifestar imediatamente quando opostos os embargos.

Pensamos, nesse diapasão, que seria possível a apresentação dos aclaratórios não só diante das hipóteses restritivas constantes no CPC (obscuridade, contradição ou omissão), mas também em situação de equívoco evidente ("manifesto equívoco") do julgador (onde estaria abarcado o erro material[375]) e até em casos de erro de fato[376] (questão

---

[373] Isso sem contar com a possibilidade de o exame do recurso ordinário (apelação) ser feita – abusivamente – pelo juízo monocrático, a partir de uma excessiva utilização do comando legal autorizador, o que não raro vem acontecendo desde o período do Código Buzaid. Nesses casos a profunda análise derradeira dos embargos de declaração, como defendido no presente trabalho, se faria ainda mais relevante, mesmo porque o procurador da parte perderia, no caso concreto, a oportunidade de debater a causa da tribuna, já que para levar o processo ao colegiado deverá interpor recurso de agravo interno diante da prejudicial decisão monocrática, o qual, nos contornos do Código, não autoriza a sustentação oral, como ocorre com o tradicional recurso de apelação (pelo Projeto de novo CPC, com a redação conferida na fase final de tramitação na Câmara Federal, no agravo interno e nessas condições, passou também a ser autorizada a sustentação oral – situação que, diga-se de passagem, foi objeto de veto presidencial e não era prevista no Projeto originário vindo do Senado Federal, conforme se verifica em: GUEDES, Jefferson Carús; DALL´ALBA, Felipe Camillo; NASSIF AZEM, Guilherme Beux; BATISTA, Liliane Maria Busato (organizadores). *Novo código de processo civil. Comparativo entre o projeto do novo CPC e o CPC de 1973*. Belo Horizonte: Fórum, 2010, p. 236).

[374] STJ, Corte Especial, Embargos de Divergência no REsp nº 159317-DF, Rel. Min. Sálvio de Figueiredo Teixeira, j. em 07/10/1999.

[375] "EMBARGOS DE DECLARAÇÃO. APELAÇÃO CÍVEL. RECURSO ADESIVO. FORNECIMENTO DE ENERGIA ELÉTRICA. CRITÉRIO DE CÁLCULO DE RECUPERAÇÃO DE CONSUMO. CORTE NO FORNECIMENTO. Omissão, obscuridade, contradição ou erro material inexistentes. Reexame da matéria recorrida." (Embargos de Declaração nº 70019740406, Terceira Câmara Cível, Tribunal de Justiça do RS, Relator: Pedro Luiz Pozza, Julgado em 21/06/2007).

[376] "EMBARGOS DECLARATÓRIOS. CONTRADIÇÃO. ERRO DE FATO. Contradição, para fins de embargos declaratórios, é a constatação de assertivas inconciliáveis na motivação apresentada ou fundamento em choque com a conclusão, o que não ocorre na espécie. Há possibilidade de correção de erro de fato em aclaratórios." (Embargos de Declaração nº 70020953717, Vigésima Segunda Câmara Cível, Tribunal de Justiça do RS, Relator: Rejane Maria Dias de Castro Bins, Julgado em 20/08/2007).

material) ou erro de procedimento³⁷⁷ (questão processual) facilmente verificáveis.

A propósito, Teresa Arruda Alvim Wambier ressaltou que o Superior Tribunal de Justiça, mais recentemente, vem alargando o conceito de "erro manifesto" nos julgamentos de embargos de declaração, para abranger mais do que as hipóteses de erro material – abrindo as portas para imediata retificação de patentes erros de julgamento.³⁷⁸

Desdobremos, pois, essas hipóteses: o erro material consiste em vício na exteriorização do julgamento, por equívoco/omissão de linguagem e/ou vocabulário utilizado pelo Estado-juiz, o erro de julgamento decorre de equívoco na apreciação do conjunto fático-probatório ou das disposições jurídicas, de direito material, a orientar o julgamento do caso *sub judice*, daí ser tecnicamente correto se distinguir duas espécies de erro de julgamento (de direito material): erro de fato e erro de direito.³⁷⁹

Temos que o manifesto equívoco de direito, a abranger as normas de direito material a solucionar a demanda, não pode, *a priori*, ser corrigido pelos embargos de declaração, mas sim pela via do recurso próprio submetido à superior instância – a apelação, no caso de a decisão gravosa ser uma sentença; no entanto, manifestos erros de fato poderiam ser excepcionalmente alterados pela apresentação dos aclaratórios, com efeitos infringentes.

De qualquer forma, os erros de julgamento, notadamente os erros de fato, por afetarem diretamente o objeto a ser abrangido pela coisa julgada, devem ser corrigidos pela interposição de recurso dentro do

---

³⁷⁷ "I – DOUTRINA E JURISPRUDÊNCIA TÊM ADMITIDO O USO DE EMBARGOS DECLARATÓRIOS COM EFEITO MODIFICATIVO DO JULGADO EM CARÁTER EXCEPCIONAL, QUANDO MANIFESTO O EQUÍVOCO HAVIDO. II – É NULA A DECISÃO PROFERIDA SEM AUDIÊNCIA DA PARTE CONTRÁRIA SOBRE DOCUMENTAÇÃO JUNTADA AOS AUTOS, SE DELA RESULTAR EFETIVO PREJUÍZO. RECURSO ESPECIAL CONHECIDO, EM PARTE, E PROVIDO." (STJ, 4ª Turma, Rel. Min. Barros Monteiro, REsp n° 48981-GO, j. em 16/08/1994).

³⁷⁸ WAMBIER, Teresa Arruda Alvim. *Omissão judicial e embargos de declaração*. São Paulo: RT, 2005, p. 100 e 96.

³⁷⁹ Goldschmidt leciona que toda injustiça, em última análise, é sempre uma aplicação inadequada do Direito, combatível mediante o recurso próprio. Tratando dos erros de julgamento, e de suas subespécies erros de fato e erros de direito, expõe o seguinte: "En efecto, la Ley de Enjuiciamiento Civil art. 1692, n° 7, admite el recurso de casacíon por infracción de ley y de doctrina legal, 'cuando em la apreciacción de las pruebas haya habido error de derecho o el error de hecho, si este último resulta de documentos o actos antéticos que demuestren la equivocación evidente del juzgador'. Una ley de 28 junio 1933 há intercalado uma disposición correspondiente em la lay de Enjuicimiento Criminal – art. 849, n° 2." (GOLDSCHMIDT, James. *Teoria general del proceso*. Trad. Leonardo Prieto Castro. Barcelona: Editorial Labor, 1936, p. 177/178).

prazo legal,[380] sob pena de preclusão,[381] o que inocorre com os erros materiais, não suscetíveis aos efeitos preclusivos, os quais podem ser corrigidos pela via recursal, como sedimentado, mas também a qualquer tempo, por meio de peça simples lançada pela parte interessada na correção do manifesto equívoco, ou mesmo por iniciativa oficiosa do Estado-juiz, preocupado com o escorreito desenvolvimento e exatidão dos comandos lavrados no feito.[382]

Cabe ainda tratarmos do manifesto equívoco correspondente ao erro de procedimento. Eis aqui hipótese até mais comum na prática forense, em que o julgador se engana na aplicação de dispositivo de direito processual pertinente, daí podendo ser aviados os aclaratórios, com efeitos infringentes, quando for realmente gritante a incorreção. À semelhança do erro de julgamento (de direito material: erro de fato ou erro de direito), a não oposição de recurso (seja embargos, seja qualquer outro) impede que haja modificação da matéria decidida pelo juiz com erro de procedimento, mesmo que com flagrante incorreção, ao passo que passaria o *decisum* a ser coberto pelo manto da coisa julgada interna (a preclusão).[383]

Fecha-se, assim, o panorama do estudo, alertando-se, como exposto, para a possibilidade de a expressão "manifesto equívoco" ser utilizada também para identificar erros de julgamento (notadamente os erros de fato), de natureza de direito material, e os erros de procedimento, de natureza de direito processual, os quais podem ser objetos de discussão via embargos de declaração, com efeitos infringentes (com exceção, *a priori*, dos erros de direito, a ser objeto de recurso próprio). E assim sendo, oportuno que quando vislumbrada pelo órgão julgador a chance de o acolhimento dos embargos modificar o julgado, seja oportunizada à parte contrária se manifestar antes de o recurso

---

[380] Veja o excerto de Moniz de Aragão: "(...) Os erros acaso cometidos no próprio julgamento não estão abrangidos pelo dispositivo em foco (o art. 463, I, do CPC); tais vícios ou serão corrigidos através de embargos de declaração, ou através de recurso." (ARAGÃO, E. D. Moniz. *Sentença e coisa julgada*. Rio de Janeiro: AIDE, 1992, p. 145).

[381] O *erro de fato* não corrigido pela interposição de recurso no momento apropriado pode ser excepcionalmente corrigido, após o trânsito em julgado, em face de dispositivo expresso, constante no art. 485, IX, do Código Buzaid, a autorizar a utilização da ação rescisória dentro do prazo legal. (RUBIN, Fernando. *A preclusão na dinâmica do processo civil*. 2. ed. São Paulo: Atlas, 2014, p. 216).

[382] Faz-se questão de explicitar, nesse sentido, orientação de Edson Ribas Malachini: "se houver erro do juiz, será erro do próprio julgamento (só eliminável, pois, mediante recurso); não se tratará de não-coincidência entre o pensamento do julgador e sua expressão – que é a hipótese típica de erro material." (MALACHINI, Edson Ribas. Inexatidão material e erro de cálculo – conceito, características e relação com a coisa julgada e a preclusão. *Revista de Processo* n° 113 (2004): 208/245).

[383] Diga-se, por oportuno, que a disposição de lei que autorizava o pedido de reconsideração nessa hipótese acabou não sendo renovada pela Lei n° 13.105/2015, conforme leitura do art. 1019 do Novo CPC.

ser colocado em pauta – contrarrazões de embargos de declaração, em nome da defesa do pleno contraditório, à luz do principiológico art. 10 do Novo CPC.

Nesses mais amplos contornos, pensamos que o recurso de embargos de declaração passa a constituir, com maior fôlego, poderoso instrumento de colaboração no processo, permitindo um juízo plural, aberto, célere e ponderado a partir de um diálogo que visa a um efetivo aperfeiçoamento da tutela jurisdicional. Tal concepção mais abrangente dos cenários de utilização dos embargos de declaração acabaram, de certa forma, sendo assimilados pelo novel diploma processual pátrio.[384]

De fato, com relação à Lei nº 13.105/2015 para um Novo CPC,[385] temos que foram implementadas algumas melhoras interessantes nos dispositivos que tratam dos Embargos de Declaração, não obstante a revolução que ainda precisa ser feita é de culturalmente valorizarmos mais este instrumento recursal, especialmente nas instâncias ordinárias, sem permitir, por outro lado, a sua banalização.

As mais relevantes mudanças, no nosso ponto de vista, circunscrevem-se justamente à previsão de formação de contraditório, sempre que houver possibilidade de ser concedido efeito infringente ao recurso – o que já vinha sendo admitido pela jurisprudência, mesmo sem previsão legal;[386] como também a determinação para que se considerem incluídos no acórdão os elementos que o embargante pleiteou, para fins de prequestionamento, ainda que os embargos de declaração sejam inadmitidos ou rejeitados, caso o tribunal superior considere existentes erro, omissão, contradição ou obscuridade – o que evita que o tribunal superior tenha que declarar, nesse caso, a nulidade do

---

[384] Os embargos de declaração possuem um nexo de instrumentalidade muito íntimo com importantes garantias fundamentais do processo, a exemplo dos direitos fundamentais à motivação, à inafastabilidade do controle jurisdicional e à razoável duração do processo; o regramento conferido aos embargos de declaração pelo NCPC potencializa o referido recurso, incorpora os bons entendimentos doutrinários e jurisprudenciais e combate, com mais rigor, o mau uso que se possa deles fazer. (ALVES E SILVA, Ticiano. *Os embargos de declaração no Novo CPC* in Processo nos tribunais e meios de impugnação às decisões judiciais. Org. Lucas Buril, Ravi Peixoto e Alexandre Freite. Salvador: Jus Podivm, 2015, Vol. 6, p. 661/684).

[385] RUBIN, Fernando. *Fragmentos de processo civil moderno, de acordo com o novo CPC*. Porto Alegre: Livraria do Advogado, 2013, p. 15/19.

[386] Da mesma forma, a doutrina já caminhava no sentido da necessidade de se abrir a possibilidade de manifestação da parte embargada em caso de possível efeito infringente, com a utilização plena do contraditório, como forma de respeitar-se a paridade de armas processuais e manifestações no processo; possível uma modificação, possível um prejuízo para a outra parte com estas alterações, pertinente a abertura de prazo para manifestação, o que se torna elogiosa a positivação contida na atual codificação. (LEMOS, Vinicius Silva. *Recursos e processos nos tribunais no novo CPC*. 2. ed. São Paulo: Lexia, 2016, p. 233).

acórdão e o consequente retorno dos autos ao tribunal de origem para novo julgamento, proferindo desde já a sua decisão final de mérito.

A primeira novidade vem insculpida no art. 1.023, § 2°, ao registrar que o juiz intimará o embargado para, querendo, manifestar-se, no prazo de 5 (cinco) dias, sobre os embargos opostos, caso seu eventual acolhimento implique a modificação da decisão embargada; já a segunda novidade exposta vem regulamentada no art. 1.025: consideram-se incluídos no acórdão os elementos que o embargante suscitou, para fins de prequestionamento, ainda que os embargos de declaração sejam inadmitidos ou rejeitados, caso o tribunal superior considere existentes erro, omissão, contradição ou obscuridade.

Ainda com relação à temática "prequestionamento", há previsão avulsa – no capítulo "da ordem dos processos no tribunal" – a respeito da possibilidade do voto vencido servir expressamente para fins de prequestionamento. De fato, há menção no texto, desde a versão originária do Projeto (n° 8.046/2010), que necessariamente o voto vencido será declarado e considerado parte integrante do acórdão para todos os fins legais, inclusive de prequestionamento – o que evita que o procurador tenha que interpor embargos de declaração diante de acórdão para o fim específico de prequestionamento da matéria ao menos tratada no voto vencido, caso não tenha sido ventilada no voto dos demais desembargadores que se posicionaram contrários às teses da parte irresignada.

Tal disciplina restou consolidada no art. 941, § 3°, da Lei n° 13.105/2015, *in verbis*: o voto vencido será necessariamente declarado e considerado parte integrante do acórdão para todos os fins legais, inclusive de prequestionamento.

Ademais, digna de registro a previsão de que se os embargos de declaração forem rejeitados ou não alterarem a conclusão do julgamento anterior, o recurso interposto pela outra parte, antes da publicação do julgamento dos embargos de declaração, será processado e julgado independentemente de ratificação[387] – art. 1.024, § 5°; como

---

[387] Exigência essa de ratificação, mesmo sem qualquer alteração no julgado dos embargos, que, no nosso entendimento, vem sendo indevidamente mantida pela jurisprudência, à luz do verbete n° 418 do STJ: "É inadmissível o recurso especial interposto antes da publicação do acórdão dos embargos de declaração, sem posterior ratificação". Trata-se de típico formalismo pernicioso, revelador de preocupação exacerbada com a forma em detrimento do conteúdo do julgado: "o excesso de formalismo no contexto do direito brasileiro decorre, em princípio, mais da cegueira do aplicador da lei ou dos demais operadores coadjuvantes – desatentos aos valores do processo, pouco afeitos ao manejo das possibilidades reparadoras contidas no ordenamento ou ansiosos por facilitar o seu trabalho – do que do próprio sistema normativo. Nesse aspecto, influi também a excessiva valorização do rito, com afastamento completo ou parcial da substância, conduzindo à ruptura com o sentimento de justiça." (ALVARO DE OLIVEIRA, Carlos Alberto. *Do formalismo no processo civil*. 2. ed. São Paulo: Saraiva, 2003, p. 207).

também a expressa menção de que cabem embargos de declaração contra qualquer decisão judicial (monocrática ou colegiada, interlocutória ou final)[388] – art. 1.022, *caput*.

Dessas últimas duas novidades, inegável que a primeira é de maior envergadura, já que põe fim à chamada "intempestividade por prematuridade", consistindo essa retrógrada corrente jurisprudencial em reputar intempestivo o recurso especial interposto antes do julgamento dos embargos de declaração:[389] em síntese, mesmo que a parte saiba do teor da decisão antes de ela ser publicada e, justamente por isso, interponha recurso contra essa decisão, tal recurso não seria conhecido por ser considerado intempestivo.[390]

No entanto, com relação específica às hipóteses de cabimento, temos que foi tímido o Novo CPC,[391] sendo previsto além dos requisitos de obscuridade, omissão e contradição, tão somente a possibilidade de correção de erro material através dos embargos de declaração, "prática que já vinha sendo admitida há tempos para tal hipótese".[392]

De fato, quando do lançamento da nossa obra de processo civil, em 2010,[393] já alertávamos para essa hipótese, indo até mais longe: o erro material configura-se um determinado vício na exteriorização (expressão) do julgamento, não no teor do julgamento em si (âmbito de cognição do Estado-juiz), daí a razão pela qual se diz que pode ser auferível numa vista de olhos. É, sem dúvida, regra que deita raízes no direito romano e tem validade universal (tanto é que presente nos mais diversos ordenamentos alienígenas), atendendo a um "princípio" elementar e de razoabilidade, pois não se compadece com o senso

---

[388] Tal comando legal, contido no Projeto, reforça o posicionamento doutrinário no sentido de cabimento dos Embargos de Declaração contra toda decisão gravosa, inclusive a interlocutória, monocrática ou proferida por um colegiado (WAMBIER, Teresa Arruda Alvim. *Omissão judicial e embargos de declaração*. São Paulo: RT, 2005, p. 56/61). Assim, parece-nos totalmente impreciso o genérico posicionamento pretoriano no sentido de descabimento dos aclaratórios contra toda e qualquer decisão de Vice-Presidência que não admite recurso excepcional desafiado pela parte – como no AgRg no Ag 1.341.818-RS do STJ, Rel. Min. Maria Isabel Gallotti, julgado em 20/9/2012.

[389] DONIZETTI, Elpídio. *Novo código de processo civil comentado*. São Paulo: Atlas, 2015, p 785/786.

[390] A retrógrada posição jurisprudencial também já verificada na esfera trabalhista foi objeto de nossa crítica em período anterior: RUBIN, Fernando; FORESTI, Rafael. A extemporaneidade de recurso protocolado antes da publicação oficial de decisão judicial. *Justiça do Trabalho*, v. 329, p. 77-85, 2011.

[391] THEODORO JR., Humberto. *Curso de direito processual civil* – Vol. 1, de acordo com o Novo CPC. 56. ed. São Paulo: Gen/Forense, 2015, p. 1061.

[392] JAEGER, Giulia; NEUMANN, Greice Schmidt; BIANCHI, Matheus. Breves considerações sobre o sistema recursal no novo CPC. In: JOBIM, Marco Félix (org.). *Inquietações jurídicas contemporâneas*. Porto Alegre: Livraria do Advogado, 2013, p. 112.

[393] RUBIN, Fernando. *A preclusão na dinâmica do processo civil*. Porto Alegre: Livraria do Advogado, 2010, p. 188-189 (a 2ª edição desta obra foi lançada pela Editora Atlas, em 2014).

comum a ideia de que, contendo uma sentença ou acórdão lapso manifesto, não possa este ser eliminado. O erro material pode ser objeto de análise judicial a qualquer tempo – seja na fase de conhecimento ou de execução, sem que daí resulte ofensa à coisa julgada; sendo matéria reconhecível de ofício, pode ser retificado pela iniciativa do próprio Estado-juiz ou de qualquer um que tenha interesse na correção, inclusive pelas vias recursais adequadas, como os embargos de declaração.[394]

Mais: a CLT, no art. 897-A, parágrafo único, acrescido pela Lei 9.957/2000, já previa que "os erros materiais poderão ser corrigidos de ofício ou a requerimento de qualquer das partes",[395] razão pela qual realmente não houve grande novidade do Novo CPC nessa questão envolvendo as hipóteses legais de cabimento dos embargos. Não foi verificado, pois, enfrentamento mais sério a respeito da possibilidade de utilização expansiva do recurso, fora das hipóteses restritivas que já vêm sendo admitidas pela jurisprudência – sendo esse um dos tormentosos objetos de preocupação da doutrina pátria.

Explicita o Novo CPC no art. 1.023, § 3°, que poderão os embargos de declaração ser conhecidos como agravo interno, tema que trataremos logo adiante. O art. 1.026, por sua vez, regula a possibilidade excepcional de concessão de efeito suspensivo aos embargos de declaração, se demonstrada a probabilidade de provimento do recurso ou, sendo relevante a fundamentação, se houver risco de dano grave ou de difícil reparação. No entanto, tal medida suspensiva tende a não ser tão rigorosa para a parte adversa a partir do momento em que o art. 1.024, § 1°, exige que nos tribunais, o relator apresentará os embargos em mesa na sessão subsequente, proferindo voto, e, não havendo julgamento nessa sessão, será o recurso incluído em pauta automaticamente.

Voltando ao teor do inovador art. 1.026 da Lei n° 13.105/2015, tem-se rigor maior quanto aos declaratórios procrastinatórios, nos termos dos §§ 2° ao 5°. Quando manifestamente protelatórios os embargos de declaração, o juiz ou o tribunal, em decisão fundamentada, condenará o embargante a pagar ao embargado multa não excedente

---

[394] Veja-se, nesse diapasão, julgado do Pretório Excelso decidido em 12/09/1969 – ainda então sob a égide do anterior Código de Processo Civil (CPC/1939): "Embargos de declaração – Devem ser conhecidos e recebidos quando houver êrro material evidente da decisão." (RE n° 67.593/MA, 1ª Turma, STF, Rel. Min. Aliomar Baleeiro, publicado na *Revista Trimestral de Jurisprudência* n° 53 (1970): 324/325).

[395] BARBOSA GARCIA, Gustavo Filipe. *Curso de direito processual do trabalho – de acordo com o projeto de novo CPC*. 1. ed. 2. tir. Rio de Janeiro: Forense, 2012, p. 585.

a 2% sobre o valor atualizado da causa – pelo sistema anterior a multa era de 1%, conforme apresentamos no início deste trabalho.

Na reiteração de embargos de declaração manifestamente protelatórios, a multa será elevada a até dez por cento sobre o valor atualizado da causa, e a interposição de qualquer recurso ficará condicionada ao depósito prévio do valor da multa, à exceção da Fazenda Pública e do beneficiário de gratuidade da justiça, que a recolherão ao final. Não serão admitidos novos embargos de declaração se os 2 (dois) anteriores houverem sido considerados protelatórios – disciplina final esta que não encontra paralelo com o sistema anterior.

Não poderíamos encerrar esse breve estudo de reflexão quanto aos embargos de declaração destacando a dicção do art. 1.022, parágrafo único, II, o qual autoriza o recurso quando o julgador incorra em qualquer das condutas descritas no art. 489, § 1°, do Novo CPC, dispositivo central do sistema, a regular a ampla fundamentação das decisões judiciais, como linhas acima apontamos. Caso haja mera fundamentação módica, sem ser completa, caberia a parte embargar a decisão, a fim de que seja prestada exauriente jurisdição, sendo esse o grande ponto objeto de incorporação do Novo CPC.

Criticamos, por derradeiro, o Enunciado 47 dos magistrados (ENFAM) sobre o Novo CPC,[396] a determinar que a fundamentação completa constante no art. 489, § 1°, não se exige nos Juizados Especiais,[397] Pensamos ser destituída de sólida razão essa proposição, já que as decisões nos juizados também devem ser amplamente fundamentadas, em resguardo às garantias constitucionais do processo já transcritas[398] – desafiando recurso de embargos de declaração caso não se postem dessa forma as decisões judiciais, justamente nos termos do estudado art. 1.022, parágrafo único, II.

---

[396] Enunciados retirados do sítio da ENFAM: <http://www.enfam.jus.br/2015/09/enfam-divulga-62-enunciados-sobre-a-aplicacao-do-novo-cpc/>. Acesso em 28/11/2015.

[397] Em recente obra de Processo e Previdência pudemos investigar o rito sumaríssimo dos juizados com maior atenção, sendo forjada a seguinte conclusão: "(...) Seja como for, tramitando a demanda no Juizado Especial, necessário observar que tais lides embora propícias à efetividade da prestação jurisdicional, não podem, sob qualquer pretexto, deixar de garantir aos litigantes a mínima observação do devido processo legal. O processo nos juizados especiais, sejamos mais diretos, não pode se transformar em uma lide de segunda classe – mesmo que admitamos que possa o jurisdicionado ter optado por este rito menos complexo, como hoje se admite, mais abertamente, no JEC." (RUBIN, Fernando. *Aposentadorias previdenciárias no RGPS*. São Paulo: Atlas, 2015, p. 123/124).

[398] Vale aqui a oportuna reflexão da doutrina especializada no rito sumaríssimo: Será que o Judiciário terá considerado cumprido o seu papel na pacificação social ao entregar a tutela jurisdicional em menor tempo, independentemente da consistência de suas decisões, ou da correspondência delas à realidade? (SAVARIS, José Antônio; XAVIER, Flávia da Silva. *Manual dos recursos nos Juizados Especiais Federais – de acordo com o Novo CPC*. 5. ed. Curitiba: Alteridade, 2015, p. 154).

Seja como for, os dispositivos do Novo CPC no trato dos aclaratórios (arts. 1.022 a 1.026) tratam de melhor regulamentar este importantíssimo recurso, de acordo com a realidade atual do foro, em busca de uma prestação integral, tempestiva e de resultado – inclusive sendo contemplada a parte principiológica do novo sistema (arts. 10 e 11), a expor, em linhas gerais, a necessidade de formação da colaboração entre os atores do processo mediante contraditório prévio, mesmo nas matérias em que o Estado-juiz poderia se manifestar *ex officio*, e a exigência de todos os julgamentos dos órgãos do Poder Judiciário serem públicos, e fundamentadas todas as decisões, sob pena de nulidade.

4.4. Agravo interno

Trata-se de recurso que pouco foi alterado com relação à sua redação pelo Novo CPC, razão pela qual entendemos por dar maior destaque aos aclaratórios. No entanto, é medida recursal útil, no tradicional pelo Novo CPC prazo de 15 dias, para exame pelo Colegiado de qualquer medida arbitrária tomada monocraticamente pelo Relator (art. 1.021), daí por que merece exame em item próprio. Ademais, inova o Código ao autorizar que caiba o recurso quando for negado seguimento aos recursos excepcionais (recurso especial e/ou extraordinário), no caso de a decisão ser fundada na aplicação de entendimento firmado em regime de repercussão geral ou em julgamento de recursos repetitivos (art. 1.042).

Inegável que o grande préstimo do agravo interno é determinar que a matéria objeto de julgamento monocrático seja reexaminada pelo Colegiado, a fim de que o tema litigioso possa ser objeto de reforma. Caso não se recorra ao Colegiado do Tribunal, sendo proposto recurso imediato à instância *ad quem*, tem-se configurado inequívoco erro grosseiro, por supressão de instância, o que determina a negativa de seguimento ao recurso, com a decretação da preclusão máxima; da mesma forma, se a decisão proferida for já colegiada (e não monocrática, portanto), descabe a apresentação de agravo interno, sendo só viável embargos de declaração ao mesmo Tribunal, ou recurso especial/extraordinário à instância *ad quem*.[399] Muitas vezes no exame do agravo interno o relator, no modelo do Código Buzaid, limitava-se a

---

[399] AGRAVO INTERNO. AGRAVO DE INSTRUMENTO. NEGÓCIOS JURÍDICOS BANCÁRIOS. Da decisão colegiada que julga o agravo de instrumento, cabem embargos de declaração ou Recurso Especial e Extraordinário. A interposição de Agravo Interno constitui erro grosseiro, o que inviabiliza a aplicação do princípio da fungibilidade recursal. AGRAVO INTERNO NÃO CONHECIDO. (Agravo nº 70072162274, Vigésima Quarta Câmara Cível, Tribunal de Justiça do RS, Relator: Altair de Lemos Junior, Julgado em 26/04/2017).

reproduzir os fundamentos da decisão agravada para julgar improcedente o agravo interno, o que agora é expressamente vedado pela redação do art. 1.021, § 3°, – que deita as suas raízes, sem dúvida, nas disposições do art. 489, § 1°, a regulamentar a decisão com baixa fundamentação, suscetível de anulação. Aumentam-se, assim, as chances de reforma do julgado, mesmo que por 2x1, quando o Relator mantivesse a sua posição, não acatada pelos demais Desembargadores – surgindo daí, no caso de apelação, a sistemática de aplicação do art. 942 (substituidor dos embargos infringentes): "quando o resultado da apelação for não unânime, o julgamento terá prosseguimento em sessão a ser designada com a presença de outros julgadores, que serão convocados nos termos previamente definidos no regimento interno, em número suficiente para garantir a possibilidade de inversão do resultado inicial, assegurado às partes e a eventuais terceiros o direito de sustentar oralmente suas razões perante os novos julgadores".[400]

Por outro lado, agora, cabe o recurso para reexame da admissibilidade dos recursos excepcionais pelas Vice-Presidências dos Tribunais locais. Sem sombras de dúvidas, o acesso às instâncias excepcionais restou ainda mais restrito a partir do Novo CPC, em que sedimentado entendimento que já vinha constando em regimentos internos dos Tribunais no sentido de determinar que as próprias Vice-Presidências fossem responsáveis pelo exame do agravo em razão de não conhecimento dos recursos excepcionais, quando o tema envolvesse regime de repercussão geral (STF) ou julgamento de recursos repetitivos (STJ). Assim, não sendo admitida a irresignação à terceira instância, caberia a parte apresentar tão somente agravo interno a ser examinado pelo próprio Tribunal local, não sendo então encaminhados os autos diretamente à Brasília para análise do caso via tradicional agravo de instrumento (art. 1.042, com a redação final dada pela Lei n° 13.256/2016). Mesmo no período final de vigência do CPC/73, em que tal procedimento já vinha sendo adotado, sempre entendemos como confuso e mesmo esdrúxulo esse mecanismo de "conversão do agravo de instrumento em agravo interno", mas inegável que o mesmo se coloca, mesmo por vias tortas, para fins de impedir que um número maior de demandas cheguem à Capital da República. Bem coloca Alexandre Melo Franco Bahia que essa sistemática impede a reformulação de precedentes (*overruling*), já que há uma tendência natural dos tribunais locais barrarem qualquer recurso que verse sobre tema já decidido; por outro lado, temos sérias dúvidas de que os tribunais locais possuem condições de identificar situações particulares

---

[400] GAIO JR., Antônio Pereira; MELLO, Cleyson de Moraes. *Novo CPC comentado*. Belo Horizonte: Delrey, 2016, p. 655 e ss.

(*distinguishing*) capazes de determinar que o recurso seja desbloqueado para enfim ser julgado no mérito pelas instâncias excepcionais.[401]

Pois bem. Caso o agravo interno for declarado manifestamente inadmissível ou improcedente em votação unânime, o órgão colegiado, em decisão fundamentada, condenará o agravante a pagar ao agravado multa fixada entre um e cinco por cento do valor atualizado da causa; sendo que a interposição de qualquer outro recurso está condicionada ao depósito prévio do valor da multa, à exceção da Fazenda Pública e do beneficiário de gratuidade da justiça, que farão o pagamento ao final (art. 1.021, §§ 4° e 5°). Nesse restrito âmbito recursal, repara-se, foram muito sutis as modificações implementadas pelo Novo CPC, com aumento da multa de 1% para 2% nos embargos de declaração procrastinatórios; e diminuição do teto da multa, em favor da parte contrária, de 10 para 5% no agravo interno. Embora de uma maneira geral as multas por litigância de má-fé tenham sido majoradas pelo novo diploma adjetivo (como no caso dos embargos de declaração), soa justificável a particular diminuição da multa no caso de agravo interno, diante da quantidade avassaladora de decisões monocráticas que vêm sendo proferidas pelos Tribunais – acima, inclusive, do aceitável, no afã de se tentar imprimir maior grau de celeridade ao julgamento de recursos, deixando-se o julgador de levar a matéria ao Colegiado, o que força a interposição do nominado recurso.[402]

Ainda sobre o agravo interno, não podemos olvidar que foi objeto de veto presidencial o dispositivo do Novo CPC que previa a possibilidade de o procurador da parte recorrente realizar sustentação oral no Tribunal. O teor do art. 937 encaminhou rol mais largo de recursos e medidas em que cabível a sustentação oral. Disciplina o importante dispositivo infraconstitucional que na sessão de julgamento, depois da exposição da causa pelo relator, o presidente dará a palavra, sucessivamente, ao recorrente, ao recorrido e, nos casos de sua intervenção, ao membro do Ministério Público, pelo prazo improrrogável

---

[401] No caso do *distinguishing* o recorrente demonstraria para o Tribunal *ad quem* que o seu caso é diferente do caso anteriormente julgado (ainda que possam tratar de temáticas similares, haveria peculiaridades no caso presente que não ocorriam nos casos de que o STF se valeu para negar a existência de repercussão geral), razão pela qual faria com que não fosse possível aplicar a mesma decisão, em face da ausência de identidade da base fático-jurídica; já na técnica do *overruling*, o recorrente buscaria demonstrar explicitamente para o Tribunal que o entendimento traçado em decisões anteriores já se encontraria superado, razão pela qual a discussão deveria ser novamente trazida para pronunciamento jurisdicional (BAHIA, Alexandre Melo Franco. *Recursos extraordinários no STF e no STJ*. 2. ed. Curitiba: Juruá, 2016, p. 198/199).

[402] Dados apresentados pelo CNJ confirmam o exposto, reconhecendo que as decisões monocráticas cresceram 241% entre 2003 e 2008. Informação retirada do sítio Conjur <http://www.conjur.com.br/2010-nov-15/livro-mostra-decisoes-monocraticas-dinamizaram-julgamentos-rio>. Por Alessandro Cristo. Acesso em 22.01.2016.

de 15 (quinze) minutos para cada um, a fim de sustentarem suas razões, nas seguintes hipóteses (fora outras hipóteses previstas em lei ou no regimento interno do tribunal): no recurso de apelação; no recurso ordinário; no recurso especial; no recurso extraordinário; nos embargos de divergência; na ação rescisória, no mandado de segurança e na reclamação; e no agravo de instrumento interposto contra decisões interlocutórias que versem sobre tutelas provisórias de urgência ou da evidência.[403] No entanto, ficou de fora a hipótese do agravo interno (veto art. 937, VII), o que se constitui em grave equívoco, ao menos quando falamos do recurso nas instâncias ordinárias, já que retira do procurador o direito de defender o jurisdicionado no âmbito dos Tribunais locais, ainda mais quando foi cometido algum excesso no julgamento monocrático de recurso, v.g. apelação.[404]

Da mesma forma, não se pode esquecer que pode o Relator conceder efeito suspensivo ao agravo interno, da mesma forma que pode assim proceder diante dos embargos de declaração, conforme antes referimos. Nessa conjectura, deve-se respeitar a dicção geral do art. 995, a saber: "Os recursos não impedem a eficácia da decisão, salvo disposição legal ou decisão judicial em sentido diverso. Parágrafo único. A eficácia da decisão recorrida poderá ser suspensa por decisão do relator, se da imediata produção de seus efeitos houver risco de dano grave, de difícil ou impossível reparação, e ficar demonstrada a probabilidade de provimento do recurso".[405]

Por fim, a importante questão da fungibilidade recursal. Regulamenta a Lei nº 13.105, no art. 1.023, § 3º, que poderão os embargos de declaração ser conhecidos como agravo interno, quando o órgão julgador entender que é esse o recurso cabível na espécie, cabendo daí ser intimado o procurador para complementar o seu recurso querendo – mesmo porque tais recursos têm âmbito de atuação própria e, inclusive, prazos diferentes, sendo de cinco dias úteis o dos embargos

---

[403] Das hipóteses enumeradas, a toda evidência, *ressai evidente cristalino que deve também caber sustentação oral no agravo de instrumento que trate do mérito da causa, em julgamento de parcela do processo (art. 1015, II c/c art. 354, § único)*. Já nos parágrafos que seguem o art. 937 do Novo CPC realce para o § 4º, que certamente será de muita utilidade na prática forense: "É permitido ao advogado com domicílio profissional em cidade diversa daquela onde está sediado o tribunal realizar sustentação oral por meio de videoconferência ou outro recurso tecnológico de transmissão de sons e imagens em tempo real, desde que o requeira até o dia anterior ao da sessão".

[404] Também tratamos a respeito, em mais de uma oportunidade, em nossa obra a respeito dos grandes temas (e omissões) do Novo CPC: RUBIN, Fernando. *O Novo CPC: Da construção de um novel modelo processual às principais linhas estruturantes da Lei nº 13.105/2015*. 2. ed. São Paulo: LTr, 2017.

[405] LEMOS, Vinicius Silva. *Recursos e processos nos tribunais no Novo CPC*. 2. ed São Paulo: Lexia, p. 249.

e quinze o do agravo interno.[406] Na hipótese de recurso contra a decisão monocrática do Relator não raro ocorre a dúvida a respeito do recurso a ser utilizado, podendo o causídico optar por embargar de declaração o decidido antes de levar a matéria ao Colegiado mediante o agravo interno, razão pela qual a fungibilidade proposta pode otimizar o tempo de tramitação dos recursos, simplificando a atuação da Corte, desde que efetivamente se preste tutela jurisdicional (finalidade a que se dedicam, ao fim e ao cabo, ambos os recursos narrados). Nesse sentir, caso o Tribunal entenda que nada a aclarar, mas sim que cabe ao Colegiado a rediscussão do mérito propriamente dito, viável a conversão dos embargos de declaração em agravo interno, sendo proferido acórdão com condições de maior profundidade em cognição exauriente.[407]

Embora tenham finalidades distintas (aclarar o julgamento sem por regra efeitos infringentes e levar a matéria ao Colegiado para reapreciação meritória do tema), podemos identificar inúmeros pontos de contato entre os embargos de declaração e o agravo interno, mormente quando utilizados nas instâncias ordinárias (em que é possível uma maior reanálise não só de questões de direito, mas de questões de fato).

Há, assim, um evidente e importante ponto de contato entre a utilização desses recursos e a concepção de suficiente ou plena prestação jurisdicional. Ocorre que inúmeras vezes o recurso em estudo é manejado para que seja completada a prestação de jurisdição, especialmente perante os tribunais de segundo grau, a partir do legítimo argumento de que nem todas as questões jurídicas suscitadas na lide foram devidamente abordadas pela decisão guerreada; ou ainda que há importante (manifesto) erro de fato ou mesmo erro de procedimento a ser imediatamente revisto pelo órgão julgador prolator do *decisum* embargado.

---

[406] PAIVA, Vinícius Monteiro. *O agravo interno no Novo CPC in Novo CPC – Análise doutrinária sobre o novo direito processual brasileiro*. Org. Alexandre Ávalo e José de Andrade Neto. Campo Grande: Contemplar, 2016, Vol. 3, p. 636/652.

[407] EMBARGOS DE DECLARAÇÃO. FUNGIBILIDADE RECURSAL. PRETENSÃO DE REDISCUSSÃO. CONHECIMENTO COMO AGRAVO INTERNO. AÇÃO MONITÓRIA. DIREITO PRIVADO NÃO ESPECIFICADO. AÇÃO MONITÓRIA. ERRO MATERIAL. INEXISTÊNCIA. GRATUIDADE JUDICIÁRIA. BENEFÍCIO QUE NÃO ESTENDE A PROCESSOS DISTINTOS. Pretendendo a parte a rediscussão do mérito, o recurso adequado é o agravo interno e não os embargos aclaratórios. Conhecimento como agravo em razão do princípio da fungibilidade recursal. O deferimento do benefício da gratuidade judiciária para a mesma parte em demanda distinta não justifica, por si só, a concessão deste na presente ação monitória. Insuficiência de recursos não demonstrada, não havendo omissão, erro ou contradição no julgado. EMBARGOS DECLARATÓRIOS CONHECIDOS COMO AGRAVO INTERNO. RECURSO DESPROVIDO. UNÂNIME. (Embargos de Declaração nº 70072130065, Décima Segunda Câmara Cível, Tribunal de Justiça do RS, Relator: Pedro Luiz Pozza, Julgado em 27/04/2017).

A prática forense, nesse cenário, é prodigiosa em exemplos de desconsideração desses fundamentos alegados pelas partes, sob a rasa motivação de que já foi proferida suficiente decisão, enfim de que a prestação de jurisdição já foi prestada, devendo à parte, querendo, recorrer às instâncias excepcionais.

É contra tal raso argumento que pretendemos lançar firme crítica no presente trecho de encerramento, já que a nominada "suficiente prestação jurisdicional" acaba por infringir o direito constitucional ao devido processo legal, ao contraditório e à ampla motivação das decisões judiciais. Isso sem contar que a não imediata complementação ou reparação necessária no julgado acaba por trazer prejuízo temporal à parte e ao processo,[408] atingindo em cheio a sua duração razoável.

A fundamentação é essencial, no nosso Estado Democrático de Direito, para legitimar a decisão final proferida, razão pela qual a matéria pode ser tema de debate até nas instâncias extraordinárias.[409]

Ao mesmo tempo em que não se nega a importância do ativismo judicial no comando da marcha do processo,[410] ressalta-se a importância da motivação das decisões (tanto mais elevada quanto for a importância da medida a ser adotada pelo Estado-juiz), ao lado da presença constante do contraditório e da figura do duplo grau de jurisdição.[411] São com esses (três) elementos essenciais, integrantes de um "sistema de legalidade", corporificador do *due process*, que se combate o arbítrio jurisdicional (desvios decorrentes da necessária conduta ativa do julgador), lavrando-se *decisum* final mais próximo da legitimidade exigida pela sociedade política.[412]

A discussão, desenvolvida nesse item do ensaio, quanto à *fundamentação completa versus fundamentação suficiente* é conhecida no ambiente forense, tendo a jurisprudência pátria consolidado entendimento, por nós então não acolhido, no sentido de que o julgador

---

[408] Valendo aqui a reflexão até mais ampla de Galeno Lacerda: "A função da economia no processo transcende a mera preocupação individualista de poupar trabalho a juízes e partes, de frear gastos excessivos, de respeitar o dogmatismo dos prazos. Não visa à comodidade dos agentes da atividade processual, mas à ânsia de perfeição da justiça humana – reconhecer e proclamar o direito, com o menor gravame possível" (LACERDA, Galeno. *Despacho Saneador*. Porto Alegre: La Salle, 1953, p. 6).

[409] BRITO MACHADO, Hugo de. Decisão judicial não fundamentada e recurso extraordinário. In: *Revista Dialética de Direito Processual* n° 122, maio/2013, p. 61/63.

[410] BEDAQUE, José Roberto dos Santos. *Efetividade do processo e técnica processual*. 2. ed. São Paulo: Malheiros, 2007, p. 63/64.

[411] BARBOSA MOREIRA, J. C. A motivação das decisões judiciais como garantia inerente ao estado de direito. In: *Temas de direito processual*. 2ª série. São Paulo: Saraiva, 1988, p. 83/95.

[412] A questão é bem desenvolvida pela especializada doutrina do processo: DINAMARCO, Cândido Rangel. *A instrumentalidade do processo*. 4. ed. São Paulo: RT, 1994, p. 200; ALVARO DE OLIVEIRA, Carlos Alberto. *Do formalismo no processo civil*. 2. ed. São Paulo: Saraiva, 2003, p. 151.

não está obrigado a desenvolver fundamentação plena, mas tão só suficiente para se posicionar a favor dos interesses de uma das partes litigantes.[413]

Há, no entanto, firmes vozes, ao encontro do nosso raciocínio,[414] fixando que a eventual autorização concedida ao juiz para não se manifestar expressamente a respeito de todo o material coletado no feito, entendendo-se que bastaria "uma consideração global e sintética dos elementos conhecidos sobre os quais se funda o seu convencimento", nas palavras de Michele Taruffo, é regra que, por trás de uma aparente razoabilidade, esconde grave equívoco procedimental.[415]

Egas Moniz de Aragão observa, criticamente, que é comum se dizer que na fundamentação da sentença/acórdão o magistrado não precisa examinar todas as questões do processo: "Isto está absolutamente equivocado (...); é inadmissível supor que o juiz possa escolher, para julgar, apenas algumas das questões que as partes lhe submeterem. Sejam preliminares, prejudiciais, processuais ou de mérito, o juiz tem de examiná-las todas. Se não fizer a sentença estará incompleta".[416]

Pensamos que tal corrente, valiosa embora minoritária, deve ganhar mais espaço no atual cenário processual pátrio, ainda mais com a publicação do Novo CPC.

Primeiro porque o número de julgamentos realizados pelos tribunais, inclusive via formato de decisão monocrática, é cada vez mais assustador, o que facilita as simplificações e também os equívocos no exame de cada uma das causas julgadas. Segundo porque os problemas de compreensão das demandas aumentaram diante da complexidade maior das questões postas em juízo, mesmo individuais, mas com forte efeito prospectivo, como verificado no último período. Terceiro porque também vem se acompanhando a dificuldade cada vez maior de acesso às instâncias excepcionais, sendo notório o número

---

[413] Nesse sentido, dentre outros arestos, seguem-se dois: "O provimento dos embargos de declaração prequestionadores só poderão ser providos no caso de haver omissão, contradição ou obscuridade na decisão recorrida, o que não foi demonstrado do recurso proposto. Salienta-se que o magistrado tem o dever de fundamentar devidamente sua decisão, mas não tem a obrigação de analisar todos os argumentos apresentados pelas partes" (Embargos de Declaração nº 70016937179, Sexta Câmara Cível, Tribunal de Justiça do RS, Relator: Ney Wiedemann Neto, Julgado em 19/10/2006); "Inexiste obrigação do julgador em pronunciar-se sobre cada alegação trazida pelas partes, de forma pontual, bastando que apresente argumentos suficientes às razões de seu convencimento, pretensão de rediscussão da matéria, o que se mostra inviável pela via eleita, já que o recurso ora manejado, originariamente, possui natureza integrativa. Inteligência do art. 535 do CPC" (Embargos de Declaração nº 70022860035, Décima Câmara Cível, Tribunal de Justiça do RS, Relator: Paulo Roberto Lessa Franz, Julgado em 28/02/2008).

[414] RUBIN, Fernando. *A preclusão na dinâmica do processo civil.* São Paulo: Atlas, 2015, p. 194/195.

[415] TARUFFO, Michele. *La motivazione della sentenza.* Padova: CEDAM, 1975, p. 445 e ss.

[416] ARAGÃO, E. D. Moniz. *Sentença e coisa julgada.* Rio de Janeiro: AIDE, 1992, p. 101/103.

de recursos encaminhados ao STJ e ao STF que sequer passam da fase de admissibilidade, o que confirma que as decisões finais proferidas pelos tribunais de segunda instância estão realmente transitando em julgado em elevada proporção – sem posterior retificação, mesmo que parcial. Por fim, não se pode olvidar que, na outra ponta, as decisões de primeiro grau geralmente não transitam em julgado imediatamente (sequer possuem eficácia imediata, diante da concessão de efeito suspensivo, como regra), seguindo extremamente corriqueira a interposição de recurso de mérito ao segundo grau por uma das partes – e mesmo por ambas, de forma autônoma ou até adesiva, conforme faculta a lei processual.

Ora se assim é, forçoso reconhecer que há de se ter cuidado redobrado no exame da causa por esses tribunais de segunda instância – reais definidores de um número elevado de demandas no país, especialmente nas questões fáticas que não mais serão reexaminadas em ulterior instância[417] – cenário previsto especialmente pela multiutilizada Súmula 7 do STJ.[418] Realmente, passamos a acreditar na importância do papel dos tribunais de segundo grau no exame minudente das causas, mormente individuais e com discussão de importantes questões de fato, em razão do cenário atual exposto; sendo que a forma (sumária) como vêm sendo julgadas as demandas e ainda a maneira (pouco aprofundada) como vêm sendo conduzidos os julgamentos dos aclaratórios e mesmo do agravo interno estão em desacordo com essa realidade.[419]

Nesse diapasão, estamos em perfeito acordo com Teresa Arruda Alvim Wambier quando sustenta, partindo-se notadamente da premissa da dificuldade do acesso às superiores instâncias ("fruto de mero juízo de constatação"), que há necessidade de uma "significação jurídica diferenciada para o dever de motivar", especialmente em se tratando de decisão de segundo grau de jurisdição.[420]

---

[417] Daí por que não se pode afirmar, como desenvolve Cambi, que há necessariamente, no Brasil, uma "terceira instância", uma vez que apenas os casos excepcionais, os quais se enquadram em restritos pressupostos constitucionais, podem ser objeto de recurso extraordinário e/ou recurso especial (CAMBI, Eduardo. *A prova civil – Admissibilidade e relevância*. São Paulo: RT, 2006, p. 268/270).

[418] Súmula 7 do STJ: "A pretensão de simples reexame de prova não enseja recurso especial" – que encontra o seu paralelo na Súmula 279 do STF: "Para simples reexame de prova não cabe recurso extraordinário". Análise crítica e adequada do exame de admissibilidade dos recursos excepcionais, em que é discutida a dicotomia entre "questão de fato" e "questão de direito", é feita em: KNIJNIK, Danilo. *O recurso especial e a revisão da questão de fato pelo Superior Tribunal de Justiça*. Rio de Janeiro: Forense, 2005. p. 162 e ss.

[419] Cenário que de alguma forma já começa a preocupar algumas esclarecidas vozes dentro da própria magistratura, inclusive de segundo grau: PISKE, Oriana. *Nova postura político-social do Poder Judiciário* in Revista Bonijuris n° 590 (2013): 30/37.

[420] WAMBIER, Teresa Arruda Alvim. *Omissão judicial e embargos de declaração*. São Paulo: RT, 2005, p. 248.

Forçoso reconhecer, agora em sintonia fina com Marinoni e Arenhart, que realmente os embargos de declaração (e o próprio agravo interno pensamos nós), vêm sendo enfrentados por muitos julgadores como uma forma de "crítica" às suas decisões; deixando assim, alguns juízes, de examinar com propriedade o recurso apresentado, visando com isso a esconder eventuais defeitos em suas decisões, colocando-as a salvo de reparos, como se o erro não fosse possível na atividade jurisdicional: "tal mentalidade deve ser revista urgentemente, uma vez que os embargos de declaração não podem ser considerados como ataque pessoal ao juiz, mas como forma de colaboração com a atividade estatal, tendente a permitir que a decisão seja a mais perfeita, completa e clara possível".[421]

No mesmo sentido, colhe-se a observação de Clito Fornaciari Júnior ao registrar, em linhas gerais, que se tais recursos fossem isentamente examinados, ou seja, sem rancor ou ira, poderiam contribuir para a melhor qualidade da atividade jurisdicional e efetiva distribuição da tutela que se reclama.[422]

4.5. Recurso Extraordinário e Recurso Especial

Guilherme Beux Nassif Azem

Proclamada a República, instituída a forma federativa de Estado e assentada a obrigatoriedade das leis federais em todo o território nacional, reconheceu-se, entre nós, a necessidade de se criar um instrumento processual capaz de zelar pela uniforme aplicação dessas leis e, claro, da própria Constituição.[423] Assim, o recurso extraordinário foi introduzido em nosso ordenamento pelo Decreto nº 848, de 11 de outubro de 1890, que organizou a Justiça Federal.[424] Sua atual denominação, no entanto, adveio do primeiro Regimento Interno do STF,

---

[421] MARINONI, Luiz Guilherme; ARENHART, Sérgio Cruz. *Processo de conhecimento* – Vol. 2. 11. ed. São Paulo: RT, 2013, p. 547.

[422] FORNACIARI JR., Clito. Embargos de declaração com efeitos infringentes. In: *Revista Magister de Direito Civil e Processo Civil* nº 50, outubro/2012, p. 63-66.

[423] Segundo observou Epitácio Pessoa em 1907, "conferir às justiças independentes de 21 Estados autônomos o direito de julgar sem recurso da validade ou aplicabilidade dos actos do poder legislativo da Nação, seria lançar a maior confusão e obscuridade na legislação, enfraquecer as garantias que ella proporciona as liberdades individuaes, perturbar as relações que ella regula e por último quebrar a unidade nacional, que encontra na unidade do direito um dos seus mais solidos esteios". (PESSOA, Epitácio. Do recurso extraordinário. *Revista do Supremo Tribunal Federal*, Rio de Janeiro, v. XXXVIII, p. 255-293, março 1922).

[424] Nesse sentido, MARTINS, Pedro Batista. *Recursos e processos da competência originária dos tribunais*. Rio de Janeiro: Forense, 1957, p. 373.

de 26 de janeiro de 1891, e foi consagrada, no plano constitucional, com a Carta de 1934.[425] Remontam suas raízes ao direito norte-americano, mais especificamente ao *Judiciary Act* de 1789, que consagrou o *writ of error*.[426]

Estritamente vocacionado à resolução de questões de direito, o recurso extraordinário não se destina a corrigir a má apreciação da prova[427] ou a eventual injustiça da decisão.[428] Por essência, sua existência dentro do sistema é animada, primordialmente, por outro interesse, que não apenas o direito das partes envolvidas no conflito.[429] Tutela imediatamente o direito objetivo[430] e se vincula à supremacia da Constituição no ordenamento jurídico, enquadrando-se, assim, dentre os denominados *recursos excepcionais* (ou *extraordinários*).[431] Como ressalta Humberto Theodoro Júnior: "Esse tipo de recurso nunca teve a função de proporcionar ao litigante inconformado com o resultado do processo uma terceira instância revisora da injustiça acaso cometida nas instâncias ordinárias. A missão que lhe é atribuída é de uma carga política maior, é a de propiciar à Corte Suprema meio de exercer seu encargo de guardião da Constituição, fazendo com que seus preceitos sejam corretamente interpretados e fielmente aplicados. É a autoridade e supremacia da Constituição que toca ao STF realizar por via dos julgamentos dos recursos extraordinários".[432]

---

[425] CASTRO NUNES. *Teoria e prática do Poder Judiciário*. Rio de Janeiro: Forense, 1943, p. 315-316.

[426] BERMUDES, Sérgio. *Curso de direito processual civil (recursos)*. Rio de Janeiro: Borsoi, 1972, p. 162. Também nesse sentido: PONTES DE MIRANDA. *Comentários à Constituição de 1967*. 2. ed., rev. São Paulo: Revista dos Tribunais, 1970, t. IV, p. 83; MARQUES, José Frederico. *Instituições de direito processual civil*. 2. ed. rev. Rio de Janeiro: Forense, v. IV, 1963, p. 322-323.

[427] STF, Súmula 279.

[428] Nesse sentido, JORGE, Flávio Cheim. *Teoria geral dos recursos cíveis*. 3. ed. rev., atual. e ampl. São Paulo: Editora Revista dos Tribunais, 2007, p. 33. Assim, já assentou o STF: "O recurso extraordinário é via processual estreitíssima, cujo potencial para desfazer eventuais injustiças na solução do caso concreto pelas instâncias ordinárias se restringe – aqui e alhures – às hipóteses infreqüentes nas quais a correção do erro das decisões inferiores possa resultar do deslinde da questão puramente de direito, e de alçada constitucional, adequadamente trazida ao conhecimento do Supremo Tribunal: por isso, a decisão do RE não se compromete com a justiça ou não do acórdão recorrido". (Tribunal Pleno, RE 254948/BA, Rel. Min. Sepúlveda Pertence, DJ 31.08.2001, p. 66).

[429] PORTO, Sérgio Gilberto; USTÁRROZ, Daniel. *Manual dos recursos cíveis*. 4. ed. rev. e ampl. Porto Alegre: Livraria do Advogado, 2008, p. 213.

[430] ASSIS, Araken de. *Manual dos recursos*. 8. ed., rev., atual. e ampl. São Paulo: Revista dos Tribunais, 2016, p. 70-71.

[431] Os recursos extraordinários têm como objeto imediato a tutela do direito objetivo. Somente de forma mediata protegem o direito subjetivo da parte. Nesse sentido: PINTO, Nelson Luiz. *Manual dos recursos cíveis*. 2.ed. rev., atual. e ampl. São Paulo: Malheiros, 2000, p. 32.

[432] THEODORO JÚNIOR, Humberto. Repercussão geral no recurso extraordinário (Lei nº 11.418) e súmula vinculante do Supremo Tribunal Federal (Lei nº 11.417). *Revista Magister de Direito Civil e Processual Civil*, Porto Alegre, nº 18, maio-junho 2007, p. 6.

Inverte-se, pois, no recurso extraordinário, a tradicional lógica recursal: nele, fundamentalmente, são as partes instrumentos de uma finalidade maior cometida ao recurso. O interesse privado na reforma ou na cassação da decisão que lhe é desfavorável atua em serviço do interesse público na exata aplicação do direito constitucional, sendo reconhecido e tutelado desde que coincida com o especial interesse coletivo que constitui a base do instituto.[433]

Ressalta claro, pois, que, desde a sua origem, a missão do Supremo Tribunal Federal não se identifica exatamente com a dos tribunais locais. O interesse público ao qual servem os tribunais de cúpula, de fato, não se confunde com aquele a que servem os demais órgãos jurisdicionais.[434] A missão das cortes superiores vincula-se à defesa e à preservação da unidade do ordenamento jurídico, de modo a garantir a observância do direito objetivo e a uniformidade da jurisprudência.[435] Cabe-lhes, pois, precipuamente, a *função nomofilácica*, isto é, de zelar pela interpretação e aplicação do direito de forma tanto quanto possível uniforme.[436]

A finalidade do recurso extraordinário, assim, transcende o mero interesse das partes. Como aponta Castro Nunes: "A interpretação boa ou má, o julgamento, certo ou errado, da espécie, não interessa à Nação, não compromete a preeminência e a autoridade das leis federais, não põe em xeque a supremacia da União na ordem judiciária".[437]

Enrico Tullio Liebman, em conferência pronunciada no ano de 1940 sobre as perspectivas do recurso extraordinário, já referia que:

---

[433] CALAMANDREI, Piero. *La casación civil*. Traducción de Santiago Sentís Melendo. Buenos Aires: Editorial Bibliografica Argentina, 1961, v. I, t. II, p. 147-151.

[434] Idem, p. 40. Faça-se, aqui, um breve esclarecimento: em linhas gerais, o sistema de cassação confere ao tribunal a competência para verificar a existência de violação à lei. No caso positivo, a causa é devolvida à instância de origem, para novo julgamento. Já o sistema de revisão, reúne os dois juízos. Não se limita à anulação da decisão impugnada, mas também aplica o direito ao caso concreto. Nesse sentido, BUZAID, Alfredo. Nova conceituação do recurso extraordinário na Constituição do Brasil. *Revista da UFPR*, Curitiba, v. 11, 1968, p. 52-53. De qualquer sorte, especialmente para a finalidade ora proposta – demonstrar a verdadeira função cometida aos tribunais superiores –, inexiste óbice para que os sistemas sejam tratados de forma conjunta, sem distinção terminológica.

[435] A uniformidade da jurisprudência decorre da própria necessidade de preservação da unidade do direito, somada à garantia da igualdade. Nessa linha, a lição de Piero Calamandrei: "Los dos principios, conexos entre si y complementarios, de la unidad del derecho positivo en el Estado y de la igualdad de todos los ciudadanos ante la ley, pueden ser prácticamente actuados sólo cuando las amenazas, que contra los mismos surgen de la inevitable pluralidad de los órganos jurisdiccionales del mismo grado, sean, dentro de lo posible, templadas por la *uniformidad de la interpretación jurisprudencial*". (CALAMANDREI, Piero. op. cit., p. 82).

[436] CRUZ E TUCCI, José Rogério. Art. 475-J e o STJ. *Revista Jurídica Consulex*, Brasília, n. 260, p. 51, novembro 2007.

[437] CASTRO NUNES. A Tarefa do Supremo Tribunal. *Revista Forense*, Rio de Janeiro, v. XCIX, p. 608, julho 1944.

"As tendências mais recentes na França, Itália e Alemanha indicam, com uniformidade realmente interessante, um desenvolvimento no sentido de caracterizar, de maneira cada vez mais pronunciada, a função específica dêstes tribunais supremos, de dar prevalência à tutela de um interêsse geral do Estado sobre os interêsses dos litigantes".[438]

O inciso III do art. 102 da CF/88 estabelece as hipóteses de cabimento do recurso extraordinário, que expressa a mais significativa competência recursal do Supremo Tribunal Federal.[439] Como salienta José Afonso da Silva, "Supremo Tribunal Federal e Recurso Extraordinário complementam-se pela identidade de função. Um não se compreenderia sem o outro, no que tange à matéria constitucional".[440]

De tais características, não se afasta o recurso especial, ramificação que é do recurso extraordinário.[441] Com efeito, a Constituição Federal de 1988, na tentativa de conter a já visível "crise" do Supremo,[442] criou o Superior Tribunal de Justiça (STJ) e o recurso especial, deslocando para o novo tribunal parte da competência recursal até então cometida ao STF na via do extraordinário.[443] As hipóteses de cabimento do recurso especial encontram-se previstas no art. 105, III, da CF/88.

---

[438] LIEBMAN, Enrico Tullio. Perspectivas do recurso extraordinário. *Revista Forense*, Rio de Janeiro, v. 85, n° 451/453, p. 605, janeiro-março 1941.

[439] DINAMARCO, Cândido Rangel. A função das Cortes Supremas na América Latina. *Revista Forense*, Rio de Janeiro, v. 342, p. 6, abril-junho 1998.

[440] SILVA, José Afonso da. *Do recurso extraordinário no direito processual brasileiro*. São Paulo: Revista dos Tribunais, 1963, p. 106.

[441] "[...] o recurso especial desmembrou-se do extraordinário, e, desse modo, o respectivo genoma ali se desenhou, mantendo variadas características da procedência." (ASSIS, Araken de. *Manual dos recursos*. 8. ed. rev. atual. e ampl. São Paulo: Revista dos Tribunais, 2016, p. 908). Não à toa, portanto, foram adotadas para o novo recurso (o recurso especial), via de regra, as construções doutrinárias e jurisprudenciais sobre a finalidade, a natureza e a admissibilidade do recurso extraordinário.

[442] A chamada "crise" do Supremo se traduz no excessivo número de processos. Não obstante, como observa Araken de Assis, "O STJ não deu cabo da 'crise' do STF. Essa última persistiu indômita. A última tentativa de solução cristalizou-se no instituto da repercussão geral (art. 102, § 3°, da CF/1988, c/c Lei 11.418/2006)". (ASSIS, Araken de. *Manual dos recursos*. 8. ed. rev. atual. e ampl. São Paulo: Revista dos Tribunais, 2016, p. 910). Sobre a repercussão geral da questão constitucional, v. AZEM, Guilherme Beux Nassif. *Repercussão geral da questão constitucional no recurso extraordinário*. Porto Alegre: Livraria do Advogado, 2009; e MARINONI, Luiz Guilherme; MITIDIERO, Daniel. *Repercussão geral no recurso extraordinário*. São Paulo: Revista dos Tribunais, 2007.

[443] Não se olvide da crítica pontual de José Carlos Barbosa Moreira: "A bipartição do antigo recurso extraordinário, perfeitamente explicável à luz da reestruturação da cúpula do Poder Judiciário, não deixou de causar problemas de ordem prática. Temos agora dois recursos em vez de um só, interponíveis ambos, em larga medida, contra as mesmas decisões. Daí a necessidade de articulá-los; e o sistema resultante teria de ficar, como na verdade ficou, bastante complicado em mais de um ponto. É inegável que o novo regime acarreta, muitas vezes, aumento considerável na duração do processo". (BARBOSA MOREIRA, José Carlos. *Comentários ao código de processo civil*. 14. ed. rev. e atual. Rio de Janeiro: Forense, 2008, p. 586, v. V).

De tal modo, hoje convivem, em nosso ordenamento, dois recursos excepcionais – os quais, ao fim e ao cabo, possuem finalidades similares: o recurso extraordinário, cuja competência para o julgamento é do STF, com o objetivo de tutelar a unidade do direito constitucional; e o recurso especial, a ser julgado pelo STJ, com o objetivo de tutelar a unidade do direito infraconstitucional federal.[444]

4.5.1. Pressupostos recursais específicos comuns aos recursos extraordinário e especial

Exige a Constituição Federal, tanto para o cabimento do recurso extraordinário (art. 102, III), como para o do recurso especial (art. 105, III), determinadas condições de admissibilidade que lhes são específicas. Dos dispositivos antes referidos, constata-se a exigência de decisão tomada *em única ou última instância*, bem como de *causa decidida*.

4.5.2. Julgamento em única ou última instância

A exigência de julgamento em única ou última instância traduz-se na necessidade do prévio esgotamento ou exaurimento das vias recursais ordinárias. Nesse sentido, aponta a Súmula 281 do STF.[445] De tal modo, *v.g.*, diante da decisão monocrática de relator, deve a parte, a fim de esgotar a instância ordinária, interpor o cabível agravo legal (CPC, art. 1.021), para, somente então, poder utilizar-se dos recursos especial e extraordinário.[446]

Em relação ao recurso especial, cite-se, ainda, uma peculiaridade: a Constituição exige, no art. 105, III, que a decisão recorrida seja proveniente de *tribunal* (Tribunais de Justiça ou Tribunais Regionais Federais). Justifica-se, de tal modo, o descabimento do recurso especial em face das decisões das Turmas Recursais dos Juizados Especiais – que constituem órgãos recursais ordinários de última instância

---

[444] Como bem observa Daniel Mitidiero, o Supremo Tribunal Federal e o Superior Tribunal de Justiça "são cortes que *outorgam sentido* à Constituição e à legislação infraconstitucional federal e visam a *reduzir a equivocidade* dos enunciados linguísticos em que o Direito comumente é vazado. *São cortes, em última análise, que decidem o sentido da Constituição e da legislação infraconstitucional federal*". (MITIDIERO, Daniel. *Cortes superiores e cortes supremas: do controle à interpretação da jurisprudência ao precedente*. São Paulo: Revista dos Tribunais, 2013, p. 79).

[445] "É inadmissível o recurso extraordinário, quando couber na justiça de origem, recurso ordinário da decisão impugnada".

[446] A propósito, excerto de decisão do STJ: "A jurisprudência desta Corte é pacífica no sentido de que não cabe recurso especial interposto contra decisão monocrática, na medida em que um dos pressupostos para sua admissibilidade é o exaurimento das instâncias ordinárias. Entendimento da Súmula 281 do STF, aplicada por analogia." (AgRg no AREsp 707.349/SP, Rel. Ministro RAUL ARAÚJO, QUARTA TURMA, julgado em 03/12/2015, DJe 18/12/2015).

relativamente às decisões dos Juizados Especiais, mas não tribunais, requisito essencial para que se instaure a competência especial do Superior Tribunal de Justiça.[447] Nesse sentido, inclusive, aponta a Súmula 203 do STJ.[448] Reitere-se que tal exigência (decisão oriunda de tribunal) não se dá para fins de cabimento do recurso extraordinário. Tal entendimento resta consolidado na Súmula 640 do STF.[449] Aliás, como indica o referido enunciado sumular, será possível, inclusive, a interposição de recurso extraordinário em face de provimento de primeiro grau – quando, claro, configurar decisão em única ou última instância, a exemplo do art. 34, § 3º, da Lei nº 6.830/1980.[450]

4.5.3. Causa decidida

Conforme já apontou o STF: "A expressão 'causas decididas em única ou última instância' que se encontra tanto no inciso III do artigo 102 quanto no inciso III do artigo 105, ambos da Constituição atual e que consubstancia um dos requisitos de admissibilidade do recurso extraordinário e do recurso especial, por não distinguir decisão interlocutória de decisão que extingue o processo, abarca uma e outra, desde que sejam tomadas em única ou última instância".[451] Não à toa, pois, a Súmula 86 do STJ dispõe que: "Cabe recurso especial contra acórdão proferido no julgamento de agravo de instrumento".

Contudo, deve ser recordado que, de acordo com a Súmula 735 do STF: "Não cabe recurso extraordinário contra acórdão que defere

---

[447] V. STF, RE 590409, Relator Ministro Ricardo Lewandowski, Tribunal Pleno, julgamento em 26.8.2009, DJe de 29.10.2009.

[448] "Não cabe recurso especial contra decisão proferida por órgão de segundo grau dos Juizados Especiais".

[449] "É cabível recurso extraordinário contra decisão proferida por juiz de primeiro grau nas causas de alçada, ou por turma recursal de juizado especial cível e criminal.". A propósito, e.g.: "AGRAVO REGIMENTAL EM RECURSO EXTRAORDINÁRIO. RECURSO ESPECIAL. CABIMENTO. TURMA RECURSAL DO JUIZADO ESPECIAL. Os acórdãos proferidos pelas Turmas Recursais dos Juizados Especiais Cíveis e Criminais comportam impugnação por meio de recurso extraordinário. Incidência da Súmula n. 640 do STF. Agravo regimental a que se nega provimento." (RE 352360 AgR, Relator(a): Min. EROS GRAU, Primeira Turma, julgado em 23/08/2005, DJ 05-05-2006 PP-00015 EMENT VOL-02231-03 PP-00531)

[450] "Tal fenômeno – o esgotamento das vias de impugnação ordinárias – acontece com os provimentos de primeiro grau. A execução fiscal e ações conexas, cujo valor não supere a alçada, só comportam os embargos infringentes do art. 34, "caput", da Lei 6.830, de 22.09.1980, julgados pelo órgão judiciário de primeiro grau. Logo, interposto e julgado tal recurso, cabe o recurso extraordinário, respeitados os demais pressupostos de cabimento (v.g., a presença de questão constitucional e sua repercussão geral)." (ASSIS, Araken de. *Manual dos recursos*. 8. ed., rev., atual. e ampl. São Paulo: Revista dos Tribunais, 2016, p. 816).

[451] RE 157903, Relator(a): Min. MOREIRA ALVES, Primeira Turma, julgado em 16/09/2000, DJ 10-08-2000 PP-00010 EMENT VOL-01999-04 PP-00633.

medida liminar".⁴⁵² Tal entendimento vem sendo seguido pelo STJ. Confira-se, aliás, lapidar decisão acerca da questão, que bem esclarece o alcance da orientação dos nossos tribunais superiores sobre o tema.⁴⁵³

---

⁴⁵² Acerca do tema, confira-se: "RECURSO EXTRAORDINÁRIO – INVIABILIDADE – DECISÃO QUE NÃO SE MOSTRA DE ÚLTIMA INSTÂNCIA – ARTIGO 102, INCISO III, DA CARTA FEDERAL – AGRAVO DESPROVIDO. 1. Na espécie, não se tem recurso extraordinário contra pronunciamento judicial que haja resultado no julgamento da causa. O acórdão proferido pelo Tribunal de Justiça do Estado de Mato Grosso diz respeito a apreciação de agravo de instrumento interposto contra decisão que, em ação cominatória de obrigação de fazer, implicou a concessão de tutela antecipada. Assim, o extraordinário não se enquadra no permissivo do inciso III do artigo 102 da Constituição Federal, que estabelece a competência do Supremo para examinar, mediante o citado recurso, as causas decididas em única ou última instância, quando o pronunciamento recorrido contrariar dispositivo constitucional, declarar a inconstitucionalidade de tratado ou lei federal ou, ainda, julgar válida lei ou ato de governo local contestado em face da Carta da República. Decisões interlocutórias não podem ser atacadas, na via direta, mediante o extraordinário (artigo 542, § 3º, do Código de Processo Civil). 2. Conheço deste agravo e o desprovejo. 3. Publiquem." Brasília, 31 de agosto de 2010. Ministro MARCO AURÉLIO Relator (AI 776443, Relator(a): Min. MARCO AURÉLIO, julgado em 31/08/2010, publicado em DJe-173 DIVULG 16/09/2010 PUBLIC 17/09/2010).

⁴⁵³ "PROCESSUAL CIVIL. RECURSO ESPECIAL. MEDIDA LIMINAR DE NATUREZA ANTECIPATÓRIA. LIMITES DA SUA REVISIBILIDADE POR RECURSO ESPECIAL. INVIABILIDADE DE REEXAME DOS PRESSUPOSTOS DA RELEVÂNCIA DO DIREITO E DO RISCO DE DANO. 1. Os recursos para a instância extraordinária (recurso extraordinário e recurso especial) somente são cabíveis em face de "causas decididas em única ou última instância" (CF, art. 102, III e art. 105, III). Não é função constitucional do STF, nem do STJ, no julgamento de recursos extraordinários e recursos especiais, substituir-se às instâncias ordinárias para fazer juízo a respeito de questões constitucionais ou infraconstitucionais que, naquelas instâncias, ainda não tiveram tratamento definitivo e conclusivo. 2. As medidas liminares de natureza cautelar ou antecipatória são conferidas à base de cognição sumária e de juízo de mera verossimilhança (art. 273, § 4º, art. 461, § 3º, primeira parte, art. 798 e art. 804 do CPC). Por não representarem pronunciamento definitivo, mas provisório, a respeito do direito afirmado na demanda, são medidas, nesse aspecto, sujeitas a modificação a qualquer tempo (CPC, art. 273, § 4º, art. 461, § 3º, parte final, e art. 807), devendo ser confirmadas ou revogadas pela sentença final. Em razão da natureza precária da decisão, o STF sumulou entendimento segundo o qual "não cabe recurso extraordinário contra acórdão que defere medida liminar" (súmula 735 do STF). Conforme assentado naquela Corte, a instância extraordinária, tratando-se de decisão interlocutória, está "subordinada – resulta da invariável jurisprudência de priscas eras e dos mestres recordados – à eficácia preclusiva da interlocutória relativamente à questão federal, constitucional ou ordinária, da qual se cogite. Ao contrário, se a puder rever a instância a quo no processo em que proferida – seja ele de que natureza for – dela já não caberá recurso extraordinário, nem recurso especial, não porque seja interlocutória, mas por não ser definitiva. É o que se dá na espécie, na qual – não obstante o tom peremptório com que o enuncia a decisão recorrida – a afirmação sobre a plausibilidade da pretensão de mérito será sempre um juízo de delibação essencialmente provisório e, por isso, revogável, quer no processo definitivo a ser instaurado, quer mesmo no processo cautelar" (RE 263.038/PE, 1ª Turma, Min. Sepúlveda Pertence, DJ de 28.04.2000). 3. Relativamente ao recurso especial, não se pode afastar, de modo absoluto, a sua aptidão como meio de controle da legitimidade das decisões que deferem ou indeferem medidas liminares. Todavia, a exemplo do recurso extraordinário, o âmbito da revisibilidade dessas decisões, por recurso especial, não se estende aos pressupostos específicos da relevância do direito (fumus boni iuris) e do risco de dano (periculum in mora). Relativamente ao primeiro, porque não há juízo definitivo e conclusivo das instâncias ordinárias sobre a questão federal que dá suporte ao direito afirmado; e relativamente ao segundo, porque há, ademais, a circunstância impeditiva decorrente da súmula 07/STJ, uma vez que a existência ou não de risco de dano é matéria em geral relacionada com os fatos e as provas da causa. 4. Também não pode ser conhecido o recurso especial quanto à alegação de ofensa a dispositivos de lei relacionados

Ainda que proferida quando vigente o anterior Código de Processo Civil, as lições constantes da decisão supra permanecem hígidas. Como ressaltado, fundamental verificar a eficácia preclusiva do pronunciamento interlocutório. Assim, por exemplo, em hipótese na qual julgado parcialmente o mérito, com fulcro no art. 356 do CPC, caberá agravo de instrumento (§ 5º) – e, posteriormente, poderão, em tese, caber recursos extraordinário e especial, sem que incida o óbice da Súmula 735 do STF.

4.5.3.1. Prequestionamento

Exige-se, como indica a expressão causa *decidida*, que a questão constitucional (recurso extraordinário) e/ou federal (recurso especial) tenha sido enfrentada na decisão recorrida. Extrai-se, daí, portanto, o requisito do *prequestionamento*.

O prequestionamento é requisito historicamente relacionado ao cabimento do recurso extraordinário. A Carta de 1891, por exemplo, em seu art. 59, § 1º, *a*, reputava cabível recurso ao STF "quando se *questionar* sobre a validade, ou a aplicação de tratados e leis federais, e a decisão do Tribunal do Estado for contra ela".[454] Sua origem, consoante declinado em voto do Min. Alfredo Buzaid (RTJ 109/299), encontra-se no *Judiciary Act* norte-americano, de 1789.[455]

A exigência tornou-se matéria sumulada. O prequestionamento é objeto das Súmulas 282 ("É inadmissível o recurso extraordinário, quando não ventilada, na decisão recorrida, a questão federal suscitada") e 356 ("O ponto omisso da decisão, sobre o qual não foram opostos embargos declaratórios, não pode ser objeto de recurso extraordinário, por faltar o requisito do prequestionamento"), do STF.

---

com a matéria de mérito da causa, que, em liminar, é tratada apenas sob juízo precário de mera verossimilhança. Quanto a tal matéria, somente haverá "causa decidida em única ou última instância" com o julgamento definitivo. 5. Ao estabelecer que 'não será cabível medida liminar que esgote, no todo ou em parte, o objeto da ação', o § 3º do art. 1º, da Lei n. 8.437/92, está se referindo, embora sem apuro técnico de linguagem, às liminares satisfativas irreversíveis, ou seja, àquelas cuja execução produz resultado prático que inviabiliza o retorno ao status quo ante, em caso de sua revogação. 6. O exame da reversibilidade ou não da medida liminar concedida implica o reexame do material fático da causa, o que é vedado em sede de recurso especial, a teor do que prescreve a Súmula 07/STJ. 7. Recurso especial não conhecido." (REsp 664.224/RJ, Rel. Ministro TEORI ALBINO ZAVASCKI, Primeira Turma, julgado em 05/09/2006, DJ 01/03/2007, p. 230).

[454] Vale lembrar que, à época, o recurso extraordinário ainda não era assim denominado pela Constituição.

[455] MANCUSO, Rodolfo de Camargo. *Recurso extraordinário e recurso especial*. 10. ed. rev. ampl. e atual. São Paulo: Revista dos Tribunais, 2007, p. 307-308.

Ainda sob o pálio da Constituição passada, o STF assentou a constitucionalidade da Súmula 282.[456]

Embora a Constituição de 1988 não tenha inicialmente previsto, de modo expresso, a exigência do prequestionamento para o cabimento do recurso extraordinário e do recurso especial, sua exigibilidade jamais foi afetada.[457] Para tanto, entendeu-se, basicamente, tratar-se de pressuposto inerente à própria natureza de tais recursos, pelo que não haveria razão alguma para considerar inconstitucional a sua exigência.[458]

Com o advento da EC 45/04, a exigência do requisito tornou-se expressa, ao menos no que toca ao recurso extraordinário. De fato, a norma contida no art. 102, § 3º, da CF/88, ao se referir à "questão constitucional *discutida* no caso", albergou, de forma inequívoca, a exigência do prequestionamento.[459]

O prequestionamento cumpre fundamental função na delimitação e na concretização da função dos tribunais superiores. Cabendo às Cortes Supremas[460] analisar a adequação e orientar a atividade dos tribunais locais, decidindo o sentido da Constituição e da legislação infraconstitucional federal, nada mais natural que exigir, nos casos concretos, a expressa manifestação do órgão jurisdicional de origem

---

[456] Supremo Tribunal Federal. Tribunal Pleno. RE 96802-embargos-AgR/RJ. Relator: Min. Alfredo Buzaid. *RTJ* 109/299.

[457] Nesse sentido, *v.g.*, Supremo Tribunal Federal. Segunda Turma. *AI-AgR 338090/RS. Relator: Min. Celso de Mello, DJ* 10 maio 1996, p. 15140. Para Nelson Nery Junior, "Muito embora a CF vigente não mais se refira à expressão 'questionar', ou 'prequestionar', como o fizeram, em sua maioria, as CF revogadas, o tema se encontra no sistema constitucional brasileiro. O prequestionamento não foi criado pela Súmula do Pretório Excelso (STF 282 e 356). Nossa Corte Suprema apenas explicitou o texto constitucional, interpretando-o. Quer dizer, o Supremo Tribunal Federal interpretou o sentido da expressão 'causas *decididas*', constante do texto constitucional". (NERY JUNIOR, Nelson. *Teoria geral dos recursos*. 6. ed. atual. ampl. e reform. São Paulo: Revista dos Tribunais, 2004, p. 292).

[458] Supremo Tribunal Federal. Primeira Turma. AI-AgR 140623/RS. Relator: Min. Sepúlveda Pertence. DJ 18 set. 1992, p. 15412. Veja-se o seguinte excerto do voto do relator: "Ora, o fato de não estar explícito na Constituição, não afeta a exigibilidade do prequestionamento como pressuposto do recurso extraordinário. Antiga e firme jurisprudência desta Corte o reputa da própria natureza do recurso extraordinário. Ao julgá-lo, o Tribunal não se converte em terceiro grau de jurisdição, mas se detém no exame do acórdão recorrido e verifica se nele a regra de direito recebeu boa ou má aplicação. Daí a necessidade de que no julgado impugnado se tenha discutido a questão constitucional posta no extraordinário".

[459] Nesse sentido, VIANA, Juvêncio Vasconcelos. Questão de repercussão geral (§ 3º do art. 102 da Constituição Federal) e a admissibilidade do recurso extraordinário. *Revista Dialética de Direito Processual*, São Paulo, v. 30, p. 72-84, set. 2005, p. 83.

[460] Sobre as funções das Cortes Supremas, v. TARUFFO, Michele. *As funções das Cortes Supremas. Aspectos gerais.* In: Processo civil comparado: ensaios. Apresentação, organização e tradução Daniel Mitidiero. São Paulo: Marcial Pons, 2013. V., também, MITIDIERO, Daniel. *Cortes superiores e cortes supremas: do controle à interpretação, da jurisprudência ao precedente.* São Paulo: Revista dos Tribunais, 2013.

sobre os temas debatidos.[461] Contribui-se, desse modo, também para uma mais adequada interpretação do Direito, verdadeira atividade de reconstrução.[462] Em suma, para que possam, STF e STJ, pronunciar a *derradeira palavra* acerca da interpretação do ordenamento, de todo recomendável que tenham ciência das palavras previamente declinadas na origem.

Com razão, desse modo, Sérgio Gilberto Porto e Daniel Ustárroz, ao assentarem que a exigência do prequestionamento atende a um critério lógico. Para os autores, "Se o Tribunal Superior deve analisar o entendimento da Corte Regional, para, em um segundo momento, referendá-lo ou alterá-lo (corrigindo-o ou cassando-o), é imprescindível que os fundamentos que permitiram o alcance da conclusão sejam conhecidos por todos os operadores. Do contrário, difícil – ou indesejável – será a tarefa de analisar o acerto na escolha do melhor direito a aplicar ao caso concreto".[463]

Revela-se o requisito, desse modo, imanente à existência e à consecução da função precípua dos recursos de índole extraordinária.[464] Tal como observam Carlos Alberto Alvaro de Oliveira e Daniel Mitidiero, o recurso especial e o recurso extraordinário, visam "a dar unidade ao Direito tanto do ponto de vista *retrospectivo – consolidando* entendimentos a respeito da adequada compreensão de casos jurídicos – como do ponto de vista *prospectivo – desenvolvendo* o Direito brasileiro a partir das novas necessidades sociais".[465]

---

[461] Segundo esclarecedor precedente do STF, "Se o Tribunal de origem não adotou entendimento explícito a respeito do fato jurígeno veiculado nas razões recursais, inviabilizada fica a conclusão sobre a violência ao preceito evocado pelo recorrente" (RE 368564, Relator(a): Min. MENEZES DIREITO, Relator(a) p/ Acórdão: Min. MARCO AURÉLIO, Primeira Turma, julgado em 13/04/2011, DJe-153 DIVULG 09-08-2011 PUBLIC 10-08-2011 EMENT VOL-02563-01 PP-00064 RSJADV set., 2011, p. 51-68).

[462] "[...] a *atividade de interpretação* é uma *atividade de reconstrução*. Não se trata de simples atividade de *descoberta lógico-cognitiva*, nem de *pura construção* normativa. Interpretar implica individualizar, valorar e decidir". (MITIDIERO, Daniel. *Cortes superiores e cortes supremas: do controle à interpretação, da jurisprudência ao precedente*. São Paulo: Revista dos Tribunais, 2013, p. 80).

[463] PORTO, Sérgio Gilberto; USTÁRROZ, Daniel. *Manual dos recursos cíveis*. 4. ed. rev. e ampl. Porto Alegre: Livraria do Advogado, 2013, p. 216.

[464] Os recursos extraordinários têm como objeto imediato a tutela do direito objetivo. Somente de forma mediata protegem o direito subjetivo da parte. Nesse sentido: PINTO, Nelson Luiz. *Manual dos recursos cíveis*. 2.ed. rev. atual. e ampl. São Paulo: Malheiros, 2000, p. 32. São recursos de estrito direito e de fundamentação vinculada. Na lição de Luiz Guilherme Marinoni e Daniel Mitidiero, "O recurso extraordinário e o recurso especial são recursos de fundamentação vinculada: o âmbito de discussão propiciado por esses recursos vai desde logo circunscrito à causa constitucional ou à causa federal evidenciada no processo – mais propriamente, evidenciada na decisão recorrida". (MARINONI, Luiz Guilherme; MITIDIERO, Daniel. *Código de processo civil*: comentado artigo por artigo. 5. ed. rev. e atual. São Paulo: Revista dos Tribunais, 2013, p. 573).

[465] ALVARO DE OLIVEIRA, Carlos Alberto; MITIDIERO, Daniel. *Curso de processo civil*. Vol. 2: processo de conhecimento. São Paulo: Atlas, 2012, p. 198-199.

Com efeito, a competência outorgada ao STF e ao STJ, no que toca aos recursos extraordinários, impede o pronunciamento originário sobre a questão constitucional ou a questão infraconstitucional.[466] Desempenha o prequestionamento, portanto, papel fundamental e inarredável no cumprimento das funções de tais Tribunais.

Configura-se o prequestionamento pelo enfrentamento da questão federal ou constitucional inserta no dispositivo cuja contrariedade se alega no recurso especial ou no recurso extraordinário. Diz Alexandre Freitas Câmara: "Prequestionamento é a exigência de que o recurso especial ou extraordinário verse sobre matéria que tenha sido expressamente enfrentada na decisão recorrida".[467]

A despeito de eventual divergência linguística,[468] a verdade é que, para que se revele realmente prequestionada a matéria, a questão deve ser ter sido objeto de análise (debate analítico) pelo órgão de origem. Explica-se.

Inúmeros precedentes do STJ satisfazem-se, para o conhecimento do recurso especial, com o que denominam *prequestionamento implícito*,[469] ao passo que, no âmbito do STF, reiterados pronunciamentos exigem o *prequestionamento explícito* para a admissão do recurso extraordinário.[470] A suposta discordância, contudo, demonstra ser mais aparente (e de nomenclatura) do que real. Tanto assim o é, que o STJ se pronuncia no sentido de que "Não é cabível falar em prequestionamento implícito quando a questão federal objeto do recurso especial não foi abordada no acórdão recorrido".[471] Depreende-se, de tal modo, que o chamado prequestionamento implícito longe está de dispen-

---

[466] ASSIS, Araken de. *Manual dos recursos*. 8. ed., rev. e atual. São Paulo: Editora Revista dos Tribunais, 2016, p. 716.

[467] CÂMARA, Alexandre Freitas. *O novo processo civil brasileiro*. São Paulo: Atlas, 2015, p. 539.

[468] Logo adiante, veremos os denominados prequestionamento implícito, explícito e numérico.

[469] *V.g.*: "para que se configure o prequestionamento da matéria, há que se extrair do acórdão recorrido pronunciamento sobre as teses jurídicas em torno dos dispositivos legais tidos como violados, a fim de que se possa, na instância especial, abrir discussão sobre determinada questão de direito, definindo-se, por conseguinte, a correta interpretação da legislação federal. A falta do prequestionamento explícito não prejudica o exame do recurso especial, uma vez que a jurisprudência desta Corte é uníssona em admitir o prequestionamento implícito". (AgRg no Ag 968859/SP, Rel. Ministro LUIS FELIPE SALOMÃO, DJe 24/08/2009).

[470] AGRAVO REGIMENTAL NO AGRAVO DE INSTRUMENTO. PROCESSUAL CIVIL. AUSÊNCIA DE PREQUESTIONAMENTO. INCIDÊNCIA DAS SÚMULAS 282 E 356 DO SUPREMO TRIBUNAL FEDERAL. PRECEDENTES. AGRAVO REGIMENTAL AO QUAL SE NEGA PROVIMENTO. 1. A jurisprudência do Supremo Tribunal pacificou-se no sentido de que o prequestionamento da matéria constitucional deve ser explícito. [...]. (AI 700285 AgR, Relator(a): Min. CÁRMEN LÚCIA, Primeira Turma, julgado em 16/12/2008, DJe-035 DIVULG 19-02-2009 PUBLIC 20-02-2009 EMENT VOL-02349-12 PP-02570).

[471] STJ, AgRg nos EDcl nos EDcl no REsp 1145167/PR, Rel. Ministro MOURA RIBEIRO, QUINTA TURMA, julgado em 03/04/2014, DJe 05/05/2014.

sar o debate analítico da questão no tribunal de origem. Já o STF, ao impor a exigência do prequestionamento explícito, nada mais está a exigir do que o efetivo enfrentamento da questão constitucional pela decisão recorrida.[472]

Sendo assim, constata-se que a possível discussão centra-se na necessidade de haver menção expressa, pelo tribunal *a quo*, do dispositivo cuja violação se alega na fundamentação recursal – ou seja, na exigência ou não do *prequestionamento numérico*. Ambos os tribunais, majoritariamente, a dispensam.

Utiliza o STJ a expressão prequestionamento implícito apenas para rechaçar a exigência da referência numérica, no acórdão recorrido, ao dispositivo cuja violação se alega. Entende-se, nessa linha, que "não é necessário que os dispositivos legais tidos por violados constem, expressamente, do acórdão recorrido, sendo suficiente que a questão federal tenha sido enfrentada pela Corte a quo, admitindo-se, pois, o chamado prequestionamento implícito [...]".[473]

No âmbito do STF, a orientação não é diferente. Sustenta-se que "O prequestionamento para o RE não reclama que o preceito constitucional invocado pelo recorrente tenha sido explicitamente referido pelo acórdão, mas, sim, que este tenha versado inequivocamente a matéria objeto da norma que nele se contenha".[474]

Por outro lado, o CPC vigente rompeu com o entendimento consolidado na Súmula 320 do STJ,[475] orientação que também vinha sendo adotada pelo STF.[476] Com efeito, de acordo com o § 3º do art. 941,

---

[472] Nesse sentido: "RECURSO EXTRAORDINÁRIO COM AGRAVO (LEI Nº 12.322/2010) – ALEGADA VIOLAÇÃO A PRECEITOS CONSTITUCIONAIS – AUSÊNCIA DE PREQUESTIONAMENTO – OFENSA INDIRETA À CONSTITUIÇÃO – CONTENCIOSO DE MERA LEGALIDADE – RECURSO IMPROVIDO. – A ausência de efetiva apreciação do litígio constitucional, por parte do Tribunal de que emanou o acórdão impugnado, não autoriza – ante a falta de prequestionamento explícito da controvérsia jurídica – a utilização do recurso extraordinário. [...]." (ARE 742337 AgR, Relator(a): Min. CELSO DE MELLO, Segunda Turma, julgado em 28/05/2013, ACÓRDÃO ELETRÔNICO DJe-118 DIVULG 19-06-2013 PUBLIC 20-06-2013).

[473] AgRg no AREsp 419.710/PA, Rel. Ministra ASSUSETE MAGALHÃES, SEGUNDA TURMA, julgado em 25/03/2014, DJe 03/04/2014. No mesmo sentido: "O STJ não exige o chamado prequestionamento numérico para o conhecimento da questão federal, ou seja, aquele em que necessariamente o acórdão recorrido deve registrar o artigo de lei federal que a parte quer debater. Basta que o Tribunal de origem julgue a matéria federal, explicitamente, ainda que não indique o artigo de lei, que é facilmente identificável." (STJ, AgRg no AgRg no Ag 416406 / MA, Rel. Ministro HUMBERTO MARTINS, DJe 14/04/2008).

[474] RE 141788, Relator(a): Min. SEPÚLVEDA PERTENCE, TRIBUNAL PLENO, julgado em 06/05/1993, DJ 18-06-1993 PP-12114 EMENT VOL-01708-04 PP-00654.

[475] "A questão federal somente ventilada no voto vencido não atende ao requisito do prequestionamento".

[476] Nesse sentido: "DIREITO TRIBUTÁRIO E PROCESSO CIVIL. AUSÊNCIA DE PREQUESTIONAMENTO. SÚMULAS 282 E 356/STF. IMPOSSIBILIDADE DE CONSIDERAR, PARA EFEITO DE PREQUESTIONAMENTO, MATÉRIA VERSADA EXCLUSIVAMENTE NO VOTO VENCI-

"O voto vencido será necessariamente declarado e considerado parte integrante do acórdão para todos os fins legais, inclusive de pré-questionamento".

Finalmente, tem-se que o art. 1.025 do CPC de 2015 consagrou o denominado *prequestionamento ficto*, que é aquele que decorre da mera oposição dos embargos declaratórios. Assim, "Consideram-se incluídos no acórdão os elementos que o embargante suscitou, para fins de pré-questionamento, ainda que os embargos de declaração sejam inadmitidos ou rejeitados, caso o tribunal superior considere existentes erro, omissão, contradição ou obscuridade". Vale anotar, no entanto, que o STJ ainda assim permanece exigindo a indicação de violação ao dispositivo que prevê o cabimento dos declaratórios (hoje, art. 1.022), quando, a despeito da oposição do referido remédio integrativo, o colegiado não proceder ao enfrentamento das questões federais suscitadas.[477]

4.5.4. A exigência da repercussão geral da questão constitucional no recurso extraordinário[478]

A Emenda Constitucional 45, de 8 de dezembro de 2004, trouxe relevante modificação no âmbito do recurso extraordinário, ao acrescentar o § 3º ao art. 102 da Constituição Federal. À luz do referido dispositivo, "No recurso extraordinário o recorrente deverá demonstrar a repercussão geral das questões constitucionais discutidas no caso, nos termos da lei, a fim de que o Tribunal examine a admissão do

---

DO. ACÓRDÃO RECORRIDO PUBLICADO EM 06.7.2012. O voto vencido que tenha tratado de determinada matéria, isoladamente considerado, não é suficiente para ultrapassar o óbice da ausência de prequestionamento. Precedentes: AI 682.486-AgR, Rel. Min. Ricardo Lewandowski, Dje de 13.3.2008; e AI 714.208-AgR, Rel. Min. Cármen Lúcia, DJe de 16.4.2009. Agravo regimental conhecido e não provido." (ARE 740014 AgR, Relator(a): Min. ROSA WEBER, Primeira Turma, julgado em 22/10/2013, PROCESSO ELETRÔNICO DJe-221 DIVULG 07-11-2013 PUBLIC 08-11-2013).

[477] "[...].Na forma da jurisprudência, 'a admissão de prequestionamento ficto (art. 1.025 do CPC/2015), em recurso especial, exige que no mesmo recurso seja indicada violação ao art. 1.022 do CPC/2015, para que se possibilite ao Órgão julgador verificar a existência do vício inquinado ao acórdão, que uma vez constatado, poderá dar ensejo à supressão de grau facultada pelo dispositivo de lei' (STJ, REsp 1.639.314/MG, Rel. Ministra NANCY ANDRIGHI, Terceira Turma, DJe de 10/04/2017). VI. Agravo interno improvido". (AgInt no REsp 1633039/SC, Rel. Ministra ASSUSETE MAGALHÃES, Segunda Turma, julgado em 18/05/2017, DJe 24/05/2017). De um modo ou de outro, assim, podemos afirmar, não sem antes lamentar, que, à luz do referido entendimento, de certo modo, permanece o rigor da Súmula 211 do STJ, segundo a qual "Inadmissível recurso especial quanto à questão que, a despeito da oposição de embargos declaratórios, não foi apreciada pelo Tribunal *a quo*". Esperava-se, diante da redação do art. 1025 do CPC, o cancelamento do referido enunciado.

[478] V. AZEM, Guilherme Beux Nassif. *Repercussão geral da questão constitucional no recurso extraordinário*. Porto Alegre: Livraria do Advogado, 2009.

recurso, somente podendo recusá-lo pela manifestação de dois terços de seus membros".

Tal instituto há de ser entendido como uma espécie de *filtro de admissibilidade*. A presença da repercussão geral indica que o recurso *merece ser analisado*, mas, evidentemente, não dispensa a presença dos demais requisitos de admissão e, muito menos, traz a garantia de que o recurso extraordinário será provido.

A regulamentação da repercussão geral se deu pela Lei 11.418/06, que inseriu no então vigente CPC/73 os arts. 543-A e 543-B. A matéria também foi objeto de emenda regimental no âmbito do STF, inclusive por determinação contida na própria Lei 11.418/06.[479]

Hoje, a matéria está regulamentada no art. 1.035 do CPC/15. O Supremo Tribunal Federal, em decisão irrecorrível, não conhecerá do recurso extraordinário quando a questão constitucional nele versada não tiver repercussão geral. Trata-se de ônus imposto ao recorrente, referente à regularidade formal do recurso extraordinário.[480] Ainda que o STF já tiver assentado a existência de repercussão geral de determinada questão constitucional, subsistirá a necessidade de que o recorrente, em seu recurso extraordinário, demonstre a existência do requisito.[481]

Por repercussão geral, entende-se a existência ou não de questões relevantes do ponto de vista econômico, político, social ou jurídico que ultrapassem os interesses subjetivos do processo. Presume-se, de modo absoluto, a existência de repercussão geral sempre que o recurso impugnar acórdão que: contrarie súmula ou jurisprudência dominante do Supremo Tribunal Federal; tenha sido proferido em julgamento de casos repetitivos; tenha reconhecido a inconstitucionalidade de tratado ou de lei federal, nos termos do art. 97 da Constituição Federal

---

[479] "Art. 3º. Caberá ao Supremo Tribunal Federal, em seu Regimento Interno, estabelecer as normas necessárias à execução desta Lei".

[480] "O recorrente deverá demonstrar a existência de repercussão geral para apreciação exclusiva pelo Supremo Tribunal Federal" (CPC, art. 1035, § 2º).

[481] "QUESTÃO DE ORDEM. RECONHECIMENTO, PELO SUPREMO TRIBUNAL FEDERAL, DA PRESENÇA DA REPERCUSSÃO GERAL EM DETERMINADO PROCESSO. PRELIMINAR FORMAL E FUNDAMENTADA DE REPERCUSSÃO GERAL NOS OUTROS RECURSOS QUE TRATEM DO MESMO TEMA. EXIGIBILIDADE. 1. Questão de ordem resolvida no sentido de que o reconhecimento, pelo Supremo Tribunal Federal, da presença da repercussão geral da questão constitucional em determinado processo não exime os demais recorrentes do dever constitucional e processual de apresentar a preliminar devidamente fundamentada sobre a presença da repercussão geral (§ 3º do art. 102 da Constituição Republicana e § 2º do art. 543-A do CPC). 2. Agravo regimental desprovido. (STF, ARE 663637 AgR-QO, Relator(a): Min. AYRES BRITTO (Presidente), Tribunal Pleno, julgado em 12/09/2012, ACÓRDÃO ELETRÔNICO DJe-083 DIVULG 03-05-2013 PUBLIC 06-05-2013)". Não mais se exige que a demonstração da repercussão geral se dê em sede de preliminar. Tal não consta do já referido art. 1035, § 2º, do CPC.

(CPC, art. 1.035, §§ 1º e 2º).[482] Caberá ao recorrente fundamentar adequadamente a presença do requisito, não sendo suficientes alegações genéricas.[483]

Somente o STF pode se pronunciar sobre a existência ou não da repercussão geral. Os tribunais de origem unicamente podem verificar se o recorrente declinou a existência do requisito no seu recurso extraordinário.

Apenas se adentra na verificação da repercussão geral se superados todos os demais requisitos de admissibilidade.[484] Para afastar a existência da repercussão geral da questão constitucional, são necessários oito votos expressos no âmbito do STF. Rechaçada a repercussão geral da matéria, o recurso extraordinário não será conhecido.

Na análise da repercussão geral, o relator poderá admitir a manifestação de terceiros, subscrita por procurador habilitado, nos termos do Regimento Interno do Supremo Tribunal Federal.[485]

Reconhecida a repercussão geral, o relator, no Supremo Tribunal Federal, determinará a suspensão do processamento de todos os processos pendentes, individuais ou coletivos, que versem sobre a questão e tramitem no território nacional. O interessado pode requerer, ao presidente ou ao vice-presidente do tribunal de origem, que exclua da decisão de sobrestamento e inadmita o recurso extraordinário que tenha sido interposto intempestivamente, tendo o recorrente o prazo de 5 (cinco) dias para manifestar-se sobre esse requerimento. Da decisão que indeferir o referido requerimento ou que aplicar entendimento

---

[482] V. também, o parágrafo único do art. 322 do RISTF: "Para efeito da repercussão geral, será considerada a existência, ou não, de questões que, relevantes do ponto de vista econômico, político, social ou jurídico, ultrapassem os interesses subjetivos das partes".

[483] "DIREITO ADMINISTRATIVO. AGRAVO REGIMENTAL EM AGRAVO DE INSTRUMENTO. IMPROBIDADE. ADMINISTRATIVO. AUSÊNCIA DE PRELIMINAR FUNDAMENTADA DE REPERCUSSÃO GERAL DA MATÉRIA CONSTITUCIONAL. EXIGÊNCIA DE DEMONSTRAÇÃO. LEGISLAÇÃO INFRACONSTITUCIONAL. SÚMULA 279/STF. 1. A parte recorrente não apresentou mínima fundamentação quanto à repercussão geral das questões constitucionais discutidas, limitando-se a fazer observações genéricas sobre o tema. A peça de recurso, portanto, não atende ao disposto no art. 543-A, § 2º, do CPC. Precedente. 2. A solução da controvérsia demanda a análise da legislação infraconstitucional pertinente e uma nova reapreciação dos fatos e do material probatório constante dos autos (Súmula 279/STF), o que é inviável nesta fase recursal. 3. Agravo regimental a que se nega provimento. (STF, AI 814690 AgR, Relator(a): Min. ROBERTO BARROSO, Primeira Turma, julgado em 15/12/2015, ACÓRDÃO ELETRÔNICO DJe-024 DIVULG 10-02-2016 PUBLIC 11-02-2016)".

[484] RISTF, art. 323. "Quando não for caso de inadmissibilidade do recurso por outra razão, o(a) Relator(a) ou o Presidente submeterá, por meio eletrônico, aos demais Ministros, cópia de sua manifestação sobre a existência, ou não, de repercussão geral".

[485] CPC, art. 1.035, § 4º. Nos termos do art. 323, § 3º, do RISTF, "Mediante decisão irrecorrível, poderá o(a) Relator(a) admitir de ofício ou a requerimento, em prazo que fixar, a manifestação de terceiros, subscrita por procurador habilitado, sobre a questão da repercussão geral".

firmado em regime de repercussão geral ou em julgamento de recursos repetitivos caberá agravo interno.[486]

Negada a repercussão geral, o presidente ou o vice-presidente do tribunal de origem negará seguimento aos recursos extraordinários sobrestados na origem que versem sobre matéria idêntica.[487] Admitida a repercussão geral e julgado o mérito do recurso extraordinário, os recursos eventualmente sobrestados poderão ser devolvidos para juízo de retratação, caso a decisão recorrida contrarie o entendimento firmado pelo STF; ou terão o seguimento negado, caso a decisão recorrida esteja em conformidade com o que decidido pelo Pretório Excelso.[488]

4.5.5. Hipótese de cabimento

4.5.5.1. Cabimento do recurso extraordinário (art. 102, III, da Constituição)

São quatro os permissivos constitucionais que ensejam a interposição do recurso extraordinário. À luz do art. 102, III, da Constituição Federal, compete ao Supremo Tribunal Federal julgar, mediante recurso extraordinário, as causas decididas em única ou última instância, quando a decisão recorrida: a) contrariar dispositivo da Constituição; b) declarar a inconstitucionalidade de tratado ou lei federal; c) julgar válida lei ou ato de governo local contestado em face da Constituição; d) julgar válida lei local contestada em face de lei federal. Vale lembrar que é necessária a indicação do permissivo constitucional no qual se funda o recurso extraordinário.[489]

No que toca à alínea "a", um esclarecimento se revela necessário: embora o dispositivo se refira ao cabimento do recurso extraordinário quando a decisão *contrariar* dispositivo da Constituição, é evidente que, para o cabimento do recurso, basta a *alegação de contrariedade*. Não se confundem os juízos de admissibilidade (alegação da contrariedade) com o de mérito (verificação da contrariedade).[490]

---

[486] CPC, art. 1035, §§ 5º a 7º.
[487] CPC, art. 1035, § 8º.
[488] V. CPC, art. 1035, I e II; art. 1039, parágrafo único; e art. 1040.
[489] RISTF, art. 321. "O recurso extraordinário para o Tribunal será interposto no prazo estabelecido na lei processual pertinente, com indicação do dispositivo que o autorize, dentre os casos previstos nos arts. 102, III, *a, b, c*, e 121, § 3º, da Constituição Federal".
[490] Nesse sentido: "[...]. Recurso extraordinário: letra a: alteração da tradicional orientação jurisprudencial do STF, segundo a qual só se conhece do RE, a, se for para dar-lhe provimento: distinção necessária entre o juízo de admissibilidade do RE, a – para o qual é suficiente que o recorrente alegue adequadamente a contrariedade pelo acórdão recorrido de dispositivos da Constituição

Ainda no que toca à alínea "a", releva anotar que o STF exige que a ofensa à Constituição seja direta e frontal. Não se admite o recurso, assim, quando se tratar de ofensa reflexa ou indireta. Ilustra esse entendimento a Súmula 636 do Pretório Excelso, segundo a qual: "Não cabe recurso extraordinário por contrariedade ao princípio constitucional da legalidade, quando a sua verificação pressuponha rever a interpretação dada a normas infraconstitucionais pela decisão recorrida".

O Código de Processo Civil traz sensível novidade no ponto. Prevê o art. 1.033 que: "Se o Supremo Tribunal Federal considerar como reflexa a ofensa à Constituição afirmada no recurso extraordinário, por pressupor a revisão da interpretação de lei federal ou de tratado, remetê-lo-á ao Superior Tribunal de Justiça para julgamento como recurso especial".

Caberá, também, recurso extraordinário quando a decisão recorrida declarar a inconstitucionalidade de tratado ou lei federal (alínea "b"). Como os tribunais, para a declaração de inconstitucionalidade, devem observar a regra do art. 97 da Constituição,[491] deverá constar dos autos a decisão do Plenário ou da Corte Especial na qual houve a declaração de inconstitucionalidade.[492] No entanto, conforme a Súmula 513/STF: "A decisão que enseja a interposição de recurso ordinário ou extraordinário não é a do plenário, que resolve o incidente de

---

nele prequestionados – e o juízo de mérito, que envolve a verificação da compatibilidade ou não entre a decisão recorrida e a Constituição, ainda que sob prisma diverso daquele em que se hajam baseado o Tribunal a quo e o recurso extraordinário. [...]. (RE 298694, Relator(a): Min. SEPÚLVEDA PERTENCE, Tribunal Pleno, julgado em 06/08/2003, DJ 23-04-2004 PP-00009 EMENT VOL-02148-06 PP-01270 RTJ VOL 00192-01 PP-00292)".

[491] "Somente pelo voto da maioria absoluta de seus membros ou dos membros do respectivo órgão especial poderão os tribunais declarar a inconstitucionalidade de lei ou ato normativo do Poder Público". Quanto ao dispositivo, confira-se a Súmula Vinculante 10: "Viola a cláusula de reserva de plenário (CF, artigo 97) a decisão de órgão fracionário de Tribunal que, embora não declare expressamente a inconstitucionalidade de lei ou ato normativo do poder público, afasta sua incidência, no todo ou em parte".

[492] "Recurso extraordinário: em se tratando de declaração de inconstitucionalidade de lei ou ato normativo, no caso de artigos da L. 8.024/90, o permissivo constitucional pertinente para fundamentar o recurso extraordinário é o da alínea *b*, que não dispensa a juntada aos autos da cópia do inteiro teor do incidente de inconstitucionalidade julgado pelo órgão Plenário e citado pelo acórdão recorrido, uma vez que é contra a sua fundamentação que se volta o RE. Precedente. [...]." (STF, RE 394167 AgR, Relator(a): Min. SEPÚLVEDA PERTENCE, Primeira Turma, julgado em 02/03/2007, DJ 27-04-2007 PP-00066 EMENT VOL-02273-03 PP-00616 RTJ VOL-00202-02 PP-00828). No mesmo sentido: "Agravo regimental no recurso extraordinário. Processual. Ausência do acórdão paradigma utilizado na origem. Inadmissibilidade. IRPJ. Demonstrações financeiras. Lei nº 8.200/91. Ausência de prequestionamento. Agravo regimental não provido. 1. Esta Corte possui entendimento de que o recurso extraordinário interposto com base na alínea b do permissivo constitucional deve ser instruído com a juntada do acórdão utilizado como fundamento pela Turma do Tribunal de origem. 2. A questão constitucional, para ensejar o apelo extremo, deve ter sido expressamente ventilada nas instâncias inferiores. Precedentes. 3. Agravo regimental ao qual se nega provimento." (AG. REG. NO RE N. 198.452-MG, RELATOR: MIN. DIAS TOFFOLI).

inconstitucionalidade, mas a do órgão (Câmaras, Grupos ou Turmas) que completa o julgamento do feito".

A terceira hipótese de cabimento ocorre quando a decisão recorrida julgar válida lei ou ato de governo local contestado em face da Constituição (alínea "c"). Esse permissivo pressupõe a existência de duas normas: a local (de Estados ou Municípios) e a constitucional – bem como a aplicação da lei local em detrimento da norma constitucional.

Finalmente, a última hipótese de cabimento do recurso extraordinário se dá quando a decisão guerreada julgar válida lei local contestada em face de lei federal (alínea "d"). Conforme já decidiu o STF: "o enquadramento do recurso extraordinário na hipótese de cabimento inscrita no art. 102, III, "d", exige a demonstração, pelo recorrente, de que a Corte de origem, ao julgar válida lei local contestada em face de lei federal, ofendeu o sistema de repartição de competências legislativas estatuído na Constituição".[493]

4.5.5.2. Cabimento do recurso especial (art. 105, III, da Constituição)

Três são as hipóteses de cabimento do recurso especial. Nos termos do art. 105, III, da Constituição, compete ao Superior Tribunal de Justiça julgar, em recurso especial, as causas decididas, em única ou última instância, pelos Tribunais Regionais Federais ou pelos tribunais dos Estados, do Distrito Federal e Territórios, quando a decisão recorrida: a) contrariar tratado ou lei federal, ou negar-lhes vigência; b) julgar válida lei ou ato de governo local contestado em face de lei federal; c) julgar válido ato de governo local contestado em face de lei federal; d) der a lei federal interpretação divergente da que lhe haja atribuído outro tribunal.

Acerca da primeira hipótese (alínea "a"), tem-se, inicialmente, que compete ao recorrente indicar qual dispositivo reputa violado, bem como fundamentar adequadamente sua alegação de contrariedade.[494] Conforme já apontou o STJ: "A via especial não comporta a análise de resoluções, portarias, circulares e demais atos normativos de hierarquia inferior à do Decreto. Tais atos normativos não se

---

[493] AI 774514 AgR, Relator(a): Min. JOAQUIM BARBOSA, Segunda Turma, julgado em 31/08/2010, DJe-185 DIVULG 30-09-2010 PUBLIC 01-10-2010 EMENT VOL-02417-12 PP-02634.

[494] "Inadmissível o Recurso Especial que não indica com precisão os dispositivos de lei federal supostamente violados ou deixa de especificar de que forma eles teriam sido contrariados pelo acórdão recorrido, nos termos da Súmula 284/STF." (STJ, REsp 1667771/SP, Rel. Ministro HERMAN BENJAMIN, SEGUNDA TURMA, julgado em 13/06/2017, DJe 20/06/2017).

inserem na expressão 'lei federal', constante da alínea 'a' do inciso III do art. 105 da Constituição da República".[495]

Cabe, também, recurso especial quando o acórdão recorrido julgar válida lei ou ato de governo local contestado em face de lei federal.[496] Como anotam Felipe Scalabrin, Miguel do Nascimento Costa e Guilherme Antunes da Cunha, na referida situação, "a decisão recorrida nega vigência à lei federal, pois deixa de aplicá-la para julgar válido ato administrativo local. E, nesse caso, a competência não pode ser de outro senão do Superior Tribunal de Justiça, guardião da legislação infraconstitucional federal".[497]

A derradeira possibilidade de cabimento do recurso especial é a divergência de julgados. Saliente-se que não se presta à divergência acórdão proveniente do mesmo tribunal, nos termos da Súmula 13 do STJ.[498] Igualmente, julgados oriundos da Justiça Especializada não se prestam para fins de configuração do dissídio ensejador do recurso especial, vez que prolatados por tribunal não submetidos à jurisdição do Superior Tribunal de Justiça.[499]

---

[495] REsp 1086597/RS, Rel. Ministro CASTRO MEIRA, Segunda Turma, julgado em 06/08/2009, DJe 31/08/2009. No mesmo sentido, *v.g.*: "PROCESSUAL CIVIL. AGRAVO INTERNO NO AGRAVO EM RECURSO ESPECIAL. SUBMISSÃO À REGRA PREVISTA NO ENUNCIADO ADMINISTRATIVO 03/STJ. SUPOSTA OFENSA AOS ARTS. 458 e 535 DO CPC/73. FUNDAMENTAÇÃO DEFICIENTE. SÚMULA 284/STF. ACÓRDÃO RECORRIDO. ATO NORMATIVO. NÃO ENQUADRAMENTO NO CONCEITO DE LEI FEDERAL. INVIABILIDADE. PAGAMENTO DE CUSTAS E TAXA JUDICIÁRIA. PRINCÍPIO DA CAUSALIDADE. QUESTÕES ATRELADAS AO REEXAME DE MATÉRIA FÁTICA E CONTRATUAL. ÓBICES DAS SÚMULAS 5/STJ E 7/STJ. 1. É inadmissível o recurso extraordinário, quando a deficiência na sua fundamentação não permitir a exata compreensão da controvérsia (Súmula 284/STF). 2. O entendimento jurisprudencial consolidado no STJ é no sentido que os atos normativos internos, tais como os atos normativos, as resoluções, portarias, regimentos internos não se inserem no conceito de lei federal, não sendo possível a sua apreciação pela via do recurso especial. 3. "A simples interpretação de cláusula contratual não enseja recurso especial" (Súmula 5/STJ). 4. O reexame de matéria de prova é inviável em sede de recurso especial (Súmula 7/STJ). 5. Agravo interno não provido." (STJ, AgInt no AREsp 1032562/RJ, Rel. Ministro MAURO CAMPBELL MARQUES, Segunda Turma, julgado em 13/06/2017, DJe 21/06/2017).

[496] Colhe-se pertinente excerto de ementa de acórdão do STJ: "O cabimento do recurso especial pela alínea 'b' do inciso III do art. 105 da Constituição Federal pressupõe haja a Corte de origem homenageado ato de governo local em detrimento da legislação federal. Inexistente tal fato, impossível viabilizar o processamento do recurso. Na hipótese, os recorrentes apontam, como ato de governo local, o pagamento dos vencimentos com base no preceito contido na Lei Municipal 9.985/2010. Contudo, a aplicação de legislação local não se confunde com ato de governo local." (AgInt no REsp 1582423/MG, Rel. Ministro HUMBERTO MARTINS, Segunda Turma, julgado em 02/06/2016, DJe 13/06/2016).

[497] SCALABRIN, Felipe; COSTA, Miguel do Nascimento; CUNHA, Guilherme Antunes da. *Lições de processo civil: recursos*. Porto Alegre: Livraria do Advogado, 2017, p. 159.

[498] "A divergência entre julgados do mesmo tribunal não enseja recurso especial". Aliás, é clara a Constituição em exigir seja dada à lei federal interpretação divergente da que lhe haja atribuído *outro* tribunal.

[499] "AGRAVO REGIMENTAL. RECURSO ESPECIAL. DISSÍDIO JURISPRUDENCIAL. ACÓRDÃOS PARADIGMAS. JUSTIÇA ESPECIALIZADA. INADMISSIBILIDADE. MASSA FALIDA.

Exige-se, também, que a divergência seja atual, não se revelando admissível o recurso especial quando o dissídio apontado foi superado.[500]

Deve o recorrente indicar o dispositivo em relação ao qual foi dada aplicação divergente. Conforme o STJ, "A não-indicação do dispositivo de lei federal ao qual teria sido dada interpretação divergente da firmada por outros tribunais importa em deficiência de fundamentação".[501] Exige-se, diga-se de passagem, o prequestionamento também para o recurso especial interposto com supedâneo na alínea "c".[502]

Conforme já assentou o STJ, "A apontada divergência deve ser comprovada, cabendo a quem recorre demonstrar as circunstâncias que identificam ou assemelham os casos confrontados, com indicação da similitude fática e jurídica entre eles. Indispensável a transcrição de trechos do relatório e do voto dos acórdãos recorrido e paradigma, realizando-se o cotejo analítico entre ambos, com o intuito de bem caracterizar a interpretação legal divergente".[503]

HABILITAÇÃO. CRÉDITO TRABALHISTA. MULTAS E HORAS EXTRAS.CARÁTER INDENIZATÓRIO. CRÉDITO PRIORITÁRIO. INCLUSÃO. POSSIBILIDADE. NÃO PROVIMENTO. 1. 'Acórdão de Tribunal Regional do Trabalho não serve para a configuração do dissídio ensejador do recurso especial, eis que prolatado por Tribunal não sujeito à jurisdição do Superior Tribunal de Justiça'. (AgRg no Ag 240.492/MG, Rel. Ministro ANTÔNIO DE PÁDUA RIBEIRO, Terceira Turma, julgado em 06/06/2000, DJ 01/08/2000, p. 271) 2. As verbas indenizatórias, como por exemplo, multas e horas extras, possuem natureza salarial e, portanto, devem ser classificadas, no processo de falência, como crédito prioritário trabalhista, sob pena de violação do art. 449, § 1º, da Consolidação das Leis Trabalhistas. (REsp 1051590/GO, Rel. Ministro SIDNEI BENETI, Terceira Turma, julgado em 08/09/2009, DJe 10/12/2009) 3. Agravo regimental a que se nega provimento." (AgRg no REsp 1344635/SP, Rel. Ministra MARIA ISABEL GALLOTTI, Quarta Turma, julgado em 20/11/2012, DJe 28/11/2012).

[500] STJ, AgRg no AREsp 704.197/SP, Rel. Ministra ASSUSETE MAGALHÃES, SEGUNDA TURMA, julgado em 03/03/2016, DJe 16/03/2016.

[501] AgRg no REsp 1022914 / RS, Rel. Ministro ARNALDO ESTEVES LIMA, DJe 14/09/2009.

[502] "PROCESSUAL CIVIL. AGRAVO REGIMENTAL INTERPOSTO SOB A ÉGIDE DO CPC/2015. AGRAVO EM RECURSO ESPECIAL. VIOLAÇÃO DE DISPOSITIVO DE LEI FEDERAL. SÚMULAS N. 211 DO STJ E 282 DO STF. PREQUESTIONAMENTO IMPLÍCITO. NÃO OCORRÊNCIA. DIVERGÊNCIA JURISPRUDENCIAL. ANÁLISE PREJUDICADA. FALTA DE PREQUESTIONAMENTO. 1. É inadmissível o recurso especial se o dispositivo legal apontado como violado não fez parte do juízo firmado no acórdão recorrido e se o Tribunal a quo não emitiu juízo de valor sobre a tese defendida pela parte. Incidência da Súmula n. 282 do STF. 2. Há prequestionamento implícito dos dispositivos legais quando o acórdão recorrido emite juízo de valor fundamentado acerca da matéria por eles regida. 3. O recurso especial fundado na alínea "c" do permissivo constitucional também deve atender à exigência do prequestionamento. 4. Agravo regimental desprovido." (STJ, AgRg no AREsp 398.787/MS, Rel. Ministro JOÃO OTÁVIO DE NORONHA, TERCEIRA TURMA, julgado em 02/06/2016, DJe 07/06/2016).

[503] REsp 1669411/RJ, Rel. Ministro HERMAN BENJAMIN, Segunda Turma, julg. 20/06/2017, DJe 30/06/2017.

A prova da divergência é ônus do recorrente, que deve atentar ao art. 1.029, § 1º, do CPC.[504] A mera transcrição de ementas não atende à exigência do cotejo analítico.[505]

4.5.6. Síntese do procedimento. Peculiaridades

Em decorrência de sua função no sistema, os recursos extraordinário e especial apresentam algumas características próprias.

Como já antecipado, tais recursos não se prestam à discussão ou ao revolvimento de matéria fática. Nesse sentido, as Súmulas 7 do STJ[506] e 279 do STF.[507] Os órgãos de origem (*a quo*) são soberanos na análise das circunstâncias fáticas e probatórias da causa.[508]

Contudo, "conforme entendimento do Superior Tribunal de Justiça, não se aplica o óbice da Súmula 7/STJ quando o exame do pleito recursal demanda exclusivamente a revaloração jurídica dos fatos já transcritos pela instância ordinária".[509]

O recurso extraordinário e o recurso especial serão interpostos perante o presidente ou o vice-presidente do tribunal recorrido, em petições distintas. Como exigências inerentes à regularidade formal, deverão conter: a exposição do fato e do direito; a demonstração do cabimento do recurso interposto; as razões do pedido de reforma ou de invalidação da decisão recorrida.[510] No recurso extraordinário, como visto anteriormente, deverá haver, também, a demonstração da repercussão geral da questão constitucional.[511]

---

[504] "Quando o recurso fundar-se em dissídio jurisprudencial, o recorrente fará a prova da divergência com a certidão, cópia ou citação do repositório de jurisprudência, oficial ou credenciado, inclusive em mídia eletrônica, em que houver sido publicado o acórdão divergente, ou ainda com a reprodução de julgado disponível na rede mundial de computadores, com indicação da respectiva fonte, devendo-se, em qualquer caso, mencionar as circunstâncias que identifiquem ou assemelhem os casos confrontados".

[505] "[...]. A embargante, ora agravante, deixou de realizar o necessário cotejo analítico entre os acórdãos em comparação, com a demonstração dos trechos que eventualmente os identificassem, limitando-se à mera transcrição de ementas e à reprodução do teor dos acórdãos, o que é insuficiente à comprovação do dissídio jurisprudencial invocado, nos termos do art. 266, § 1º, combinado com o art. 225, §§ 1º e 2º, do RISTJ. [...]." (STJ, AgInt nos EAREsp 780.316/MG, Rel. Ministro FRANCISCO FALCÃO, PRIMEIRA SEÇÃO, julgado em 14/06/2017, DJe 22/06/2017).

[506] "A pretensão de simples reexame de prova não enseja recurso especial".

[507] "Para simples reexame de prova não cabe recurso extraordinário".

[508] Nesse sentido, STJ, REsp 1666543/SP, Rel. Ministro HERMAN BENJAMIN, Segunda Turma, julgado em 06/06/2017, DJe 21/06/2017.

[509] STJ, AgInt no AREsp 988.326/SP, Rel. Ministro HERMAN BENJAMIN, Segunda Turma, julgado em 02/05/2017, DJe 16/06/2017.

[510] CPC, art. 1029.

[511] CPC, art. 1.035, § 2º.

Submetem-se, os referidos recursos, a juízo de admissibilidade desdobrado (bipartido). Caberá ao órgão *a quo* proceder ao primeiro exame de admissibilidade. Caso positivo, haverá a remessa dos autos ao tribunal respectivo, para novo juízo de admissibilidade, sem vinculação, evidentemente, à admissão provisória pela origem.

O art. 1.030 do CPC prevê que, recebida a petição do recurso pela secretaria do tribunal, o recorrido será intimado para apresentar contrarrazões no prazo de 15 (quinze) dias, findo o qual os autos serão conclusos ao presidente ou ao vice-presidente do tribunal recorrido, que deverá:

I – negar seguimento: a) a recurso extraordinário que discuta questão constitucional à qual o Supremo Tribunal Federal não tenha reconhecido a existência de repercussão geral ou a recurso extraordinário interposto contra acórdão que esteja em conformidade com entendimento do Supremo Tribunal Federal exarado no regime de repercussão geral; b) a recurso extraordinário ou a recurso especial interposto contra acórdão que esteja em conformidade com entendimento do Supremo Tribunal Federal ou do Superior Tribunal de Justiça, respectivamente, exarado no regime de julgamento de recursos repetitivos. De tais decisões, caberá *agravo interno*, nos termos do § 2º do art. 1.030;

II – encaminhar o processo ao órgão julgador para realização do juízo de retratação, se o acórdão recorrido divergir do entendimento do Supremo Tribunal Federal ou do Superior Tribunal de Justiça exarado, conforme o caso, nos regimes de repercussão geral ou de recursos repetitivos;

III – sobrestar o recurso que versar sobre controvérsia de caráter repetitivo ainda não decidida pelo Supremo Tribunal Federal ou pelo Superior Tribunal de Justiça, conforme se trate de matéria constitucional ou infraconstitucional. Da decisão de sobrestamento, caberá, nos termos do § 2º do art. 1.030, agravo interno;

IV – selecionar o recurso como representativo de controvérsia constitucional ou infraconstitucional, nos termos do § 6º do art. 1.036;

V – realizar o juízo de admissibilidade e, se positivo, remeter o feito ao Supremo Tribunal Federal ou ao Superior Tribunal de Justiça, desde que: a) o recurso ainda não tenha sido submetido ao regime de repercussão geral ou de julgamento de recursos repetitivos; b) o recurso tenha sido selecionado como representativo da controvérsia; ou c) o tribunal recorrido tenha refutado o juízo de retratação. Desta decisão, caso o juízo seja de inadmissão do recurso, caberá o *agravo do art. 1.042*, conforme indica o § 1º do art. 1030.

Os recursos extraordinário e especial, ressalvada a hipótese do art. 987, § 1º, do CPC, não são dotados de efeito suspensivo *ope legis*. Todavia, há possibilidade de concessão judicial do citado efeito, conforme estabelece o § 5º do art. 1.029 do CPC. O requerimento deverá ser dirigido ao tribunal superior respectivo, no período compreendido entre a publicação da decisão de admissão do recurso e sua distribuição, ficando o relator designado para seu exame prevento para julgá-lo; ao relator, se já distribuído o recurso; ao presidente ou ao vice-presidente do tribunal recorrido, no período compreendido entre a interposição do recurso e a publicação da decisão de admissão do recurso, assim como no caso de o recurso ter sido sobrestado, nos termos do art. 1.037.

Para a concessão do efeito suspensivo, à luz de decisão do STF, costuma-se exigir "que o recurso extraordinário interposto possua viabilidade processual, caracterizada, dentre outras, pelas notas da tempestividade, do prequestionamento explícito da matéria constitucional e da ocorrência de ofensa direta e imediata ao texto da Constituição, (c) que a postulação de direito material deduzida pela parte recorrente tenha plausibilidade jurídica e (d) que se demonstre, objetivamente, a ocorrência de situação configuradora do *periculum in mora*".[512] Sem destoar, já apontou o STJ que "apenas em situações excepcionais esta Corte Superior tem admitido a apreciação de medida cautelar/tutela de urgência que vise à concessão do efeito suspensivo a recurso especial, condicionando sua procedência à demonstração da presença concomitante dos requisitos do *fumus boni iuris* e *periculum in mora*: o primeiro relativo à plausibilidade, aferida em juízo sumário, da pretensão recursal veiculada no apelo extremo (sua probabilidade de êxito) e o segundo consubstanciado no risco de dano irreparável que, em uma análise objetiva, revele-se concreto e real".[513]

Consoante a Súmula 283 do STF: "É inadmissível o recurso extraordinário, quando a decisão recorrida assenta em mais de um fundamento suficiente e o recurso não abrange todos eles".[514] Por outro

---

[512] AC 2798 ED, Relator(a): Min. CELSO DE MELLO, Segunda Turma, julgado em 15/03/2011, PROCESSO ELETRÔNICO DJe-070 DIVULG 12-04-2011 PUBLIC 13-04-2011.
[513] AgInt no TP 265/SP, Rel. Ministro MARCO BUZZI, QUARTA TURMA, julgado em 04/05/2017, DJe 10/05/2017.
[514] Ilustra-se, *v.g.*: "[...]. 2. A ausência de impugnação específica de um dos fundamentos nodais do acórdão recorrido enseja o não-conhecimento do recurso extraordinário, incidindo, o enunciado da Súmula n. 283 do STF, *verbis*: É inadmissível o recurso extraordinário, quando a decisão recorrida assenta em mais de um fundamento suficiente e o recurso não abrange todos eles. 3. É que configura princípio básico da disciplina dos recursos o dever que tem o recorrente de impugnar as razões da decisão atacada, por isso que deixando de fazê-lo, resta ausente o requisito de admissibilidade consistente na regularidade formal, o que à luz da Súmula n. 283/STF, conduz ao não-conhecimento do recurso interposto. 4. Os princípios da legalidade, do devido processo

lado, é inadmissível recurso especial, quando o acórdão recorrido assenta em fundamentos constitucional e infraconstitucional, qualquer deles suficiente, por si só, para mantê-lo, e a parte vencida não manifesta recurso extraordinário (STJ, Súmula 126).

No caso de interposição conjunta de recurso extraordinário e recurso especial, os autos serão remetidos ao Superior Tribunal de Justiça. Concluído o julgamento do recurso especial, os autos serão remetidos ao Supremo Tribunal Federal para apreciação do recurso extraordinário, se este não estiver prejudicado. Se o relator do recurso especial considerar prejudicial o recurso extraordinário, em decisão irrecorrível, sobrestará o julgamento e remeterá os autos ao Supremo Tribunal Federal. Contudo, poderá o relator do recurso extraordinário, em decisão irrecorrível, rejeitar a prejudicialidade, devolvendo os autos ao Superior Tribunal de Justiça para o julgamento do recurso especial.[515]

Consagram os arts. 1.032 e 1.033 inovação estabelecida pelo CPC/15. Trata-se de uma espécie de *fungibilidade* entre os recursos extraordinário e especial. Com efeito, se o relator, no STJ, entender que o recurso especial versa sobre questão constitucional, deverá conceder prazo de 15 (quinze) dias para que o recorrente demonstre a existência de repercussão geral e se manifeste sobre a questão constitucional. Uma vez cumprida a diligência, o relator remeterá o recurso ao Supremo Tribunal Federal, que, em juízo de admissibilidade, poderá devolvê-lo ao Superior Tribunal de Justiça. Por outro lado, se o STF considerar como reflexa a ofensa à Constituição afirmada no recurso extraordinário, por pressupor a revisão da interpretação de lei federal ou de tratado, remetê-lo-á ao Superior Tribunal de Justiça para julgamento como recurso especial.

Outra novidade reside na norma estabelecida no art. 1.029, § 3º, do CPC, segundo a qual: "O Supremo Tribunal Federal ou o Superior Tribunal de Justiça poderá desconsiderar vício formal de recurso tempestivo ou determinar sua correção, desde que não o repute grave". Revela-se corolário da orientação do Código no sentido da primazia do julgamento do mérito. Consagra-se, assim, o que já denominamos

---

legal, da ampla defesa e do contraditório, da motivação das decisões judiciais, bem como os limites da coisa julgada, quando a verificação de sua ofensa dependa do reexame prévio de normas infraconstitucionais, revelam ofensa indireta ou reflexa à Constituição Federal, o que, por si só, não desafia a abertura da instância extraordinária. Precedentes. 5. Agravo regimental a que se nega provimento." (STF, AI 846446 AgR, Relator Ministro Luiz Fux, Primeira Turma, julgamento em 13.9.2011, DJe de 27.9.2011).

[515] CPC, art. 1031 e §§.

de *instrumentalidade objetiva* dos recursos extraordinário e especial.[516] Trata-se de instrumentalidade que se destina a permitir que o recurso extraordinário atenda aos seus fins. Relaciona-se, dessa forma, com a defesa e a manutenção, pelo STF e pelo STJ, da ordem objetiva, constitucional e infraconstitucional federal.

Nos termos da Súmula 456 do STF: "O Supremo Tribunal Federal, conhecendo do recurso extraordinário, julgará a causa, aplicando o direito à espécie".[517] O entendimento consolidado no enunciado foi seguido pelo art. 1.034 do CPC, segundo o qual, "Admitido o recurso extraordinário ou o recurso especial, o Supremo Tribunal Federal ou o Superior Tribunal de Justiça julgará o processo, aplicando o direito". Nos termos do seu parágrafo único: "Admitido o recurso extraordinário ou o recurso especial por um fundamento, devolve-se ao tribunal superior o conhecimento dos demais fundamentos para a solução do capítulo impugnado". Pertinente, no ponto, a lição de Alexandre Freitas Câmara: "No caso de haver julgamento de mérito do recurso, o STF e o STJ deverão ir além da mera fixação da tese jurídica aplicável, incumbindo-lhes julgar o caso concreto, aplicando o direito (art. 1.034). É que o STJ e o STF não são meros 'tribunais de teses', nem atuam como tribunais de cassação (limitando-se a invalidar decisões que reputem equivocadas para que os tribunais inferiores rejulguem as causas). A eles cabe atuar, em sede de recursos excepcionais, como *tribunais de revisão,* rejulgando as causas que lhe são submetidas através de recurso especial ou recurso extraordinário. E tanto isso é verdade que, admitido o recurso especial ou extraordinário, o capítulo da decisão que tenha sido impugnado é inteiramente devolvido ao

---

[516] AZEM, Guilherme Beux Nassif. Da instrumentalidade objetiva dos recursos extraordinário e especial – Breves considerações sobre o art. 1.029, § 3º, do novo Código de Processo Civil. In: REICHELT, Luiz Alberto; RUBIN, Fernando (Org.). *Grandes temas do novo código de processo civil*, v. 2. Porto Alegre: Livraria do Advogado, 2017, p. 139-148.

[517] A propósito, confira-se ilustrativo excerto de decisão do STJ: "O Superior Tribunal de Justiça, primando pela celeridade e economia processuais, vem mitigando o rigorismo do prequestionamento em situações excepcionais para, superado o juízo de admissibilidade, ampliar a extensão do efeito devolutivo, de forma a aplicar o direito à espécie, nos termos do art. 257 do RISTJ e da Súmula 456 do STF. Precedente: REsp 1.412.997/SP, Rel. Ministro LUIS FELIPE SALOMÃO, Quarta Turma, DJe 26/10/2015. Contudo, no caso em análise, a exigência de prequestionamento não se trata de mero rigorismo formal, que pode ser afastado pelo julgador a qualquer pretexto. Ele consubstancia a necessidade de obediência aos limites impostos ao julgamento das questões submetidas a esta Corte Superior, cuja competência foi outorgada pela Constituição Federal em seu art. 105." (AgRg no AREsp 786.210/SP, Rel. Ministro MOURA RIBEIRO, Terceira Turma, julgado em 01/12/2016, DJe 15/12/2016). Nossa posição é no sentido de que, sendo o prequestionamento, como já visto, requisito constitucional e inerente aos recursos especial e extraordinário, sua exigência não pode ser relevada, ainda que se trate de questão que permite conhecimento de ofício, sob pena, inclusive, de desnaturar o papel dos tribunais superiores, cuja missão precípua não é a justiça do caso concreto.

tribunal, devendo este examinar todos os fundamentos necessários para o seu completo reexame".[518]

Derradeiro ponto diz com o *julgamento dos recursos extraordinário e especial repetitivos*. Luiz Guilherme Marinoni, Sérgio Arenhart e Daniel Mitidiero sintetizam, com maestria, o procedimento dos repetitivos em cinco estágios distintos: "i) seleção de recursos fundados em idêntica controvérsia de direito (art. 1.036); ii) afetação da questão como repetitiva (art. 1.037); iii) instrução da controvérsia (art. 1.038); iv) decisão da questão repetida (art. 1.038, §§ 2º e 3º); e v) irradiação dos efeitos da decisão para os casos repetidos (arts. 1.039 e 1.040)".[519]

O juízo de afetação decorre do reconhecimento da multiplicidade de recursos extraordinários ou especiais com fundamento em idêntica questão de direito. Para tanto, a iniciativa pode decorrer do presidente ou vice-presidente do tribunal de justiça ou regional federal (que selecionará dois ou mais recursos representativos da controvérsia, que serão encaminhados ao Supremo Tribunal Federal ou ao Superior Tribunal de Justiça para fins de afetação, determinando a suspensão do trâmite de todos os processos pendentes, individuais ou coletivos, que tramitem no Estado ou na região, conforme o caso.);[520] ou do relator no tribunal superior (CPC, art. 1.036, §§ 1º e 5º).

A decisão de afetação, a ser proferida pelo relator, no tribunal superior, identificará com precisão a questão a ser submetida a julgamento; e determinará a suspensão do processamento de todos os processos pendentes, individuais ou coletivos, que versem sobre a questão e tramitem no território nacional. Poderá, o relator, requisitar aos presidentes ou aos vice-presidentes dos tribunais de justiça ou dos tribunais regionais federais a remessa de um recurso representativo da controvérsia;[521] fixar data para, em audiência pública, ouvir depoimentos de pessoas com experiência e conhecimento na matéria, com a finalidade de instruir o procedimento; requisitar informações aos

---

[518] CÂMARA, Alexandre Freitas. *O novo processo civil brasileiro*. São Paulo: Atlas, 2015, p. 547.

[519] MARINONI, Luiz Guilherme; ARENHART, Sérgio Cruz; MITIDIERO, Daniel. *Novo curso de processo civil: tutela dos direitos mediante procedimento comum*, vol. 2. 3. ed., rev., atual. e ampl. São Paulo: Revista dos Tribunais, 2017, p. 566.

[520] Nesta hipótese, se, após receber os recursos selecionados pelo presidente ou pelo vice-presidente de tribunal de justiça ou de tribunal regional federal, não se proceder à afetação, o relator, no tribunal superior, comunicará o fato ao presidente ou ao vice-presidente que os houver enviado, para que seja revogada a decisão de suspensão referida (CPC, art. 1037, § 1º). Conforme o § 2º do art. 1036, "O interessado pode requerer, ao presidente ou ao vice-presidente, que exclua da decisão de sobrestamento e inadmita o recurso especial ou o recurso extraordinário que tenha sido interposto intempestivamente, tendo o recorrente o prazo de 5 (cinco) dias para manifestar-se sobre esse requerimento". Da decisão que indeferir o requerimento, caberá apenas agravo interno, conforme o § 3º do mesmo dispositivo.

[521] CPC, art. 1037.

tribunais inferiores a respeito da controvérsia e, cumprida a diligência, intimará o Ministério Público para manifestar-se.[522]

O conteúdo do acórdão abrangerá a análise dos fundamentos relevantes da tese jurídica discutida.[523] Uma vez decididos os recursos repetitivos, os órgãos colegiados declararão prejudicados os demais recursos versando sobre idêntica controvérsia ou os decidirão aplicando a tese firmada.[524] Publicado o acórdão paradigma, o presidente ou o vice-presidente do tribunal de origem negará seguimento aos recursos especiais ou extraordinários sobrestados na origem, se o acórdão recorrido coincidir com a orientação do tribunal superior; o órgão que proferiu o acórdão recorrido, na origem, reexaminará o processo de competência originária, a remessa necessária ou o recurso anteriormente julgado, se o acórdão recorrido contrariar a orientação do tribunal superior; os processos suspensos em primeiro e segundo graus de jurisdição retomarão o curso para julgamento e aplicação da tese firmada pelo tribunal superior; se os recursos versarem sobre questão relativa a prestação de serviço público objeto de concessão, permissão ou autorização, o resultado do julgamento será comunicado ao órgão, ao ente ou à agência reguladora competente para fiscalização da efetiva aplicação, por parte dos entes sujeitos a regulação, da tese adotada.[525]

Mantido o acórdão divergente pelo tribunal de origem, o recurso especial ou extraordinário será remetido ao respectivo tribunal superior. Realizado o juízo de retratação, com alteração do acórdão divergente, o tribunal de origem, se for o caso, decidirá as demais questões ainda não decididas cujo enfrentamento se tornou necessário em decorrência da alteração. Já nos casos em que ocorrer a hipótese do inciso II do caput do art. 1.040 e o recurso versar sobre outras questões, caberá ao presidente ou ao vice-presidente do tribunal recorrido, depois do reexame pelo órgão de origem e independentemente de ratificação do recurso, sendo positivo o juízo de admissibilidade, determinar a remessa do recurso ao tribunal superior para julgamento das demais questões.[526]

Vale lembrar que a parte poderá desistir da ação em curso no primeiro grau de jurisdição, antes de proferida a sentença, se a questão nela discutida for idêntica à resolvida pelo recurso representativo

---

[522] CPC, art. 1038.
[523] CPC, art. 1038, § 3º.
[524] CPC, art. 1039.
[525] CPC, art. 1040.
[526] CPC, art. 1041, *caput* e §§ 1º e 2º.

da controvérsia. O ato independe de consentimento do réu, ainda que apresentada contestação. Se a desistência ocorrer antes de oferecida contestação, a parte ficará isenta do pagamento de custas e de honorários de sucumbência.[527]

Finalmente, digno de nota que a desistência do recurso não impede a análise de questão cuja repercussão geral já tenha sido reconhecida e daquela objeto de julgamento de recursos extraordinários ou especiais repetitivos.[528] Compatibiliza-se, assim, o direito à desistência do recurso com o interesse público na resolução da questão – e formação do precedente.

4.6. Agravo em recurso extraordinário ou especial

Roberta Scalzilli

O Superior Tribunal de Justiça e o Supremo Tribunal Federal constituem-se em instâncias extraordinárias, responsáveis pelo juízo de admissibilidade dos Recursos Especial e Extraordinário e também do agravo, que objetiva dar seguimento aos recursos principais.

Ambos os recursos de natureza extraordinária, possuem características comuns de excepcionalidade, necessidade de esgotamento das instâncias ordinárias; o não direcionamento à correção da injustiça incerta na decisão recorrida; a revisão de matéria exclusivamente de direito, além de apresentarem sistema de admissibilidade desdobrado ou bipartido, com uma fase perante o Tribunal *a quo* e outra perante o *ad quem*.

Desta feita, a doutrina pátria analisa os recursos sob dois aspectos distintos: o da admissibilidade e o do mérito. Caso sejam admissíveis, passa-se a verificar se a impugnação é fundada ou infundada.[529]

Para que os recursos especial e extraordinário possam ser conhecidos, encontram-se sujeitos aos pressupostos recursais genéricos, previstos na legislação processual brasileira, e os específicos,[530] previstos

---

[527] CPC, art. 1040, §§ 1º a 3º.

[528] CPC, art. 998, parágrafo único.

[529] BARBOSA MOREIRA, José Carlos. *O novo processo civil brasileiro*. 28. ed. Rio de Janeiro: Forense, 2010. p. 116

[530] Requisitos genéricos: cabimento, legitimidade, interesse em recorrer, tempestividade, preparo, regularidade formal e inexistência de fato impeditivo ou extintivo do direito de recorrer. Requisitos específicos: Prequestionamento, causas decididas, em única ou última instância e Repercussão geral.

na Constituição Federal. Esses requisitos se constituem em mecanismos de racionalização do trabalho dos tribunais.

O duplo juízo de admissibilidade nos recursos de natureza extraordinária atua como um filtro daquelas irresignações que não atendem aos requisitos exigidos, sendo o juízo de prelibação realizado no órgão *a quo* provisório, não vinculando a posterior análise do relator do Tribunal *ad quem*.[531]

Quando o recurso especial ou extraordinário é admitido, está decisão torna-se irrecorrível por ausência de interesse recursal do prejudicado, em razão de haver um novo juízo de admissibilidade quando os autos chegarem à instância superior.[532]

No entanto, caso tenha seu segmento obstado pelo não cumprimento de qualquer dos pressupostos de admissibilidade, a decisão denegatória do presidente ou do vice-presidente do Tribunal torna-se passível de ser atacada pela via do agravo,[533] salvo quando fundada na aplicação de entendimento firmado em regime de repercussão geral[534] ou em julgamento de recursos repetitivos.[535] [536] Nesses casos o recurso cabível será o agravo interno, conforme artigo 1.030, § 2º, no intuito de demonstrar o *distinguishing da questão, ou seja, que o precedente não se aplica ao caso concreto. Assim, em razão da expressa previsão legal quanto ao cabimento do agravo interno não há que se falar em fungibilidade recursal nesse caso.*[537]

---

[531] Destaque-se o voto do Ministro Sálvio de Figueiredo Teixeira nos Embargos de Declaração no Recurso Especial nº 140.750/RJ, Rel. Min. Sálvio de Figueiredo Teixeira, julgado pela Quarta Turma do Superior Tribunal de Justiça em 19.11.1998. "Por mais justa que seja a pretensão recursal, não podem ser desconsiderados os pressupostos recursais. O aspecto formal é importante em matéria processual, não por amor ao formalismo, mas para segurança das partes. Se assim não fosse, ter-se-ia que conhecer dos milhares de processos irregulares que aportam a este Tribunal apenas em nome do princípio constitucional do acesso à tutela jurisdicional".

[532] Nesse sentido o artigo 1030, V, do CPC.

[533] O agravo em recurso especial (AREsp) e o agravo em recurso extraordinário (ARE) são recursos previstos no inciso VIII do art. 994 do Código de Processo Civil que podem ser interpostos pela parte, terceiro prejudicado ou o Ministério Público, conforme art. 996, *caput* e parágrafo único, quando o recurso especial ou extraordinário foi *inadmitido*.

[534] Artigos 1.030, I, "a", do Código de Processo Civil. e 102, § 3º, da CF.

[535] Artigo 1.030, I, "b", e artigos 1036 a 1041 do CPC.

[536] Em razão do não cabimento de agravo nos caso de entendimento firmado em regime de repercussão geral ou em julgamento de recursos repetitivos, Sérgio Porto e Daniel Ústarroz sustentam a necessária criação de mecanismo que permita a revisão das orientações dos Tribunais Superiores de tempos em tempos, capaz de atualizar a jurisprudência. In: PORTO, Sérgio Gilberto; USTARRÓZ, Daniel. *Manual dos Recursos Cíveis.* 5. ed. Porto Alegre: Livraria do Advogado, 2016. p. 270.

[537] Sobre o manejo do agravo interno ver: *Novo código de processo civil anotado / OAB.* – Porto Alegre: OAB RS, 2015. In: Roberta Scalzilli. Agravo interno. Anotações ao artigo 1.021. p 795-797. Destaque-se que a ausência de ambiguidade advinda da expressa previsão legal (1030) caracteriza erro grosseiro, caso o recurso manejado em casos de sobrestamento dos recursos de natureza extraordinária em razão de recursos repetitivos ou repercussão geral, seja o agravo do artigo 1.042.

Esse recurso deverá ser interposto no Tribunal de origem no prazo de quinze dias,[538] independe do pagamento de custas e despesas postais, em razão de já haver um recurso especial ou extraordinário inadmitido, onde foi pago o preparo, sendo que a ideia do recurso de agravo em recurso especial ou em recurso extraordinário é fazer com que os autos desse processo subam ao Tribunal *ad quem* para que seja feito outro exame de admissibilidade, além do realizado no Tribunal *a quo*. O recurso de agravo em comento será submetido ao regime de repercussão geral e de recursos repetitivos, inclusive quanto à possibilidade de sobrestamento e do juízo de retratação, não havendo, portanto, a subida do recurso ao Tribunal Superior.

O agravado será intimado para oferecer resposta em igual prazo de quinze dias em atenção aos princípios do contraditório e isonomia e não havendo retratação (que acarretaria perda do objeto), o recurso será remetido ao Tribunal Superior.

O agravo poderá ser julgado, conforme o caso, conjuntamente com o recurso especial ou extraordinário, assegurada, neste caso, sustentação oral, observando-se, ainda, o disposto no regimento interno do Tribunal respectivo.[539]

Na hipótese de recursos extraordinário e especial interpostos conjuntamente (para os casos em que o mesmo acórdão ofende tanto a legislação federal infraconstitucional quanto uma norma constitucional) o agravante deverá interpor um agravo para cada recurso não admitido.[540]

Em havendo somente um agravo, o mesmo será remetido ao Tribunal competente. Todavia, se houver interposição conjunta, os autos serão encaminhados ao Superior Tribunal de Justiça que realizará o julgamento e, se for o caso remeterá ao Supremo Tribunal Federal para que aprecie o agravo a ele dirigido, salvo se estiver prejudicado.[541]

Entende-se possível a concessão de efeito suspensivo ao agravo em recurso especial e extraordinário pelo relator,[542] caso fique demonstrado o risco de dano grave, de difícil ou impossível reparação,

---

[538] Excetuado os embargos de declaração, o Código de Processo Civil padroniza o prazo para interposição de recursos em quinze dias úteis, conforme artigo 1.003, § 5º.

[539] Conforme artigo 1.042, § 5º, do Código de Processo Civil.

[540] Segundo disciplina do artigo 1.042, § 6º, do Código de Processo Civil.

[541] Conforme artigo 1.042, §§ 7º e 8º, do Código de Processo Civil. O agravo em comento não exige a formação de instrumento, portanto, não apenas o recurso, mas todo processo será remetido ao Tribunal competente para que tenha subsídios para analisá-lo.

[542] Apesar de inexistir previsão expressa no artigo 1.042.

assim como a probabilidade de provimento do recurso, conforme inteligência do parágrafo único do artigo 995 do CPC.

Importante que se faça distinção entre o agravo, ora em comento, previsto no artigo 1.042 do CPC e interposto nos próprios autos com o agravo de instrumento do artigo 1.015 do mesmo diploma processual.

Assim sendo, tais exigências processuais para o manejo do agravo decorrem da natureza de excepcionalidade dos recursos que se objetiva destrancar. Esse regramento busca estabelecer decisões integras e harmônicas amparadas nos princípios Constitucionais e Processuais do Estado Democrático de Direito, visando obter um sistema coerente de justiça.

4.7. Embargos de divergência

Felipe Camilo Dall'Alba

Os embargos de divergência são um recurso cabível, no âmbito do STF ou do STJ, para **uniformizar a jurisprudência interna dos tribunais superiores**. Tal recurso objetiva eliminar divergências entre órgãos do mesmo tribunal superior, guardando total consonância com o art. 926, isto é, os tribunais devem uniformizar sua jurisprudência e mantê-la estável, íntegra e coerente.[543] Adverte Ernesto Toniolo que a existência de decisões dissonantes causa grande insegurança e compromete a expectativa da sociedade brasileira, em relação ao desempenho ideal das funções do Supremo Tribunal Federal e do Superior Tribunal de Justiça.[544] Porém, além de uniformizar a jurisprudência internamente, reforma-se ou anula-se o acórdão embargado.[545]

O art. 1.043 estabelece as hipóteses de cabimento de dito recurso. De acordo com o referido artigo, é embargável o acórdão de órgão fracionário que, em recurso extraordinário ou em recurso especial, divergir do julgamento de qualquer outro órgão do mesmo tribunal, sendo os acórdãos, embargado e paradigma, de mérito; em recurso extraordinário ou em recurso especial, divergir do julgamento de qualquer

---

[543] Consultar, MARINONI, Luiz Guilherme; ARENHART, Sérgio Cruz; MITIDIERO, Daniel. *Curso de processo civil.* São Paulo: Revista dos Tribunais, 2017. p. 571.

[544] TONIOLO, Ernesto José. Os embargos de divergência no novo Código de Processo Civil. In: Coord: REICHELT, Luis Alberto; Rubin, Fernando. *Grandes temas dos novo Código de Processo Civil.* Porto Alegre: Livraria do Advogado, 2016. p. 149.

[545] DIDIER JUNIOR, Fredie; CUNHA, Leonardo Carneiro. *Curso de direito processual civil.* Salvador: Jus Podivm, 2016. p. 386. v. 3.

outro órgão do mesmo tribunal, sendo um acórdão de mérito e outro que não tenha conhecido do recurso, embora tenha apreciado a controvérsia.[546]

Como se vê, é necessário que se esteja em face de decisão tomada por órgão fracionário, que, no STJ significa turma ou seção e, no STF, turma, e, além disso, que a decisão tenha sido tomada em Recurso Extraordinário ou em Recurso Especial. Embora o CPC fale em acórdão em Recurso Extraordinário e/ou em Recurso Especial, deve-se atentar à Súmula 316 do STJ, no sentido de que *cabem embargos de divergência contra acórdão que, em agravo regimental, decide recurso especial.* Contudo, **não cabe de decisão monocrática, e esta também não serve como paradigma da divergência**. Assim como, conforme entendimento do Superior Tribunal de Justiça, "são incabíveis embargos de divergência quando o acórdão embargado não ultrapassou o juízo de admissibilidade e o julgado paradigma admitiu o recurso e enfrentou o mérito, inexistindo, por essa razão, a indispensável semelhança fático-processual entre os arestos confrontados. As exigências relativas à demonstração da divergência jurisprudencial não foram modificadas pelo CPC/2015, nos termos do seu art. 1.043, § 4º".[547]

Segundo Fredie Didier e Leonardo Carneiro da Cunha, no âmbito do STF, ao Plenário compete julgar os embargos de divergência, esteja a Turma divergindo da outra Turma, dela mesma ou do próprio plenário. No âmbito do STJ, se a decisão da turma estiver divergindo de outra turma que integra a mesma seção, ou se estiver divergindo da própria seção, esta é que irá julgar os embargos. Se a divergência for com turma que integre outra seção, ou com decisão proferida por outra seção ou pela Corte Especial, cabe a esta julgar os embargos de divergência. Se a decisão da seção divergir de outra seção ou da Corte

---

[546] PROCESSUAL CIVIL. ENUNCIADO ADMINISTRATIVO Nº 3/STJ. EMBARGOS DE DIVERGÊNCIA. INVIÁVEL O DISSENSO INTERPRETATIVO ENTRE OS JULGADOS CONFRONTADOS QUANDO O PARADIGMA CONHECE DO RECURSO E ADENTRA O MÉRITO E O ACÓRDÃO IMPUGNADO NÃO ULTRAPASSA O JUÍZO DE ADMISSIBILIDADE. ENTENDIMENTO DA CORTE ESPECIAL DO STJ. 1. Dispõe o art. 1.043, III, do CPC/2015 que é embargável o acórdão de órgão fracionário que, em recurso extraordinário ou em recurso especial, divergir do julgamento de qualquer outro órgão do mesmo tribunal, sendo um acórdão de mérito e outro que não tenha conhecido do recurso, embora tenha apreciado a controvérsia. 2. Não foi apreciado o mérito da controvérsia no acórdão embargado, no qual marcado que "é inviável o agravo interno que deixa de impugnar especificamente os fundamentos da decisão agravada (CPC/2015, art. 1.021, § 1º)". 3. Aplicável à espécie o ntendimento da Corte Especial deste STJ segundo o qual "é inviável o dissenso interpretativo entre os julgados confrontados quando o paradigma conhece do recurso e adentra o mérito e o acórdão impugnado não ultrapassa o juízo de admissibilidade" (AgRg nos EREsp 1104244/PR, Corte Especial, Rel. Min. João Otávio de Noronha, DJe 18/05/2012). 4. Agravo interno não provido. (AgInt nos EAREsp 678.028/BA, Rel. Ministro MAURO CAMPBELL MARQUES, Corte Especial, julgado em 15/03/2017, DJe 21/03/2017).

[547] AgInt nos EREsp 1367403/PR, Rel. ministro ANTONIO CARLOS FERREIRA, Segunda Seção, julgado em 22/02/2017, DJe 01/03/2017.

Especial, cabe a esta julgar os embargos de divergência.[548] E, conforme decidiu o STJ: "se os embargos de divergência se fundamentam em paradigmas de Turma da mesma Seção, em que se originou o acórdão embargado, e de outras Seções, faz-se necessária a cisão do julgamento, uma vez que compete à Seção respectiva julgar os embargos de divergência quanto aos seus paradigmas internos, e à Corte Especial os demais".[549]

Outrossim, na pena de Araken de Assis, do art. 1.043, *caput*, pode-se concluir que não cabem embargos de divergência aos acórdãos da Corte Especial do STJ e do Pleno do STF, porque são órgãos uniformizadores, presumivelmente vergando à autoridade dos seus julgados o entendimento das turmas quanto à matéria, e, no STJ, os acórdãos das Seções. Nesse último caso, mesmo com a especialização, percebe-se facilmente o dissídio, porque as turmas do STJ têm competência concorrente em algumas áreas – por exemplo, quanto ao direito processual.[550]

Outrossim, discussões sobre a técnica de admissibilidade do Recurso Especial não desafiam os embargos de divergência. Conforme a jurisprudência do STJ, "não cabem Embargos de Divergência contra acórdão desta Corte Superior que não conheceu do Recurso Especial pela incidência de regra técnica quanto à admissibilidade". O Novo Código de Processo Civil não superou o entendimento jurisprudencial desta Corte, segundo o qual "não se admitem embargos de divergência interpostos com o objetivo de discutir o acerto ou desacerto na aplicação de regra técnica de conhecimento de recurso especial", máxime quando o recurso especial não tiver chegado a se pronunciar sobre o mérito da controvérsia, realizando, apenas, o juízo de admissibilidade do recurso especial.[551]

Frise-se que o CPC autoriza o confronto de teses jurídicas contidas em julgamentos de recursos e de ações de competência originária (art. 1.043, § 1º). As ações originárias são, por exemplo, mandado de segurança e ação direita de inconstitucionalidade. A jurisprudência do STF e do STJ era no sentido de não admitir a utilização, como paradigma, para interposição dos embargos de divergência, dos acórdãos prolatados nas ações originárias; porém, o CPC, mudou o

---

[548] DIDIER JUNIOR, Fredie; CUNHA, Leonardo Carneiro. *Curso de direito processual civil*. Salvador: Jus Podivm, 2016. p. 390. v. 3.
[549] EDcl nos EAREsp 235.365/BA, Rel. ministro RAUL ARAÚJO, Corte Especial, julgado em 15/03/2017, DJe 28/03/2017.
[550] ASSIS, Araken. *Manual dos recursos*. São Paulo: Revista dos Tribunais, 2016.
[551] AgInt nos EREsp 1551941/SP, Rel. Ministro MAURO CAMPBELL MARQUES, Primeira Seção, julgado em 22/02/2017, DJe 03/03/2017.

panorama.[552] Aduz Araken de Assis que, portanto, "não são embargáveis julgamentos de processos de competência originária dos tribunais superiores. Mas, a Lei 13.256/2016 preservou o art. 1.043, § 1º, segundo o qual a tese jurídica adotada no processo de competência originária pode ser confrontada com a do julgamento dos recursos extraordinário e especial".[553]

Ademais, a divergência que autoriza a interposição de embargos de divergência pode verificar-se na aplicação do direito material ou do direito processual (art. 1.043, § 2º). Tratando-se de questão processual, atenua-se a exigência de similitude fática: tratando-se de divergência a propósito de regra de direito processual (inversão do ônus da prova) não se exige que os fatos em causa no acórdão recorrido e paradigma sejam semelhantes, mas apenas que divirjam as Turmas, a propósito da interpretação do dispositivo de lei federal controvertido no recurso.[554]

Cabem embargos de divergência quando o acórdão-paradigma for da mesma turma que proferiu a decisão embargada, desde que sua composição tenha sofrido alteração em mais da metade de seus membros (art. 1.043, § 3º). Ernesto Toniolo indica que o dispositivo trata da alteração na composição da turma, não sendo permitido o contraste, levando em consideração o nome dos ministros que participaram da sessão de julgamento.[555] Porém, segundo entendimento do STJ, "a vigência do Novo Código de Processo Civil não revogou o disposto na súmula 158/STJ, uma vez que não há incompatibilidade entre eles, sendo o enunciado um meio interpretativo da norma". Assim sendo, "não se presta a justificar embargos de divergência o dissídio com acórdão de turma ou seção que não mais tenha competência para a matéria neles versada". Mesmo após a entrada em vigor do novo Código de Processo Civil, incide o enunciado da Súmula 158, desta Corte, "[...] 2. Os embargos de divergência evitam que persista, dentro do mesmo Tribunal, dissenso sobre a interpretação da lei federal.

---

[552] Ernesto Toniolo tem uma interpretação restritiva do dispositivo, pois a previsão legal da possibilidade de contrastar acórdãos, formados no julgamento do extraordinário e especial com aqueles proferidos em recurso ordinário, ou processo de competência originária não dispensa a análise da semelhança fática e jurídica entre a decisão embargada e o acórdão-paradigma. (TONIOLO, Ernesto José. Os embargos de divergência no novo Código de Processo Civil. In: Coord: REICHELT, Luis Alberto; RUBIN, Fernando. *Grandes temas do novo Código de Processo Civil*. Porto Alegre: Livraria do Advogado, 2016. p. 154).

[553] ASSIS, Araken. *Manual dos recursos*. São Paulo: Revista dos Tribunais, 2017. p. 988.

[554] EREsp 422.778/SP, Rel. ministro JOÃO OTÁVIO DE NORONHA, Rel. p/ Acórdão Ministra MARIA ISABEL GALLOTTI, Segunda Seção, julgado em 29/02/2012, DJe 21/06/2012.

[555] TONIOLO, Ernesto José. Os embargos de divergência no novo Código de Processo Civil. In: Coord: REICHELT, Luis Alberto; RUBIN, Fernando. *Grandes temas do novo Código de Processo Civil*. Porto Alegre: Livraria do Advogado, 2016. p. 158.

Esse risco não existe quando o paradigma é de Turma que não mais detém competência para o julgamento da matéria, motivo pelo qual o recurso não se justifica".

O recorrente provará a divergência com certidão, cópia ou citação de repositório oficial ou credenciado de jurisprudência, inclusive em mídia eletrônica, em que foi publicado o acórdão divergente, ou com a reprodução de julgado disponível na rede mundial de computadores, indicando a respectiva fonte, e mencionará as circunstâncias que identificam ou assemelham os casos confrontados (art. 1.043, § 4º). Exige-se o cotejo analítico para que sejam admitidos os embargos de divergência, o recorrente deve demonstrar analiticamente o dissídio pretoriano, por meio da transcrição de trechos dos acórdãos-paradigma e recorrido. A alegação de notoriedade do dissídio apenas dispensa a realização do cotejo analítico, quando os elementos contidos no recurso são suficientes, para se concluir que os julgados confrontados conferiram tratamento jurídico distinto à similar situação fática, o que não ocorreu na espécie.[556]

No que tange ao procedimento, é importante ressaltar que o prazo é de 15 (quinze) dias (art. 1.003, § 5º). Não se pode esquecer que a Advocacia Pública, o Ministério Público e a Defensoria Pública têm prazo em dobro. Os litisconsortes, que tiverem diferentes procuradores, de escritórios de advocacia distintos, terão prazos contados em dobro para todas as suas manifestações, em qualquer juízo ou tribunal, independentemente de requerimento. Cessa a contagem do prazo em dobro se, havendo apenas 2 (dois) réus, é oferecida defesa por apenas um deles. Não se aplica o disposto no *caput* aos processos em autos eletrônicos. No recurso de embargos de divergência, será observado o procedimento estabelecido no regimento interno do respectivo tribunal superior (art. 1.044). O regimento do STF prevê os embargos nos arts. 330 a 336, e o regimento do STJ, nos arts. 266 a 267.

A interposição de embargos de divergência, no Superior Tribunal de Justiça, interrompe o prazo para interposição de recurso extraordinário por qualquer das partes (art. 1.044, § 1º). Como já é jurisprudência pacífica no STF, cabe recurso extraordinário quando a questão constitucional surgir no julgamento do recurso especial e, nesse caso, os embargos interrompem o prazo.[557] Fredie Didier e Leonardo Carneiro da Cunha aduzem que, contra acórdão proferido pelo STJ, é

---

[556] AgRg nos EAg 1328641/RJ, Rel. ministro CASTRO MEIRA, Corte Especial, julgado em 05/10/2011, DJe 14/10/2011.
[557] DEL CLARO, Roberto Bengui. *Código de processo civil comentado*. Coord.: CUNHA, José Sebastião Fagundes; BOCHENEK, Antonio César; CAMBI, Eduardo. São Paulo: Revista dos Tribunais, 2016. p. 1425.

permitido que uma parte interponha recurso extraordinário, e a outra, embargos de divergência. Os embargos de divergência, como está na lei, irão interromper o prazo para a interposição do recurso extraordinário, o qual, em tal exemplo, já terá, entretanto, sido interposto.[558] Portanto, em sendo os embargos de divergência desprovidos ou não alterarem a conclusão do julgamento anterior, o recurso extraordinário interposto pela outra parte, antes da publicação do julgamento dos embargos de divergência, será processado e julgado independentemente de ratificação (art. 1.044, § 2º).

Por fim, Araken de Assis observa que o julgamento dos embargos de divergência não contraria o processamento dos outros recursos. Porém, variam alguns aspectos da solenidade. Fora daí, o julgamento começa com a leitura do relatório. Ademais, cabe sustentação oral (art. 937, V). Em seguida, manifesta-se o Ministério Público. A votação começa pelo relator, seguindo-se os votos dos demais juízes. Verificando o colégio que há divergência, "assentará a tese jurídica correta e aplicá-la-á à espécie" julgando a causa. As etapas subsequentes também seguem o modelo comum.[559]

4.8. Recurso ordinário

O recurso ordinário tem previsão constitucional; com isso, o CPC regulamenta o que já consta na CF/88. Logo não cria novas hipóteses de cabimento, sendo que o art. 994, V, do CPC, enuncia o cabimento do recurso ordinário. Conforme previsto na CF/88, são receptores de recurso ordinário, nas suas respectivas hipóteses, tanto o STF como o STJ. Por vezes, portanto, os tribunais locais funcionam como primeira instância; em determinados casos, em face de suas decisões, será cabível o recurso ordinário, que faz as vezes da apelação. Em tais casos, STF ou STJ funcionarão como segunda instância, podendo conhecer matéria de fato. Difere-se, pois, do modelo dos recursos especial e extraordinário; a semelhança, como já dito, é com a apelação,[560] por isso, o nome de recurso ordinário.

Diz o art. 102 II, alínea "a", da CF, que cabe ao STF julgar, em recurso ordinário, o *habeas corpus*, o mandado de segurança, o *habeas data* e o mandado de injunção, decididos em única instância pe-

---

[558] DIDIER JUNIOR, Fredie; CUNHA, Leonardo Carneiro. *Curso de direito processual civil*. Salvador: Jus Podivm, 2016. p. 395. v. 3.
[559] ASSIS, Araken. *Manual dos recursos*. São Paulo: Revista dos Tribunais, 2017. p. 1009
[560] MARINONI, Luiz Guilherme; ARENHART, Sérgio Cruz; MITIDIERO, Daniel. *Curso de processo civil*. São Paulo: Revista dos Tribunais, 2017. p. 553.

los Tribunais Superiores, se denegatória a decisão. Já o art. 105, II, alíneas, *a*, *b*, *c*, diz que cabe ao STJ julgar, em recurso ordinário, os *habeas corpus* decididos em única ou última instância pelos Tribunais Regionais Federais, ou pelos tribunais dos estados, do Distrito Federal e dos territórios, quando a decisão for denegatória; os mandados de segurança decididos em única instância pelos Tribunais Regionais Federais, ou pelos tribunais dos estados, do Distrito Federal e dos territórios, quando denegatória a decisão; as causas em que forem partes Estado estrangeiro ou organismo internacional, de um lado, e, de outro, município ou pessoa residente ou domiciliada no País.

Assim, seguindo o figurino estabelecido pela CF/88 o art. 1.027 do CPC, no inciso I, indica que serão julgados em recurso ordinário, pelo Supremo Tribunal Federal, os mandados de segurança, os *habeas data* e os mandados de injunção, decididos em única instância pelos tribunais superiores, quando denegatória a decisão. Portanto, não cabe recurso ordinário quando procedente o pedido, mas apenas quando denegado; além do que, deve ser uma decisão denegatória do STJ, TST, TSE, STM. Sobre o conceito de decisão denegatória, indicam Fredie Didier e Leonardo Carneiro da Cunha que "compreende não só decisões que julgam improcedente o pedido, mas também as que extinguem o processo, sem apreciação de mérito. Denegar significa não acolher o pedido".[561]

Por sua vez, o art. 1.027, II, do CPC, com a competência restrita em matéria cível, indica que serão julgados em recurso ordinário pelo Superior Tribunal de Justiça:

a) os mandados de segurança decididos em única instância pelos tribunais regionais federais ou pelos tribunais de justiça dos estados, do Distrito Federal e dos territórios, quando denegatória a decisão. Mais uma vez aqui a CF/88 fala em decisão denegatória, porém não mais de Tribunal Superior, mas sim dos Tribunais Regionais Federais e dos Tribunais de Justiça; não cabe, com isso, contrariar decisão de turma recursal de juizado especial cível, nem acórdão de TRT ou TER.[562] Julgou o STJ que "não cabe recurso em mandado de segurança contra acórdão do Tribunal proferido em sede de apelação em mandado de segurança, configurando erro grosseiro a interposição equivocada, o que inviabiliza a aplicação do princípio da fungibilidade recursal";[563]

---

[561] DIDIER JUNIOR, Fredie; CUNHA, Leonardo Carneiro. *Curso de direito processual civil*. v. 3. Salvador: Jus Podivm, 2016, 2016. p. 300.

[562] Idem, p. 301

[563] AgInt no RMS 51.963/MG, Rel. Min. REGINA HELENA COSTA, 1º T., julg. 06/04/2017, DJe 19/04/2017. Ver também o cabimento do mandado de segurança quando é usado como sucedâneo recursal: RMS 49.525/BA, Rel. Min. RAUL ARAÚJO, 4ª T., julg. 02/02/2017, DJe 20/02/2017.

b) os processos em que forem partes, de um lado, Estado estrangeiro ou organismo internacional e, de outro, município ou pessoa residente ou domiciliada no País. Essas demandas tramitam, de acordo com a CF/88, no primeiro grau da justiça federal (art. 109, II, da CF); logo descabe apelação para o TRF; deve-se interpor, diretamente, recurso ordinário para o STJ. Julgou o STJ que "contra sentença que julga ação promovida contra organismo internacional, o recurso próprio é o ordinário, de competência do Superior Tribunal de Justiça, a teor do disposto nos arts. 105, II, "c", da CF c/c 539, II, "b", do CPC. Constitui erro grosseiro a interposição de apelação cível, dirigida ao Tribunal Regional Federal, quando se trata de hipótese de cabimento de recurso ordinário".[564] Trata-se de uma exceção ao sistema recursal, pois o processo sai do primeiro grau, sem passar pelo tribunal, e vai diretamente para o STJ. Portanto, seguindo a mesma lógica, o art. 1.027, § 1°, registra que, nos processos referidos no inciso II, alínea "b", do art. 1.027, contra as decisões interlocutórias caberá agravo de instrumento dirigido ao Superior Tribunal de Justiça; nas hipóteses do art. 1.015, aplicam-se as disposições relativas ao agravo de instrumento e o Regimento Interno do Superior Tribunal de Justiça. Da mesma maneira, enuncia o art. 1.028 que, ao recurso mencionado no art. 1.027, inciso II, alínea "b", aplicam-se, quanto aos requisitos de admissibilidade e ao procedimento, as disposições relativas à apelação e o Regimento Interno do Superior Tribunal de Justiça.

Quanto ao processamento do recurso ordinário, o art. 1.028, § 2°, prevê que o recurso previsto no art. 1.027, incisos I e II, alínea "a", deve ser interposto perante o tribunal de origem, cabendo ao seu presidente ou vice-presidente determinar a intimação do recorrido para, em 15 (quinze) dias, apresentar as contrarrazões. Findo o prazo referido no § 2°, os autos serão remetidos ao respectivo tribunal superior, independentemente de juízo de admissibilidade. Lembra Sérgio Luiz Kukina que o prazo de interposição é de 15 dias (1.003, § 5°), sujeito a preparo (1.007); não se admite a modalidade adesiva (997), porém cabe sustentação oral (937, II) e deve haver a intervenção do Ministério Público, por ser denegação de remédio constitucional.[565] Observe-se, por ser importante, como já decidiu o STJ, que os feriados locais não vinculam o Superior Tribunal de Justiça, de forma que inexiste

---

[564] AgRg no RO 95/RS, Rel. ministra MARIA ISABEL GALLOTTI, Quarta Turma, julgado em 21/08/2012, DJe 03/10/2012.
[565] KUKINA, Sérgio Luiz. *Código de processo civil comentado*. CUNHA, José Sebastião Fagundes; BOCHENEK, Antonio César; CAMBI, Eduardo (coords.). São Paulo: Revista dos Tribunais, 2016. p. 1404.

suspensão de prazo, quando o protocolo do recurso ocorrer diretamente nesta Corte.[566]

Advirta-se que o recurso ordinário tem fundamentação livre, sendo que o CPC permite a aplicação da regra da causa madura (1.013, § 3º) o que era antes rechaçado pela jurisprudência dos tribunais superiores. Assim, como aplica-se o art. 1.029, § 5º, ou seja, cabe também pedido de efeito suspensivo.

Além disso, caso a denegação do mandado de segurança, do *habeas data* e do mandado de injunção ocorra em decisão monocrática do relator, o interessado deve manejar o agravo interno, para ter uma decisão colegiada, pois o recurso ordinário é contra a decisão proferida por tribunal, e não contra a decisão monocrática (Súmula 281/STF).[567] Na mesma esteira, a Súmula 272 do STF afirma que não se admite como recurso ordinário, recurso extraordinário de decisão denegatória de mandado de segurança.[568]

---

[566] EDcl nos EDcl no AgRg no RMS 44.989/MS, Rel. ministro SÉRGIO KUKINA, Primeira Turma, julgado em 16/03/2017, DJe 29/03/2017.
[567] KUKINA, Sérgio Luiz. *Código de processo civil comentado*. Coord.: CUNHA, José Sebastião Fagundes; BOCHENEK, Antonio César; CAMBI, Eduardo. São Paulo: Revista dos Tribunais, 2016. p. 1404.
[568] Pela fungibilidade, contrário à Sumula, consultar: DIDIER JUNIOR, Fredie; CUNHA, Leonardo Carneiro. *Curso de direito processual civil*. Salvador: JusPodivm, 2016. p. 297. v. 3.

5. Ações autônomas de impugnação

5.1. Ação Rescisória

Hilbert Maximiliano Akihito Obara

5.1.1. Noções gerais

A ação rescisória tem o objetivo de desconstituir[569] a decisão sobre a qual já se operou a coisa julgada material e/ou formal, com eventual rejulgamento da causa original. De qualquer modo, não pode mais a decisão atacada pela ação rescisória ser objeto de qualquer recurso, razão pela qual a doutrina lhe atribui natureza jurídica de sucedâneo recursal.[570]

A ação rescisória tem pressupostos específicos, com destaque para o prazo máximo decadencial de dois anos para a propositura, necessidade de configuração de hipóteses especificadas expressamente no código de cabimento e competência originária dos órgãos superiores (não pode ser proposta no primeiro grau de jurisdição). Por tal motivo, não se confunde com as situações excepcionais de desconsideração da coisa julgada, em que o requisito extralegal é o da configuração de situação de extremada injustiça, não havendo prazo limite de dois anos e nem a competência originária dos tribunais.[571]

---

[569] O provimento de desconstituição não se confunde com decretação/declaração de nulidade ou inexistência, o que acontece é que algumas hipóteses que seriam de nulidade previamente previstas no Código (incisos do art. 966, CPC) permitem a rescindibilidade da coisa julgada. Tanto que há a possibilidade de rescindibilidade sem questionamento de nulidade, como quando se autoriza a ação rescisória por documento novo.

[570] Daniel Amorim Assumpção Neves refere que a ação rescisória é "uma espécie de sucedâneo recursal, ou seja, meio de impugnação de decisão judicial que se desenvolve me processo distinto daquele no qual a decisão impugnada foi proferida, comumente chamada de ação autônoma de impugnação". In: *Manual de Direito Processual Civil*, volume único, 7ª ed. Método, 2015.

[571] Daniel Amorim Assumpção Neves enxerga, a propósito, uma semelhança entre a ação que objetiva a desconsideração da coisa julgada e a ação rescisória por afirmar ser "correta a conclusão de que a ação rescisória é uma ação autônoma de impugnação que busca desconstituir decisões judiciais que tenham gerado coisa julgada material, daí ser considerada uma excepcional hipótese, legalmente prevista, de 'relativização da coisa julgada'". Op. cit.

De regra, a ação rescisória trata de situação em que se operou a coisa julgada material, com o alcance da tutela definitiva, tanto que o código expressamente prevê[572] a rescindibilidade para as decisões de mérito transitadas em julgado. Porém, em seguida giza[573] a situação excepcional de rescisão das sentenças terminativas transitadas em julgado, desde que impeditivas de repropositura da ação. É permitida, assim, na situação narrada, a ação rescisória de decisão que formou somente a coisa julgada formal.[574] Por fim, o código registra[575] o cabimento da ação rescisória nas decisões de inadmissibilidade de recurso, sobre as quais não exista a possibilidade recursal.

De todo modo, na decisão objurgada pela ação rescisória, como visto, comumente há tutela definitiva e coisa julgada material, a ponto da doutrina e jurisprudência majoritárias inadmitirem a ação rescisória na tutela cautelar.[576] A tutela definitiva, marcada pela cognição vertical exauriente,[577] no paradigma racionalista,[578] é o objeto do processo de conhecimento. Corolário lógico, há de ser conferida imutabilidade ao pronunciamento judicial decorrente do esgotamento do processo de conhecimento, de modo a permitir a tão perseguida segurança jurídica.[579] Em sendo assim, a rescindibilidade do julgado coberto pelo manto da imutabilidade, objeto da ação em comento, somente pode ser admitida em caráter excepcional. São as hipóteses do art. 966 do CPC, que, portanto, configuram rol taxativo.[580] Inclusive, corroborando a excepcionalidade, a jurisprudência é pacífica no sentido de que

---

[572] Art. 966, *caput*, CPC.

[573] Art. 966, § 2º, inciso I, CPC.

[574] Importante lembrar que as demais situações de extinção do processo sem julgamento de mérito, geradora da coisa julgada formal, dispensam ação rescisória por permitirem a repropositura da ação, desde que haja a correção do defeito.

[575] Art. 966, § 2º, inciso II, CPC.

[576] Na lição de Ovídio Araújo Baptista da Silva, desde há muito, a cautelar é temporária e não alcança a cognição vertical exauriente. Em sendo assim, pode ser revogada e modificada a qualquer tempo, tornando desnecessária a ação rescisória. In: *As ações cautelares e o novo processo civil*. 3. ed. Rio de Janeiro: Forense.

[577] Ver: Kazuo Watanabe. In: *Cognição no Processo Civil*. 4. ed. Saraiva. 2012.

[578] Ver: Ovídio A. da Silva Baptista. In: *Processo e Ideologia: o Paradigma Racionalista*. 2. ed. Rio de Janeiro: Forense, 2006

[579] "a coisa julgada concretiza no processo o princípio da segurança jurídica-substrato indelével do Estado Constitucional". In: *Novo Código de Processo Civil Comentado*. Luiz Guilherme Marinoni, Sergio Cruz arenhart e Daniel Mitidiero. Revista dos Tribunais.2015, p. 900.

[580] Inclusive o entendimento da taxatividade do rol já era o mesmo no CPC de 1973. Daniel Amorim, a propósito, no item 33.4 de sua obra, refere: "O art. 485 do CPC prevê em seus nove incisos os vícios de rescindibilidade, sendo considerado restritivo esse rol, de forma a não admitir rescisória fundada em qualquer outro vício que não esteja expressamente previsto em tal dispositivo legal". In: *Manual de direito processual civil*, volume único, 7. ed., volume único, método, 2015.

há a necessidade de indicação expressa de alguma das hipóteses do referido rol, sob pena de inadmissão da ação rescisória.[581]

O CPC, no § 2º do art. 966, permite que a ação rescisória tenha por objeto "a decisão transitada em julgado que, embora não seja de mérito, impeça: I – nova propositura da demanda; ou II – admissibilidade do recurso correspondente". No entanto, a premissa do objeto da ação rescisória continua sendo o descabimento da dilação probatória em razão da extinção do processo onde proferida a decisão rescindenda, com óbice à rediscussão em outro processo.[582] As sentenças extintivas, que produzem exclusivamente coisa julgada formal, não podem, em princípio, autorizar a ação rescisória, pois é possível a discussão da lide com a repropositura da ação. Contudo, quando venham a impedir a análise do mérito através da propositura de nova demanda, como acontece nos casos de reconhecimento de litispendência, conexão e continência,[583] o eventual erro de julgamento só poderá ser superado através da ação rescisória. Não é diferente o fundamento para admitir a ação rescisória na hipótese de inadmissibilidade do recurso, no sentido de que deve tratar-se de decisão de inadmissibilidade de um recurso que o prejudicado entende equivocada e que impeça a análise do mérito.[584]

De outra banda, não cabe ação rescisória da homologação judicial dos atos praticados pelas partes ou por terceiros. O Código prevê expressamente o cabimento de ação anulatória.[585] Desse modo, as declarações unilaterais ou bilaterais atinentes ao direito material homologado em juízo, e os atos de execução homologados pelo juízo ficam sujeitos à anulação, da mesma forma como ocorre para os atos jurídicos de direito material, em geral. A diferença no caso é que, em tendo havido homologação judicial, esta acabará sendo, em consequência, atingida.

Não há correspondência da necessidade de exaurimento de cognição com a afirmação de que somente a sentença pode ser rescindida. Na linguagem do atual CPC, não se confunde o ato judicial denominado de sentença, com o ato judicial que analisa o mérito.[586] Haverá

---

[581] *V.g.*, julgamento do STJ: l,a Seção,AR717/DF,rel.Min. Eliana Calmon, rel. para acórdão Min. Francisco Falcão, j. 17.06.2002,DJ 31.03.2003.

[582] "Ação rescisória visa a desconstituir decisão definitiva de mérito transitada em julgado ou a decisão que, nada obstante não tenha examinado o mérito, impede a sua discussão ou a sua rediscussão em outro processo (art. 966, § 2º, CPC) In: Op. cit., p. 900.

[583] Art. 485, V, CPC.

[584] No mesmo sentido: Luiz Guilherme Marinoni, Sergio Cruz Arenhart e Daniel Mitidiero, Op. cit, p. 901.

[585] Art. 966, § 4º, CPC.

[586] Há doutrinadores como Ovídio que denominavam de sentença todos os atos judiciais que analisavam o mérito.

análise de mérito em decisão interlocutória, por exemplo, quando o juiz, em caráter liminar, defere, indefere ou defere parcialmente o pedido de tutela provisória. Porém, na referida situação não há que se falar em rescindibilidade da decisão, pois, ainda é possível a dilação probatória e, consequentemente, a revogação/modificação da decisão. As decisões interlocutórias rescindíveis[587] não podem permitir mais dilação probatória, analisando o pedido definitivamente, ou seja, somente as decisões interlocutórias definitivas de mérito podem ser objeto de ação rescisória. A propósito, quando a Súmula 514 do STF permite a ação rescisória antes do trânsito em julgado, está referindo-se às hipóteses de julgamento antecipado parcial de mérito e julgamento liminar ou antecipadíssimo de improcedência parcial de mérito. Somente a decisão que analisou parcialmente o pedido de forma exauriente, quando não mais sujeita a qualquer recurso, é que admite a ação rescisória. A outra parte, que ainda demanda dilação probatória, não pode ser objeto da ação rescisória. De qualquer modo, nessa hipótese, o pedido pleno, na sua integralidade, ainda não transitou em julgado, com o que a parcela do pedido que ainda não obteve julgamento definitivo ou que permite algum recurso não adquiriu ainda a possibilidade de ser analisado através da ação rescisória. Por outro lado, o pedido parcial de mérito, se não for atacado, por recurso,[588] produzirá coisa julgada material.

O pedido da ação rescisória pode ser limitado à rescisão do julgado, porém pode haver a necessidade de novo julgamento, em cumulação sucessiva. É o que a doutrina denomina, no caso de cumulação, de *iudicium rescindens* e *iudicium rescisorium*, respetivamente[589]. Se há *iudicium rescisorium*, o tribunal competente não pode se abster de adentrar na análise do mérito da questão originária, se procedente o pedido de *iudicium rescindens*.

5.1.2. Prazo para a propositura da ação rescisória

A ação rescisória tem o prazo decadencial de dois anos.[590] Houve discussão doutrinária a respeito do termo inicial da contagem do prazo, havendo a construção da tese da coisa julgada por etapas, que

---

[587] A decisão de julgamento de improcedência de plano, envolvendo apenas parcela do litígio ou de julgamento antecipado parcial de mérito, ou que julga a liquidação de sentença e a que não acolhe a impugnação, na execução, de questões de mérito.

[588] Recurso de agravo de instrumento, conforme art. 1015, II, CPC.

[589] No CPC de 2015 está expresso: "Art. 968. A petição inicial será elaborada com observância dos requisitos essenciais do art. 319, devendo o autor: I – cumular ao pedido de rescisão, se for o caso, o de novo julgamento do processo".

[590] Art. 975 do CPC e RT TR, 116/3; RT. 471/148.

levava em consideração cada decisão em particular, porém o CPC, adotando súmula e jurisprudência consolidada, gizou que o prazo passa a correr a partir do trânsito em julgado da última decisão proferia no processo. Então, ainda que a decisão rescindenda não seja a última, o prazo não passa a correr a partir dela, e sim da última.[591] Excepcionalmente, mesmo que se saiba que, em princípio o prazo decadencial seja improrrogável, por ser insuscetível de suspensão e interrupção,[592] a lei prevê[593] a possibilidade de prorrogação quando o termo final incidir em férias forenses, recesso, feriados ou em dia que não houver expediente forense.

Em duas hipóteses não se aplica a supramencionada regra, quando se tratar de prova nova e houver simulação ou colusão das partes. Em ambos os casos, a contagem tem início a partir da data da descoberta da prova e ciência da simulação ou colusão das partes. E, no caso da prova nova, há uma elasticidade temporal para a concretização de tal fato, fixado o limite de cinco anos.[594] Isto é, se a descoberta da prova ocorrer após cinco anos, contados do trânsito em julgado do processo gerador da decisão rescindenda, já não será mais cabível a ação rescisória.

5.1.3. Depósito prévio

Há a exigência de depósito da importância de cinco por cento sobre o valor da causa,[595] objetivando resguardar a excepcionalidade da rescindibilidade da coisa julgada ao forçar a parte autora a ajuizar a ação somente se houver a séria convicção do direito, ou seja, tem um nítido caráter preventivo contra o "abuso do direito de ação",[596] já que o valor será convertido em multa quando a ação por unanimidade de votos for declarada inadmissível ou improcedente, o que, de outra banda proporciona à outra parte uma compensação pelo desgaste de ter que se submeter a novo processo quando já houve, de regra, o reconhecimento do direito após rigoroso, complexo e demorado processo. Porém, de forma a evitar um exagero, que possa redundar em enriquecimento sem causa, o Código limita o valor da multa ao máximo

---

[591] Súmula 401 do STJ.
[592] Art. 207 do CC.
[593] § 1º do art. 975 do CPC.
[594] §§ 2º e 3º do art. 975 do CPC.
[595] No mesmo artigo da nota anterior, no inciso II, está registrado: ... II – depositar a importância de cinco por cento sobre o valor da causa, que se converterá em multa caso a ação seja, por unanimidade de votos, declarada inadmissível ou improcedente.
[596] STJ, 1a Seção, EAR 568/SP, rel. Min. Francisco Falcão, j.14.11.2001,DJ 18.02.2002.

de mil salários mínimos.[597] Perceptível, pois, que o depósito tem natureza jurídica distinta da caução contracautela ou do ressarcimento, ou seja, não se pretende, com o depósito, que se resguarde valores para futura indenização na eventualidade de prejuízos ao réu.[598] Todavia, estão dispensados dessa exigência os entes de direito público interno, suas autarquias e fundações, bem como o Ministério Público, a Defensoria Pública e os beneficiários da gratuidade de justiça.[599] O rol é taxativo, razão pela qual todos os demais litigantes devem realizar o depósito. A ausência do depósito de plano não é causa de imediata extinção por inépcia da inicial, pois deve ser oportunizada a emenda, já que se trata de defeito sanável;[600]

5.1.4. Ausência de efeito suspensivo no recebimento da ação rescisória

Em se tratando de ação, em um primeiro momento, pode parecer estranho trazer à baila a questão de atribuição de efeito suspensivo, que é tema atinente aos recursos. Contudo, o tema merece enfrentamento na ação rescisória em face da aproximação existente entre a ação rescisória e os recursos, inclusive lembrando que a doutrina a reconhece como sucedâneo recursal.[601] Inegável, como visto, a aproximação mencionada, na medida em que um dos pressupostos para a ação rescisória é a indicação de uma decisão a ser rescindida. A referida decisão não deve ter atribuída automaticamente o efeito suspensivo. No caso da apelação, diferentemente, é sabido que o Código prevê a automaticidade do efeito suspensivo,[602] porém o mesmo não acontece na ação rescisória.[603] A lógica da não atribuição automática do efeito suspensivo é a de que geralmente, em face do descabimento de qualquer outro recurso, a decisão teria que produzir efeitos. Não se pode esquecer que a ação rescisória ataca um julgado que, em princípio, alcançou cognição exauriente e imutabilidade, portanto, seria

---

[597] Ainda o artigo referido: ..."§ 2º O depósito previsto no inciso II do caput deste artigo não será superior a 1.000 (mil) salários mínimos".
[598] Nesse sentido julgamento do REsp107.136/AM, rel. Min. Ruy Rosado de Aguiar, j.02.08.2001, DJ. 03.09.2001
[599] No mesmo artigo mencionado: "... § 1º Não se aplica o disposto no inciso II à União, aos Estados, ao Distrito Federal, aos Municípios, às suas respectivas autarquias e fundações de direito público, ao Ministério Público, à Defensoria Pública e aos que tenham obtido o benefício de gratuidade da justiça".
[600] STJ, 3ª Turma,. REsp 846.227/MS,rel.Min. Nancy Andrighi, j. 22.05.2007, Dj18.06.2007.
[601] Vide: nota 570.
[602] Art. 1012 do CPC.
[603] O TFR gizava através da súmula 234: "Não cabe medida cautelar em ação rescis´roa para obstar os efeitos da coisa julgada".

um contrassenso atribuir efeito suspensivo, obstando o cumprimento da decisão objurgada, pela simples propositura da ação rescisória. No entanto, não se pode descartar eventual e excepcional situação de urgência que justifique, em caráter excepcional, a suspensão do cumprimento da decisão. Em que pese o Código[604] faça referência à tutela provisória, a jurisprudência entende que a única modalidade de tutela provisória apta a conferir o efeito suspensivo desejado é a de urgência,[605] obviamente, desde que atendidos os seus requisitos. Todavia, por aplicação analógica do § 4º, art. 1.012 do CPC, um alto grau de probabilidade das razões do autor, conformadora da tutela de evidência, *data venia*, também deveria ser apta a permitir a concessão do efeito suspensivo.

5.1.5. Competência

A competência para o julgamento das ações rescisórias está disposta na Constituição Federal. Compete ao Supremo Tribunal Federal julgar as ações rescisórias de seus julgados,[606] ao Superior Tribunal de Justiça compete julgar as ações rescisórias de seus julgados,[607] para os Tribunais Regionais Federais a competência é a de seus julgados e dos juízes federais da região[608] e para os Tribunais de Justiça a competência é das ações rescisórias de seus julgados e dos juízes a ele vinculados.[609] Em princípio há competência dos tribunais superiores (STJ e STF), em relação aos seus julgados, se na ação rescisória estiver vinculada matéria de competência dos mesmos e se a decisão rescindenda tiver sido por eles julgada. Portanto, no acórdão ou decisão rescindenda pressupõe-se, de regra, ter havido o conhecimento do recurso. Porém, ainda que o julgamento seja de não conhecimento, se houver a análise de questão fixada pela Constituição como de competência do STF ou do STJ, será deles a competência da ação rescisória.[610]

---

[604] Art. 969, *caput*, CPC. "A propositura da ação rescisória não impede o cumprimento da decisão rescindenda, ressalvada a concessão de tutela provisória".

[605] Nesse sentido: STJ, 1ª Seção, AgRg na AR3. 715/PR, Rel. Min. Luiz Fux, j. 27.06.2007, DJ 27.08.2007.

[606] CF, art. 102, I, *j*.

[607] CF, art. 105, I, *e*.

[608] CF, art. 108, I, *b*.

[609] Cf, art, 125, § 1º.

[610] Entendimento de conformidade com súmula 249 do STF que registra : "é competente o Supremo Tribunal Federal para a ação rescisória quando, embora não tendo conhecido do recurso extraordinário, ou havendo negado provimento a agravo, tiver apreciado a questão federal controvertida e súmula 515 do STF, que dispõe "a competência para a ação rescisória não é do Supremo Tribunal Federal quando a questão federal, apreciada no recurso extraordinário ou no agravo de instrumento, seja diversa da que foi suscitada no pedido rescisório".

De qualquer modo, a questão tratada é de competência funcional, também denominada hierárquica, portanto, constitui-se em pressuposto subjetivo de validade, tendo caráter eminentemente público. Em sendo assim, o ajuizamento da ação em juízo incompetente deve ser reconhecido de ofício pelo juiz, com imediata remessa ao juízo incompetente.[611] Caso o juízo para o qual foi remetida a ação entenda não ser sua a competência deverá arguir o conflito negativo. A não observância desse proceder é gerador de defeito grave passível de correção através da lide rescisória.

5.1.6. Hipóteses de cabimento

O CPC prevê hipóteses taxativas de cabimento da ação rescisória. Como a rescindibilidade só pode ser admitida em caráter excepcional não se pode ampliar o rol legal.[612] A primeira é a de ocorrência de prevaricação, concussão ou corrupção.[613] São hipóteses que se configuram em tipos penais expressos nos arts. 316, 317 e 319 do Código Penal. No entanto, não se pode admitir que a propositura da ação demande uma condenação penal transitada em julgado, toda a prova pode ser produzida exclusivamente na esfera processual civil. Porém, em havendo tramitar concomitante da ação rescisória e da ação penal, pode o juiz determinar a suspensão do processo civil para aguardar a solução criminal, se entender conveniente.[614]

Outra hipótese de cabimento é o da ocorrência de impedimento ou incompetência absoluta do juízo que procedeu o julgamento rescindendo.[615] São situações em que o processo gerador da decisão rescindenda descumpre pressuposto processual de validade subjetivo relacionado ao juiz. Para preservar a imparcialidade e validade do processo o julgador não pode ser impedido[616] ou suspeito.[617] Porém, somente o impedimento é que autoriza a ação rescisória. Não se pode confundir o impedimento com a suspeição. O impedimento traz situação de maior gravidade do que a de suspeição, onde, em tese, há maior prejuízo à imparcialidade do julgador, tanto que não se opera preclusão, com possibilidade de reconhecimento de ofício, porém, se não houver o reconhecimento no processo originário, é

---

[611] Não pode ser outro o entendimento em face do disposto no § 6º, art. 968 do CPC.
[612] Referência na nota de rodapé 2.
[613] Art. 966, I, do CPC.
[614] Art. 315 do CPC.
[615] Art. 966, II, do CPC.
[616] Art. 144 do CPC.
[617] Art. 145 do CPC.

possível a propositura da ação rescisória. Na questão da competência é de ser preservado o limite de atuação de cada julgador. A competência é classificada em absoluta e relativa. Enquanto que na primeira há preponderância de preservação do interesse público na norma que a estabelece, na segunda a preponderância é do interesse privado. Em havendo interesse público a sustentar a norma que fixa a competência absoluta, o seu descumprimento, com o consequente julgamento por julgador incompetente, permite a rescindibilidade da coisa julgada. Na incompetência relativa, em face da necessidade de arguição no momento oportuno para seu reconhecimento, sob pena de prorrogação de competência, não há como se admitir o cabimento da ação rescisória. Com a prorrogação da competência deixa de existir incompetência passível de arguição e reconhecimento já no processo originário, razão pela qual o código limitou o cabimento para a hipótese de incompetência absoluta.

Há também a previsão de cabimento da ação rescisória se houver dolo, coação da parte vencedora em detrimento da parte vencida ou, ainda, de simulação ou colusão entre as partes, a fim de fraudar a lei.[618] O dolo tratado não é de natureza jurídica de direito material, mas sim processual, caracterizada pelo agir de má-fé no processo,[619] geradora da decisão rescindenda. A coação pode ser moral ou física e deve ser em detrimento da parte vencida e não necessariamente exercido contra a parte vencida. Se a coação exercida for contra o juiz ou algum de seus auxiliares, por exemplo, e a decisão rescindenda tiver sido exarada, em prejuízo do vencido, por tal motivo, é cabível a ação rescisória.[620] Na simulação ou colusão entre as partes, a fim de fraudar a lei, o pressuposto é de que autor e réu tenham realizado um conchavo, que pode incluir a simulação, para obter um julgamento não permitido pelo direito. Na simulação, as partes levam a juízo um litígio que na realidade não é verificável para alcançar interesses vedados pelo direito, ocasionando a frustração do alcance da lei.

Ainda é possível a ação rescisória se houver ofensa à coisa julgada.[621] A coisa julgada é pressuposto processual objetivo extrínseco e negativo. Em ocorrendo a reproposição da ação onde se deu a coisa julgada, cabe ao réu alegar em preliminar da contestação a ocorrência,

---

[618] Art. 966, III, do CPC.

[619] Arts. 5º, 77 e 80 do CPC.

[620] Elucidativa a lição de Alexandre Freitas Câmara: "Pense-se, por exemplo, no caso de ter uma das partes coagido a outra a confessar um fato, assegurando assim resultado favorável. Ou no caso de uma das partes ter coagido o juiz a julgar em seu favor. Pois nesses casos a decisão viciada, fruto da coação, é rescindível". In: *Novo Processo Civil Brasileiro*. São Paulo. Atlas. 2015, p.28.

[621] Art. 966, IV, do CPC.

sem prejuízo do reconhecimento de ofício, pelo juiz, do defeito insanável, com a consequente extinção sem julgamento de mérito.[622] No entanto, tendo passado desapercebido o fato, cabível a ação rescisória. É exatamente o caso tratado no CPC, em que já há decisão anterior com coisa julgada material e sucede novo julgamento, com mesmas partes, causa de pedir e pedido, produzindo nova coisa julgada material. A segunda coisa julgada é rescindível para preservar a primeira, preservando a segurança jurídica perseguida através do instituto.

A violação manifesta da norma jurídica é a outra hipótese de cabimento da ação rescisória.[623] O tema tratado, em especial, tem uma possibilidade de aprofundamento que foge dos limites do presente trabalho.[624] Então, resta ser dito que se houver um entendimento consolidado a respeito de determinada regra e houver a sua violação através da decisão transitada em julgado, tem se aberta a possibilidade da rescisória. É importante registrar que o entendimento não respeitado já devia estar consolidado por ocasião do seu desatendimento pela decisão rescindenda.[625] *A contrario sensu*, não é cabível a ação rescisória se o entendimento vem a se consolidar somente após o trânsito em julgado da decisão rescindenda.

De igual modo, cabe a ação rescisória se a decisão rescindenda foi dada com base em prova falsa que tenha sido apurada em processo criminal ou cuja falsidade possa vir a ser apurada no processo da própria ação rescisória.[626] Ou seja, se havia prova falsa no bojo dos autos, mas a mesma não influenciou no julgamento descabe a ação rescisória. A prova falsa deve ter o reconhecimento judicial, mediante o devido processo legal, com respeito a todas as garantias constitucionais, especialmente, o contraditório e a ampla defesa. No caso da pré-constituição da prova falsa no processo criminal é necessário o trânsito em julgado da decisão, sob pena de se possibilitar a rediscussão da questão na ação rescisória ou pode o juiz determinar a suspensão do feito até o trânsito em julgado na seara criminal. A deficiência da prova produzida, por si só, não induz necessariamente a falsidade. Porém, se a deficiência ensejar um convencimento diverso da realidade haverá o elemento necessário para o cabimento da ação rescisória.

---

[622] Art. 485, V, do CPC.

[623] Art. 966, V, do CPC.

[624] Aprofundamento a ser buscado no âmbito filosófico do texto e contexto, e doutrinário da distinção entre regra e norma, especialmente com sua aplicação no sistema da *Commow Law* e *Civil Law*.

[625] Súmula 343 do STF: "Não cabe ação rescisória por ofensa a literal disposição de lei, quando a decisão rescindenda se tiver baseado em texto legal de interpretação controvertida nos tribunais".

[626] Art. 966, VI, do CPC.

A prova nova, da mesma maneira, autoriza a ação rescisória.[627] Quando se fala em documento novo, a doutrina o concebe como aquele que foi produzido posteriormente ao momento legalmente previsto para a juntada no processo ou cuja ciência também tenha sido posterior. No caso da prova nova da ação rescisória, em que pese, na prática, o usual seja a utilização da prova documental, em tese, qualquer espécie de prova pode ser considerada nova e autorizar a ação rescisória. Ademais, o conceito de prova nova é diverso do anteriormente referido para o documento novo. Não é viável produzir prova após o trânsito em julgado para objetivar atacá-lo. A prova nova já deveria existir anteriormente ao trânsito em julgado, porém a sua ciência ou a possibilidade de obtê-la inexistia. Outra questão fundamental diz respeito ao fato de que a prova nova deve ser suficiente para, por si só, alterar a convicção do julgador a respeito da lide.

Por fim, a última hipótese de cabimento da ação rescisória decorre do erro de fato verificável do exame dos autos.[628] O erro de fato consiste no reconhecimento, pelo julgador, de fato inexistente ou o inverso, considerar existente fato que não aconteceu.[629] A prova a respeito da situação deve já estar presente nos autos e ser fundamental para a produção da decisão rescindenda. Isto é, o erro de fato deve ser suficiente para alterar o convencimento a respeito da correção da decisão e não está autorizada a dilação probatória, no juízo rescindendo, a respeito da existência ou inexistência. Outrossim, não é o entendimento diverso que autoriza a ação. O entendimento diverso e equivocado deve ser objeto do recurso próprio. Em face disso, não é admissível que, no processo gerador da decisão rescindenda, tenha havido pronunciamento judicial a respeito da questão fática levantada na ação rescisória.[630]

5.1.7. Procedimento

5.1.7.1. Legitimidade ativa

Os entes que podem propor a ação rescisória são somente aqueles especificados no código. Essa legitimidade ativa especificada é limitada a quem foi parte no processo ou seu sucessor a título universal ou singular; o terceiro juridicamente interessado; o Ministério Público, quando não foi ouvido no processo em que devia ter intervindo ou

---

[627] Art. 966, VII, do CPC.
[628] Art. 966, VIII, do CPC.
[629] Art. 966, § 1º, do CPC.
[630] Art. 966, § 2º, do CPC.

quando a decisão rescindenda é o efeito de simulação ou de colusão das partes, a fim de fraudar a lei ou em outros casos em que se imponha sua atuação; e, por fim, aquele que não foi ouvido no processo em que lhe era obrigatória a intervenção.[631]

5.1.7.2. Petição inicial

A petição inicial da ação rescisória deve atender aos pressupostos objetivos intrínsecos gerais previstos nos arts. 319 e 320 do CPC. Porém, a eles devem ser agregados requisitos específicos, os quais já tiveram seus devidos comentários alhures. São eles: a) Indicação de alguma das hipóteses dos incisos do art. 966 do CPC; b) Pedido de rescisão e, quando for o caso, de rejulgamento; c) Apontamento e comprovação do termo inicial do prazo decadencial de dois anos; d) Juntada do comprovante do depósito da importância de cinco por cento sobre o valor da causa.

5.1.7.3. Citação, resposta e utilização do procedimento comum

Não sendo caso de improcedência liminar[632] da integralidade do pedido ou de reconhecimento de inépcia,[633] situações que implicariam a extinção do processo. O réu é citado para contestar no prazo que o juiz fixar, dentro dos limites fixados pela lei de quinze e trinta dias.[634] O prazo referido é classificado doutrinariamente como prazo judicial razão pela qual não são aplicáveis os prazos em dobro para contestar dos prazos legais.[635]

Na resposta do réu,[636] em princípio, são cabíveis todas as defesas diretas e indiretas de mérito que se fizerem necessárias, bem como todas as defesas processuais dilatórias[637] ou peremptórias. De igual forma, em que pese não usual, em tese, não há vedação para a excep-

---

[631] Art. 967, seus parágrafos e alíneas, CPC.
[632] Arts. 968, § 4º, e 332, CPC.
[633] Aplicação complementar do procedimento comum.
[634] Art. 970, *caput*, CPC: "O relator ordenará a citação do réu, designando-lhe prazo nunca inferior a 15 (quinze) dias nem superior a 30 (trinta) dias para, querendo, apresentar resposta, ao fim do qual, com ou sem contestação, observar-se-á, no que couber, o procedimento comum".
[635] Casos previstos no CPC para o Ministério Público (art. 180), Advocacia Pública (art. 183), Defensoria Pública (art. 186) e litisconsortes com procuradores diferentes (art. 229).
[636] No CPC atual há previsão para audiência de conciliação ou de mediação (art. 334, incisos e parágrafos). Não há óbice para o requerimento e designação da mesma, como se justificará logo adiante.
[637] Inclusive é importante recordar que no atual CPC, diferentemente do que ocorria na vigência do CPC de 1973, a incompetência relativa territorial também deve ser arguida em preliminar da contestação.

cionalidade de um pedido reconvencional,[638] desde que a reconvenção também contenha pedido rescisório.[639]

Não é possível o reconhecimento do pedido da ação rescisória pelo réu e, na hipótese de revelia, não é aplicável o efeito de presunção da veracidade dos fatos afirmado pelo autor. A rescindibilidade que é objeto da ação desafia a coisa julgada. Milita, assim, em favor do réu a imutabilidade decorrente de um processo exaustivo, impedindo a presunção em sentido contrário. Pelo mesmo raciocínio, se o réu apresenta uma contestação por negativa geral, ou seja, sem impugnação específica dos pontos levantados na inicial, pelo mesmo fundamento, não é possível a presunção de veracidade acerca dos pontos não controvertidos. Em consequência, também, não se pode autorizar o julgamento antecipado da lide baseado em tais situações.

Diferentemente do que está previsto no procedimento comum, não há a previsão expressa da audiência de conciliação e mediação anteriormente à contestação. Porém, não há óbice para a realização da mesma, se o julgador verificar a adequação para o caso.[640] Há autorização para a realização da referida audiência quando o código determina a aplicação do procedimento comum no art. 970 e, em que pese, a referência seja para momento posterior ao da defesa, em face dos princípios que norteiam o processo atual, a posição mencionada parece ser a mais acertada.

O relator a ser designado preferencialmente não deve ter participado do julgamento rescindendo.[641] Porém, em caso da impossibilidade de designação de julgador que não tenha participado do julgamento rescindendo há de se admiti-lo, sob pena de prejuízo ao acesso à justiça.[642]

Na fase probatória do feito, o código autoriza o relator a delegar a atividade instrutória para o julgador da decisão rescindenda, com a fixação de prazo de um a três meses para a devolução dos autos.[643] O relator deverá ponderar e fixar um prazo razoável para a realização da prova a ser produzida. Contudo, o prazo fixado pelo relator

---

[638] Arts. 335 e 343 do CPC.

[639] RP 19/258.

[640] Inclusive há tribunais, como o Eg. Tribunal de Justiça do Estado do Rio Grande do Sul, (NUPE-MEC – Resolução nº 1124/2016-COMAG) que dispõem de núcleos capacitados para desempenho da função de mediação e conciliação.

[641] Não se trata de hipótese legal de ausência de pressuposto processual de validade subjetivo de impedimento, pois deve ser empregado raciocínio análogo ao da súmula 252 do STF que giza: "na ação rescisória, não estão impedidos juízes que participaram do julgamento rescindendo.

[642] Art. 971, parágrafo único, do CPC.

[643] Art. 972 do CPC.

é classificado pela doutrina como impróprio, ou seja, não decorre do descumprimento do prazo qualquer efeito no processo. Conveniente que haja a comunicação do julgador designado ao relator da eventual impossibilidade do cumprimento do prazo, porém, mesmo a ausência da comunicação não produz qualquer consequência no processo. De qualquer modo, logo após, cumprida a delegação, os autos devem ser devolvidos ao relator.

Encerrada a instrução, as partes terão vista dos autos, pelo prazo sucessivo de dez dias para a apresentação de memoriais. Após o que, os autos serão encaminhados ao Ministério Público[644] para parecer e, em seguida, serão conclusos ao relator para elaboração de voto, com subsequente definição de data para a sessão onde será realizado o julgamento.[645] No caso de não ter sido reconhecido, por unanimidade, inadmissível ou improcedente o pedido, será determinada a devolução do depósito, previsto no inciso II do art. 968 do CPC, ao autor, caso contrário o valor será revertido ao réu.[646]

Não há cabimento de apelação, pois o elemento fundamental de reanálise de questão já transitada em julgado é com ela incompatível. No entanto, poderiam ser cabíveis os recursos de embargos de declaração, recurso especial ou recurso extraordinário, desde que presentes as hipóteses legais.[647]

5.2. Mandado de Segurança

Roberta Scalzilli

5.2.1. Objeto

O mandado de segurança consiste em uma ação autônoma de impugnação, com base constitucional, que objetiva à proteção de direito líquido e certo, não amparado por habeas corpus ou habeas data, quando o responsável pela ilegalidade ou abuso de poder for autoridade pública ou agente de pessoa jurídica no exercício de atribuições do Poder Público. Da mesma forma será cabível e sempre que, ilegalmente ou com abuso de poder, qualquer pessoa física ou jurídica sofrer violação ou houver justo receio de sofrê-la por parte de

---

[644] Art. 178, I, do CPC.
[645] Art. 973 do CPC.
[646] Art. 974 e parágrafo único do CPC.
[647] Art. 1022 do CPC, arts. 102, III, e 105, III, da CF.

autoridade, seja de que categoria for e sejam quais forem às funções que exerça.[648]

Admite-se, portanto, a utilização desse remédio também de maneira preventiva, quando houver risco objetivo e fundado de ilegalidade ou abuso de direito que esteja na iminência de ocorrer, devendo o mesmo ser comprovado. Ou seja, mesmo o ato ainda não praticado, poderá ser combatido por meio do mandado de segurança preventivo. Nessa situação, em razão do ato ilegal ainda não ter ocorrido, não há transcurso de prazo.[649]

O § 1º da Lei 12.016/09 equipara às autoridades, os representantes ou órgãos de partidos políticos e os administradores de entidades autárquicas, bem como os dirigentes de pessoas jurídicas ou as pessoas naturais no exercício de atribuições do Poder Público, somente no que disser respeito a essas atribuições.

Importante atentar, para as hipóteses previstas no artigo 5º da Lei especial em que não será concedido mandado de segurança.[650]

Para postular em juízo é necessário que se configure o interesse processual, havendo um conflito qualificado por uma pretensão resistida. No inciso I do aludido artigo, verifica-se que cabendo recurso administrativo com efeito suspensivo, não se concederá o *mandamus*. Ressalte-se, portanto, que o espírito da norma não é o de obrigar o esgotamento da via administrativa, mas verificar se nessa sede poderia se conquistar efeitos imediatos sem necessidade de acionar o Poder Judiciário. O inciso II estabelece que da decisão judicial passível de recurso com efeito suspensivo, também não é cabível o manejo de mandado de segurança, pois da mesma forma careceria o interesse de agir.

Por derradeiro, o inciso III aponta o descabimento também quando a decisão judicial for transitada em julgado, pois nesse caso a sentença deverá ser atacada por ação rescisória.[651] Ressalte-se, ainda, que para a concessão de mandado de segurança poderá haver contrové-

---

[648] Nesse sentido o artigo 5º, inciso LXIX, da Constituição Federal e artigo 1º da Lei nº 12.016/09 que disciplina o mandado de segurança.

[649] A Súmula 430 do STF estabelece que o "pedido de reconsideração na via administrativa não interrompe o prazo para o mandado de segurança".

[650] O artigo 1º, § 2º, também apresenta hipótese de descabimento do mandado de segurança estabelecendo que: "Não cabe mandado de segurança contra os atos de gestão comercial praticados pelos administradores de empresas públicas, de sociedade de economia mista e de concessionárias de serviço público". Tais vedações legais podem constituir violação à inafastabilidade da jurisdição consagrada no artigo. 5º, XXXV, da CF/1988.

[651] Corrobora esse entendimento a Súmula 268 do STF.

sia sobre a matéria de direito, conforme entendimento já sumulado pelo Supremo Tribunal Federal.[652]

5.2.2. Procedimento

Para que haja o manejo do mandado de segurança a petição inicial deverá seguir os requisitos estabelecidos pela lei processual, sendo apresentada em duas vias com os documentos que instruírem a primeira reproduzidos na segunda, indicando, além da autoridade coatora, a pessoa jurídica que esta integra, à qual se acha vinculada ou da qual exerce atribuições.

Há necessidade de existência de um direito líquido e certo a ser protegido, decorrente de fato não controvertido para que possa ser impetrado o mandado de segurança, destacando-se que a sumariedade no campo probatório, reduz o debate àqueles fatos documentalmente demonstrados. Portanto, a prova pré-constituída deverá ser apresentada na inicial, atendendo ao princípio da celeridade na medida em que atos processuais sejam realizados no menor espaço de tempo possível, numa linha de economia processual e por consequência do equilíbrio do Estado Democrático de Direito.[653]

Outro aspecto importante versa sobre a eficácia mandamental da decisão proferida, ordenando[654] que o vencido se comporte de acordo com o direito material reconhecido em favor do vencedor, sendo que esses efeitos transcendem a sentença proporcionando transformações na realidade fática.

O instituto é regido primariamente pela Lei nº 12.016/09 e subsidiariamente pelo Código de Processo Civil, naquilo que não conflitar com a norma especial ou com a natureza do instrumento.

Nessa linha observa-se que o artigo 24 da Lei do mandado de segurança estabelece que são cabíveis os artigos 46 a 49 do CPC de 1973, que atualmente com o Código de Processo Civil de 2015 correspondem aos artigos 113, 114, 115, 116, 117 e 118, que tratam do litisconsórcio.[655]

---

[652] Súmula 625 do STF, a saber: "controvérsia sobre matéria de direito não impede a concessão de mandado de segurança".

[653] Para um estudo mais aprofundado do tema é necessária à compreensão crítica do tempo no processo, recomendando-se a leitura de: JOBIM, Marco Félix. *O direito à duração razoável do processo* – responsabilidade civil do estado em decorrência da intempestividade processual. 2. ed. rev. e ampl. Porto Alegre: Livraria do Advogado, 2012.

[654] Não se limitando apenas a declarar, constituir ou condenar.

[655] O ingresso de litisconsorte ativo não será admitido após o despacho da petição inicial, conforme artigo 10, § 2º, da Lei 12.016/09.

A Lei do mandado de segurança também não estabelece regras em relação ao valor da causa da ação, devendo ser aplicado o Código de Processo Civil.

Por outro lado, o artigo 321 do CPC, que trata da possibilidade de emendar a inicial, não se aplica ao mandado em razão da previsão contida no artigo 10 da lei própria que estabelece que a inicial será desde logo indeferida, por decisão motivada, quando não for o caso de mandado de segurança ou lhe faltar algum dos requisitos legais ou quando decorrido o prazo legal para a impetração. Dessa decisão, caberá recurso de apelação, caso seja proferida por juiz de primeiro grau e agravo quando tratar-se de competência originária do Tribunal.

O mesmo ocorre em relação à condenação em verba honorária prevista no artigo 85 do CPC, não se aplicando esse entendimento em razão da vedação expressa no artigo 25 da Lei do mandado de segurança e na súmula 512 do STF, estabelecendo que não é cabível a condenação em honorários advocatícios.[656]

Ressalte-se que a decisão denegatória proferida em mandado de segurança, desde que não importe em resolução do mérito, não impede que o impetrante venha a postular, por ação própria, o direito por ele vindicado, conforme enunciado da Súmula 304 do STF.

Diante das modificações nas hipóteses de cabimento do agravo de instrumento previstas no artigo 1.015 do CPC, o qual apresenta um rol taxativo para a interposição do recurso, dúvida recorrente no meio jurídico concerne sobre a possibilidade de impetrar mandado de segurança das decisões não agraváveis.

Em razão de tais decisões serem passíveis de impugnação em preliminar de apelação, entende-se inviável a impetração do mandado de segurança. Nesse sentido, corroboram o artigo 5º, II, da Lei nº 12.016/2009 e a Súmula 267 do STF.[657]

Todavia, em hipóteses excepcionais poderá ser admitido o manejo do mandado de segurança, tais como no caso de uma decisão teratológica ou manifestamente contrária à lei.[658]

---

[656] Nesse sentido, a Súmula 105 do STJ: Na ação de mandado de segurança não se admite condenação em honorários advocatícios.

[657] Sobre o descabimento do mandado de segurança: Theodoro Júnior. *Curso de Direito Processual Civil*. V. 3, 47. ed. Rio de Janeiro: Forense, 2016. p. 1.026

[658] Nesse sentido: Agravo Regimental em Recurso Ordinário em Mandado de Segurança nº 31781, Rel. Min. José Antônio Dias Toffoli, julgado pela Primeira Turma do Supremo Tribunal Federal em 28.10.2014 e Agravo Regimental no Mandado de Segurança nº 22.211/DF, Rel. Min. Laurita Hilário Vaz, julgado pela Corte Especial do Superior Tribunal de Justiça em 17.02.2016.

O tema ainda é polêmico na doutrina na medida em que a aplicação do texto normativo poderá suscitar novas interpretações a depender da realidade apresentada. Em que pese já exista jurisprudência sobre o assunto, indubitavelmente a temática será objeto de nova apreciação dos Tribunais Superiores que irão consolidar seu entendimento a respeito.

O mandado de segurança deverá ser impetrado no prazo de cento e vinte dias, contados da data em que o legitimado tiver tomado conhecimento do ato, sob pena de decadência.[659]

Em razão da aplicação subsidiária do Código de Processo Civil à Lei do mandado de segurança o prazo será contado em dias úteis, haja vista tratar-se de um prazo processual. Nesse caso, o prazo decadencial não poderá ser estendido, salvo quando o término ocorra em dia não útil.

O artigo 3º da Lei do mandado de segurança estabelece que o "titular de direito líquido e certo decorrente de direito, em condições idênticas, de terceiro poderá impetrar mandado de segurança a favor do direito originário, se o seu titular não o fizer, no prazo de trinta dias, quando notificado judicialmente".

Ainda, o mandado de segurança poderá ser impetrado por telegrama, radiograma, fax ou outro meio eletrônico de autenticidade em casos de urgência, devendo ser apresentado o texto original nos cinco dias úteis seguintes.

Após apresentação da petição inicial com as provas documentais, o juiz se manifestará sobre a possibilidade ou não de liminar e da notificação da autoridade coatora impetrada para que preste informações no prazo de dez dias.[660] Na sequência, o Ministério Público apresentará parecer em dez dias, e o juiz proferirá a sentença denegando ou concedendo o mandado, sendo cabível contra ela o recurso de apelação.

O duplo grau de jurisdição é obrigatório, sem óbice da execução provisória. Essa característica de autoexecutibilidade da sentença mandamental, se assim podemos referir, vem ao encontro da valorosa efetividade processual.[661]

---

[659] Artigo 23 da Lei 12.016/09.

[660] Não há que se falar em revelia do Ente Público.

[661] O CPC não é aplicável nesse caso, pois tem eficácia suspensiva da sentença, impedindo a execução provisória, conforme artigo 496 do CPC.

5.2.3. Breve exame jurisprudencial

A partir das considerações acima, é certo que a utilização do mandado de segurança como meio autônomo de impugnação às decisões judiciais é de cunho excepcional, a ser interposto em face de decisão teratológica, abusiva e que acarrete lesão grave ao impetrante/jurisdicionado. Os tribunais têm se posicionado de maneira cada vez mais restritiva ao cabimento do *mandamus* nessa modalidade. Preliminarmente, a toda evidência, não caberá o uso do *writ* quando couber outro recurso, mormente o agravo de instrumento.[662] Alguns outros casos podem ser explicitados.

Como regra, não cabe mandado de segurança em sede de decisões interlocutórias proferidas em Juizados Especiais. Esse entendimento foi fixado pelo Supremo Tribunal Federal no julgamento do Recurso Extraordinário 576.847/BA, a partir do qual se determinou que "não cabe mandado de segurança das decisões interlocutórias exaradas em processos submetidos ao rito da Lei 9.099/95", pois a mesma "está voltada à promoção da celeridade no processamento e julgamento das causas cíveis de complexidade menor. Daí ter consagrado a regra da irrecorribilidade das decisões interlocutórias, inarredável".[663] Mesmo com as alterações legislativas posteriores (Leis 12.016/09 e 12.153/09) não se alterou o mencionado entendimento, que também se aplica aos Juizados Especiais da Fazenda Pública.[664] Isso não quer dizer que não

---

[662] PROCESSUAL CIVIL. MANDADO DE SEGURANÇA. ATO DE JUIZ. DECISÃO INTERLOCUTÓRIA. FASE DE CUMPRIMENTO DE SENTENÇA. CABIMENTO DE RECURSO COM EFEITO SUSPENSIVO. INDEFERIMENTO DA INICIAL. ARTIGOS 5.º, II, E 10, CAPUT, LEI Nº 12.016/09. Atacando mandado de segurança decisão interlocutória proferida em fase de cumprimento de sentença, afigura-se cabível a interposição de agravo de instrumento, na forma do artigo 1.015, parágrafo único, CPC/15, recurso ao qual pode ser agregado efeito suspensivo, como prevê o artigo 1.019, I, CPC/15, razão pela qual se impõe o indeferimento da inicial do writ, com base nos artigos 5º, II, e 10, caput, ambos da Lei nº 12.016/09. TJRS; MS 0200169-03.2017.8.21.7000; Porto Alegre; Vigésima Primeira Câmara Cível; Rel. Des. Armínio José Abreu Lima da Rosa; Julg. 06/07/2017; DJERS 10/07/2017.

[663] BRASIL. STF. RE 576847, Relator: Min. EROS GRAU, Tribunal Pleno, julgado em 20/05/2009, repercussão geral – mérito DJe-148 divulgada 06-08-2009 publicada 07-08-2009.

[664] Nesse sentido: MANDADO DE SEGURANÇA. PRIMEIRA TURMA RECURSAL DA FAZENDA PÚBLICA. AÇÃO DE COBRANÇA. INDEFERIMENTO DE AJG. VEDAÇÃO LEGAL PARA O MANEJO DE MANDADO DE SEGURANÇA NOS TERMOS DO ARTIGO 2º, § 1º, INCISO I, DA LEI FEDERAL Nº 12.153/2009. Trata-se de mandado de segurança interposto contra decisão interlocutória que indeferiu pedido de assistência judiciária gratuita nos autos da ação de cobrança em que a autora objetiva o pagamento de diferenças remuneratórias atrasadas. Não se incluem na competência dos Juizados Especiais da Fazenda Pública as ações de mandado de segurança e, mesmo sendo aplicada, subsidiariamente, a Lei que dispõe sobre os Juizados Especiais Cíveis e Criminais – nº 9.099/1995, o certo é que descabe qualquer pretensão recursal, neste âmbito, por ausência de previsão recursal contra decisões interlocutórias proferidas nos Juizados. Consoante a liturgia do artigo 4º da Lei dos Juizados Especiais da Fazenda Pública – nº 12.153/2009, somente é possível o manejo de recursos em face das decisões previstas no artigo 3º da mesma legislação, que consistem naquelas que deferem medidas cautelares no curso do processo, de ofício ou

se possa impetrar em nenhum caso o *writ* no âmbito dos JECs. Pouco após o julgado do Supremo Tribunal Federal, o Superior Tribunal de Justiça editou a Súmula 376, assinalando que "compete à turma recursal processar e julgar o mandado de segurança contra ato de juizado especial".[665]

De outro lado, os tribunais também têm sem mostrado relutantes em aceitar o *mandamus* como substituto do agravo de instrumento. A partir do entendimento de que o rol constante do art. 1.015 do Código de Processo Civil é *taxativo*, não seria a intenção do legislador que o agravo fosse simplesmente substituído pelo mandado de segurança.[666] Questão polêmica no tópico são as decisões acerca da competência, por possuírem consequências palpáveis para o processo, não se encontrando na listagem mencionada. Na maioria desses casos, tem-se decidido pelo não cabimento do mandado.[667]

Mas encontram-se (poucas) exceções, quando se comprove a possibilidade de lesão grave ao impetrante. Foi o entendimento da Quinta Câmara Cível ao conceder a segurança em caso que o juiz de primeiro grau havia declinada de ofício da competência para o Juiza-

---

mediante requerimento das partes, salvo contra sentença, hipótese que não se ajusta à presente. Precedentes. Mandado de Segurança não conhecido, por expressa rejeição legal e de inviável curso no sistema do Juizado Especial da Fazenda *ex vi* do artigo 2º, § 1º, inciso I, da Lei Federal n.12.153/2009. MANDADO DE SEGURANÇA NÃO CONHECIDO. TJRS, Mandado de Segurança nº 71006274161, Turma Recursal da Fazenda Pública, Turmas Recursais, Relator: Niwton Carpes da Silva, Julgado em 30/08/2016.

[665] As turmas têm julgado, p. ex., casos em que o magistrado do Juizado Especial nega seguimento ao recurso inominado, e para esta excepcionalidade, a lei não previu nenhum recurso. A questão foi debatida em diversos conflitos de competência no STJ, levando à edição da mencionada súmula.

[666] Julgado exemplificativo desse entendimento: MANDADO DE SEGURANÇA. Decisão interlocutória que alterou, de ofício, o valor da causa. Não cabimento do mandamus. Prévia interposição de agravo de instrumento, não conhecido por acórdão transitado em julgado. Inteligência das Súmulas nº 267 e 268 do STF. Tentativa de subverter a nova sistemática recursal implementada pelo CPC/15. Arts. 485, I, e 330, III, do CPC/15 c/c art. 10 da Lei nº 12.016/2009. Indeferimento da petição inicial e extinção do processo sem resolução do mérito. TJSP; MS 2104105-04.2017.8.26.0000; Ac. 10625979; Matão; Primeira Câmara Reservada de Direito Empresarial; Rel. Des. Carlos Dias Motta; Julg. 19/07/2017; DJESP 31/07/2017; p. 1662.

[667] Nesse sentido: MANDADO DE SEGURANÇA CONTRA ATO JUDICIAL. DECLINAÇÃO DA COMPETÊNCIA PARA O JUIZADO ESPECIAL CÍVEL. DESCABIMENTO. INDEFERIMENTO DA PETIÇÃO INICIAL. Em face do rol taxativo das hipóteses de agravo de instrumento constante do art.1.015 do Novo CPC, bem como de não se tratar de decisão teratológica, abusiva e que acarrete lesão grave, o ato impugnado – decisão interlocutória que declina da competência para o JEC – não autoriza a medida excepcional do mandado de segurança. A limitação das hipóteses de cabimento do agravo de instrumento não tira da parte a competente prestação jurisdicional, porquanto as decisões interlocutórias não previstas no rol taxativo do art. 1.015 do NCPC não se submetem à eficácia preclusiva, podendo ser arguidas em prefacial de eventual recurso de apelação (art. 1.009, § 1º, do NCPC), PETIÇÃO INICIAL INDEFERIDA. PROCESSO EXTINTO SEM RESOLUÇÃO DO MÉRITO. TJRS, Mandado de Segurança nº 70071362982, Primeira Câmara Cível, Relator: Sergio Luiz Grassi Beck, Julgado em 13/10/2016.

do Especial Cível da respectiva comarca, em função do valor da causa. Como se trata de competência relativa, cabe ao jurisdicionado decidir se proporá a demanda perante os JECs ou na Justiça Comum. Assim, se entendeu cabível o mandado de segurança.[668]

Outro caso que merece análise é dos denominados despachos de mero expediente. A redação do art. 1.001 Código de Processo Civil de 2015 deixa claro que "dos despachos não cabe recurso". Ora, se não há recurso cabível em face de despacho, presente violação a direito líquido e certo, será cabível o mandado de segurança. Foi o que decidiu o Superior Tribunal de Justiça ao julgar o recurso ordinário em mandado de segurança (RMS) nº 37.500/SP: "Por não corresponder à decisão interlocutória, mas à singela determinação voltada ao Cartório Judicial, não há recurso cabível contra tal ato, o que viabiliza o ajuizamento do Mandado de Segurança".[669]

Em síntese, conclui-se que o posicionamento jurisprudencial majoritário revela-se extremamente restritivo quanto ao cabimento do mandado de segurança para atacar ato judicial, basicamente pela exigência de alguns requisitos elementares: a) ato judicial que traga lesão grave ao jurisdicionado/impetrante, e que possa ser caracterizada como abusiva/teratológica; b) não caiba outro recurso da decisão; c) não contrarie a nova lógica restritiva apresentada pelo art. 1.015 do CPC/15, apresentando-se como substituto em todo e qualquer evento do agravo de instrumento; d) não se apresente como novo tipo recursal no âmbito dos Juizados Especiais Cíveis. Pode-se esperar que os tribunais pátrios apresentarão visões bastante diversificadas a partir das perplexidades dos jurisdicionados que já se apresentam e que ainda surgirão com o rol taxativo do art. 1.015 do CPC/15.

---

[668] MANDADO DE SEGURANÇA. RESPONSABILIDADE CIVIL. AÇÃO INDENIZATÓRIA. JUSTIÇA COMUM. JUIZADO ESPECIAL CÍVEL. COMPETÊNCIA RELATIVA. DECLINAÇÃO DE OFÍCIO. IMPOSSIBILIDADE. I. Considerando que o novo CPC não prevê, no rol taxativo do art. 1.015, a possibilidade de interposição de agravo de instrumento contra decisão interlocutória que declina da competência de ofício, cabível a impetração de mandado de segurança para afastar a abusividade da decisão e a possibilidade de risco de dano de difícil reparação. II. No presente caso, estão presentes os requisitos para a concessão da segurança, tendo em vista que os impetrantes, quando do ajuizamento da ação, têm a faculdade de optar entre a Justiça Comum e o Juizado Especial Cível. Inteligência do art. 3º, § 3º, da Lei nº 9.099/95, e art. 1º, da Lei nº 10.675/96. Ademais, em se tratando de incompetência relativa, não ser declinada de ofício, nos termos da Súmula 33, do STJ. SEGURANÇA CONCEDIDA. TJRS, Mandado de Segurança Nº 70069416378, Quinta Câmara Cível, Relator: Jorge André Pereira Gailhard, Julgado em 28/09/2016. Há outros julgados em sentido contrário, no entanto.

[669] BRASIL. STJ. RMS 37.500/SP, Rel. Ministro HERMAN BENJAMIN, Segunda Turma, julgado em 06/12/2012, DJe 19/12/2012.

5.3. Medidas cautelares

Miguel Nascimento Costa

5.3.1. *Relevância do tema e poderes do Relator (art. 932, CPC 2015)*

É inegável a importância que as medidas urgentes em matéria recursal assumem no cenário jurídico nacional. Prioritariamente, porque um dos maiores desafios da jurisdição é alcançar uma tutela jurisdicional adequada, efetiva e tempestiva, especialmente à luz do que dispõe o art. 5º, inciso LXXVIII da Constituição da República, que preconiza a razoável duração do processo como direito fundamental/processual. Não raro, o denominado *tempo do processo* (e todas suas dilações) retarda o encaminhamento das soluções dos conflitos, tornando a jurisdição, em termos cronológicos, lenta e algumas vezes, até mesmo ineficaz.[670]

Nesse cenário, desde as primeiras reformas do CPC 1973, o legislador buscou colmatar medidas processuais que tivessem por escopo possibilitar a agilização da tutela jurisdicional recursal. O objetivo dessas reformas era evitar o arrastar da tramitação processual e ao mesmo tempo obter agilização e efetividade na apreciação dos pedidos urgentes em sede recursal. Como exemplo dessas alterações ao CPC 1973, observa-se aquela implementada pela Lei 9.139, de 30 de novembro de 1995, que, dentre outras medidas, reconheceu ao art. 558, a possibilidade de concessão de efeito suspensivo ao agravo de instrumento nas hipóteses (i) de perigo de lesão grave e difícil reparação e (ii) fundamento relevante.[671]

Com efeito, a partir dessa possibilidade legal de concessão de efeito suspensivo, a jurisprudência consagrou a expressão *"efeito ativo"*, ou ainda *"efeito suspensivo ativo"*, para designar aqueles casos em que até mesmo a suspensão da decisão recorrida não era suficiente para a solução do caso concreto. Era necessário suspender-se o comando

---

[670] "Há tempos vivemos, por assim dizer, imensa distância entre (i) a solução que as partes almejam do Judiciário relativamente ao problema que as conduziu ao exercício do direito de ação e (ii) a entrega da prestação jurisdicional que sirva à solução deste problema, vale dizer, a decisão transitada em julgado que ponha fim à controvérsia experimentada pelas partes litigantes." MELLO, Rogerio Licastro Torres. A competência para apreciação de tutelas provisórias nos recursos. In: *Tutela Provisória no novo CPC*: dos 20 anos do art; 273 do CPC/1973 ao CPC/2015 – coordenação de Cássio Scarpinella Bueno... [et al.] – São Paulo: Saraiva, 2016. p. 310.

[671] Art. 558. O relator poderá, a requerimento do agravante, nos casos de prisão civil, adjudicação, remição de bens, levantamento de dinheiro sem caução idônea e em outros casos dos quais possa resultar lesão grave e de difícil reparação, sendo relevante a fundamentação, suspender o cumprimento da decisão até o pronunciamento definitivo da turma ou câmara.

judicial recorrido, mas, concomitantemente, verificar-se a possibilidade de concessão da própria ordem liminar que se desejava, seja de natureza cautelar, seja de natureza antecipatória. Eram os tempos da chamada *"tutela antecipada recursal"*, especificamente prevista no art. 527 do CPC 1973, cuja redação fora estabelecida pela Lei nº 10.352 de 26 de dezembro de 2001.[672]

Com efeito, essas são apenas algumas das reformas, outrora realizadas no CPC 1973, que se poderiam apontar como tendentes a agilizar a tutela jurisdicional recursal. Se poderia comentar outras, como a possibilidade de concessão de efeito suspensivo (também para fins de concessão de ordem liminar) aos recursos especial e extraordinário, cuja pujante discussão junto ao Supremo Tribunal Federal redundou na edição das Súmulas 634[673] e 635.[674]

No novel diploma processual, CPC 2015, a matéria recebeu tratamento jurídico específico, constituindo-se o art. 932, inc. II, verdadeira cláusula geral para a concessão de tutela provisória no âmbito recursal, a inspirar todos os demais recursos estabelecidos na ordem processual em vigor – vide catálogo de recursos previstos no art. 944 do CPC 2015. Relevante ressaltar, nada obstante, que a redação atual não difere muito do que já previa o art. 527 do CPC 1973 (já com a redação atribuída pela Lei 10.352/2001), que tratava especificamente do Agravo de Instrumento:

Art. 527, inc. III, CPC 1973	Art. 932, inc. II, CPC 2015
Art. 527. Recebido o agravo de instrumento no tribunal, e distribuído incontinenti, o relator: III – poderá atribuir efeito suspensivo ao recurso (art. 558), ou deferir, em antecipação de tutela, total ou parcialmente, a pretensão recursal, comunicando ao juiz sua decisão;	Art. 932. Incumbe ao relator: II – apreciar o pedido de tutela provisória nos recursos e nos processos de competência originária do tribunal;

Compreender a possibilidade de concessão de efeito suspensivo e até mesmo a concessão de tutela provisória (da urgência ou da evi-

---

[672] Art. 527. Recebido o agravo de instrumento no tribunal, e distribuído *incontinenti,* o relator: (...) III – poderá atribuir efeito suspensivo ao recurso (art. 558), ou deferir, em antecipação de tutela, total ou parcialmente, a pretensão recursal, comunicando ao juiz sua decisão.

[673] Súmula 634 do STF: "Não compete ao Supremo Tribunal Federal conceder medida cautelar para dar efeito suspensivo a recurso extraordinário que ainda não foi objeto de juízo de admissibilidade na origem".

[674] Súmula 635 do STF: "Cabe ao presidente do tribunal de origem decidir o pedido de medida cautelar em recurso extraordinário ainda pendente do seu juízo de admissibilidade".

dência) – tanto na competência recursal, quanto na competência originária dos tribunais – é capítulo essencial na análise dos recursos, seja como forma de se obter uma adequada e efetiva prestação da tutela jurisdicional, seja como forma de garantir-se agilidade na solução dos litígios que, muitas vezes, exigem mais do que recursos ou medidas judiciais estabelecidas em lei, mas procedimentos que viabilizem a solução dos litígios que levaram as partes até o judiciário.

5.3.2. Cabimento, competência e pressupostos legais

Antes de se voltar à análise do cabimento e dos pressupostos legais da tutela provisória, da urgência (cautelar ou antecipada) ou da evidência, em matéria recursal, reputa-se essencial chamar-se a atenção para o que dispõe o art. 995 do CPC 2015, que estabelece textualmente que *os recursos não impedem a eficácia da decisão, salvo disposição legal ou decisão em sentido diverso*.

Trata-se de comando normativo que, ainda que deva ser analisado de maneira sistemática com toda a legislação processual-recursal em vigor, empresta valiosa lição quanto à opção do legislador[675] em – ao estabelecer a regra geral da ausência do efeito suspensivo aos recursos – possibilitar uma prestação jurisdicional efetiva e, sobretudo, tempestiva.

Com efeito, da regra do *caput* do art. 995 do CPC 2015, percebe-se que o efeito suspensivo aos recursos somente ocorrerá se houver regra expressa, o que é o caso, por exemplo, do recurso de apelação (art. 1.012 do CPC 2015); ou se for proferida decisão judicial emprestando tal eficácia ao respectivo recurso.

O parágrafo único do art. 995 do CPC 2015[676] traz regra de atribuição de efeito suspensivo a recurso que não o possui, desde que presente o *periculum danum irreparabile* e demonstrada a probabilidade de provimento do recurso.[677] No mesmo sentido, lecionam Luiz Guilherme Marinoni, Sérgio Cruz Arenhart e Daniel Mitidiero, ao referirem que "a suspensão da decisão recorrida por força de decisão judicial

---

[675] A esse respeito, convém extrair lição de Araken de Assis: "O CPC de 2015, embora sem a necessária avaliação objetiva, optou por inverter a regra, estabelecendo que os recursos, salvo disposição expressa em contrário, não terão efeito suspensivo (art. 995, *caput*), mas o relator poderá suspender a eficácia do provimento (art. 995, parágrafo único)." (ASSIS, Araken. *Manual dos recursos*. 8. ed. rev. atual. e ampl. – São Paulo: Editora Revista dos Tribunais, 2016. p. 297).

[676] Art. 995, parágrafo único. CPC 2015: "A eficácia da decisão recorrida poderá ser suspensa por decisão do relator, se da imediata produção de seus efeitos houver risco de dano grave, de difícil ou impossível reparação, e ficar demonstrada a probabilidade de provimento do recurso".

[677] NUNES, Jorge Amaury. Arts. 995 e 996. In: STRECK, Lenio Luiz; NUNES, Dierle; CUNHA, Leonardo (orgs.). *Comentários ao Código de Processo Civil*. São Paulo: Saraiva, 2016. p. 1.313

está subordinada à demonstração da probabilidade de provimento do recurso e do perigo na demora".[678]

Destarte, para postular efeito suspensivo ao recurso, o recorrente "dependerá fundamentalmente do fato de o recurso ser interposto diretamente perante o juízo ou tribunal competente para seu julgamento de mérito ou não".[679] Num primeiro caso (agravo de instrumento, por exemplo), o pedido de efeito suspensivo deve ser formulado na própria peça do recurso.[680] Num segundo caso (apelação, por exemplo), o pedido deve ser formulado por meio de petição autônoma "dirigida diretamente para o órgão competente para o julgamento do mérito do recurso".[681]

Essa solução, efetivamente, é a que melhor se adequa à redação do art. 299, parágrafo único, do CPC 2015, segundo a qual "ressalvada disposição especial, na ação de competência originária de tribunal e nos recursos a tutela provisória será requerida ao órgão jurisdicional competente para apreciar o mérito".

Destaca, outrossim, Guilherme Rizzo Amaral que a petição autônoma deve conter cópia do recurso interposto, da decisão recorrida, assim como das demais peças do processo que permitam ao tribunal compreender a controvérsia recursal e analisar o pleito de atribuição de efeito suspensivo (ressalvado, evidentemente, quando se tratar de processo eletrônico).[682]

Verificada, pois, a regra geral e a possibilidade de atribuição de efeito suspensivo pelo relator (art. 995, parágrafo único, do CPC 2015), é crucial observar que, em alguns casos, não basta apenas isso. A mera suspensão dos efeitos da decisão recorrida pode não ser suficiente para resolver a situação de fato ou o conflito trazido à análise pelo Judiciário. Há casos, por exemplo, em que o autor postula medida liminar urgente – em sede de tutela provisória – que uma vez indeferida pode trazer risco efetivo ao direito da parte. Nessa hipótese, em que é cabível o agravo de instrumento (art. 1.015, inc. I, do CPC 2015), obter-se simplesmente o efeito suspensivo revela-se praticamente inútil. É necessário que o Tribunal, antes mesmo de julgar o mérito recursal, possa deferir providência de natureza *ativa*, ou seja,

---

[678] MARINONI, Luiz Guilherme. *Novo Código de Processo Civil Comentado* / Luiz Guilherme Marinoni, Sérgio Cruz Arenhart, Daniel Mitidiero. 3. ed. rev., atual. e ampl. São Paulo: Revista dos Tribunais. 2017. p. 1.072
[679] AMARAL, Guilherme Rizzo. *Comentários às alterações do novo CPC*. 2. ed. rev. atual. e ampl. – São Paulo, 2016. p. 1.000.
[680] Idem, p. 1.001.
[681] Idem, p. 1.001.
[682] Idem, p. 1.002.

que o relator conceda o efeito suspensivo e, na forma do art. 932, inc. II, do CPC 2015, autorize a tutela provisória pleiteada por intermédio do próprio recurso.

Diante desse quadro, quer seja, de necessidade de concessão de tutela provisória recursal (que vai além da mera concessão de efeito suspensivo ao recurso), o relator designado pode decidir de maneira urgente, por meio de decisão monocrática, devidamente fundamentada (art. 298 do CPC 2015), explicitando: (i) o risco de dano grave ou de difícil reparação; (ii) a probabilidade do provimento do recurso.

Nesse espectro, tem-se como justificativa para tal proceder os princípios básicos aplicáveis ao processo da *inafastabilidade do controle jurisdicional* ou mesmo da *efetividade* e até mesmo (conforme já referido), o respeito básico ao direito fundamental da razoável duração do processo. Além disso, justifica a concessão de tutela provisória recursal a própria sistemática da tutela provisória prevista no CPC 2015, a partir do art. 294. Ora, não seria razoável ou mesmo coerente admitir-se a antecipação da tutela final e não possibilitar esse mesmo tratamento em sede recursal.

De outra parte, é importante alertar que existem outros dispositivos no CPC 2015 em que o efeito suspensivo (e por consequência, a tutela provisória) pode(m) ser requerido(as) diretamente na fase recursal. É o caso do art. 1.012, § 4º, do CPC 2015, dispositivo legal que trata do recurso de apelação. Especificamente, o § 1º desse mesmo artigo trata das hipóteses em que o recurso de apelação não é dotado de efeito suspensivo *legal*. Para esses casos, o § 4º estabelece regra especial, determinando que: "Nas hipóteses do § 1º a eficácia da sentença poderá ser suspensa pelo relator se o apelante demonstrar a probabilidade de provimento do recurso ou se, sendo relevante a fundamentação, houver risco de dano grave ou de difícil reparação".

É o que a doutrina chama de "efeito suspensivo *ope judicis*", em que o apelante pode postular a outorga de efeito suspensivo ao apelo justamente para inibir a eficácia da sentença.[683] Nesse caso, a concessão de efeito suspensivo à apelação depende de demonstração da probabilidade de provimento do recurso e da existência de perigo da demora.[684]

Essa regra do §4º, contudo, deve ser interpretada não apenas como forma de possibilitar a concessão de efeito suspensivo, mas, também, quando necessário, ensejar providência jurisdicional *ativa*, ou seja, típica tutela provisória de natureza recursal.

---

[683] MARINONI, Luiz Guilherme. *Novo Código de Processo Civil Comentado*. Op. cit. p. 1.088.
[684] Idem, p. 1.088.

Outro dispositivo legal com previsão semelhante é o art. 1.019, inc. I, do CPC 2015, em que, ao tratar o agravo de instrumento, consta estabelecido que: "Art. 1.019. Recebido o agravo de instrumento no tribunal e distribuído imediatamente, se não for o caso de aplicação do art. 932, incisos III e IV, o relator, no prazo de 5 (cinco) dias: I – poderá atribuir efeito suspensivo ao recurso ou deferir, em antecipação de tutela, total ou parcialmente, a pretensão recursal, comunicando ao juiz sua decisão;".

Com efeito, o art. 1.019 do CPC 2015 opera verdadeiro roteiro a ser seguido[685] pelo tribunal, após o protocolo do agravo de instrumento. E uma dessas etapas consiste em analisar "o cabimento da antecipação de tutela recursal, seja para sustar os efeitos da decisão recorrida (efeito suspensivo) ou conceder a providência negada em 1º grau (o que vinha sendo impropriamente chamado de 'efeito ativo'), por meio de decisão monocrática liminar recorrível por agravo interno (art. 1.020)".[686]

Outrossim, essencial anotar a previsão do art. 1.026 do CPC 2015, o qual é categórico ao estabelecer que os embargos de declaração não possuem efeito suspensivo, mas que, no §1º indica que "a eficácia da decisão monocrática ou colegiada poderá ser suspensa pelo respectivo juiz ou relator se demonstrada a probabilidade de provimento do recurso ou, sendo relevante a fundamentação, se houver risco de dano grave ou de difícil reparação", regra que, indubitavelmente, muito se assemelha ao que dispõe o art. 1.012, § 4º, do CPC 2015, acima referenciado.

Nesse caso, pode o relator outorgar efeito suspensivo ao recurso de embargos declaratórios. Para tanto, "a parte tem de demonstrar em primeiro lugar a probabilidade de provimento dos embargos (acaso se vislumbre a possibilidade de infringência de julgado) ou do recurso que ainda será interposto tendente à alteração da decisão embargada".[687]

5.4. Querela nullitatis insanabilis

5.4.1. Breve apresentação

Tema da mais elevada importância e fascínio no direito processual civil brasileiro, a *ação de nulidade da sentença* (ora tratada pela doutrina simplesmente como *querela nullitatis insanabilis*, ora entendida

---

[685] SICA, Heitor V. Mendonça. Arts. 1.018 e 1.019. In: STRECK, Lenio; NUNES, Dierle; CUNHA, Leonardo (orgs.). *Comentários ao Código de Processo Civil*. São Paulo: Saraiva, 2016. p. 1.347.
[686] Idem, p. 1.347.
[687] MARINONI, Luiz Guilherme. *Novo Código de Processo Civil Comentado*. Op. cit. p. 1.105.

como *actio nullitatis* e por vezes compreendida como ação declaratória de ineficácia da sentença), ainda desperta curiosidade e divergências em torno do seu significado e alcance. Com efeito, muito se discute sobre a sua aplicabilidade e cabimento, especialmente nos casos em que não mais é possível manejar-se a ação rescisória ou de ter sido proferida sentença nula (plano da validade) ou inexistente (plano da existência).[688]

E toda essa discussão tem como pano de fundo duas realidades básicas: a *primeira*, a de que, sabida e incontroversamente, decorrido o prazo de dois anos para a propositura da ação rescisória, a sentença deixa de ser rescindível e passa a ser simplesmente existente e válida;[689] e a *segunda*, a que indica que *o nulo é irratificável, como o é o inexistente*,[690] ou seja, por esta compreensão, não se vislumbra a possibilidade de subsistência de uma sentença nula (que contenha uma nulidade absoluta) ou inexistente.

Em outras palavras, ultrapassado o prazo legal da ação rescisória,[691] não há mais como alegar-se vícios na sentença. Essa observação, entretanto, aliada ao fato de que os atos nulos não se convalidam e de que os atos inexistentes, igualmente, não podem ser ratificados, traz a relevante questão: como combater a sentença (decisão) judicial eivada de nulidade ou inexistente, já transitada em julgado, mas não mais sujeita à ação rescisória?

A resposta a esse questionamento evidentemente não é fácil, mas poderia ser encontrada, por exemplo, na ação de nulidade da sentença (por muitos chamada de *querela nullitatis insanabilis*, por outros de ação declaratória de nulidade e por outros *actio nullitatis*), que ora será objeto de estudo e exposição, os quais, evidentemente não irão exaurir o tema e tampouco dar contornos definitivos, mas apenas trazer reflexões ao leitor a fim de que seja possível avançar-se no estudo da impugnação das decisões judiciais.

5.4.2. Sobrevivência da "querela nullitatis" no direito brasileiro

Muito embora inexistente previsão legal expressa, a *querela nullitatis insanabilis* (originada no direito romano clássico) ainda sobrevive

---

[688] Compreensão a que se deve a Pontes de Miranda e sua clássica orientação dos planos da existência, validade e eficácia (MIRANDA, Pontes. *Tratado das ações: ações constitutivas:* tomo IV. 1 ed. atual. Nelson Nery Junior, Georges Abbout. São Paulo: Revista dos Tribunais, 2016. p. 85/86).

[689] LUCCA, Rodrigo Ramina de. *Querela Nullitatis e o réu revel não citado no processo civil brasileiro.* Revista de Processo. São Paulo, Vol. 202, Ano 36, Dezembro de 2011. p. 126.

[690] MIRANDA, Pontes. *Tratado das ações: ações constitutivas.* Op. cit. p. 148.

[691] Biênio legal conforme se depreende do art. 975 do CPC 2015.

no direito processual civil brasileiro, sobretudo, como modo de impugnação e oposição à sentenças nulas e sentenças inexistentes. Com efeito, ainda que não tenha os mesmos contornos da querela de nulidade outrora existente no direito antigo, essa medida vige no direito como modo de impugnação a decisões judiciais contaminadas por algum vício não convalidável.

Com efeito, ainda que se viva em um cenário de relativa pacificação[692] quanto à persistência do instituto da *querela nullitatis* no direito processual em vigor, tal é resultado de muitos anos de discussões e divergências sobre o tema. Toma-se como exemplo destes acalorados debates do passado, as quase apagadas páginas (texto escaneado da pesquisa digital do site do Supremo Tribunal Federal) do acórdão do Recurso Extraordinário nº 62.128, julgado em 15 de maio de 1967. Nesse emblemático julgamento, o Ministro Oswaldo Trigueiro foi enfático ao explicitar que o art. 1.010 do CPC 1939 *"não tem o condão de fazer reviver a querela nullitatis"*.[693] A ementa do acórdão, aliás, é ainda mais expressa ao indicar que: "Ação Rescisória e querela de nulidade. No vigente direito processual civil brasileiro, a ação rescisória é o único meio admissível para invalidar sentença com trânsito em julgado. Recurso extraordinário conhecido e provido".

Do corpo deste acórdão se extrai, outrossim, que a decisão recorrida (a que deu origem ao Recurso Extraordinário[694]) havia reconhecido a procedência da ação autônoma de nulidade da sentença, após o trânsito em julgado, fazendo referência expressa à admissibilidade da *querela nullitatis*.

Com efeito, tais divergências jurisprudenciais persistiram até o início dos anos 1980, quando então sobreveio decisão histórica, também do Supremo Tribunal Federal, proferida pelo Ministro José Carlos Moreira Alves. Trata-se do acórdão do Recurso Extraordinário nº 97.589, julgado em 17.11.1982, em que se sustentou a sobrevivência da *querela nullitatis* ao se interpretar o disposto no art. 741, inciso I, do CPC 1973, então em vigor.

---

[692] Efetivamente, doutrina e jurisprudência já não mais controvertem quanto à aplicabilidade da querela nullitatis, restando, todavia, discussão quanto às hipóteses de cabimento, natureza jurídica e eficácia.

[693] "A meu ver, essa peculiaridade da execução, não tem o condão de fazer reviver a querela nullitatis como ação autônoma, em concorrência com a ação rescisória." (RE 62.128/SP – Julgado em 15.05.1967 – Disponível em www.stf.jus.br).

[694] Essencial anotar que naquela época (1967), o Supremo Tribunal Federal possuía outras competências constitucionais e que o Superior Tribunal de Justiça (criado com a Constituição de 1988) ainda não existia.

Nesta decisão, o Ministro José Carlos Moreira Alves refere que a sentença proferida em processo no qual o réu revel que não foi citado, ou foi invalidada, a sentença é viciada por *nulidade absoluta*, que pode ser declarada mediante ação de embargos à execução ou ação autônoma de nulidade, ambas, independentes da ação rescisória. O referido acórdão restou assim ementado: "Ação declaratória de nulidade de sentença por se nula a citação do réu revel na ação em que ela foi proferida. 1. Para a hipótese prevista no artigo 71, I, do atual CPC – que é a falta de nulidade ou nulidade da citação, havendo revelia – persiste no direito brasileiro – a *querela nullitatis*, o que implica em dizer que a nulidade da sentença, nesse caso, pode ser declarada em ação declaratória de nulidade, independentemente do prazo para a propositura da ação rescisória que, em rigor, não lhe é cabível para essa hipótese. 2. Recurso extraordinário conhecido, negando-se-lhe, porém, provimento".

Essa decisão encerra verdadeiro marco no direito processual civil brasileiro, sobretudo, por que desde então a jurisprudência nacional se consolidou no sentido de permitir a propositura da *querela nullitatis* como meio autônomo de impugnação de sentença transitada em julgado.[695]

Quanto à extensão dos efeitos da *querela nullitatis*, convém recordar que o CPC 1973, antes da reforma trazida pela Lei nº 11.232/2005, determinava que na execução fundada em título judicial, a oposição do executado podia se realizar por meio de embargos à execução.[696] Pois, exatamente um dos fundamentos para a interposição destes embargos era a ausência ou nulidade da citação, no caso de réu revel. Possibilitava-se, então, a *cassação de sentença transitada em julgado, independentemente da propositura da ação rescisória e até mesmo depois do decurso do prazo bienal*.[697]

Assim, por serem os embargos exclusivos daqueles casos em que a sentença era condenatória, não se podia deixar de considerar que era preciso reconhecer a existência de remédio semelhante em favor do

---

[695] LUCCA, Rodrigo Ramina de. *Querela Nullitatis e o réu revel não citado no processo civil brasileiro*. Op. cit. p. 115.

[696] Sabidamente, com a reforma estabelecida pela Lei nº 11.232/2005, o título executivo judicial passou a ser exigível através de um processo sincrético, através da fase de cumprimento de sentença (art. 475-J do CPC 1973) e a oposição do executado, por meio de impugnação à fase de cumprimento de sentença (art. 475-L do CPC 1973), medidas processuais que passam a integrar, respectivamente, os artigos 523 e 525 do CPC 2015.

[697] CÂMARA, Alexandre Freitas. *Ação rescisória*. 3. ed. São Paulo: Atlas, 2014. p. 187.

réu revel (sem ter sido validamente citado) nos casos em que a sentença fosse meramente declaratória ou constitutiva.[698]

5.4.3. Cabimento da "querela nullitatis" e competência

O estudo da *querela nullitatis* é essencial, não apenas como meio de impugnação de decisões judiciais eivadas de nulidades, mas também para compreensão histórica das origens da ação rescisória. Nesse sentido, Pontes de Miranda já associava o surgimento da ação rescisória à antiga *querela nullitatis*.[699] Em igual sentido, Alexandre Freitas Câmara refere que a ação rescisória não só tem origem na *querela nullitatis*, como este instituto ainda sobrevive no direito moderno,[700] tendo espaço para ser empregado e discutido.

Tratando-se, especificamente do seu cabimento, resta essencial trazer-se a lição do art. 239 do CPC 2015,[701] segundo o qual "para a validade do processo é indispensável a citação do réu ou do executado, ressalvadas as hipóteses de indeferimento da petição inicial ou de improcedência liminar do pedido." Em outras palavras, o desenvolvimento válido do processo depende, dentre outros aspectos, da citação formal e regularmente realizada.

Nesses termos, não há como se conceber que uma decisão judicial seja proferida em processo no qual o réu (revel), ou não que não tenha sido citado, ou restou irregularmente citado. Com efeito, é inegável a importância da citação no processo, seja pela necessária e imprescindível participação do réu na formação da relação jurídica processual, seja pela necessária construção dialética da decisão judicial que, inegavelmente depende do autor, do réu e do juiz (*actum trium personarum*).

Assim, processo em que não ocorreu a citação ou em que a citação foi defeituosa é, salvo a inexistência de prejuízo às partes, um processo nulo.[702] Efetivamente, o réu não citado não é parte no processo e, por essa razão, não pode suportar os efeitos de eventual sentença, passada em julgado ou não. Nesse sentido, o réu revel não citado ou

---

[698] CÂMARA, Alexandre Freitas. *Ação rescisória*. Op. cit. p. 187.

[699] MIRANDA, Francisco Cavalcanti Pontes De. *Tratado da ação rescisória das sentenças e de outras decisões*. 3. ed. corrigida, posta em dia e aumentada. Rio de Janeiro: Borsoi, 1957. p. 43.

[700] CÂMARA, Alexandre Freitas. *Ação rescisória*. Op. cit. p. 186.

[701] A citação sempre foi ato processual caro e muito relevante ao processo civil brasileiro, tanto que o CPC 1939, assim previu a matéria: Art. 165. Será necessária a citação, sob pena de nulidade, no começo da causa ou da execução. No mesmo sentido, o CPC 1973, assim estabelecia: Art. 214. Para a validade do processo é indispensável a citação inicial do réu.

[702] LUCCA, Rodrigo Ramina de. *Querela Nullitatis e o réu revel não citado no processo civil brasileiro*. Op. cit. p. 135.

invalidamente citado tem legitimidade para propor ação declaratória de ineficácia da sentença ou ação declaratória de nulidade (inexistência) da sentença, mesmo depois de transcorrido o prazo de dois anos para o ajuizamento da ação rescisória.

Conforme se infere da jurisprudência dominante do Superior Tribunal de Justiça,[703] o fundamental é compreender que a *querela nullitatis*, quando cabível, situa-se no plano da existência, não se confundindo com as questões afeitas ao plano da validade. Assim, havendo nulidade, seja ela relativa ou absoluta, a sentença existe, e se não reformada, a pedido ou de ofício em qualquer grau de jurisdição, transita em julgado e produz efeitos válidos, somente podendo ser desconstituída no caso de nulidade absoluta, por meio de revisão criminal ou de ação rescisória sujeita a prazo decadencial bienal.

Por outro lado, havendo vício insanável, a sentença proferida é inexistente e, por esta razão sequer transitada em julgado, podendo, por isso mesmo, ser reconhecido o vício a qualquer tempo, seja por simples petição, seja por meio de ação declaratória (*querela nullitatis insanabilis*). Tratam-se estes de vícios que não convalidam e também não se sujeitam ao regime da prescrição. Exemplo notório de vício insanável reiteradamente invocado na doutrina e na jurisprudência passível de declaração de nulidade é a ausência de citação válida que conduz à própria inexistência da relação jurídica processual, conforme se infere da redação do art. 525, inc. I, do CPC 2015 e da redação do art. 535, inc. I, do CPC 2015.

Verifica-se, outrossim, que a doutrina e a jurisprudência vêm ampliando o espectro do cabimento dessa ação declaratória de nulidade (ora entendida como de *ineficácia* e também chamada de ação declaratória de *inexistência*),[704] passando a admiti-la também nas hipóteses de (i) ausência das condições da ação; (ii) de sentença proferida em desconformidade com coisa julgada anterior e; (iii) embasada em lei posteriormente declarada inconstitucional pelo Supremo Tribunal Federal.[705]

Ainda quanto ao cabimento, importante trazer-se o entendimento de Alexandre Freitas Câmara para quem o direito brasileiro vigente deveria admitir a *querela nullitatis* também em relação às

---

[703] Agravo Regimental na Petição nº 10.975/RJ, julgado em 03.11.2015.

[704] Ainda com relação ao cabimento, importante trazer à colação o conteúdo do Informativo 576 do STJ, Segundo qual: "Não é possível utilizar ação declaratória de nulidade (*querela nullitatis*) contra título executivo judicial fundado em lei declarada não recepcionada pelo STF em decisão proferida em controle incidental que transitou em julgado após a constituição definitiva do referido título. REsp 1.237".

[705] Recurso Especial 1.496.208/RS, julgado em 13.04.2015.

decisões proferidas no âmbito dos Juizados Especiais Cíveis,[706] em que a ação rescisória é expressamente vedada, conforme art. 56 da Lei nº 9.099/1995.[707]

Acerca da competência jurisdicional para o processamento da *querela nullitatis*, dúvidas não persistem. Diferentemente do que ocorre com a *ação rescisória*, em que o juízo competente para processar e julgar deve ser hierarquicamente superior ao juízo que proferiu a sentença ou acórdão rescindendo, a *querela nullitatis* deve ser processada e julgada no juízo que supostamente proferiu a decisão viciada.[708]

---

[706] CÂMARA, Alexandre Freitas. *Ação rescisória*. Op. cit. p. 188.

[707] Art. 59. Não se admitirá ação rescisória nas causas sujeitas ao procedimento instituído por esta Lei.

[708] Conflito Negativo de Competência nº 114.593/SP, julgado em 22.06.2011.

Bibliografia

ALLORIO, Enrico. *La cosa giudicata rispetto ai terzi*. Milao: Giuffre, 1935

ALVARO DE OLIVEIRA, Carlos Alberto. *Do formalismo no processo civil*. 2. ed. São Paulo: Saraiva, 2003.

———; MITIDIERO, Daniel. *Curso de Processo Civil*. Vol. 1. São Paulo: Atlas, 2011.

———; ———. *Curso de processo civil*. Vol. 2: processo de conhecimento. São Paulo: Atlas, 2012.

ALVES E SILVA, Ticiano. Os embargos de declaração no Novo CPC in *Processo nos tribunais e meios de impugnação às decisões judiciais*. Lucas Buril, Ravi Peixoto e Alexandre Freite (orgs.). Vol. 6. Salvador: JusPodivm, 2015.

ALVIM, Angélica Arruda; ASSIS, Araken de; ALVIM, Eduardo Arruda; LEITE, George Salomão (orgs.). *Comentários ao Código de Processo Civil*. São Paulo: Saraiva, 2016.

AMARAL, Guilherme Rizzo. *Comentários às alterações do novo CPC*. 2. ed. rev. atual. e ampl. São Paulo, 2016.

AMENDOEIRA JR., Sidnei. *Manual de direito processual civil*. Vol. II. São Paulo: Saraiva, 2002.

ARAGÃO, E. D. Moniz. *Sentença e coisa julgada*. Rio de Janeiro: AIDE, 1992.

ASSIS, Araken de. *Manual dos Recursos*. 2. ed. São Paulo: Revista dos Tribunais, 2008.

———. *Manual dos recursos*. 8. ed., São Paulo, RT, 2016.

———. *Processo Civil Brasileiro*. Vol. I. São Paulo: Revista dos Tribunais, 2015.

———. *Processo Civil Brasileiro*. Vol. III. São Paulo: Revista dos Tribunais, 2015.

ÁVILA, Humberto. *Teoria da segurança Jurídica*. 3. ed. São Paulo: Malheiros, 2014.

———. *Teoria dos princípios*: da definição à aplicação dos princípios jurídicos. 10. ed. São Paulo: Malheiros, 2009.

AZEM, Guilherme Beux Nassif. A instrumentalidade objetiva do recurso extraordinário. *Revista de informação legislativa*, v. 48, n. 190, t. 1, p. 205-210, abr-jun. 2011.

———. Breves notas sobre o prequestionamento no novo Código de Processo Civil. In: RUBIN, Fernando; REICHELT, Luis Alberto (Orgs.). *Grandes temas do novo código de processo civil*. Porto Alegre: Livraria do Advogado, 2015.

———. Da instrumentalidade objetiva dos recursos extraordinário e especial – Breves considerações sobre o art. 1.029, § 3º, do novo Código de Processo Civil. In: REICHELT, Luiz Alberto; RUBIN, Fernando (Orgs.). *Grandes temas do novo código de processo civil*, v. 2. Porto Alegre: Livraria do Advogado, 2017.

———. Mandado de segurança contra ato judicial. In: NERY JR., Nelson; WAMBIER, Teresa Arruda Alvim. (Org.). *Aspectos polêmicos e atuais dos recursos cíveis e assuntos afins*. São Paulo: Revista dos Tribunais, 2011, v. 12, p. 209-223.

———. *Repercussão geral da questão constitucional no recurso extraordinário*. Porto Alegre: Livraria do Advogado, 2009.

BAHIA, Alexandre Melo Franco. *Recursos extraordinários no STF e no STJ*. 2. ed. Curitiba: Juruá, 2016.

BAPTISTA DA SILVA, Ovídio A. *Sentença e coisa julgada: ensaios e pareceres*. 4. ed. Rio de Janeiro: Forense, 2003.

———. "Coisa Julgada relativa?" In: *Anuário do Programa de Pós-Graduação em Direito*. Mestrado e Doutorado. São Leopoldo: Ed. Unisinos, 2003, p. 363-78.

———. A função dos tribunais superiores. In: MACHADO, Fábio Cardoso; MACHADO, Rafael Bicca (Coord.). *A Reforma do Poder Judiciário*. São Paulo: Quartier Latin, 2006, p. 463-483.

──. *As ações cautelares e o novo processo civil*. 3. ed. Rio de Janeiro: Forense, 1980.
──. *Curso de Processo Civil*. Vol. 1. 5. ed. São Paulo: Revista dos Tribunais, 2001.
──. Decisões interlocutórias e sentenças liminares. *Revista de Processo*, v. 61, p. 7-23, jan.-mar. 1991.
──. *Jurisdição e execução na tradição romano-canônica*. 3. ed. Rio de Janeiro: Forense, 2007.
──. *Processo e Ideologia: o Paradigma Racionalista*. 2. ed. Rio de Janeiro: Forense, 2006.
──. GOMES, Fábio Luiz. *Teoria Geral do Processo*. São Paulo: Revista dos Tribunais, 2000.
BARBOSA GARCIA, Gustavo Filipe. *Curso de direito processual do trabalho* – de acordo com o projeto de novo CPC. Rio de Janeiro: Forense, 2012.
BARBOSA MOREIRA, José Carlos. A motivação das decisões judiciais como garantia inerente ao estado de direito. In: *Temas de direito processual*. 2ª série. São Paulo: Saraiva, 1988.
──. A recente reforma da Constituição brasileira e o Supremo Tribunal Federal. In: BERIZONCE, Roberto Omar; HITTERS, Juan Carlos; OTEIZA, Eduardo (Coords.). *El papel de los tribunales superiores*. Buenos Aires: Rubinzal-Culzoni Editores, 2006.
──. *Comentários ao Código de Processo Civil*. vol. 5, 13. ed. Rio de Janeiro: Forense, 2006.
──. *Comentários ao Código de Processo Civil*. vol. 5. 15. ed. Rio de Janeiro: Forense, 2010.
──. Eficácia da Sentença e Autoridade da Coisa Julgada. In: *Temas de Direito Processual – Terceira Série*. São Paulo: Saraiva, 1984.
──. *O novo processo civil brasileiro*. 24. ed. Rio de Janeiro: Forense, 2006.
BEDAQUE, José Roberto dos Santos. *Efetividade do processo e técnica processual*. 2. ed. São Paulo: Malheiros, 2007.
BERMUDES, Sergio. *Curso de direito processual civil (recursos)*. Rio de Janeiro: Borsoi, 1972.
BRITO MACHADO, Hugo de. Decisão judicial não fundamentada e recurso extraordinário. In: *Revista Dialética de Direito Processual* n° 122, maio/2013.
BRUSCHI, Gilberto Gomes. *Breves comentários ao novo Código de Processo Civil*. Teresa Arruda Alvim Wambier, Fredie Didier Jr. e Bruno Dantas (coords.). São Paulo: Revista dos Tribunais, 2015.
BUENO, Cassio Scarpinella. *Manual de direito processual civil*. 2. ed. rev. atual. e ampl. São Paulo: Saraiva, 2016.
BUZAID, Alfredo. *Estudos e pareceres de direito processual civil*. Notas de adaptação de Ada Pellegrini Grinover e Flávio Luiz Yarshell. São Paulo: Revista dos Tribunais, 2002.
──. Nova conceituação do recurso extraordinário na Constituição do Brasil. *Revista da UFPR*, Curitiba, v. 11, 1968, p. 51-66.
CALAMANDREI, Piero. *Instituições de Direito Processual Civil*. v. III. Campinas: Bookseller, 2003.
──. *La casación civil*. Traducción de Santiago Sentís Melendo. Buenos Aires: Editorial Bibliografica Argentina, 1961.
CALMON DE PASSOS, J. J. O Mandado de segurança contra atos jurisdicionais: tentativa de sistematização nos cinquenta anos de sua existência. *Revista de Processo*, vol. 33, jan-mar/1984.
CÂMARA, Alexandre Freitas. *Ação rescisória*. 3. ed. São Paulo: Atlas, 2014.
──. Do agravo de instrumento no novo Código de Processo Civil. In: *Desvendando o novo CPC*. Darci Guimarães Ribeiro, Marco Félix Jobim, (orgs.). Porto Alegre: Livraria do Advogado, 2015, p. 09-15.
──. *Lições de direito processual civil*. Vol. 2. 22. ed. São Paulo: Atlas, 2013.
──. *O Novo Processo Civil Brasileiro*. São Paulo: Atlas, 2015.
CAMBI, Eduardo. *A prova civil*: Admissibilidade e relevância. São Paulo: Revista dos Tribunais, 2006.
CAPELLETTI, Mauro. Acesso à Justiça. *Revista do Ministério Público*, n. 18.
CARVALHO, Milton. *O pedido no processo civil*. Porto Alegre: Sergio Fabris, 1992.
CASTRO NUNES. A Tarefa do Supremo Tribunal. *Revista Forense*, Rio de Janeiro, vol. XCIX, p. 606-610, julho 1944.
──. *Teoria e prática do Poder Judiciário*. Rio de Janeiro: Forense, 1943.

CHIOVENDA, Giuseppe. *Instituições de direito processual civil*. v. I. Tradução J. Guimarães Menegale. 3. ed. São Paulo: Saraiva, 1969.

——. *Principi di Diritto Processuale Civile*. Napoles: Jovena, 1965

CINTRA, Antônio Carlos de Araújo; GRINOVER, Ada Pellegrini; DINAMARCO, Cândido Rangel. *Teoria geral do processo*. 13. ed. São Paulo : Malheiros, 1997.

COMOGLIO, Luigi Paolo; FERRI, Corrado; TARUFFO, Michele. *Lezioni sul Processo Civile – I. Il processo ordinario di cognizione*. 5. ed. Bologna: Il Mulino, 2011.

CORRÊA, Oscar Dias. A missão atual do Supremo Tribunal Federal e a constituinte. *Revista de Direito Administrativo*, Rio de Janeiro, v. 160, p. 1-31, abril-junho 1985.

CRUZ E TUCCI, José Rogério. Art. 475-J e o STJ. *Revista Jurídica Consulex*, Brasília, n. 260, p. 50-52, novembro 2007.

CUNHA, José Sebastião Fagundes (coord.). *Código de Processo Civil Comentado*. São Paulo: Revista dos Tribunais, 2015.

DALL'ALBA, Felipe Camilo. *Curso de juizados especiais*. Belo Horizonte: Fórum, 2011.

DANTAS, Bruno. *Repercussão geral*: perspectivas histórica, dogmática e de direito comparado: questões processuais. São Paulo: Revista dos Tribunais, 2008.

DEL CLARO, Roberto Bengui. *Código de processo civil comentado*. CUNHA, José Sebastião Fagundes; BOCHENEK, Antonio César; CAMBI, Eduardo (coords.). São Paulo: Revista dos Tribunais, 2016.

DELGADO, José Augusto. Efeitos da coisa julgada e os princípios constitucionais. In: NASCIMENTO, Carlos Valder (coord.). *Coisa Julgada Inconstitucional*. Rio de Janeiro: América Jurídica, 2002.

——. Princípio da instrumentalidade, do contraditório, da ampla defesa e modernização do processo civil. *Revista Jurídica*, Porto Alegre, v. 285, p. 31-60, julho 2001.

DIAS, Francisco Barros. Técnica de julgamento: criação do novo CPC (substitutivo dos embargos infringentes). *Processo nos tribunais e meios de impugnação às decisões judiciais, Coleção novo CPC: doutrina selecionada*, vol. 6, Salvador: JusPodivum, 2015.

DIAS, Maria Berenice. Investigação de Paternidade. Prova e Ausência de coisa julgada material. *Revista Brasileira de Direito de Família*. Porto Alegre: Síntese, n. 1, p. 18-21, abr.-mai.-jun. 1999.

DIDIER JR., Fredie; CUNHA, Leonardo Carneiro da. *Curso de Direito Processual Civil*. Vol. 3. 13. ed. Salvador: JusPodivm, 2016.

——; MACÊDO, Lucas Buril de; PEIXOTO, Ravi; FREIRE, Alexandre (orgs.). *Novo CPC doutrina selecionada*, v. 6: processos nos tribunais e meios de impugnação às decisões judiciais. Salvador: JusPodivm, 2015.

——; BRAGA, Paula Sarno; OLIVEIRA, Rafael A. *Curso de Direito Processual Civil*. Vol. 2. 11. ed. Salvador: JusPodivm, 2016.

DINAMARCO, Cândido Rangel. A função das Cortes Supremas na América Latina. *Revista Forense*, Rio de Janeiro, v. 342, p. 3 -12, abril-junho 1998.

——. *A instrumentalidade do processo*. 12. ed. São Paulo: Malheiros, 2005.

——. *A instrumentalidade do processo*. 4. ed. São Paulo: Revista dos Tribunais, 1994.

——. Relativizar a coisa julgada material. In: NASCIMENTO, Carlos Valder (coord.). *Coisa Julgada Inconstitucional*. Rio de Janeiro: América Jurídica, 2002.

DONIZETTI, Elpídio. *Novo código de processo civil comentado*. São Paulo: Atlas, 2015.

EISENBERG, Melvin Aron. *The nature of the common law*. Cambridge: Harvard University Press, 1991.

FABRÍCIO, Adroaldo Furtado. *Ação Declaratória Incidental*. 4. ed. São Paulo: Saraiva, 2009.

FAVOREU, Louis. *As cortes constitucionais*. Trad. Dunia Marinho Silva. São Paulo: Landy, 2004.

FERREIRA FILHO, Manoel Caetano. *Comentários ao código de processo civil*. v. 7. São Paulo: Revista dos Tribunais, 2001.

FORNACIARI JR., Clito. Embargos de declaração com efeitos infringentes. In: *Revista Magister de Direito Civil e Processo Civil*, n° 50, outubro/2012.

FRANÇA, Limongi (org.). *Enciclopédia Saraiva do Direito*. V. 32. São Paulo: Saraiva, 1977.

FUX, Luiz. Senado Federal. Os 50 anos de Brasília. Por uma justiça ágil. *Revista de Informação Legislativa*, n. 187, Brasília, p. 161-171, 2010.

GAIO JR., Antônio Pereira; MELLO, Cleyson de Moraes. *Novo CPC comentado*. Belo Horizonte: Delrey, 2016.

GIDI, Antônio. *A class action como instrumento de tutela coletiva dos direitos*: As ações coletivas em uma perspectiva comparada. São Paulo: Revista dos Tribunais, 2007.

———. *Coisa Julgada e litispendência em ações coletivas*. São Paulo: Saraiva, 1995.

———; TESHEINER, José Maria Rosa; PRATES, Marília Zanella. Limites Objetivos da Coisa Julgada no Projeto de Código de Processo Civil: Reflexões Inspiradas na Experiência Norte-Americana. *Revista de Processo*, vol. 194 (2011): p. 101-138.

GOLDSCHMIDT, James. *Direito Processual Civil*. v. I. Campinas: Bookseller, 2003.

———. *Teoria general del proceso*. Trad. Leonardo Prieto Castro. Barcelona: Editorial Labor, 1936.

GUEDES, Jefferson Carús; DALL´ALBA, Felipe Camillo; NASSIF AZEM, Guilherme Beux; BATISTA, Liliane Maria Busato (orgs.). *Novo código de processo civil. Comparativo entre o projeto do novo CPC e o CPC de 1973*. Belo Horizonte: Fórum, 2010.

GUERRA FILHO, Willis Santiago. *A Filosofia do Direito* – Aplicada ao Direito Processual e à Teoria da Constituição. São Paulo: Atlas, 2002.

GUINCHARD, Serge. *Droit et Pratique de la Procédure Civile*. 6. ed. Paris: Dalloz, 2009.

HILL, Flávia Pereira. Breves comentários às principais inovações aos meios de impugnação das decisões judiciais no novo CPC. *Coleção novo CPC, vol. 6. Processo nos tribunais e meios de impugnação às decisões judiciais* Fredie Didier Jr. (coord.). Salvador: JusPodivum, 2015, p. 357-380.

JAEGER, Giulia; NEUMANN, Greice Schmidt; BIANCHI, Matheus. Breves considerações sobre o sistema recursal no novo CPC. In: *Inquietações jurídicas contemporâneas*. Marco Félix Jobim (org.). Porto Alegre: Livraria do Advogado, 2013.

JOBIM, Marco Félix. *O direito à duração razoável do processo*: responsabilidade civil do estado em decorrência da intempestividade processual. 2. ed. rev. e ampl. Porto Alegre: Livraria do Advogado, 2012.

———; CARVALHO, Fabrício de Farias. A disciplina dos agravos no projeto do novo Código de Processo Civil. *Revista da Ajuris*, vol. 41, nº 135, set/2014, p. 265-288.

JORGE, Flávio Cheim. *Teoria geral dos recursos cíveis*. 7. ed. São Paulo: Revista dos Tribunais, 2015.

JORGE JUNIOR, Alberto Gossom. Princípios dos recursos no CPC/2015. *Revista dos Tribunais*, v. 967, p. 317 – 335, Maio/2016.

JUST, Gustavo. *Interpretando as teorias da interpretação*. São Paulo: Saraiva, 2014.

KNIJNIK, Danilo. *O recurso especial e a revisão da questão de fato pelo Superior Tribunal de Justiça*. Rio de Janeiro: Forense, 2005.

KOPLIN, Klaus Cohen. O novo CPC e os direitos fundamentais processuais: uma visão geral, com destaque para o direito ao contraditório. In: *Grandes temas do novo Código de Processo Civil*. Fernando Rubin e Luis Alberto Reichelt (orgs.). Livraria do Advogado: Porto Alegre, 2015.

KUKINA, Sérgio Luiz. *Código de processo civil comentado*. CUNHA, José Sebastião Fagundes; BOCHENEK, Antonio César; CAMBI, Eduardo (orgs.). São Paulo: Revista dos Tribunais, 2016.

LACERDA, Galeno. *Despacho Saneador*. Porto Alegre: La Salle, 1953.

LEMOS, Vinicius Silva. Agravo de instrumento em autos eletrônicos: a possibilidade de interposição sem a intimação da decisão. In: *Revista de Processo*, v. 265, mar. de 2017, p. 191-210.

———. *Recursos e processos nos tribunais no novo CPC*. 2. ed. São Paulo: Lexia, 2016.

LESSA, Guilherme Thofehrn. Irrecorribilidade das decisões interlocutórias e regime de agravo no Projeto do novo CPC. *Revista de Processo*, vol. 230, abr/2014, p. 193-210.

LIEBMAN, Enrico Tullio. *Eficácia e Autoridade da Sentença e outros Escritos sobre a Coisa Julgada*. 4. ed. Rio de Janeiro: Forense, 2007.

———. *Eficácia e autoridade da sentença*. 2. ed. Trad. Alfredo Buzaid/Benvindo Aires. Rio de Janeiro: Forense, 1981.

———. *Lezzioni di Diritto Processuale Civile*. Milano: Giuffrè, 1951.

———. Perspectivas do recurso extraordinário. *Revista Forense*, Rio de Janeiro, v. 85, nº 451/453, p. 601-605, janeiro-março 1941.

LIMA, Alcides de Mendonça. Recurso extraordinário e recurso especial. In: TEIXEIRA, Sálvio de Figueiredo (Coord.). *Recursos no Superior Tribunal de Justiça*. São Paulo: Saraiva, 1991, p. 135-161.

———. A marcha processual do recurso extraordinário. *Revista Jurídica*, Porto Alegre, nº 37, p. 10-16, janeiro-fevereiro 1959.

LINS E SILVA, Evandro. O recurso extraordinário e a relevância da questão federal. *Revista dos Tribunais*, São Paulo, v. 485, p. 11-15, março 1976.

LUCCA, Rodrigo Ramina de. *Querela Nullitatis* e o réu revel não citado no processo civil brasileiro. *Revista de Processo*. v. 202, a. 36, São Paulo, Dez/2011.

MACHADO, Marcelo Pacheco. *Incerteza e processo – de acordo com o Projeto de novo CPC*. São Paulo: Saraiva, 2013.

MALACHINI, Edson Ribas. Inexatidão material e erro de cálculo – conceito, características e relação com a coisa julgada e a preclusão. In: *Revista de Processo* nº 113 (2004): 208/24.

MANCUSO, Rodolfo Camargo. *Interesses difusos*: conceito e legitimação para agir. 4. ed. São Paulo: Revista dos Tribunais, 1997.

———. *Recurso extraordinário e recurso especial*. 10. ed. rev., ampl. e atual. São Paulo: Revista dos Tribunais, 2007.

MANDRIOLI, Crisanto. *Corso di diritto processuale civile*. v. I. Turim: Giappichelli, 1978.

MARINONI. Luiz Guilherme. *Julgamento nas Cortes Supremas*: precedente e decisão do recurso diante do novo CPC. São Paulo: Revista dos Tribunais, 2015.

———; ARENHART, Sérgio Cruz; MITIDIERO, Daniel. *Novo curso de processo civil*. Vol. 2. 3. ed. São Paulo: Revista dos Tribunais, 2017.

———, ———; ———. *Novo Curso de Processo Civil*. Vol. 2. 2. ed. São Paulo: Revista dos Tribunais, 2016.

———, ———, ———. *Novo Curso de Processo Civil*. Vol. 2. São Paulo: Revista dos Tribunais, 2015.

———; MITIDIERO, Daniel. *O projeto do CPC: crítica e propostas*. São Paulo: Revista dos Tribunais, 2010.

———; ———. *Repercussão geral no recurso extraordinário*. São Paulo: Revista dos Tribunais, 2007.

MARQUES, José Frederico. *Instituições de direito processual civil*. 2. ed. rev. Rio de Janeiro: Forense, v. IV, 1963.

MARTINS, Pedro Batista. *Recursos e processos da competência originária dos tribunais*. Rio de Janeiro: Forense, 1957.

MEDINA, José Miguel Garcia. *Direito Processual Civil Moderno*. São Paulo: Revista dos Tribunais, 2015.

———. *Novo Código de Processo Civil anotado*. São Paulo: Revista dos Tribunais, 2015.

———. *O prequestionamento nos recursos extraordinário e especial*. 2. ed. rev., ampl. e atual. São Paulo: Revista dos Tribunais, 1999.

MELLO, Marcos Bernardes de. *Teoria do fato jurídico: plano da existência*. 16. ed. São Paulo: Saraiva, 2010.

MELLO, Rogerio Licastro Torres. A competência para apreciação de tutelas provisórias nos recursos. In: *Tutela Provisória no novo CPC*: dos 20 anos do art; 273 do CPC/1973 ao CPC/2015 – coordenação de Cássio Scarpinella Bueno... [et al.] – São Paulo: Saraiva, 2016.

MENDONÇA LIMA, Alcides. *Introdução aos recursos cíveis*. São Paulo: Revista dos Tribunais, 1976.

MITIDIERO, Daniel. *Cortes Superiores e Cortes Supremas:* Do controle à interpretação, da jurisprudência ao precedente. 2. ed. São Paulo: Revista dos Tribunais, 2014.

———. In: *Breves Comentários ao Novo Código de Processo Civil*. Teresa Arruda Alvim Wambier, Fredie Didier Jr. Eduardo Talamini (orgs.). 2015.

———. *Precedentes: da persuasão à vinculação*. São Paulo: Revista dos Tribunais, 2016.

MORAIS, Jose Luis Bolzan de. *Do direito social aos interesses transindividuais*: o Estado e o Direito na ordem contemporânea. Porto Alegre: Livraria do Advogado, 1996.

NERY JR., Nelson. *Princípios do processo na Constituição Federal*. 12. ed. São Paulo: Revista dos Tribunais, 2016.

———. *Teoria Geral dos Recursos*. 6. ed. São Paulo: Revista dos Tribunais, 2004. p. 207.

———; NERY, Rosa Maria de Andrade. *Comentários ao Código de Processo Civil*. 2. tir. São Paulo: Revista dos Tribunais, 2015.

NEVES, Daniel Amorim Assumpção. *Manual de Direito Processual Civil*. Volume único. 7. ed. São Paulo: Método. 2015.

———. *Novo Código de Processo Civil – Lei 13.105/2015*. Rio de Janeiro: Forense; São Paulo: Método, 2015.

NIEVA-FENOLL, Jordi. *Coisa Julgada*. Trad. Antônio do Passo Cabral. São Paulo: Revista dos Tribunais, 2016.

NUNES, Jorge Amaury. Arts. 995 e 996. In: STRECK, Lenio Luiz; NUNES, Dierle; CUNHA, Leonardo (orgs.). *Comentários ao Código de Processo Civil*. São Paulo: Saraiva, 2016.

OLIVEIRA, Candido de. Algumas notas sobre o recurso extraordinário. *Revista do Supremo Tribunal Federal*, Rio de Janeiro, v. XLIII, p. 267-289, agosto 1922.

OLIVEIRA, Carlos Alberto Alvaro de. *Do formalismo no processo civil*. 2. ed. rev. e ampl. São Paulo: Saraiva, 2003.

OST, François. *Entre Droit et Non Droit*: l'intérêt – Essai sur le fonsctions qu'exerce la notion d'intérêt en droit privé. Bruxelles: Facultés Universitaires Saint–Louis, 1990.

PAIVA, Vinícius Monteiro. *O agravo interno no Novo CPC in Novo CPC – Análise doutrinária sobre o novo direito processual brasileiro*. Alexandre Ávalo e José de Andrade Neto (orgs.). Campo Grande: Contemplar, 2016, Vol. 3.

PELAYO, Manuel García. *Las transformaciones del Estado contemporáneo*. 2. ed. Madrid: Alianza Universidad, 1996.

PESSOA, Epitacio. Do recurso extraordinário. *Revista do Supremo Tribunal Federal*, Rio de Janeiro, v. XXXVIII, p. 255-293, março 1922.

PINTO, Nelson Luiz. *Manual dos recursos cíveis*. 2.ed. rev., atual. e ampl. São Paulo: Malheiros Editores, 2000.

PINTO, Nelson. *Código de processo civil interpretado*. Antonio Carlos Marcato (coord.). São Paulo: Atlas, 2004.

PISKE, Oriana. Nova postura político-social do Poder Judiciário in *Revista Bonijuris* n° 590 (2013): 30/37.

PONTES DE MIRANDA. *Comentários ao Código de Processo Civil*. 3. ed. rev. e aum. Rio de Janeiro: Forense, 1999.

———. *Comentários à Constituição de 1967*. 2. ed., rev. São Paulo: Revista dos Tribunais, 1970, t. IV.

———. *Tratado da ação rescisória das sentenças e de outras decisões*. 3. ed. corrigida, posta em dia e aumentada. – Rio de Janeiro: Borsoi, 1957.

———. *Tratado das ações: ações constitutivas:* tomo IV. 1 ed. atual. Nelson Nery Junior, Georges Abbout. – São Paulo: Revista dos Tribunais, 2016.

PORTO, Sérgio Gilberto; USTÁRROZ, Daniel. *Manual dos Recursos Cíveis*. 5. ed. Porto Alegre: Livraria do Advogado, 2016.

———; ———. *Manual dos recursos cíveis*. 4. ed. rev. e ampl. Porto Alegre: Livraria do Advogado, 2013.

PRATES, Marília Zanella. *A coisa julgada no direito comparado*: Brasil e Estados Unidos. Salvador: JusPodivm, 2013.

REICHELT, Luis Alberto. Sistemática recursal, direito ao processo justo e o novo Código de Processo Civil: os desafios deixados pelo legislador ao intérprete. *Revista de Processo*, vol. 244, jun/2015, p. 15-30.

———; DALL'ALBA, Felipe Camilo (orgs.). *Primeiras Linhas de Direito Processual Civil*. Vol. 1. Porto Alegre: Livraria do Advogado, 2016.

———; PUCHALSKI, Guilherme. Sentença. In: DALL'ALBA, Felipe Camilo, FORSTER, João Paulo Kulczynski. *Primeiras linhas de Direito Processual Civil*. Vol. 2. Porto Alegre: Livraria do Advogado, 2017.

RIBEIRO, Darci Guimarães. *Da tutela jurisdicional às formas de tutela.* Porto Alegre. Livraria do Advogado. 2010.

——; JOBIM, Marco Félix (orgs.). *Desvendando o novo CPC.* Livraria do Advogado, 2016.

RODRIGUES, Lêda Boechat. *História do Supremo Tribunal Federal.* Rio de Janeiro: Editora Civilização Brasileira, 1965, v. I.

RUBIN, Fernando. *A preclusão na dinâmica do processo civil.* 2. ed. São Paulo: Atlas, 2014.

——. *A preclusão na dinâmica do Processo Civil.* Porto Alegre: Livraria do Advogado, 2010.

——. *Aposentadorias previdenciárias no RGPS.* São Paulo: Atlas, 2015.

——. Cabimento de agravo de instrumento em matéria probatória: crítica ao texto final do novo CPC: Lei n 13.105/2015, art. 1.015. *Revista Dialética de Direito Processual,* n° 151, out/2015, p. 38-48.

——. *Fragmentos de processo civil moderno, de acordo com o novo CPC.* Porto Alegre: Livraria do Advogado, 2013.

——. *O Novo CPC*: Da construção de um novel modelo processual às principais linhas estruturantes da Lei n° 13.105/2015. 2. ed. São Paulo: LTr, 2017.

——; FORESTI, Rafael. A extemporaneidade de recurso protocolado antes da publicação oficial de decisão judicial. *Justiça do Trabalho,* v. 329, p. 77-85, 2011.

SARLET, Ingo Wolfgang; MARINONI, Luiz Guilherme; MITIDIERO, Daniel. *Curso de Direito constitucional.* 4. ed. São Paulo: Saraiva, 2015.

SAVARIS, José Antônio; XAVIER, Flávia da Silva. *Manual dos recursos nos Juizados Especiais Federais – de acordo com o Novo CPC.* 5. ed. Curitiba: Alteridade, 2015, p. 154.

SCALABRIN, Felipe; COSTA, Miguel do Nascimento; CUNHA, Guilherme Antunes da. *Lições de processo civil: recursos.* Porto Alegre: Livraria do Advogado, 2017.

SEABRA FAGUNDES, M. A Reforma do Poder Judiciário e a Reestruturação do Supremo Tribunal Federal. *Revista Forense,* Rio de Janeiro, v. 215, p. 5-12, julho-setembro 1966.

SICA, Heitor Vtor Mendonça, Arts. 1.018 e 1.019. In: STRECK, Lenio Luiz; NUNES, Dierle; CUNHA, Leonardo (orgs.). *Comentários ao Código de Processo Civil.* São Paulo: Saraiva, 2016. p.1.347

SILVA, Carlos Augusto. *O processo civil como estratégia de poder:* reflexo da judicialização da política no Brasil. Rio de Janeiro: Renovar, 2004.

SILVA, Jaqueline Mielke. *A tutela provisória no novo Código de Processo Civil*: tutela de urgência e tutela de evidência. Porto Alegre: Verbo Jurídico, 2015.

SILVA, José Afonso da. *Do recurso extraordinário no direito processual brasileiro.* São Paulo: Editora Revista dos Tribunais, 1963.

SOUZA, Carlos Aureliano Motta de. *O papel constitucional do STF*: uma nova aproximação sobre o efeito vinculante. Brasília: Brasília Jurídica, 2000.

STRECK, Lenio Luiz. *Hermenêutica jurídica e(m) crise*: uma exploração hermenêutica da construção do Direito. Porto Alegre: Livraria do Advogado, 1999.

TARUFFO, Michele. As funções das Cortes Supremas. Aspectos gerais. In: *Processo civil comparado*: ensaios. Apresentação, organização e tradução Daniel Mitidiero. São Paulo: Marcial Pons, 2013.

——. Institutional factors influencing precedents. In MACCORMICK, Neil; SUMMERS, Robert (coords.). *Interpreting precedentes: A Comparative Study.* Dartmouth: Ashgate, 1997.

TARUFFO, Michele. *La motivazione della sentenza.* Padova: CEDAM, 1975.

TAVARES, André Ramos. *Reforma do judiciário no Brasil pós-88*: (des)estruturando a justiça: comentários completos à EC n. 45/04. São Paulo: Saraiva, 2005.

——. *Teoria da justiça constitucional.* São Paulo: Saraiva, 2005.

TESHEINER, José Maria da Rosa. *Eficácia da Sentença e Coisa Julgada no Processo Civil.* São Paulo: Revista dos Tribunais, 2001.

THEODORO JR., Humberto. *Curso de direito processual civil* – Vol. 1, de acordo com o Novo CPC. 56. ed. São Paulo: Gen/Forense, 2015.

——. *Curso de Direito Processual Civil.* Vol. III. 47. edição. Rio de Janeiro: Forense, 2016.

——. Repercussão geral no recurso extraordinário (Lei nº 11.418) e súmula vinculante do Supremo Tribunal Federal (Lei nº 11.417). *Revista Magister de Direito Civil e Processual Civil*, Porto Alegre, nº 18, maio-junho 2007, p. 5-32.

TONIOLO, Ernesto José. A evolução do conceito de *reformatio in peius* e a sua proibição no sistema recursal do processo civil. *Revista de Processo*, v. 254, p. 257-80, Abr/2016.

——. Os embargos de divergência no novo Código de Processo Civil. In: REICHELT, Luis Alberto; Rubin, Fernando (orgs.). *Grandes temas dos novo Código de Processo Civil*. Porto Alegre: Livraria do Advogado, 2016.

——. Os requisitos de admissibilidade dos recursos no novo Código de Processo Civil (Lei nº 13.105/2015) In: REICHELT, Luis Alberto; Rubin, Fernando (orgs.). *Grandes temas dos novo Código de Processo Civil*. Porto Alegre: Livraria do Advogado, 2016.

TORRES, Artur. *Fundamentos de um direito processual civil contemporâneo* (parte I). Porto Alegre: Arana, 2016.

——. *Sentença, Coisa Julgada e Recursos Cíveis Codificados*: de acordo com as Leis 13.105/2015 e 13.256/2016. Porto Alegre: Livraria do Advogado, 2017.

TROCKER, Nicolò. *Proceso civil e costituzione*: problemi di diritto tedesco e italiano. Milano: Giuffrè, 1974.

TUCCI, José Rogério Cruz e. *Código de Processo Civil Anotado*. Manoel Caetano Ferreira Filho, Ricardo de Carvalho Aprigliano, Rogéria Fagundes Dotti, Sandro Gilbert Martins (coords.). AAsp e OAB/pr. 2015.

VIANA, Juvêncio Vasconcelos. Questão de repercussão geral (§ 3º do art. 102 da Constituição Federal) e a admissibilidade do recurso extraordinário. *Revista Dialética de Direito Processual*, São Paulo, v. 30, p. 72-84, set. 2005.

WAMBIER, Luiz Rodrigues; TALAMINI, Eduardo. *Curso Avançado de Processo Civil*. Vol. 2. 16. ed. São Paulo: Revista dos Tribunais, 2016.

WAMBIER, Tereza Arruda Alvim, *Os agravos no Código de Processo Civil brasileiro*. 4. ed., São Paulo: Revista dos Tribunais, 2006.

——. Fundamentos do processo. *Revista dos Tribunais*, São Paulo, v. 855, p. 11-29, janeiro 2007.

——. *Omissão judicial e embargos de declaração*. São Paulo: Revista dos Tribunais, 2005.

——; DIDIER JR, Fredie, TALAMINI, Eduardo; DANTAS, Bruno (org.). *Breves Comentários ao Novo Código de Processo Civil*. São Paulo: Revista dos Tribunais, 2015.

——; ——; BRUNO DANTAS (orgs.). *Breves Comentários ao Novo Código de Processo Civil*. São Pualo: Revista dos Tribunais. 2015.

WATANABE, Kazuo. *Cogniçõo no Processo Civil*. 4. ed. São Paulo: Saraiva. 2012.

WELSCH, Gisele. *O reexame necessário e a efetividade da tutela jurisdicional*. Porto Alegre: Livraria do Advogado, 2010.

XAVIER, José Tadeu Neves. A processualização da desconsideração da personalidade jurídica, *Revista de Processo*, v. 254, abr. de 2016, p. 151-191.

Impressão:
Evangraf
Rua Waldomiro Schapke, 77 - POA/RS
Fone: (51) 3336.2466 - (51) 3336.0422
E-mail: evangraf.adm@terra.com.br